法政大学イノベーション・マネジメント研究センター叢書18

アフリカの日本企業

——日本的経営生産システムの移転可能性——

公文溥・糸久正人 編著

時 潮 社

はしがき

　本書は、アフリカの日本企業を対象として日本的経営生産システムの現地への移転可能性を課題とする調査研究をまとめたものである。われわれ日本多国籍企業研究グループは、約30年にわたって、海外の日本企業を調査研究してきた。北米からはじまって、アジア、欧州、中東欧、中国、南米、へと調査対象を広げた。そしてついに、アフリカに行き着いた。これで、ほぼ世界を一周したことになる。

　調査活動に入る前に、アフリカは、日本的経営の国際的な通用性をみるうえで、試金石となる地域ではないかとメンバー間で話した記憶がある。何よりも他地域に比較して進出する企業数がたいへん少なかったからである。企業数の少ないのは、経営生産システムの移転の困難によることがありえたからである。

　調査活動の最初の年のわれわれの関心からみた印象は芳しくなかった。しかし2年目で、印象が変わった。ここでの印象は工場訪問で得た感覚的な受けとめにもとづくいわば初期判断である。国の経営環境の違いによって、日本企業の経営状態に差がみられたのである。

　1年目（2009年）に、まずエジプトの日本企業を訪問した。自動車組立やファスナーそして製薬会社などを訪問して、日本のものづくりの方式は受け入れられていることを確認できた。そしてタンザニアに行くと、そもそも日本の製造企業は少ないうえ、経営状態は芳しくなかった。訪問した電機工場は、乾電池の製造販売で細々と経営を維持していた。密輸入される乾電池がきわめて安価なので、経営が苦しいと言う。政府役人に外国製品の輸入が記録されていないのに市場に出回っていることを示して苦情を言っても、適切な措置はとられないとのことであった。部品と素材は輸入しており工場は簡単な付加作業と組立だけを行っていた。日本の生産システムの要素はみられ

たものの、われわれの印象に残ったことは、容易ならざる環境要因のもとにおける企業維持の厳しさであった。

ところが2年目（2010年）に南アフリカを訪問して、現地日本企業の印象は変わった。自動車組立と部品メーカーを訪問した。いずれも本格的な量産工場であった。製造する自動車の半分は輸出していた。そして日本の生産方式を実践していた。それら企業の立地はダーバン市の近郊であったので、われわれはそれを「ダーバンの奇跡」と呼んだものである。

その翌年に、二次下請けの現地部品メーカーを訪問した。組立メーカーや一次下請けの部品メーカーから経営管理と技術の移転が行われていた。ある二次下請けの現地部品メーカーの経営者は、われわれの研究関心を聞いて「アフリカに来る日本企業があれば、経営者に言ってほしい。アフリカ人は時間がかかるが、教えれば仕事をちゃんとマスターできるのだ」と、このように力説した。こうして初期に受けた印象は、たいへん幅があった。そしていくつかの偶然も作用して、足掛け8年にわたって、調査活動を行うことになった。

さすがにこれだけ長く現地に行くと、蓄積した体験にもとづいて何か言えそうだと思えてくる。本書はそうしたわれわれの調査研究活動の成果をまとめたものである。

調査の実施に当たっては、多くの日本企業の関係者にお世話になった。われわれの調査研究は、何よりも工場見学とインタビューに依拠する。見聞した事実が大事と考えるからである。貴重な時間を費やして訪問の機会を与えていただいた、本社および現地の担当者に深く感謝する。そして現地の日本大使館（タンザニア、南アフリカ、ナイジェリア）、JETRO、JICA、アフリカ各国（エジプト、南アフリカ、ナイジェリア、ジンバブエなど）の在日大使館および現地政府関係者、現地企業と労働組合、さらには現地の外国企業など多くの方にご協力いただいた。名前を挙げることはしないが、インタビューばかりでなくその後のメールによるコミュニケーションでも協力していただいた。記して謝意を表する。

はしがき

　最初の2年間の調査活動の成果は、『赤門マネジメント・レビュー』（オンラインジャーナル）に17編のケース分析と調査研究の中間的なまとめを発表させていただいた（11巻9号、2012年9月から12巻12号、2013年12月まで）。さらに、その後の調査を踏まえた個別企業のケース分析14編を、法政大学イノベーション・マネジメント研究センターのワーキングペーパーシリーズに掲載させていただく予定である（2019年）。本書の分析は、これら2つの時期にわたる個別企業のケース分析を土台としている。

　本書出版の経過を最後に述べておく。本書は、法政大学イノベーション・マネジメント研究センターの研究助成を受けて出版される。われわれの研究グループのメンバーである糸久正人が同研究センターの所員であったことが寄与した。研究センター叢書のひとつとして、本書の出版を許可されたイノベーション・マネジメント研究センターに感謝する。同研究センターには、ワーキングペーパーへのケース分析の掲載の機会の提供とともに、お礼を申し上げる。

　そして出版を引き受けていただいた時潮社の相良社長にも謝意を申し上げる。学生時代に時潮社の書籍を読んだものである。学術書を変わらず出版する同社から本書を出版していただけたのは何かの縁を感じる。

（公文溥記）

目　次

はしがき　3

第Ⅰ部　調査研究の視点

第1章　アフリカの日本企業　……………………………公文　博　11
　　　　──調査研究の課題と方法──

第2章　アフリカ産業経済の現状分析　…………………安保哲夫　61
　　　　──日本企業進出の経営ビジネス環境──

第3章　主要国のアフリカへの直接投資について　…………郭四志　87

第Ⅱ部　アフリカのハイブリッド工場の分析

第4章　アフリカの日系ハイブリッド工場の特徴と世界比較…銭佑錫　145

第5章　ハイブリッド工場の代表事例　……………………公文　博　175

第Ⅲ部　アフリカの課題別分析

第6章　南アフリカの自動車産業　………………………糸久正人　213
　　　　──日本的生産システムの導入と産業クラスターの形成──

第7章　現地政府が主導する
　　　　日本的経営生産システムの導入　………………宮地利彦　237

第8章　南アフリカにおけるわが国大手総合商社の資源開発…島田明男　279
　　　　──住友商事のアソマン社への投資事例──

第9章　北アフリカの自動車部品工場　…………………苑志佳　301
　　　　──欧州市場と連携するモロッコとチュニジアの日系工場を中心に──

第10章　中国企業のアフリカ経営　………………兪成華・郝燕書　321

結　章　日本的経営生産システムの移転と経済開発への貢献…公文　博　353

あとがき　373

索　引　376

第Ⅰ部
調査研究の視点

第Ⅰ部　調査研究の視点

　第Ⅰ部は、アフリカの日本企業に関する調査研究の視点にかかわる３つの論文から構成される。われわれの調査研究活動は、現地の企業を訪問し、工場を見学し経営者に調査項目についてインタビューを行うことから始まる。第１章は、インタビュー調査の際に用いるハイブリッド・モデルを説明する。これは調査活動の枠組であるが同時に調査の成果を分析する際の枠組でもある。このハイブリッド・モデルを形成過程にさかのぼって説明し、そのうえでアフリカ調査の課題と実施状況について述べる。第２章は、アフリカの産業経済の現状を説明する。われわれは日本的経営の海外移転可能性を現地の環境要因との関係で見る。本章は現地の経済環境要因をみるのである。アフリカ諸国は政治的独立以降、一時的に経済開発が進んだかに見えたが長い経済停滞を経験した。そして2000年代に入り再び経済成活動が活発になった。その事情を説明する。第３章は、アフリカへの主要国による直接投資の現状を検討する。多国籍企業のアフリカへの進出を数量的に把握するべく直接投資の分析を行うのである。欧米諸国がアフリカに投資を行ってきたが、近年中国を初めとするアジア諸国による投資が増加した。そして本書が対象とする日本企業による投資の実際についても説明する。

第1章
アフリカの日本企業
──調査研究の課題と方法──

公文　溥

はじめに

　われわれ日本多国籍企業研究グループ（JMNESG；Japanese Multinational Enterprise Study Group）はアフリカの日本企業を調査研究する機会をえた。これはまことに貴重な経験であった。経済開発の後れているアフリカにおける日本企業の実際の活動にふれることができたのである。われわれの調査研究は、北米から始まった。研究課題は、日本的経営生産システムの現地への移転可能性を明らかにすることである。そしてアジア、欧州、ラテンアメリカへと広がった。調査対象地域は先進国ばかりでなく発展途上国をカバーした。発展途上国のなかでアフリカは広大な空間と数多くの人口をもつが、経済開発には後れた。そのアフリカに日本的経営生産システムは移転可能か、これが調査研究の基本的な関心である。日本的経営は、最も経済開発の後れたアフリカに移転可能かどうか、何が如何に移転しているのか、それが調査の課題であり、さらに現地の開発に貢献できるかそんな関心をもった。そしてアフリカへの関心は政府援助から企業による貿易と投資（アフリカ開発会議、TICAD：Tokyo International Conference on African Development、2013年）へ移りつつある。ちょうどそのときに、現地の日本企業を訪問し、実際の企業活動をみることができたのである。

　ところが日本ではアフリカの経済事情はもとより企業経営に関する情報が

第Ⅰ部　調査研究の視点

十分知られているとはいえない。それゆえアフリカにおける日本企業に関して具体的なイメージをもちにくいのではないかと思われる。そこでまず、研究上の興味ある事実を2つ紹介しておく。

　1つは、南アフリカとナイジェリアの政府機関である生産性本部が、日本の生産システムをモデルとして現地企業に5S（整理、整頓、清掃、清潔、躾）や改善などの手法を教えていることである。われわれは、2カ国の生産性本部でインタビューをした際、なぜ日本の生産方式を採用したのか質問した。それにたいして次のような答えを得た。すなわち南アフリカでは、「それがベスト・プラクティスだからだ」と答え、ナイジェリアでは、「日本の製品が高品質だからだ」と答えた。[1] それぞれ日本の製造企業に関する国際的な評価を踏まえた答えである。両国の生産性本部は、専用の建物を持ち専属の職員を配置して、業務として日本の生産方式を現地企業に教えているのである。

　もう1つは、アフリカの研究者が、現地の企業経営を考える際の1つの基準として日本の経営に注目することである。アフリカの企業経営に関する文献を読み進めるうちに、興味ある議論に遭遇した。すなわちアフリカや欧米の研究者によるアフリカの企業経営への有力な視点として、西欧の経営モデルへの批判があること、そしてアフリカ独自の要因（社会文化要因）を考慮した経営モデル（アフリカ的経営）を提案することである（Kamoche, 2000, 2002、Kamoche, Debrah, Horwitz, & Muuka, 20004、Newenham-Kahindi, Kamoche, Chizema, & Mellahi, 2013、Zoogah, Peng, & Woldu, 2015, Lituchy, Punnett, & Puplampu, 2017など）。アフリカの経済開発の後れは、有効な経営モデルが実践されていなかったからだとする、企業経営の側からの反省をうけた研究である。そして参考にする経営モデルとしてアジアと日本を取り上げる（Jackson, 2002、Horwitz, Kamoche, & Chew, 2002、Gray, Shrestha, & Nkausah, 2008）。あるいは端的に日本的経営のアフリカへの移転可能性を説く議論もある（Tasie, 2009）。

　このように日本を含むアジアの経営に参考モデルとしての関心がある。もちろんわれわれの調査研究は、アフリカ的経営を正面から取り上げるものではない。あくまでも目的は、アフリカに進出した日本企業を対象として、日

第1章　アフリカの日本企業

本的経営の移転状況の分析におく。しかしそこから得られる知見は、アフリカにおける有効な経営モデルの研究にひとつの材料を提供しうると思われる。

　ここで本章の構成を説明しておく。次節、「ハイブリッド・モデル」においてJMNESGによる調査研究の基本視点を説明する。われわれは、約30年にわたって日本的経営生産システムの海外移転可能性をテーマとする調査研究を行ってきた。この調査研究の基本視点が、ハイブリッド・モデルである。これを調査枠組と分析枠組の２つに分けて説明する。ハイブリッドなる用語は、ロバと馬の混血種であるラバなど２つの異なる要素の結合によって生まれるものを示す言葉である。日本で生まれた日本的経営生産システムの何が如何なる形で移転しているか、その際現地の経営生産システムの構成要素と如何にミックスしているのかを、明らかにするのである。われわれの研究はアメリカの日本企業の調査から始まった。日本的経営が大量生産方式の故郷に移転可能か、これが調査研究の課題であった。その研究課題に接近するべくハイブリッド・モデルを開発した。そこでアメリカ調査のときに遡って調査項目を含む調査枠組と、調査の成果を分析する分析枠組に分けて説明する。

　「２．アフリカの日本企業の調査」において、アフリカを対象とすることで生まれる独自の課題と調査の実施状況を説明する。まずわれわれによるアフリカの日本企業の調査研究活動の実施状況を説明しておく。調査活動は、2009年度から始まり2016年度に及んだ[2]。そしてアフリカ独自の経営モデルとしてのウブンツ（ubuntu）経営論を検討する。アフリカ的経営を論じるとき、ウブンツと呼ばれる現地の文化を考慮した経営に焦点が当たっているからである。ウブンツは、人間性や人間の相互関係を表現する南アフリカの言葉である。それを考慮した経営の意味でウブンツ経営がいわれる。アフリカのみならず国際的にアフリカの経営を表す用語として用いられており、研究論文が発表されている（Karsten, & Illa, 2005、Auchter, 2017）。そしてアフリカの学校教育についても実状を確認しておく。国際比較の観点から学校教育の成果をみておく。それらを検討し、日本的経営との関連をみる。そして「おわりに」で本章のまとめをしておく。

第Ⅰ部　調査研究の視点

１．ハイブリッド・モデル

　われわれは、約30年にわたって海外に進出した日本企業を対象に調査研究を行ってきた。日本で生まれた経営生産システムが経営環境の異なる海外に移転可能か、これが一貫した調査研究の課題である。

　われわれは、「適用と適応のハイブリッド・モデル」と呼ぶ調査研究の仮説をもっている。このモデルは、われわれにとって調査研究活動の推進動機であり、調査で得た事実を整理し分析するための枠組でもある。日本企業は海外に進出しても親会社がもつ生産システム上の強みを現地に持ち込むであろう。それをわれわれは適用と呼ぶ。しかし現地は日本とは政治社会文化などの要因が異なる以上、現地の生産システムの構成要素を受け入れる側面も出るであろう。それを適応と呼ぶ。それゆえ現地企業は「適用と適応のハイブリッド」となるであろうと想定する。そして何が如何に移転されたのか、その結果システム構成要素の適用と適応はどのような組み合わせになるのか、これを明らかにするのである。ここで調査の推進動機の側面を調査枠組と呼び、後者の分析し評価する側面を分析枠組と呼ぶことにする。調査枠組と分析枠組から構成される「ハイブリッド・モデル」を説明することが本節の課題である。その前にまずなぜ30年にわたって同じモデルをもって調査研究を継続してきたのか、その理由を説明しておきたい。

（1）長期の調査研究

　JMNESは、偶然的要因も作用しながらであるが、長期にわたる調査研究を行ってきた。調査研究を継続してきた理由を調査対象に即して、２つにまとめることができる。第一は日本企業が波を描きながらであるが、海外投資を継続し現地の拠点を増加させていることである。調査研究の対象が地域を拡大しながら量的に増加しているからである。第二は、海外とりわけ米国の研究者が、大量生産方式のもとで生まれた生産と労働システムの改革を日本の製

造企業をモデルとして実証的、理論的に研究しているからである。その１つは
リーン生産論であり、もう１つは高業績の労働システム論（High Performance
Work Systems：HPWS）である。そして欧州や発展途上国の研究者が米国
生まれの生産と労働・人的資源に関する新しい研究を受け入れて発展させて
いるのである。日本で生まれた生産と労働システムが海外の製造企業に１つ
のモデルを提供しているからである。われわれの研究は、外国企業による生
産と労働システムの改善に参考となる知見を提供する余地があると考えるか
らである。

　第一の海外進出に関する量的な増加をFDI（対外直接投資）残高の推移で確
認しておく。IMF（国際通貨基金）がFDIの統計を作成している。ここでは、
UNCTAD（国連貿易開発会議）がIMF統計を集計したものを利用することに
する。UNCTADによる最新の世界投資報告書（*World Investment Report*、
2017、付属表２と８）によると、2016年における日本のFDI残高は、世界のな
かで第４位になっている。1980年代における先進国との貿易摩擦と円高を契
機に日本のFDIは増加した。しかし、FDIのストックでは、欧米諸国に遅れ
をとっていた。経済規模に比較するとFDIのウエイトは低かった。それが、
ついに世界第４位にまで上がったのである。

　具体的に数字を確認しておく。日本のFDI残高は、2000年に2,784億ドルで
あった。世界のなかで第７位であり、世界FDI残高に占める比率は3.7%であ
った。しかしその後、2000年代の後半から増加し、2016年には１兆4,006億ド
ルとなった。この残高は、国別にみると第４位となり、世界FDI残高に占め
るウエイトは、5.3%である。

　FDIの量的増加と国民経済との関係をみておく。GDP（国内総生産）比で
みた日本の対外直接投資ウエイトは順調に上昇している。日本のFDI残高の
対GDP比は、1990年代を通して４％から６％台で推移した。たとえば2000年
には5.7%であった。しかし2000年代に入って上昇し、2007年には12.0%と10
％の大台を超えた。そして2013年には20%を超え21.7%となり、2016年には
28.4%になった。

第Ⅰ部　調査研究の視点

　かつて高度経済成長期に、日本は「貿易立国」を目指すといわれた。しかし貿易立国の時代は過ぎ去り、いまや「投資立国」を目指す時代に入ったのである。もっともGDP比でみるFDIのウエイトは主な先進諸国のなかで依然として相対的に低い。この数字（2016年）を主な先進諸国と比較してみると、米国は34.4％、英国は54.9％、ドイツは39.4％、フランスは51.1％となる。日本のFDIの対GDP比もこれらの先進諸国と同じ水準まで増えると簡単にいえないにしても、伸びシロがあるとみることができる。そしてFDIの収益率を計算すると、やはり順調に上昇している（公文、2013）。

　第二に、欧米の研究者が、日本の製造企業のつくりだした生産と労働のシステムに強い関心を示していることをみておく。1つは、MIT（マサチューセッツ工科大学）の研究グループによるリーン生産をめぐる議論であり、もう1つは高業績の労働システム（High Performance Work System：HPWS）をめぐる議論である。

　まずリーン生産についてであるが、その提案内容はよく知られている。JIT（Just-in-Time）による合理的な生産管理を軸とした生産システムを提言した。そして最近ではリーン生産論そのものの議論はあまりみられなくなり、コンサルタント組織による実践的な普及の段階に入った（Samuel, 2013）。

　そこで本稿では米国における高業績の労働システムをめぐる研究をみることにする。この議論は、1980年代と90年代に米国製造業の国際競争力の回復を課題とする研究のなかから生まれてきたものであり、人的資源管理の経済成果への影響、高度参加型経営などの名称でも行われた。リーン生産論が生産システムの観点から日本の自動車産業を研究したのに対して、高業績の労働システム論はいくつかの産業を対象にして労働システムに焦点を絞っている。大量生産方式のもとで形成された労働システムを改革することで、米国製造業の競争力を回復させることができるという関心から生まれた研究である。この議論には、労使関係論、企業論、人的資源管理論などの研究者のうち、伝統的な米国の労使関係、人事管理、企業管理に批判的な視点をもつ研究者が参加した。

第1章　アフリカの日本企業

　産業を対象とした実証的な研究は、自動車産業（McDuffie, 1995）、鉄鋼産業（Ichniowski, Shaw, & Prennushi, 1997）、アパレル産業（Bailey, 1993）で行われた。産業を対象としたこれらの研究は、新しい労働慣行（ジョブ・ローテーション、労働者による問題解決、技能向上のための教育訓練など）は企業の業績に成果をもたらすが、単独ではなく、システムとして採用する必要性があることを共通してのべていた。

　日本の労働システムがモデルとなっているのだが、その際、視点の異なる2つの研究があった。1つは日本の労働慣行をモデルとした作業組織が高業績を生み出すことを実証的に明らかにするIchniowski他の研究である。もう1つは、Appelbaum他の研究であり、日本のリーン生産にスウェーデン型のチーム・システムを加える。

　まず、この分野で優れた実証研究を行ったIchniowski他の研究を紹介しておく。Ichniowski他は鉄鋼産業の圧延工場を対象に日本型の労働慣行を採用し経済成果を上げた事例を実証的に研究した。日本と米国の工場を対象に問題解決、ジョブ・ローテーション、教育訓練などの指標を定めて実証的に比較研究を行ったのである。米国の工場で、日本的な労働慣行を採用した工場は生産と品質において相対的に高い成果を上げたこと、それを部分的にしか採用しない工場は成果が相対的に低く、ほとんど採用しない工場はさらに低いことを明らかにした（Ichniowski, & Shaw, 1999）。

　つぎにAppelbaum他の研究をみる。Appelbaum他が2000年に、『製造優位性—なぜ高業績の労働システムは成功するか？』を出版した（Appelbaum, Bailey, Berg, & Kalleberg, 2000）。これは、高業績の労働システムを論じる際に基準となる研究書である。労働者が、自己の判断に基づく任意の努力（discretionary effort）を行使できるように労働システムを改革することを提言するのである。高業績の労働システム（HPWS）の定義を次のようにいう。すなわち、労働が組織ルーチンの変更の決定に現場労働者の参加を許容するように組織されることをさす。これは、職場の生産チームあるいは問題解決への従業員の参加、品質改善チームなどを通して実現される、以上のように

17

第Ⅰ部　調査研究の視点

いう（Appelbaum et al., 2000：7）。そしてHPWSの３つの構成要素をあげる。すなわち、参加の機会、技能、インセンティブ、以上の３つをHPWSの実施状況を判断する指標とするのである。この３つの視点をもとに、製鋼業、アパレル業、医療用機器業、の実態調査を行い、HPWSを採用することで企業の業績があがり、労使双方にメリットがあると説く。

　アメリカの研究者は、このように新しい労働慣行が経営成果を上げる要因になることを実証的に明らかにした。しかし同時に米国においてそれが必ずしも普及しないことも指摘し、その理由を探っている。両者はほぼ共通する要因をあげる。Ichniowski他は労使関係に焦点を合わせて、既存工場において新しい施策を実行する際のコストを強調する。既存工場の場合、経営慣行や労働組織の変更をするのにコストがかかることである。とりわけ労使間の信頼関係に問題が生じることである。労働者の目には経営者は労働者にチーム・システムへの参加を要請しながら他方で雇用を削減する、労働組合の目には経営者は一方で労使協力を求めながら他方で労働組合との交渉を回避する、このような理由をあげる。そして体系的な労働慣行を実行するには従業員代表制を違法とする現行労働法の改革を必要とするが、クリントン政権がそれを行わなかったことをあげる（Ichniowski, Levine, Olson, & Strauss, 2000：29～33, 280）。Appelbaum他はやや抽象的に、企業とマネジャーの理由として経営者の機会主義（高額の所得）を、さらに労働組合と労働者の参加への曖昧な態度、そして制度障害として労働法の団体交渉制による賃金決定などをあげる（Appelbaum, & Batt, 1994：Ch.9）。

　このように、新しい労働慣行は経営成果を向上させるが、それを実行するには障害があることを明確に指摘している。両者が共通してあげる要因は労使関係である。経営者の機会主義（高額の所得）も問題であるが、信頼の薄い労使関係のもとで新しい労働慣行をつくり出すことの難しさをいうのである。

　そしてアフリカの研究者もこの概念を用いて現地独自の経営システムの形成の参考事例として日本をあげる研究を発表している（Horwitz, Kamoche, & Chew, 2002）。

ここで日本の労働システムの特徴を、技能形成にそくして簡潔に示しておく。日本の現在にいたる技能形成は、企業が内部において養成校を設置して保全工（欧米の熟練工）を育成したことに端を発する（隅谷, 1970、隅谷, 1971、隅谷・古賀, 1978）。保全工（欧米の熟練工）の企業内育成制度が、日本の製造業を特徴づける。欧米企業が工場内徒弟制度のもとであるいはそれと外部の学校教育との連携によって熟練工を育成したこととは異なる（More, 1980、Thelen, 2004）。日本の製造企業は、企業内に設置した学校による熟練工の育成で徹底した。先進諸国のなかでは、日本企業だけが、熟練工による徒弟の訓練方式ではなく、企業内の学校による技能教育方式で徹底したのである[3]。

　そして戦後、保全工ばかりでなく一般生産工の技能形成と賃金制度においても他の先進諸国とは異なる特徴をもつに至る。生産工は、品質や保全に関与するようになり、自動車組立産業ではラインストップの権限を与えられた。その結果、生産工は、与えられた仕事をこなすだけではなく、変化と異常への対応と問題解決を行うようになった（小池, 2005, 2012、小池・中馬・太田、2001）。われわれは、こうした技能をもつ生産工を多能工と呼ぶ。そして企業は現場労働者について年功給とともに査定をもつ賃金制度を制定した（金子、1972）。現場労働者が多能工となりホワイトカラーと同じ賃金制度をもつのである。日本の製造企業は、このように国際的にみて特有の技能形成と賃金制度をもっている。それが日本企業の国際的な競争優位をつくり出す労働システムの要因であった。

　あらためて日本と欧米の技能形成の違いを整理しておく。欧米とは保全工（熟練工）の育成制度と生産工（非熟練工あるいは半熟練工）の技能が異なるのである。とりわけ欧米の労使関係のもとでは非熟練工（unskilled）あるいは半熟練工（semi-skilled）と分類させる労働者の労働システムにおける位置づけが異なるのである。日本の生産工は、仕事を限定せず拡張することにより多能工となるのである。

第Ⅰ部　調査研究の視点

（2）調査枠組

　ハイブリッド・モデルの内容を説明することが本節と次節の課題である。ハイブリッド・モデルは調査枠組（研究課題と調査項目）と分析枠組の両面を含む用語である。両側面は不可分離なのだが、分けて説明する。われわれの調査活動にとっては、調査枠組としてのハイブリッド・モデルが、決定的に重要である。われわれは、日本的経営生産システムの海外移転可能性の問いをもとに、現地工場は何らかのハイブリッドを描くであろうという仮説をもって、調査研究を推進したからである。

　そこで以下、調査研究の枠組の形成にかかわるプロセスをいくぶん詳細に説明する。ついで分析枠組の説明を行う。

　われわれの海外調査研究は、アメリカの日本企業を対象として始まった。研究会そのものは1983年から始まっている。安保哲夫（当時東京大学社会科学研究所教授、現同大学名誉教授）が、日本多国籍企業研究グループ（JMNESG）のファウンダーである。安保は、「適用と適応のハイブリッド」の概念そして適用度の5段階評点づけなどのハイブリッド・モデルを構成する基本要素のアイディアを提供した。

　研究グループの発足後、まず関連する研究領域の研究書を読んだ。米国に進出した日本企業の調査研究を目標としながら、まず文献調査を行い、やがて工場調査へと進んだ。文献研究は、多国籍企業論、日本的経営、日本の多国企業、米国の大量生産方式などに関する文献を材料にした。また日本的経営の研究者（間宏早稲田大学教授）や日本の労使関係の研究者（小池和男法政大学教授）にもインタビューを行い、専門家の研究関心を聞いた。

　印象に残っている文献のうちハイブリッド・モデルの作成にも関係する研究を紹介しておく。研究会で多国籍企業に関して最初に読んだのはフッドとヤングの『多国籍企業の経済学』である。多国籍企業を経済学の観点から多様な論点について整理していた。対外直接投資の決定要因、多国籍企業の経済理論、多国籍企業と貿易、多国籍企業と受入国さらに本国の関係などに関する研究の紹介は面白かった。とくに企業組織が国際経済に与える影響をみ

るのは新鮮であった（Hood & Young、1979）。

　ついで日本の多国籍企業に関する研究のうち、日本企業の経営とその海外移転可能性に関して対照的な評価をくだしていたものを紹介する。まず日本的経営の国際移転可能性を批判的に評価した2つの研究をみる。

　M. Y. ヨシノ著『日本の多国籍企業：世界市場に生き残れるか』（1976＝1977）から検討する。ハーバード大学のレイモンド・バーノンが主催する多国籍企業研究プロジェクトの一環として執筆したものであった。東南アジアに進出した日本企業を対象に経営者へのインタビューを通して行った調査研究である。日本企業が組織的には米国企業と同様の道を歩みつつあることを輸出から海外生産へ、そして親会社の国際事業部の強化と子会社の完全所有化などを分析した。そして国際化の観点から日本企業の経営については批判的に評価した。日本的経営は、海外人材を同化させるので、現地で緊張関係を生む、それゆえ「日本企業の経営者はその経営システムを抜本的に改革しなければならない」（ヨシノ、1977：275）と評価した。

　R. コールは、デトロイトと横浜の自動車工場労働者の比較研究を行った。日本の労働者の労働倫理の特徴は依存（dependence）にあり、それが労働者の勤勉さを生み出している。ひいてはそれが日本企業の成功要因であるという。日本の経営者はこの労働倫理に依拠して成功を収めることができたのであり、この文化的にユニークな行動パターンは他の国にはみられないものという。そして「日本人のリーダーシップの類型と個人の集団に関する行動は合衆国においては容易に複製できない道である」（Cole, 1979：251）といい、合衆国の労働者と労働組合は日本の経営を受け入れないであろうと評価した。

　このように文化の観点から日本の企業を研究すると、経営システムの抜本的改革を提言し、日本的経営の合衆国への移転困難を予測することに興味をもった。われわれも今日に至るまで日本企業と社会文化の関係について議論を繰り返しているが、ヨシノとコールはその問題の提起者である。

　つぎは、英国の研究者トレバー等の研究である。ヨシノやコールとは逆に、日本システムの国際移転を肯定的に評価した。トレバー著『日本のリラクタ

第Ⅰ部　調査研究の視点

ントな多国籍企業』は、日本企業がもっと早く海外に進出してもよかったのに進出が遅れたとして、日本の多国籍企業をリラクタントな多国籍企業と名づけた（Trevor、1983）。躊躇する多国籍企業という意味である。そしてホワイトとの共著『日本的経営の下で―英国労働者の経験』において、英国の労働者が日本の経営を肯定的に評価することを述べた。すなわち、英国の労働者は、日本の経営の仕事の細部へのこだわり、品質と規律の重視、そして日本人経営者の階級意識のない感覚を評価するという。そして英国人労働者が、日本人派遣者に帰国しないでほしい、英国人経営者に経営権が移ると元の英国式経営に戻ってしまう恐れがあるからだと述べた。そのうえで英国における日本企業の困難は、ホワイトカラーと経営者の管理にあるといった（White & Trevor, 1983：128〜132, 140）。この日本企業は英国において労働者に歓迎されるが、ホワイトカラーと経営者の管理に問題があるとする評価は新鮮であった。トレバー等の研究はドーアの日本の労使関係に関する研究と同じ結論を示していた。

　周知のようにドーアは日英の電機工場を対象に労使関係の比較研究を行った。組織志向の日本型に英国は収斂すると、当時の常識に反して逆収斂をいった。後発効果論である（ドーア、1973＝1987）。

　このように文献研究からは、日本の経営は国際的にみて特殊だが、同時に海外で通用する要素がありそうだという一見矛盾する評価を得ることになる。この両面の評価を睨みながら、われわれの多国籍企業研究は進んだ。こうして日本の経営に関する2つの対照的な研究成果を紹介すると両説が並び立っていたかのような印象を与えるが、日本国内においては日本的経営への批判的評価が強かった。その傾向は今日においても変わっていないといえる。

　文献調査を進めるうちに、経済実態のほうが進んだ。日本と先進諸国との貿易摩擦は激しくなり、1985年には歴史的な円高が進行した。こうして日米貿易摩擦と円高に対応するべく、日本の製造企業のアメリカへの進出の記事を連日のように目にすることになった。日本の製造企業が製品の輸出から現地生産に大きく舵取りを変えるのである。

文献研究を進めながら、調査研究の対象となる自動車、電機企業に関する工場見学とインタビューを行った。工場見学には、自動車、電機の組立と部品ばかりでなく、素材産業の鉄鋼、半導体などを選んで適宜訪問した。

　ハイブリッド・モデルは、文献研究と工場調査のなかから生まれたのである。とりわけ工場調査から得た知見が重要である。調査の仮説が明確になりやがて調査項目を確定するに至った。調査項目は、米国の予備調査（1986年）用に国内工場調査の成果を検討するなかから生まれた。つまり、米国に進出する日本の製造企業の工場管理を想定して作成し、日本の製造企業が大量生産方式の米国に何をもっていくかという観点から設定したのである。文献調査を通して得た大量生産方式と日本方式の違いを念頭に行った工場調査のなかから、調査項目が浮かび上がったのである。

　安保哲夫が、工場調査から帰ったある日の研究会で、短冊ふうに切った白い紙を持って現れ、メンバーに配布した。工場見学とインタビューの見聞をもとに、その紙に調査項目を各自自由に記載するようにと言った。各自が調査に必要な項目と考える単語を短冊に記載して提出した。こうしてでき上がったのが、23の調査項目である。その後、調査項目のネーミングは多少変わったが、形はそこで定まった。こうして適用と適応のハイブリッド・モデルとその調査項目の萌芽形が、国内工場調査の見聞を整理するなかからでき上がった。

　われわれは、工場を訪問し工場見学とインタビューを行う際、23項目に焦点をおく。すなわち、工場見学の際はこれらのなかで、とりわけ生産管理に関わる諸項目を中心として質問を行い、事実を収集する。そしてインタビューの際は、それらの項目に沿って可能な限り順番に質問してゆくのである。調査の後、会社記録と称する記録を作成し、情報の整理とメンバー間の情報共有をはかる。

第Ⅰ部　調査研究の視点

表1　海外調査研究の枠組

	6グループ	23項目
Ⅰ	作業組織とその管理運営	①職務区分、②多能工化、③教育・訓練、④賃金体系、⑤昇進、⑥作業長
Ⅱ	生産管理	⑦生産設備、⑧メンテナンス、⑨品質管理、⑩工程管理
Ⅲ	部品調達	⑪ローカル・コンテント、⑫部品調達先、⑬調達方法
Ⅳ	参画意識	⑭小集団活動、⑮情報共有化、⑯一体感
Ⅴ	労使関係	⑰採用方法、⑱長期雇用、⑲労使協調、⑳苦情処理
Ⅵ	親―子会社関係	㉑日本人比率、㉒現地会社の権限、㉓現地人経営者の地位

出典：安保・板垣・上山・河村・公文、1991、ほか。

　「表1　海外調査研究の枠組」は、23項目を工場経営の観点から6つのグループに分類したものである。Ⅰ：作業組織とその管理運営は、現場労働者の技能形成と教育訓練など日本の製造企業の労働システムの特徴を示す項目から構成される。Ⅱ：生産管理は、メンテナンス、品質管理、工程管理の生産に関わる項目から構成される。Ⅲ：部品調達は、組立企業と部品企業の間の取引関係に関わる項目から構成される。日本の組立企業は基幹部品を内製するが、それ以外の部品は外部から購入する。そして部品業との間では長期的な取引関係を形成し、そのなかからJIT（Just-in-Time）による部品の調達をする。あたかも部品企業は組立企業の内部組織を構成するかのような取引形態を形成するのである。

　以上の3つのグループは、工場管理の軸となる諸項目から構成される。それゆえ工場管理のコア部分を構成するものである。

　Ⅳ：参画意識とⅤ：労使関係の2つのグループは、高度な技能（変化と異常への対応、問題解決）をもつ現場労働者が参加意識をもち、経営者はそうした労働者と協力的な労使関係を形成すると想定し、そのための施策をみるのである。Ⅵ：親―子会社関係のグループは、日本の親会社と海外子会社の関係をみる項目からなる。日本の親会社が子会社に派遣する日本人経営者、そして現地人経営者の地位（逆にいうと派遣された日本人経営者の地位）などをみる。

第1章　アフリカの日本企業

　1986年夏・秋に米国にわたり、予備的調査を実施した。日系企業14工場と米国企業2工場を訪問した。帰国後、その調査研究の成果をまとめる作業を行った（安保、昭和63年）。

　予備的研究の成果を踏まえて本調査を行うことにした。1989年の夏から秋にかけて行った米国における実態調査であり、その成果をまとめた分析作業である。調査対象は自動車と電機の組立および部品企業である。訪問した日本企業は30社、42工場になった。同時に訪問した米国企業は6社7工場、韓国企業は1社1工場であった。このほか州政府や労働組合本部なども訪問した。そして研究成果は、安保哲夫・板垣博・上山邦男・河村哲二・公文溥著『アメリカに生きる日本的生産システム─現地工場の「適応」と「適応」─』（東洋経済、1991）、として発表した。[4]

（3）分析枠組

　次に、ハイブリッド・モデルのもう1つの構成要素である、「分析枠組」の側面を説明する。われわれは、日本型経営生産システム海外移転可能性を評価するために、23の調査項目について移転度合を数量的に評価することにした。予備的調査と本調査の2つの調査の成果の分析と評価の段階で、評価分析の基本形が定まった。まず日本のシステムの要素について、移転状況をハイブリッド度として5段階で評価し、何が如何に移転しているのかを数量的に評価することにした。

　この作業も、米国調査の実施と整理の作業とともに進行した。北米の本調査後、調査成果の分析作業に入った。システム構成要素の適用と現地システムへの適応の両面をみるのであるが、それを数量的に表現するのである。ここで適用は、日本の親会社の工場が行っている方式を5とする。そして適応は米国企業の現地工場が行っていることを1とする。その中間は3とする。中間よりも、日本寄りは4、米国寄りは2とするのである。予備的調査の分析作業以来このような評価方法はかわらないが、それらの評価基準を明確にし、公表可能な形に整理した。評価基準は、本調査の成果を書籍の形で公表

第Ⅰ部　調査研究の視点

する際に付属資料として公表することにした。

　ここで移転度合いの数量的評価は「主観的評価」ではないかという批判に
応えておく。人間が事実をみて評価するのは、個人的評価である。そして項
目別に移転の実態を表現する際に、この項目はある程度移転しているとかあ
まり移転していないとか、形容詞や副詞を使って表現する方法がある。それ
も1つの評価の表現方法である。そうした評価とその表現方法があることは
否定しない。

　われわれの評価方法は異なる。適用度の評価はまずメンバーの判断に依存
する。それは個人的な評価である。その際、「評価基準」を明確に設定する
ことで、基準が動揺し評価が定まらないという弊害をなくすことにした。そ
れでもなお基準に明記しきれない事実が多く出てくる。それゆえメンバーの
評価について議論し評点を定めることで、グループとしての評価に転換する
ことができる。こうして個人的評価を集団的評価に転換することで、調査対
象工場のハイブリッドの実体を可能な限り表現し、対象の実体から離れない
ものにしようとした。基準となる工場について全員で評点を検討し、そのう
えで個々の工場についてメンバーが評点を付けるのである。

　このように各項目に数量的評価を付けることにより、操作性が広がった。
各項目を組み合わせることにより、現地工場の管理システムを評価できるよ
うに操作工夫した。われわれは、2つの組み合わせ方法を開発した。

　ひとつは、工場全体を対象とする23項目の評価を6つのグループに分類す
る「6グループ評価」である。すでに表1で示したように、23項目を6グル
ープに分けるのである。すなわち、Ⅰ作業組織とその管理運営、Ⅱ生産管理、
Ⅲ部品調達、Ⅳ参画意識、Ⅴ労使関係、Ⅵ親—子会社関係、以上のように23

表2　適用度の5段階評価

適　　用	日本		中間		現地
評　　点	5	4	3	2	1

出典：表1と同じ。

項目を 6 つのグループに分類する。

　もうひとつ、「四側面評価」と呼ぶシステム移転に焦点を合わせた分析方法を開発した。「6 グループ評価」は、工場管理の全体像をみるのに対して、これは、23項目のなかから、日本システムの方式（多能工や品質管理など）に関わる項目と生産の人的物的要素（人そのものや設備など）にかかわる項目の違いに着目する分類方法である。われわれが調査項目としてあげた23項目は、システムそのものを示す方式と設備や人そのもののように工場を動かすのに必要な物的人的要素からから構成される。この 2 つの要素、つまり方式と人的物的要素に分けて工場管理の実際を評価するのである。ここで人的物的要素を「結果」と呼ぶことにした。われわれは方式の移転を重視するのであるが結果も、現地工場管理の実際を分析評価するうえで不可欠な要因だからである。

　「表 3　四側面評価」のように、工場管理にかかわるヒトとモノを方式と結果の両面から分類する。そして23の項目のなかから、ヒト方式（多能工、賃金体系など）とモノ方式（品質管理やメンテナンスなど）そしてヒト結果（日本人派遣者数など）とモノ結果（設備、部品の現地調達率など）の 4 つの側面を表現する項目を選んで再分類するのである。

　ここでヒト方式に分類される項目（多能工、賃金、教育訓練など）とモノ方式に分類する生産管理や品質管理の方式の関連をみておく。ヒト方式は、労働者個人の技能とその組織にかかわる諸項目である。たほう、モノ方式は、

表 3　四側面評価

	方　　式	結　　果
ヒ　ト	Ⅰ「作業組織とその管理運営」の全項目、Ⅳ「参画意識」の全項目、⑱雇用保障、⑳苦情処理	㉑日本人従業員の比率 ㉓現地人経営者の地位
モ　ノ	⑧品質管理、⑨メンテナンス、⑬部品調達方法	⑦生産設備、⑪ローカルコンテント、⑫部品調達先

出典：表 2　と同じ。

第Ⅰ部　調査研究の視点

品質管理、さらには部品調達方式のような、モノの生産にかかわる組織の方式要素を示す項目である。いずれも労働者の技能にかかわるが、労働者個人の技能と組織ルーチンにかかわる項目の違いをみるのである。それゆえ、ヒト方式とモノ方式は密接にかかわるのであるが、さしあたり、前者はヒトの技能を表し、モノ方式は生産にかかわる組織ルーチンを表すものとする。

　方式（多能工や品質管理）は経営成果に強い影響をもつ。日本企業がアメリカに進出し、独自の生産システムの何を如何に移転しているのかをみるには、方式と結果を分けてみる必要がある。大量生産方式の故郷における日本システムの移転状況をみるには、結果と方式を分けてみて、方式がいかに移転しているか、これが肝心の調査課題だからである。

　ところでわれわれは北米の調査の次に、アジアへと調査対象地域を広げた。予想したことではあったが、アジアを訪問してみるとその経営環境は、北米とは異なっていた。当時のアジアにおいて、確立した生産システムを想定することはできなかった。

　そこで評価基準を修正することにした。日本的経営生産システムの構成要素を23項目でみることは変えない。しかし現地の経営環境が北米とは異なる。異なるばかりか確立した生産システムを想定することができなかった。現地のシステム構成要素が曖昧であった。「適応」する現地のシステム構成要素が曖昧であった。もう１つ知識の制約があった。アメリカの企業や工場管理については研究の蓄積があるので、具体的なイメージをもつことができた。ところが、アジア諸国の製造企業それも工場管理となると、具体的なイメージがもてるような研究が十分ではなかった。日本的生産システムを表現する５は日本企業がどこに行っても同じであるが、アジアの要素を表現する１が明確ではなかった。それゆえ、23項目のうち方式にかかわる項目の評価を日本システムの適用側から行うことにした。日本の親会社の方式を５とし、現地工場の方式との差をみて評点を付けることにした。こうしてアジアの評価基準ができ上がった（板垣、1997：105〜112）。

　ついで、欧州の日本企業を対象に調査研究を実施した。現地の経営環境は、

28

北米とは多少異なるであろうと予想したが、想定通りであった。欧州の経営環境は、北米を基準としてみると、やはり違いがあった。欧州には独自の確立した生産システムがあった。評価基準の１となる要素が北米とは異なった。こうした事情を考慮して、評価基準の作成方針である日本を５とし現地を１とすることは変えないが、欧州に独自の要素について、評価基準を新に設定した。職務区分、多能工化、教育訓練、賃金体系、昇進、作業長など方式に関する評価基準を新に設定した（公文・安保、2005：34～42）。

　こうして「分析枠組」のうち23項目の評価基準について、北米基準のほかにアジア基準と欧州基準をもつことになった。適用する日本のシステムは、進出先が変わっても同じであるが、現地のシステムは進出先が変われば変わるのである。評価上１点とする現地アジアのシステムは北米とは異なるのである。それで日本を基準とする５点となる評価基準は進出先がどこであっても同じであるが、１点となる評価基準は、進出先が変われば変わらざるを得ないのである。

　次の問題は新たな地域を調査対象とした際の評価基準をどうするかである。われわれは、さらに調査対象地域を広げた。中東欧（和田・安保、2005、苑、2006）、中国（上山、2005）、ラテンアメリカ（山﨑・銭・安保、2009）そしてアフリカ（安保・公文、2012、安保・公文・銭、2013）へと調査を広げた。その際現地の要素を反映する評価の１について、新たな基準を設けるべきか既存の基準を修正することで対応可能かを検討した。その結果３つの評価基準（北米、アジア、欧州）は、対象地域を広げても多少修正することで適用可能であることがわかった。ラテンアメリカは、北米と欧州の基準を修正し、中東欧は同じく欧州基準を修正して評価することにした。アフリカは、欧州基準が利用可能であったので、それをもとに多少修正して評価基準を作成した。[5]

　このようにして、ハイブリッド評価は、調査対象地域が拡大し、経営環境要因が変わっても可能になったのである。適用する日本のシステムは、進出先が変わっても同じであるが、現地のシステムは進出先が変われば変わるのである。ハイブリッドの国際比較を行うべく、評点はすべて適用側から行う

第Ⅰ部　調査研究の視点

ことにした。そして可能限り、１点となる現地の方式を調べて、適用度の評価を正確にするように心掛けたのである。

　われわれの日本企業の国際展開に関する研究は国際経営の研究者によって受け入れられている。ミラ・ウィルキンスとジェフリー・ジョーンズの２人の国際経営史の研究者は、われわれの調査研究を日本企業の国際経営の実際を明らかにしたものとして紹介した（ウィルキンス、2005：141〜143、ジョーンズ、2005＝2007：228）。さらに、ハイブリッド概念が国際的に普及したことは自動車産業の研究書においてもみることができる（Boyer, 1998：23〜56）。ハイブリッドなる用語が国際経営史や国際経営論の領域において、日本の多国籍企業の組織と活動を示す用語として、イメージされるようになったのである。

　そして別の研究者集団によるハイブリッド・モデルを用いた海外日本企業に関する研究も表れた。神戸大学・佐藤隆広教授と、ポーランドのコズミンスキー大学トマッシュ助教（Tomasz Olejniczak, Kozminski University）の研究をここであげる。神戸大学グループはインドの日本企業を、コズミンスキー大学グループは中東欧（ポーランド、ハンガリーそしてチェコ）の日本企業を対象とする。インドと中東欧と地域は異なるが、われわれのモデルを用いて調査研究を行っており、すでに一部の成果も発表されている（佐藤、2017）。２つの研究にはJMNESGのメンバーが参加し協力している。JMNESGのメンバーが知識移転の役割を果たしている。そしてわれわれのモデルを利用した研究は独自の視点と方法を吹き込むことにより、研究を豊富化させることが期待されるのである。

２．アフリカの日本企業の調査

　北米の調査から始まったわれわれの研究はついにアフリカの日本企業を対象とするに至った。地球を一周したことになる。調査研究の課題は、これまでと同様で日本的経営生産システムの現地への移転可能性である。アフリカ地域は、発展途上地域のなかでもとりわけ工業化に後れており、期待をこめ

て最後のフロンティアとも呼ばれている。アジアとラテンアメリカ地域の諸国は政治的独立のあと工業化のプロセスに入ったが、アフリカの諸国はそうでもない。いったん工業化を始めたかにみえたが、長い経済停滞の時期を経験した。そして2000年代に入って資源開発を契機に経済成長を始めた。

　不安定な政治が経済停滞の最大の理由である。しかし企業組織もまた経済活動を活性化させることに失敗したといわざるをえない。その企業活動を担ったのは、現地企業と欧州および米国企業であった。そこに日本の企業が進出して、如何なる活動を行っているのか、日本的経営生産システムは移転可能なのか、これが調査研究の課題である。そして移転すればそれが経済開発に貢献できるのか、こうした関心ももつに至った。欧米企業は、自国で開発した独自の経営生産システムをもって現地で経営したが、その成果は十分でなかった。特定の天然資源の開発では成功しても、それは経営というより資源の特性に依存したものである。国際経済が必要とする天然資源（原油、金銀銅、レアメタルなどの）の鉱石採掘と販売を目的とする企業経営は、競争上の優位性をもつのが比較的容易である。

　しかし製造業は、天然資源産業のように素材のもつ競争優位に依拠することはできない。製造業は、従業員の技能と生産のルーチンを必要とする。さらに現地の資源と部品を利用して完成品をつくるには、産業クラスターを形成しなければならない。このように製造企業が経済開発に貢献するには、自社内における人材の育成とルーチンの確立そして産業クラスターの形成が必要不可欠な要因なのだが、既存の企業はそうした基礎的な経済要件の形成に成功したとはとても思えない。

　これまでわれわれが調査対象としてきた地域は、先進諸国であり発展途上国でも経済開発に成功したあるいは成功しつつある地域であった。これまでとは現地の政治社会そして文化の要因が異なるアフリカにおいて、日本のシステムは移転可能なのか、たいへん興味深い。

　本節は、（1）アフリカの調査研究の課題と経過、（2）ウブンツ経営論、（3）学校教育と労働市場、について説明する。

第 I 部　調査研究の視点

（1）調査研究の課題と経過

　JMNESGは、2つの時期にわたってアフリカにおける調査を行った。以下それを第1次調査、第2次調査と呼ぶことにする。第1次調査は2009年度から2012年度にわたる4年間である。そして第2次調査は2014年度から2016年度までの3年間である。このように足掛け8年にわたる現地調査となった。われわれが、このような長い期間にわたって同一地域を継続的に調査したのははじめてである。

　この地域の日本企業に関する調査研究はたいへん限られている。国民経済や産業に関する研究はあるものの、日本企業の経営に関する研究は少ない。それゆえわれわれはこの地域の日本企業に関するごく基礎的な事実、たとえば進出する日本企業の数や企業名といった基礎的な事実の確認に時間を費やしたのである。そしてまたこの地域の企業経営に関する研究もあまり多くなかった。現地と欧米諸国の研究者による企業経営の研究から基本的な事実、たとえば企業経営は如何なるモデルをもっていると理解できるのか、現地特有の企業経営モデルがあるのかそれとも欧米企業のモデルを採用しているのか、あるいは何らかの形の現地と欧米モデルのハイブリッドになっているのか、こんなことから研究をしなければならなかった。このように日本企業を対象としてアフリカへの経営生産システムの移転可能性を明らかにするには、長期の調査にならざるを得なかったのである。もちろん最初からそのように計画したわけではなかった。偶然的要素も含みながら、結果的に長期にわたる調査になったのである。

　第1次調査は、まずエジプトから行った。日本からみるとエジプトがアフリカの入り口にみえたのである。2009年度から2012年度までの4年間に、地域ではアフリカの北部（エジプト、モロッコ、チュニジア、など）、東部（ケニア、タンザニア）、西部（ナイジェリア）、南部（南アフリカ、ジンバブエ、スワジランド、マダガスカルなど）、以上の合計12カ国を訪問した。対象企業では日系企業38社（うち製造業28社、資源関連4社、商社・営業6社）、欧米企業11社、

第1章　アフリカの日本企業

中国企業2社など合計51社、政府関係機関6カ所を訪問した。地域および企業には複数回訪問も含むが、このように12カ国の51社6政府機関を訪問した。その中間的な研究成果は、個別企業のケース分析の形と（『赤門マネジメント・レビュー』、2011年〜2013年）中間的な研究のまとめとしてすでに発表している（安保・公文・銭、2013年）。

　そこで、第1次調査の結果を、2つの表に分けて表示しておく。次の表4−1は、第1次調査の前半（2009、2010年度）の訪問企業を示す。ついで、「表4−2　訪問企業の一覧表（2011、2012年度）」は、第1次調査の後半部分の訪問企業を示す。

　2011年度は、南アフリカ、ナイジェリア、モザンビークそしてマダガスカルの4カ国を訪問した。南アフリカでは、日系企業6社、現地の自動車部品の2次下請け企業（テクニック製造とマクドナルド・スティール）、ドイツ系企業（メルセデス・ベンツ）、そして南アフリカ金属産業労働組合の本部と訪問先が広がった。ナイジェリアでは日系企業3社と中国系企業を、モザンビークでは日系企業を、マダガスカルでは現地の輸出加工区にある企業と外資誘致組織を訪問した。2012年度には、北部アフリカのチュニジア（5社と1政府機関）、南部の南アフリカ（2社と2政府機関）、東部のケニア（2社と1政府機関）をそれぞれ訪問した。

　第2次調査は、2014年度から2016年度までの3年間にわたった。第2次調査の基本的な関心は同じであり、日本方式の移転に関する実態調査を積み重ねることにあるが、第1次調査の成果を踏まえて次の3点を具体的な課題として設定した。

　第一は、日本企業の経営とアフリカの社会文化要因との関係に関してさらに掘り下げて調査することである。アフリカの企業経営は欧州型の管理方式とアフリカの制度要因のミックスとなっている。そのことがわれわれの第1次調査研究で明らかになった。現地企業と政府系機関（エジプトとタンザニアの通産省、そして南アフリカの生産性本部）におけるインタビューから、アフリカの制度は社会文化要因を背後にもつことを知らされた。

33

第Ⅰ部　調査研究の視点

表 4 - 1　訪問企業の一覧表（2009、2010年度）

年　度	国	企　業	備　考
2009	エジプト	*日産*	米国企業
		GM／いすゞ	
		*YKK	
		大塚製薬	
		豊田通商	販売
		*エジプト石油開発（国際石油開発帝石）	
		*エジプト通産省改善センター	エジプト政府
		JICAエジプト	日本政府
	モロッコ	*矢崎総業	
		マキタ	
		*YKK	
		アリスタ・ライフ・サイエンス	販売
	タンザニア	パナソニック	
		鴻池組	建設
		日本大使館	日本政府
		タンザニア通産省	タンザニア政府
2010	南アフリカ	*トヨタ（TSAM）	
		豊田合成	
		トヨタ紡織	
		スミス（デンソー）	
		キャタラー	
		豊田通商	製造、販売
		*海信	中国電機企業
		*ハーニック・フェロクロム	
		*サマンコル・クロム	
		*コマツ	
		*VW-SW	ドイツ企業
		*日産	
		*南アフリカ生産性本部	南アフリカ政府
	スワジランド	*YKK	
	ジンバブエ	*WMMI（マツダ）	
	ケニア	*AVA（Associated Vehicles Assemblers）	現地企業
		*ウンガ飼料	
	タンザニア	*住友化学	

出典：安保・公文・銭「アフリカの日本的ハイブリッド工場（2009/2010）—中間的なま
　　　とめ—」『赤門マネジメント・レビュー』12巻12号（2013年12月）研究ノート、798頁。
注：*印は、『赤門マネジメント・レビュー』「ものづくり紀行」で取り上げられた企業で
　　ある。

34

第1章 アフリカの日本企業

表 4 - 2　訪問企業の一覧表（2011、2012年度）

年　度	国	企　業	備　考
2011	南アフリカ	スミス（デンソー）	
		NGKセラミクス	
		ブリヂストン	
		豊田通商	製造と貿易
		テクニック製造	現地企業
		マクドナルド・スティール	現地企業
		日立建機	
		UDトラックス	
		メルセデス・ベンツ	ドイツ企業
		NUMSA（National Union of Metal Workers SA）	南アフリカ金属産業労働組合本部
	ナイジェリア	本田技研	二輪
		三菱商事	商社
		双日	商社
		金帝靴業	中国企業
	モザンビーク	MOZAL	三菱商事25％出資のアルミ製造
	マダガスカル	GEFP（Groupment des Entrepreses Franches et Partenaire）	輸出加工区組織
		BIONEXX	薬草栽培
		Industrie Textile de l'Ocean Indien（INDEX-OI）	縫製
2012	チュニジア	矢崎総業	
		住友電工	
		YKK	
		パラダイム・プレシジョン	
		Telnet	エンジニアリング・サービス
		FIPA（Foreign Investment Promotion Agency）	政府機関
	南アフリカ	豊田通商	
		トヨタ（TSAM）	
		JETRO	
		日本大使館	政府機関
		フォード	アメリカ企業
	ケニア	豊田通商	自動車修理、商社
		JETRO・ケニア	
		マサイM-Peaceケニア	通信

出典：JMNESGの調査活動の記録による。

35

第Ⅰ部　調査研究の視点

　現地人従業員が社会文化要因を体現する主体である。ただし社会文化は企業組織のなかに直接的に入り作用するわけではない。現地人従業員は賃金労働者として雇用されるのである。日本企業が本国から持ち込む経営システムのもとで働くことになる。その労働者は社会文化要因をもっている。日本企業がアフリカ人経営者と労働者をアクターとして雇用するとき、それが、形成されたハイブリッドのなかで如何に作用するかという問題である。

　そこで、可能な限り現地企業を訪問することにした。現地企業の経営実践をみることで、その問題にふれる機会をもてると想定できるからである。幸い南アフリカにおいて、現地生産性本部の紹介により現地企業を訪問できた。またナイジェリアにおいて、現地人研究協力者の仲介により、現地企業を訪問できた。本節の（2）では、文化要因であるウブンツ（ubuntu）について、（3）では社会要因としての学校教育について、それぞれ説明する。

　第二は、日本の親会社がグランド・マザーになり海外の子会社を媒介としてアフリカの子会社に技術・技能を移転するケースがいくつかみられたので、さらに調査を進めることである。日本企業は、日本の親会社の工場をマザーとして、そこから海外子会社に技術移転を行ってきた。ところがアフリカにおいて、海外子会社をマザーとする技術移転がいくつかみられたのである。国際経営の経験を蓄積した日本企業が、海外子会社をマザーとする技術移転の方式を採用していたのである。その場合、日本の親会社は、いわばグランド・マザーになるのである。

　第三に、低所得・低価格市場への日本企業の進出に関してさらに実態をみることである。日本企業は高品質を売り物にする。それゆえ低所得・低価格市場への商品供給に難点がある。発展途上国市場において、高価格市場に焦点を合わせて進出する戦略は、所得の向上を待って販売数量を確保することになる。日本企業は、経済成長を再開したアフリカの市場に如何に商品を供給するか、それが工場管理に如何なる影響をもつか、こんな関心をもつのである。

　第2次調査の実施状況をみておく。第1次調査の際には北アフリカから活

第1章　アフリカの日本企業

動を始めたのであるが、エジプトが政権の移動を契機に政治的に不安定となったこともあって、北部ではなく、南部、東部、そして西部の3地域を集中的に訪問することにした。なかでも国民経済の規模が大きい南アフリカ、ケニアそしてナイジェリアの3カ国を集中的な調査対象とすることにした。関連して南部ではザンビアも訪問した。3カ国では、可能な限り第1次調査において訪問した日本企業に2度目、3度目の訪問を実施し、聴き取り調査と工場見学を行った。この期間をおいて実施した調査研究により、時系列的な変化を通して当該企業の経営実態をより深く知ることができた。

　また、第1次調査の際に、中国企業とインド企業が多数アフリカに進出していることを確認した。それでわれわれも中国企業とインド企業を訪問した。中国企業2社（南アフリカとナイジェリア）には2度の訪問を実施し、より詳しく経営実態を知ることができた。次に具体的に訪問先を説明する。

　2014年度には、南アフリカおよびザンビアを訪問した。南アフリカでは3つの製造企業と2つの商社、2つの政府系機関、日本（JETRO）および現地政府（生産性本部）、ザンビアでは建設用機械の再生工場を訪問した。そして南アフリカの中国企業に2度目の訪問を行った。

　2015年度には、南アフリカ、ナイジェリアそしてケニアを訪問した。南アフリカではドイツ系企業そして現地企業2社を訪問した。現地企業への訪問は、南アフリカ生産性本部の仲介によって可能となった。ナイジェリアでは、日系企業と現地企業、インド系企業さらにはナイジェリア生産性本部そして日本の政府機関（JETROと日本大使館）を訪問し話を聞くことができた。ナイジェリアの沿岸に近い商業都市ラゴスでは、製造企業を2つ、商社1つ、政府機関（JETRO）を訪問した。このうち2輪車企業は2度目の訪問であり、経営の実態を詳しく知ることができた。そして中国企業とインド企業を訪問した。

　ナイジェリアにおいて特記するべきことは、現地人研究者の協力を得て、中央部の首都アブジャとジョス市の現地企業や現地政府機関を訪問することができたことである。アブジャは、計画的に建設したことがわかる近代的な都市であった。ジョス市では、3つの現地企業、2つの政府機関を訪問した。

37

第Ⅰ部　調査研究の視点

表5　訪問企業の一覧表（2014、2015、2016年度）

年　度	国	企　　業	備　　考
2014	南アフリカ	HESTO（矢崎総業）	
		NGKスパークプラグ	
		住友商事	商社
		丸紅	商社
		JETRO	
		ハイセンス（海信）	中国企業
		南アフリカ生産性本部	政府機関
	ザンビア	日立建機	
2015	南アフリカ	サンエース	
		BMW	
		センチュリオン・システム	現地企業（門扉製造）
		DPIプラスティック	現地企業
		伊藤忠商事	商社
		住友商事	商社
	ナイジェリア	本田技研	二輪
		味の素	
		三菱商事	商社
		JETRO	
		日本大使館	首都アブジャ
		金帝靴業	中国企業
		Integrated Cereal	現地企業（ヨーグルトの製造販売）
		Angona	現地企業（鉱物の事前処理・販売）
		Agriculture Services, Training Centre & Marketing Ltd.	イスラエル企業（農業教育）
		SEVAL	現地企業（飼料製造）
		ナイジェリア生産性本部	政府機関
		ナイジェリア鉱物資源開発庁	政府機関
		Kewalram-Chanrai Group	インド系商社
	ケニア	AVA（Associated Vehicles Assemblers）	
		本田技研	二輪
		東洋建設	
		JETRO	
		トヨタ	販売会社
2016	南アフリカ	トヨタ（TSAM）	
		HESTO（矢崎総業）	
		トヨタ紡織	

出典：表4－2と同じ。

国内市場に商品を供給する食品や鉱山業の実際を見聞できた。首都アブジャでは、日本大使館および現地政府機関（生産性本部）を訪問した。ケニアでは 2 つの製造企業と港湾建設企業、および販売会社と JETRO を訪問した。

2016 年度は、南アフリカにおいて、3 つの自動車製造と部品企業を訪問した。いずれも 2 度目あるいは 3 度目の訪問であり、時系列的変化を通して経営の実際を深く知ることができた。

（2）ウブンツ経営論

本稿の冒頭で述べたようにアフリカの経営に関する研究者は、西欧の経営モデルとは異なる独自のモデルを模索している。Jackson は、アフリカ的経営を提起した研究において、西欧をモデルとする経営、アフリカ・ルネサンスと呼ぶ現地特有の経営、そしてアジアと日本の経営を比較した（Jackson, 2002：1003〜1005）。アフリカ的経営の議論は、やがてウブンツ（ubuntu）経営なる概念をもって行われようになった（Karsten, 2005、Auchter, 2017）。そして Jackson もウブンツを現地特有の文化要素としてあげていた。それらの研究は、日本的経営の移転への文化要因の作用を考えるわれわれにとっても参考になる視点や事実発見を提示しているので、ここで検討しておく。

ウブンツが注目されるようになったのは、南アフリカ政府がそれを「真実和解委員会」の理念としたことに基づく（Truth and Reconciliation Commision, 1996）。ネルソン・マンデラは、真実和解委員会をつくって南アフリカ社会の統合を図った。真実を述べ認めるとアパルトヘイト時代の罪を問わないとする社会統合のための行政上の措置である。南アフリカ真実和解委員会報告書のなかからその理念を述べた部分を次に引用しておく。

伝統的なアフリカの価値に関していえば、ウブンツ（ubuntu）の基本的な重要性が強調されねばならない。ウブンツは一般的に「人間性」と翻訳されるが、隠喩的に、*umuntu ngumuntu ngabantu*—人は他の人を通して人である—と表現される（『南アフリカ真実和解委員会報告書第 1 巻』、1998：127）。

第Ⅰ部　調査研究の視点

　「ウブンツ」はマンデラの属するコーサ族の言葉であるが、南アフリカ最大の部族であるズールーの言葉では、報告書のように「人は他の人を通して人である」と表現されるという（Gade, 2011：318）。つまり人は一人ではなく、他人との関係を通してのみ人でありうる、という強い社会関係を表している。

　ウブンツの歴史を調べたChristian Gadeによれば、概念の意味が南アフリカの社会転換の時期（アパルトヘイト後）に変化したという（Gade, 2011）。つまり人間性から相互関係への変化である。アフリカ人は独自の文字をもたなかったので、西欧の植民地となり文献が残るようになる19世紀の半ば以降その言葉を確認できる。1980年以前は、人間性（human nature, humanness, humanityなど）を表す言葉を意味していた。それが社会転換期に相互関係（interconnectedness）の意味で使われるようになったという。ウブンツが社会の政治的統合の理念とされたので、関係概念になったという。

　Gadeはさらに、現地黒人へのインタビューによって、ウブンツの意味を聞く調査を行った。ウブンツとは何かというという問いへの答えが２つの集団に分かれた。１つは人の道徳、もう１つは人の相互関係である。そしてウブンツの対象は、社会の全員なのか、黒人だけなのかという質問への答えも分かれたという。全員が対象になるという答えと黒人だけが対象になるという答えの２つである。そしてこの言葉は、南アフリカのみならず広くサブサハラ・アフリカにおいて共通にみられるという（Gade, 2012）。

　こうしてウブンツは社会の転換期に政治統合の意味をもって表れた。それが企業経営上の用語になったのである。ウブンツ経営に関する論文をたどると、問題提起者として浮かび上がるのは、次の２組である。いずれも現地における経験にもとづく提言である。

　まず、Lovemore Mbigiの問題提起があった（Mbigi, with Maree, 1995、Mbigi, 1997）。Mbigiは、南アフリカの経営コンサルタントであり、この理念の最も早い提言者である。南アフリカの転換期における新しい経営理念を

40

提言した『ウブンツ：アフリカの経営転換の精神』において、次のようにウブンツを規定した。すなわち、「集団的連帯、従順、思いやり、尊敬、人格、そして集団的統合」(Mbigi, 1995：2)、その意味内容を以上のようにいった。Gadeの概念規定を基準にすれば、人間性と人の相互関係の両面を述べているのであるが、連帯（solidarity）が彼のキー概念である。連帯を基礎におく経営の転換を述べた。西欧の経営が個人主義を基礎におくのに対して、アフリカ的経営は連帯を基礎におくのだという (Mbigi, 1997：13〜14)。経営文化論の用語におきなおせば、強い集団主義としてウブンツを規定するといえる。

　ついで、MangalisoとDamaneによる提言「ウブンツから競争優位を構築する：南アフリカからの経営の教訓」(Mangaliso & Damane, 2001) がある。Mangalisoは、南アフリカにおける企業勤務を経て米国の大学の経営学准教授（当時）となった研究者である。彼らは、ウブンツをまず、個人と集団が他人に対して示す人間性（配慮、和、もてなし、尊敬、など）と規定する。さらにその組織概念は、相互関係（互恵性、利己心の抑制、そして共生）になるという。このようにGadeのいう概念の両面をやわらかい言葉で表したのである。そしてウブンツにもとづく経営実践は、年長者を尊重すること、他人の面倒をみること、そして合意にもとづく意思決定となるという (Mngaliso & Damane, 2001：27〜30)。

　ウブンツ経営の論者が共通して指摘するのが、以上の2つである。いずれも経験にもとづく提言であり、実証的な研究にもとづくものではない。その後表れる「アフリカ的経営」に関する研究はウブンツに言及する (Kamoche, Debrah, Horwitz, & Muuka, 2004：10, 185, Lituchy, Punnett, & Puplampu, 2017) か、あるいはその核心はウブンツにあるという (Seny, Anderson, Apitsa & Adegbite, 2015：18)。しかしながらウブンツ経営をいう多くの研究は抽象的な記述の域に留まるものが多い。そうした状況に対して批判的な研究も表れた。Westは、論文「ウブンツと企業倫理：問題、視覚、そして展望」において、既存の研究論文を批判的に検討した。とりわけ文化の国際比較研究

第Ⅰ部　調査研究の視点

の成果を用いて当該概念の適用可能性の制約を指摘した部分は興味深い（West, 2014：53）。

　そうしたなかで事実を具体的に確認できる実証的な研究もある。ここでは2つのケース分析を紹介しておく。いずれも、A. Newenham-Kahindi, K. Kamoche, A. Chizema, そしてK. Mellahiの編集になる『アフリカにおける有効な人の管理』（Newenham-Kahindi, Kamoche, Chigema, Mellahi, 2013）に含まれる論文である。タンザニアに進出した南アフリカの企業と米国およびカナダの企業を対象として、ウブンツを考慮し実践する南アフリカ企業とそうではない米国とカナダの企業を比較する研究である。

　タンザニアとウブンツの関連を示す事実を確認しておく。Newnham-Kahindiによれば、タンザニアの最大部族スクモは、ウブンツに相当する言葉としてBantuを用いており、その意味は連帯感や人の集団であるという（Newenham-Kahindi, 2013：157）。またタンザニアを含む東アフリカに居住する部族スワヒリはWatuを用いるが、その意味は人間あるいは連帯であるという。このようにタンザニアにおいてもウブンツの言い方は異なるが、同じ意味で用いられる。

　Newenham-Kahindiは、タンザニアにおける3つの鉱山開発企業を対象として、CSR（Corporate Social Responsibility、企業の社会的責任）活動の方式と成果を比較している。2社は南アフリカから来た企業でありウブンツを実践する。もう1社はカナダから来た企業であり本社の方針にもとづくCSR活動を実践する。

　まず南アフリカの企業2社からみる。南アフリカの企業はミッションとしてウブンツをもつ。そしてCSRの実践において従業員の役割を重視するのである。従業員にはCSR活動を示す本とパンフレットを渡し、村に帰って住民と話すように促す。そして地域住民特に年長者との密接なミーティングを行う。こうして村の年長者によって組織される討論会において、従業員が現地語で会話を行うのである。また企業は、地域のNGOとも密接な関係をもち、子供の学校への復帰を援助する活動も行った。こうして、南アフリカ

42

の企業はタンザニアにおけるCSR活動において地域との密接な関係を形成することができた。

　他方、カナダから来た多国籍企業は異なるアプローチをとった。トロントの本社がつくったCSRの方針とインパクト評価を用いて、トップダウンによる活動を行った。企業の意図を伝えるべく地域住民と地方自治体との密接な関係を築くための多額の費用を支出した。しかし地域住民との間で、逆に緊張関係が生まれた。カナダの企業は、地域住民、地方自治体との間で密接な関係を築くことに失敗したのである。この企業は、CSR活動に従業員を有効に動員していない、そして活動内容が地域の実態に相応しくなかったのである（Newenham-Kahindi, 2013：163〜174）。

　南アフリカ企業とカナダ企業との違いはわかりやすい。従業員の動員、地域リーダーとの会話、そして意思決定、この違いである。カナダ企業は、従業員を利用せず、トップダウン型の意思決定を行い、地域年長者との会話を怠ったのである。

　次に、タンザニアにおける銀行業のケースを説明する。アメリカの企業と南アフリカの企業の比較研究である。ウブンツ経営を実践しないアメリカ企業とそれを実践する南アフリカ企業の比較である。あらかじめ想定できる結果とは異なる評価が行われることが面白い。つまり従業員の評価は、アメリカの企業に批判的で、南アフリカの企業に好意的かと想定すると、そうでもないのである。ウブンツの慣行が企業の内部労働市場の作用において、年齢別性別に異なる評価を受けるのである。若年層と女性が年長者優遇の人事管理に批判的な反応を示すのである。

　両行はコンピューターを用いた作業管理を行うことそして本社（米国と南アフリカ）が意思決定を行うことでは同じである。ところが、ウブンツをめぐって異なる。

　米国企業（Citibank）の場合、賃金は査定による個人給で支払われ、昇進は能力（コミュニケーション技能、リーダーシップなど）にもとづく。そして雇用は6カ月ごとの契約更新の短期雇用方式である。

第Ⅰ部　調査研究の視点

　他方、南アフリカの企業（Standard Bank）の場合、賃金は集団給であり、昇進は年齢（年長者優遇）と性（男性優遇）を基準とする。賃金の個人査定は従業員のやる気をなくすと考え、集団の態度を基準とする。昇進は、35歳以上の男性を優遇する。

　面白いのは、年齢と性によって、人事施策への評価が異なることである。米国の銀行では、若い男性と女性が能力主義の賃金と昇進に肯定的な評価を行う。アフリカ文化の隠れた軸である年長者優遇は、若い男性と女性には抑圧的に映るのである。もちろん、雇用保証がないことには不満である。他方、南アフリカの銀行では、年長者が若い人によるウブンツアプローチへの不満に懸念を表明しているという。年長者は、若い人による既存の文化と価値の変更の要求によって、雇用と地位の安定が脅かされていると恐れているという（Kamoche, & Newenham-Kahindi, 2013：115～116）。

　以上のように、タンザニアの鉱山業と銀行業において現地従業員によるウブンツ慣行の評価が異なるのである。鉱山業のCSR活動において、従業員重視の合意型意思決定そして地域年長者との話し合いは有効であった。ところが銀行における男子年長者優遇の賃金と昇進の制度は、若年者と女性に評判が悪かったのである。つまり、社会で当然とされるウブンツ慣行が企業の内部において若年者と女性から批判的な評価を受けるのである。これは若年者と女性が企業内において、社会のウブンツ慣行を障害と感じることを意味する。賃金労働者としての経済的利益が外部社会の慣行を障害と感じさせると解釈できるのである。

　ウブンツをめぐるこの事例からさしあたり日本的経営に関係する観点を指摘しておく。約半世紀前に当時の日本経営者団体連盟（日経連）が、能力主義管理を提言した（日経連、1969）。それは従業員管理を年功・学歴による年次別、集団的管理から、能力による個別管理への転換を提言したものであった。年功学歴は能力に関係する限りで認めるというものであった。他方、欧米の職務の権利を基本とする能力主義とは異なり、集団主義の伝統を生かした小集団管理を述べていた。それは伝統と新しい能力主義の微妙な結合を述

べたものであった。実際、日本企業は、技能形成や賃金において欧米とは異なるシステムを確立した。多能工化、ブルーカラー賃金のホワイトカラー化、さらには小集団活動による生産工の改善活動への参加などである。「能力主義管理」は、日本企業の雇用管理に即していえば、長期雇用が定着した後に、経営を効率化するべく経営者団体が行った提言であった。そして、日本企業は長期雇用のうえに、ブルーカラー層もふくむ従業員の能力による個別管理を確立した。

　アフリカの企業は、独自の社会文化要因を考慮したアフリカ的経営を模索しつつある。そしてウブンツ経営が注目を集めている。タンザニアにおけるウブンツを生かした企業経営は、CSR活動では成功した。従業員の合意にもとづく活動が成功した。しかし人的資源管理では従業員の間に微妙に異なる評価を生み出した。男子年長者を優遇することに若年層男子と女性が批判的であった。この2つの層は個人査定による賃金に肯定的な評価を下した。日本企業は独特の能力主義管理のシステムをもっている。アフリカの経営者、労働者そして労働組合が、それをいかに評価するか。そして現地日本企業は、如何なる経営を行うのか、これがウブンツ経営を考察したあと、われわれがあらためて意識する調査研究の課題である。

（3）学校教育と労働市場

　次に現地の社会要因のうち特に教育を取り上げて説明しておく。文化についてウブンツを取り上げたので、社会要因として教育を取り上げることにする。アフリカの学校教育は労働能力の形成の観点からみると十分でないといわざるを得ない。一国の労働能力は、学校教育と産業教育で形成される。学校は、一般的な「読み書きそろばん」の知識を教え、産業教育は、それが専門学校であれ企業内教育機関であれ、仕事に必要な技能を教える。いうまでもなく、学校教育が基礎となって産業教育が築かれる（Ashton & Green, 1996）。ところがアフリカでは、学校教育が十分行われているとは言いがたいのである。それゆえ人口が豊富であるにもかかわらず、企業に雇用される労働力が

第Ⅰ部　調査研究の視点

十分供給されるとはいえない制限された労働市場を想定しなければならないのである。

　まず「表6　教育の指標」で、識字率と就学率の2つの指標をみておく。識字は、日常使用する短い文章を読みかつ書くことができる能力（UNESCO, 1959）示したものである。まず識字率を地域別にみておく。世界平均は93％（男）と89％（女）とほぼ9割に達する。ところがサブサハラ・アフリカ（サハラ砂漠以南のアフリカ）は、76％（男）と66％（女）である。国別にみると、エジプト、ケニア、南アフリカ、ジンバブエの4カ国は、この指標で80％を超える。しかしタンザニアは70％台であり、アフリカ最大の人口をもつナイジェリアは、76％（男）と58％（女）に留まる。この地域では、必要事項を口頭で伝達しなければならない人がかなりいるのである。

　次に就学率をみる。これは学校に通う子供の割合である。初等教育あるいは中等教育に就学する子供の当該年齢の子供に占める割合を示す。サブサハラ・アフリカについてみると、初等教育の純就学率は81％（男）と76％（女）である。しかし中等教育となると低く、36％（男）と32％（女）と3割台になる。表6においてこの指標を全部確認できる国（ケニア、ジンバブエ、モザンビーク）をみておく。比較的良好な数字を示すケニアの場合、初等教育で84％（男）と88％（女）、そして中等教育で57％（男）と56％（女）である。ケニアでは、初等教育純就学率は8割を超えるが、中等教育のそれは5割強なのである。ジンバブエとモザンビークの場合、初等教育の純就学率は、ケニアとほぼ同じであるが、中等教育の指標はさらに低くなる。ジンバブエの場合、中等教育純就学率は男女とも40％台であり、モザンビークの場合、男女とも10％台である。

　アフリカの最大人口の国ナイジェリアをみると、初等教育純就学率が71％（男）と60％（女）であり、サブサハラ・アフリカの平均よりも低いのである。

　このように学校教育の純就学率をみると、主だった国の初等教育は80％を超えるものの、中等教育は高くない。つぎにより科目を限定して数学と理科の教育成果の国際比較をみることにする。

46

第1章　アフリカの日本企業

表6　教育の指標　　　　　　　　　　　　　　　（単位：％）

国・地域	若者の識字率		初等教育・純就学率		中等教育・純就学率	
	男	女	男	女	男	女
エジプト	91	84	—	—	77	77
ケニア	83	82	84	88	57	56
タンザニア	76	73	81	82	—	—
ナイジェリア	76	58	71	60	—	—
南アフリカ	98	99	—	—	—	—
ジンバブエ	90	92	88	90	43	43
モザンビーク	80	57	90	85	18	18
サブサハラ・アフリカ	76	66	81	76	36	32
世　界	93	89	92	90	67	65

出典：ユニセフ『世界子供白書2016』巻末表5：教育指標。
注：（1）若者の識字率は、15〜24歳の若者の識字率、期間は2009〜2014年。
　　（2）初等教育純就学率は、初等または中等学校に就学する子供の人数が当該年齢
　　　　の子供の総人口に占める割合を示し、期間は2010〜2014年である。
　　（3）中等教育純就学率は、中等学校に就学する子供の当該年齢の子供の総人口占
　　　　める割合を示し、期間は2010〜2014年である。
　　（4）—は、記載なし。

　「表7　国際数学・理科教育動向調査（2015）におけるアフリカ諸国の順位」、によるとアフリカの4カ国は、この調査に参加する国のなかで、最下位の水準に位置している。調査に参加する国の数が限られており、アフリカでは表の4カ国しか表示されていない。アフリカの参加国は、北部アフリカのエジプトとモロッコ、そして南部アフリカの南アフリカとボツワナである。この調査の成績上位に位置するのは日本を含むアジア諸国であり、先進諸国は総じて中位以上に位置する。アフリカと中近東諸国が下位に位置するが、アフリカ諸国は最下位グループを構成する。

第Ⅰ部　調査研究の視点

表7　国際数学・理科教育動向調査（2015）におけるアフリカ諸国の順位

（単位：当該国の順位）

国	小学校算数・全49カ国中	小学校理科・全47カ国中	中学校数学・全39カ国中	中学校理科・全39カ国中
エジプト	—	—	34	38
モロッコ	47	46	37	36
南アフリカ	48	—	38	39
ボツワナ	—	—	35	37

出典：国際数学・理科教育動向調査（TIMSS：Trends in International Mathematics and Science Study、2015）。文部科学省のホームページ、国際学力調査より。
注：（1）—は記載なし。
　　（2）小学校は4年生、中学校は2年生。

　アフリカの4カ国について、国別数字に欠落のある小学校ではなく、中学校をみると次のようになる。数学の成績は参加39カ国中、それぞれ38位（南アフリカ）、37位（モロッコ）、35位（ボツワナ）そして34位（エジプト）、となる。そして理科の成績は、参加39カ国中、最下位の4つがアフリカの国である。39位（南アフリカ）、38位（エジプト）、37位（ボツワナ）、そして36位（モロッコ）となる。このように、アフリカ諸国は数学・理科ともに最下位グループとなる。とりわけ南アフリカは、アフリカのなかで2科目とも最下位を示す。

　以上のようなアフリカにおける学校教育の成果を労働市場に置き換えてみると、次のようになろう。中等教育を受けた生徒は主だった国でも5割から7割くらいであり、国際的にみて数学と理科の教育成果は低かった。この学校教育の不十分な成果を労働力が反映すると想定しなければならない。企業が、中等教育修了者で国際的にみて数学と理科の十分な知識をもつ労働者を労働市場のなかで探すのが容易でないのだ。なおここでは、中等教育より上の教育については述べていない。国際比較の可能な信頼できる資料を発見できなかったためである。当然のことながら、それらについても不十分さが指摘されている。以上は、労働市場の供給側からみた事情である。

第1章　アフリカの日本企業

　JETROの調査によれば、アフリカの主だった国の賃金水準はアジア諸国に比較して高い（第2章と第6章、参照）。貧困層が多いにもかかわらず賃金水準が高くなるという、不思議なパラドクスを示すのである。労働市場の需要側からみると、おそらくは、政府機関や国際市場に商品を供給する天然資源産業そして一部のサービス産業など、比較的高い賃金を支給する部門がまず労働力を雇用するであろう。こうしてまず高賃金部門が優秀な労働力を吸収するであろう。他方、労働市場の供給側には、学校教育を十分受けていない労働力が存在した。それゆえ、企業に雇用される層が枯渇しやすいという制限された労働市場の構造を想定しなければならない。

　発展途上国について、無制限労働供給という見方がある（Lewis, 1954）。人口数を重視すればそうみえるかもしれないが、重要側からアフリカの労働市場をみればそうでもない。熟練工ばかりか普通の職種においても技能はそれなりに必要とされるのである。企業はアフリカにおいて、このように制限された労働供給を想定する必要がある。

　日本企業はこの制限された労働供給のもとで、如何なる経営を行うか。日本企業は、従業員の教育訓練を企業内に設けた学校で行ってきた。それを最も徹底したのが日本企業であった。しかしこの企業内における技能教育は、日本の親会社の話である。アフリカでは従業員の企業内教育の必要性は大きい。学校教育の実情から判断して、その必要性は海外子会社のなかでも最も高いといえよう。

おわりに

　本稿の目的は、日本的経営のアフリカへの移転可能性を課題とする調査研究の入り口に相当する説明をすることである。そのためハイブリッド・モデルをまず説明した。われわれは、調査研究の課題を日本的経営生産システムの海外移転可能性に定めた。日本企業は現地で競争上の強みを生かすべくシステム構成要素をもってゆくが、同時に現地の要素を取り入れるであろうと

第Ⅰ部　調査研究の視点

想定し、それをハイブリッドと呼んだ。そして文献調査と工場調査を行うなかから調査項目を確定した。調査研究課題に答えるための具体的な情報を得るには、調査項目を確定する必要があるからである。

　この作業に当たって、とりわけ工場調査から得られた知見が役立った。自動車や電機の組立と部品の工場そして鉄鋼や半導体のような素材の工場を訪問し、そこで見聞きして得た知識をもとに、23の調査項目を決めた。われわれはこのように調査課題の設定と調査項目の確定に多くのエネルギーを注いだ。調査の方法は工場見学とインタビュー（面接）調査である。最初の北米調査の際に、アンケート調査も行い、それなりに有用な情報を得ることができた。しかし事実を把握するのに工場見学とインタビューに勝る方法はないと確信したので、この方法は維持している。

　そして調査で得た情報を分析するべく、調査項目について5段階で移転状況を評価することにした。移転状況を数量化することにより分析の操作性が広がった。工場の管理を総合的に分析するべく23の調査項目を6グループにまとめた「6グループ評価」と、項目のなかから方式（多能工、賃金、生産管理など）と結果（設備や日本人派遣者数など）をまとめた「四側面評価」の2つの分析評価方法をもつことになった。本稿ではこのハイブリッド・モデルを調査枠組と分析枠組に分けて説明した。

　次にアフリカの日本企業の調査について説明した。われわれの約30年にわたる調査研究が、ついにアフリカにまで到達したのである。そしてこの調査は、足掛け8年（2009年度から2016年度まで）におよんだ。第1次調査（2009年度〜2012年度）の課題は、日本的経営の現地への移転可能性であった。調査方法と分析枠組は同じものを維持した。アフリカにおける日本企業の調査研究は新鮮であった。われわれは、調査活動を北部アフリカからはじめて東部、南部そして西部へと広げた。日本企業がある限りそこを訪ねるのである。しかし観光の対象から調査の対象となったアフリカは、難物であった。難物は経営環境要因であった。欧州企業の影響があるだろうと予想したがそのとおりであった。発展途上国を訪問して行ったこれまでの調査研究から、かつ

ての植民地には宗主国の影響が企業の制度に強く残っていたからである。そのうえアフリカ特有の社会文化要因の存在に気がついた。環境要因としての現地の企業経営は欧州の制度とアフリカ特有の要因の組み合わせとなっていたのである。

そこで、第2次調査（2014年度〜2016年度）を行った。その課題が、日本的経営の移転可能性であることは変わらないが、新に次の3つを加えた。1つは現地の社会文化要因の影響を調査対象に加えたのである。欧州の制度とアフリカ特有の要因の組み合わせから成り立つ現地の環境に、日本的経営が如何に移転するか、あらためてそのように課題を設定した。2つ目は、アフリカの子会社が、海外の子会社をマザーとする経営を行っていたので、そのことを課題においた。日本の親会社がグランド・マザーになるのである。3つ目は、低所得・低価格市場に賞品を供給する日本企業のケースをみることである。

本稿では、第一の課題について現地人従業員の性格を明らかにするべく、社会文化要因を取り上げてウブンツと学校教育について説明した。ウブンツ経営は従業員を尊重する合意型意思決定、年長者優遇の人事管理を特徴とすること、学校教育はわれわれの対象とする製造企業には必ずしも十分とはいえないことを明らかにした。日本企業はその経営環境の下で如何に独自の経営生産システムを移転しているのか、これを調査するのである。

最後に本書の構成を説明する。本書は、第Ⅰ部、Ⅱ部、Ⅲ部そして結章から構成される。第Ⅰ部は、本書全体の入り口となる3つの論考から構成される。「第1章　アフリカの日本企業——調査研究の課題と方法」に続いて現地の経営環境要因を考察する、「第2章　アフリカ産業経済の現状分析——日本企業進出の経営ビジネス環境」、そして「第3章　主要国のアフリカへの直接投資について」、以上の3つからなる。

第Ⅱ部は、現地調査で得た情報をハイブリッド・モデルを用いて分析する2つの論考から構成される。1つは、ハイブリッド工場の平均像の分析である。「第4章　アフリカの日系ハイブリッド工場の特徴と世界比較」はこれ

第Ⅰ部　調査研究の視点

まで蓄積したわれわれの海外調査の評点と比較してアフリカのハイブリッド工場の平均像を明らかにする、「6グループ評価」と「四側面評価」の2つの評価方法を用いてアフリカの工場の特徴を示す。「四側面評価」では、今回新に発展途上国型の類型を作成した。そしてアフリカはそのなかで最も突出した形を示すことを明らかにする。ついで、評点による評価とは別に具体的な事例を取り上げて分析する。「第5章　ハイブリッド工場の代表事例」がそれである。アフリカの四地域（北部、南部、東部、西部）における代表的なケースを取り上げて、日本的経営の主要論点について特徴を明らかにする。

　第Ⅲ部は、課題別分析である。アフリカを調査研究の対象に選択したことにより生まれた、いくつかの興味ある課題を取り上げて分析するのが第Ⅲ部の課題である。「第6章　南アフリカの自動車産業」は2つの点で興味深い。1つは現地の自動車組立企業が揃ってリーン生産方式を採用していること、もう1つは組み立て企業と部品企業が産業クラスターを形成することである。

　つぎの「第7章　現地政府が主導する日本的生産方式の導入」は、われわれが訪問したエジプト通産省、南アフリカとナイジェリアの生産性本部が、日本の生産方式を採用し現地企業に教えている事例を説明する。日本企業が現地に進出するばかりでなく、JICAと生産性本部の両方を通して日本方式の現地移転が進むことを明らかにする。

　従来、われわれは総合商社を研究対象にはしてこなかった。製造業を対象としたからである。しかし総合商社はきわめて日本的なビジネスモデルである。そこで今回、総合商社による資源開発をテーマとする事業を紹介することにした。「第8章　南アフリカにおけるわが国大手総合商社の資源開発——住友商事のアソマン社への投資事例」がそれである。われわれはいくつかの総合商社を訪問しインタビュー調査を行ったが、そのなかから住友商事の事例を選んで説明する。

　北部アフリカ地域は、欧州市場と強い連携をもつ。そのなかから自動車部品メーカーを取り上げて欧州市場への商品供給を明らかにする。「第9章　北アフリカの自動車部品工場——欧州市場と連携するモロッコとチュニジア

の日系工場を中心に」がそれである。

　中国政府のアフリカへの働きかけの側面が注目されるが、実は中国民間企業によるアフリカへの進出は目覚しい。その際の1つの論点は本稿でも取り上げたウブンツ経営と中国的経営の関係である。「第10章　中国企業のアフリカ経営」は2つの中国企業の事例を取り上げてこの課題に答える。第Ⅲ部の課題別分析は以上の7編から構成される。そして、最後に本書の結論を結章で述べる。

【注】

1）南アフリカ生産性本部には、2010年9月10日に、ナイジェリア生産性本部には、2015年9月10日に、それぞれ訪問した。詳細は、本書第7章の宮地論文を参照されたい。

2）2次にわたる調査研究で得た補助金を記載しておく。第1次調査には次の2つがある。『アフリカの日本型生産システムの受容可能性—アジア・中南米・中東欧との比較』（研究代表者：安保哲夫帝京平成大学教授）日本私立学校振興・共済事業団「学術研究振興資金」平成21年度〜23年度、『アフリカにおける日本型経営・生産システムの受容可能性—アジア中南米中東欧との比較』（研究代表者：安保哲夫帝京平成大学教授）　日本学術振興会「科学研究費助成事業」基盤研究（B）（海外学術調査）、平成22年度〜24年度。

　　　第2次調査の補助金は次のとおり。『アフリカにおける日本企業のものづくり戦略—組織能力の「適用」と「適応」』（研究代表者：公文溥法政大学社会学部教授）、日本学術振興会「科学研究費助成事業」基盤研究（B）（海外学術調査）、平成26年度〜29年度。

3）収斂論に対して資本主義の多様性をいいその根拠を制度に求める研究がある（Hall & Soskice, 2001）。そして制度の観点から技能形成と教育訓練の国際比較を行った研究（Thelen, 2004、Busemeyer, & Trampusch, 2012）はわれわれにとって参考になるが、別の機会にあらためて述べることにする。ここでは要点のみを示しておく。われわれの関心は、日本的経営の海外における移転可能性にある。その際、技能形成と教育訓練の地域別・国別相違が多様な受容形態をもたらす要因となるのである。

第Ⅰ部　調査研究の視点

4）本稿の参考文献に、JMNESGによる主要な研究書を掲載したので、参照していただきたい。

5）なおアフリカの評価基準は本書の銭論文に掲載されるので、参照していただければ幸いである。本文で述べたように欧州の評価基準をもとにアフリカの事情を考慮したうえで作成した。

6）もちろん学校教育をこの側面だけでみるのは一面的である。あくまでも本稿の目的に即した見方である。

【参考文献】

浅沼萬里著、菊谷達弥編集（1997）『日本の企業組織　革新的適応のメカニズム─長期取引関係の構造と機能』東洋経済新報社、1997。

安保哲夫編著、（1988）、『日本企業のアメリカ現地生産─自動車・電機：日本的経営の「適用」と「適応」─』東洋経済新報社。

安保哲夫・板垣博・河村哲二・上山邦雄・公文溥著（1991）『アメリカに生きる日本的生産システム』東洋経済新報社。

安保哲夫・公文溥著（2012）「アフリカの日本型ハイブリッド工場シリーズ─連載開始にあたって」、『赤門マネジメント・レビュー』11巻9号（2012年9月）、ものづくり紀行、第62回。

安保哲夫・公文溥・銭佑錫著（2013）「アフリカの日本的ハイブリッド工場（2009/2010）─中間的なまとめ」、AMR12−12−1、2013年12月。

板垣博編著（1997）『日本型経営・生産システムと東アジア─台湾・韓国・中国におけるハイブリッド工場』ミネルヴァ書房。

苑志佳編著（2006）『中東欧の日系ハイブリッド工場─拡大EUに向かう移行期経済における日系企業』東洋経済新報社。

上山邦雄編著（2005）『巨大化する中国経済と日系ハイブリッド工場』実業之日本社。

金子美雄編著（1972）『賃金　その過去・現在・未来』日本労働協会。

河村哲二編著（2005）『グローバル経済下のアメリカ日系工場』東洋経済新報社。

公文溥・安保哲夫編著（2005）『日本型経営・生産システムとEU─ハイブリッド工場の比較分析』ミネルヴァ書房。

公文溥（2013）「日本の対外直接投資について─国際比較の観点から─」、法政大学経済学部学会『経済志林』第80巻第4号、37〜75頁。

小池和男著（2005）『仕事の経済学　第3版』、東洋経済新報社。

─────────（2012）『高品質日本の起源─発言する職場はこうして生まれた』日本経済新聞出版社。

小池和男・中馬宏之・太田聡一著（2001）『もの造りの技能─自動車産業の職場で』東洋経済新報社。

佐藤隆広編（2017）『インドの経済発展と日系企業 研究叢書77』神戸大学経済経営研究所。

隅谷三喜男編著（1970）『日本職業訓練発展史（上）』日本労働協会。

─────────（1971）『日本職業訓練発展史（下）』日本労働協会。

隅谷三喜男・古賀比呂志編著（1981）『日本職業訓練発展史（戦後編）』日本労働協会。

山﨑克雄・銭佑錫・安保哲夫編著（2009）『ラテンアメリカにおける日本企業の経営』中央経済社。

和田正武・安保哲夫編著（2005）『中東欧の日本型経営生産システム─ポーランド・スロバキアでの変容─』文眞堂。

JMNESGは「アフリカのハイブリッド工場シリーズ」を『赤門マネジメント・レビュー』、ものづくり紀行の第63回（2012年9月）から第79回（2013年3月）にわたって、現地日本企業に関する事例研究を掲載した。

ウオーマック，ジェームズ、ダニエル・ルース、ダニエル・T・ジョーンズ著、沢田弘訳（1990）『リーン生産方式が、世界の自動車産業をこう変える。』経済界。

ジョーンズ，ジェフリー著、安室憲一・梅野巨利訳（2007）『国際経営講義─多国籍企業とグローバル資本主義』有斐閣。

M.Y.ヨシノ著、石川博友訳（1977）『日本の多国籍企業─世界市場に生き残れるか』、ダイヤモンド社。

ネルソン・マンデラ著、東江一紀訳（1996）『自由への長い道（上・下）』NHK出版。

Appelbaum, Eileen, Rosemary Batt eds. (1994). *The New American Workplace*. Ithaca: Cornell University.

Appelbaum, Eileen, Thomas Bailey, Peter Berg, & Arne L. Kalleberg eds. (2000). *Manufacturing Advantage: Why High-performance Work Systems Pay Off*. Ithaca: Cornell University.

Ashton, David, & Francis Green. (1996). *Education, Training and the Global Economy*. Cheltenham: Edward Elgar.

Auchter, Lothar. (2017). An African View on Global Business Ethics: Ubuntu- A Social Contract Interpretation. *International Journal of Business and Economic Development*. 5 (2): 1-14.

Bailey, Thomas. (1993). "Organizational Innovation in the Apparel Industry." *Industrial Relations*, 32 (1): 30-48.

Boyer, Robert, (1998). "Hybridization and Models of Production: Geography, History, and Theory." In Boyer, Robert, Elsie Charron, Ulrich Jürgens, & Steven Tolliday eds. *Between Imitation and Innovation: The Transfer and Hybridization of Productive Models in the International Automobile Industry*. NY: Oxford University Press. pp.23-56.

Busemeyer, Marius R., & Christine Trampusch eds., (2012). The Political *Economy of Collective Skill Formation*. NY: Oxford University Press.

Gade, Christian B.N. (2011). "The Historical Development of the Written Discourses on Ubuntu". *South African Journal of Philosophy*. 30 (3): 303-329.

──────────────. (2012). "What is Ubuntu?: Different Interpretations among South Africans of African Descent". *South African Journal of Philosophy*. 31 (3): 484-503.

Gray, Kenneth, R., Nanda R. Shrestha, & Paul Nkausah. (2008). "A Cross-Cultural Perspective on Management in Kenya". *Journal of African Business*. 9 (1): 27-58.

Hall, Peter A., & David Soskice, eds. (2001). *Varieties of Capitalism: The Institutional Foundations of Comparative Advantage*. NY: Oxford University Press.

Hood, Neil, & Stephen Young. (1979). *The Economics of Multinational Enterprise*. NY: Longman Inc.

Horwitz, Frank M. (2013). Human Resource Management in Southern African Multinational Firms: Considering an Afro-Asian Nexus. In Aloysius Newenham-Kahindi et al., eds. 2013. pp.126-151.

Horwitz, Frank M., Ken Kamoche, & Irene K. H. Chew. (2002). "Looking East: Diffusing High Performance Work Practices in the southern Afro-

Asian Context". *International Journal of Human Resource Management.* 13 (7): 1019-1041.

Ichniowski, Casey, Kathryn Shaw, & Giovanna Prennushi. (1997). "The Effects of Human Resource Management Practices on Productivity: A Study of Steel Finishing Lines." *American Economic Review*, 87 (3): 291-313.

Ichniowski, Casey, & Kathryn Shaw. (1999). "The effects of Human Resources Management Systems on Economic Performance: An International Comparison of U.S. and Japanese Plants." *Management Science.* 45 (5): 704-722.

Ichinowski, Casey, David I. Levine, Craig Olson, & George Strauss eds. (2000). *The American Workplace: Skills, Compensation, and Employee Involvement.* Cambridge: Cambridge University press.

Jackson, Terence. (2002). "Reframing Human Resource Management in Africa: A Cross-Cultural Perspective". *International Journal of Human Resource Management.* 13 (7): 998-1018.

Jackson, Terence. (2013). "Reconstructing the Indigenous in African Management Research: Implications for International Management Studies in a Globalized World". *Management International Review.* 53: 13-38.

Jackson, Terence, Kenneth Amaeshi and Serap Yavuz. (2008). "Untangling African Indigenous Management: Multiple Influences on the Success of SMEs in Kenya". *Journal of World Business.* 43 (4): 400-416.

Kamoche, Ken. (2000). *Sociological Paradigms and Human Resources: An African Context.* Aldershot: Ashgate Publishing Limited.

———————— (2002). "Introduction: Human Resource Management in Africa". *International Journal of Human Resource Management.* 13 (7): 993-997.

Kamoche, Ken, Yaw Debrah, Frank Horwitz, & Gerry Nkombo Muuka. (2004). *Managing Human Resources in Africa.* London: Routledge.

Kamoche, Ken N., & Aloysius Newenham-Kahindi. (2013). "Knowledge Appropriation and HRM: the MNC Experience in Tanzania". In Aloysius Newenham-Kahidi et al., eds., 2013. pp.97-125.

Kan, Seny, Konan Anderson, Suzanne Marie Apitsa, & Emmanuel Adegbite. (2015). "African Managemet": Concept, Content and Usability. *Society*

第Ⅰ部　調査研究の視点

and business Review. 10 (3): 258-279.

Karsten, Luchien, & Honorine Illa. (2005). "Ubuntu as a Key African Management Concept: Contextual background and practical insights for knowledge application". *Journal of Managerial Psychology.* 20 (7): 607-620.

Levine, David I. (1995). *Reinventing the Worklplace: How Business and Employers Can Both Win.* Washington: The Brookings Institution.

Lewis, W.Arthur. (1954). "Economic Development with unlimited Supplies of Labour", *The Manchester School.* 22 (2).

Lituchy, Terri R., Betty Jane Punnett, & Bill Buenar Puplampu, eds., (2017). *Management in Africa: Macro and Micro Perspectives.* NY: Routledge.

Mangaliso, Mzamo, & Mphuthumi B. Damane. (2001). "Building Competitive Advantage from "Ubuntu": Management Lessons from South Africa". *The Academy of Management Executive.* 15 (3): 23-34.

MacDuffie, John Paul. (1995). "Human Resource Bundles and Manufacturing Performance: Organizational Logic and Flexible Production Systems in the Auto Industry." *Industrial and Labour Relations Review,* 48 (2): 197-221.

Mbigi, Lovemore, & Jenny Maree. (1995). *Ubuntu: The Spirit of African Transformation Management.* Randburg: Knowledge Resources (Pty) Ltd.

Mbigi, Lovemore. (1997). *Ubuntu: The African Dream in Management.* Randburg: Knowledge Resources (Pty) Ltd.

More, Charles. (1980). *Skill and the English Working Class, 1870-1914.* London: Croom Helm.

Newenham-Kahindi, Aloysius, Ken N. Kamoche, Amon Chizema, & Kamel Mellahi. (2013). *Effective People Management in Africa.* Basingstoke: Palgrave Macmillan.

Newenham-Kahindi, Aloysius. (2013). "Managing Sustainable Development through Cross-Cultural Management: Implications for Multinational Enterprises in Developing Countries". In Aloysisus Newenham-Kahindi et al. eds., 2013. pp.152-179.

―――――――――――――――――. (2013). "Human Resource Strategies for Managing Back-Office Employees in Subsidiary Operations: The Case of Two Investment Multinational Banks in Tanzania". In Aloysius New-enham-Kahindi et al., eds. pp. 202-225.

Ntibagirrwa, Symphorien. (2009). "Cultural Values, Economic Growth and Development". *Journal of Business Ethics*. 84: 297-311.

Samuel, Donna. (2013). "Critics of Lean." *SA Partners*, 7th August 2013.

Tasie, George O. (2009). "Can Japanese Management Styles be applied to Africa" *African Journal of Business Management*. 3 (4): 233-240.

Thelen, Kathleen. (2004). *How Institutions Evolve: The Political Economy of Skills in Germany, Britain, the United States, and Japan*. NY: Cambridge University Press.

Trevor, Malcolm. (1983). *Japan's Reluctant Multinationals: Japanese Management at Home and Abroad*. NY: St. Martin's Press.

West, Andrew. (2014). "Ubuntu and Business Ethics: Problems, Perspectives and Prospects". *Journal of Business Ethics* (2014) 121:47-61.

White, Michael, & Malcolm Trevor. (1983). *Under Japanese Management: The Experience of British Workers*. London: Policy Studies Institute.

Wilkins, Mira. (2005). "What is International Business? An Economic Historian's View." In Peter J. Buckley ed. *What is International Business?*, Basingstoke: Palgrave Macmillan, pp.133-152.

Zoogah, David, Mike W. Peng, & Habte Woldu. (2015). "Symposium: Institutions, Resources, and Organizational Effectiveness in Africa". *The Academy of Management Perspectives*, 29 (1): 7-31.

【資料】

Truth and Reconciliation Commission. (1998). *Truth and Reconciliation Commission of South Africa Report Volume One*. Truth and Reconciliation Commission.

UNCTAD. (2017). *World Investment Report 2017: Investment and the Digital Economy*. United Nations.

UNESCO. (1959). *Records of the General Conference, Tenth Session Paris, 1958 Resolutions*.

日経連能力主義管理研究会編、(1969)、『能力主義管理―その理論と実践』日本経営者団体連盟広報部。

第2章
アフリカ産業経済の現状分析
—— 日本企業進出の経営ビジネス環境 ——

安保　哲夫

1．アフリカの地域構成

　アフリカの地域構成は、地理的に大きく2つに分かれ、北部アフリカ地域といわゆるサブサハラ・アフリカに属する東部・西部アフリカおよび南部アフリカ地域とがあり、それぞれ気候風土的に相当異なる。北部アフリカ地域・諸国は、地中海を挟んで欧州と経済的に強い繋がりがあり、またアラブ地域の一翼を構成して中東地域とは文化的政治的に緊密な関係をもつ。経済の発展段階では、南アフリカ共和国と北部アフリカ地域が、アフリカのなかでは発達した地域に属する。他方東部・西部アフリカは、全般的にはより低い経済発展レベルにとどまっているが、個々には資源保有や文化教育などの面で目立った国もみられる。それぞれの地域については、第Ⅰ部第3章で日系企業の進出状況との関連において説明される。

2．アフリカ産業経済の歴史的概観

　本書において、アフリカの産業経済についてその歴史的経緯を丁寧に追った全体像を描く準備はない。ただ、この地域における日本的経営生産システム移転の調査研究に必要な限りで、その歴史的流れの大筋に沿って、企業経営管理の背景、その社会的文化的な環境条件としての産業経済の特徴的な諸

第Ⅰ部　調査研究の視点

点を概観しておこう。

　その人類史上最古とされる歴史の遠大な変遷も、伝統社会、植民地時代、独立以降の3つの時期に大きく分けてみることができよう。そしてこの区分は、単に縦の継起的変化を意味するだけでなく、その産業社会の重層的な構成の各部分として存続している面があり、それぞれが現代における企業の経営管理活動の環境要因として作用していると考えられる。以下それを、犬飼（1976）などに依りつつ簡単にみていこう。

　伝統社会：この紀元前数千年以来の想像を絶する悠久の時間の流れのなかで、比較的外部からのインパクトを受けない世界において、目にみえた大きな変化もなくゆっくりと繰り返されてきた衣食住の獲得・生産・運搬・消費など再生産の営みがあった。ここで描かれるアフリカ社会イメージは、前節でみたように、主としていわゆるサハラ砂漠以南のサブ・サハラ地域である。その環境が、突然外部からの強大な衝撃によって激変したのが、1880年代半ば以後のヨーロッパ列強による植民地化の過程である。ただそれでも、この表層面の大変動の下で、伝統的な基層の部分は地域により、産業分野・仕事分野によっては存続してきた。

　この伝統的な生産社会の基本的特徴は、農業を主産業とした部族社会である。その農業にも、農耕と放牧があるが、農耕の場合にも大きな集落を形成せず、多くは散村形態をとってきたといわれる。ここがポイントで、諸部族がより大きな社会単位に集統合されないのは、それが血縁関係を基礎としているからといわれ、近親関係者による人間関係の下で「分け合う」という社会的連帯意識が育まれる（犬飼　11頁以下）。これが、アフリカ型「社会主義」の背後にある「共同体主義」（ウムボヤ, T.）や「アーランベイ」（Harambee, スワヒリ語で「みんなで一緒に」、Mazrui 1986, pp.65-）で、タンザニアのニエレレ大統領が注目したものであり、彼が唱えた"ウジャマー"の「社会が個人の面倒を見てくれる」という思想である（犬飼　同56～57頁）。これは、筆者の推測では、社会人類学者などの間で広く議論されている「モラルエコノミー」あるいは「情の経済」や「共食」などの社会慣習にも通じるものであろ

62

う（杉村　2004、第2章など）。

　また近年アフリカにおける企業経営研究で注目されている「ウブンツ」（Ubuntu）も、同じ社会文化的文脈において理解できる人々・組織の共同意識・行動特性を示すものであろう（第I部第1章、参照）。それは、「私があるのは他の人々との繋がりがあるから」（"I am who I am through others"）といった意味で、前記「アーランベイ」などと同じものを指す（Lituchy, et al. 2013, pp.20, 97-98）。ただし、これに関するいくつかの実証研究によれば、サブサハラ・アフリカにおける企業経営のリーダーたちのなかでは、これに類する行動特性―寛大さ、信頼性、カリスマ性、自己犠牲などを伴う共同志向（communality）―を示したケースはあまりなく、むしろ西欧的な「力づく」（powerful）のタイプが一般的だったという結果が報告されている（Ibid, pp. 245-, 252-, 266）。人々の間や組織一般にはそうした傾向がみられ、N. マンデラ大統領や上記のような政治指導者の一部にはそのような人々が現れるとしても、ビジネスの分野ではそうもいっておれないということであろうか。しかし、日本企業などのそれと相性のよい組織指導者がやれば、一定の成果が得られることを示唆しているとはいえそうである。

　そしてこうした「分け合う」社会連帯慣習は、サブサハラ地域の場合、北からのさまざまな影響はサハラ砂漠の荒野に遮断され、熱帯アフリカに固有の在来的なものとして、アラブ世界との接触やイスラムの浸透にもかかわらず、そして19世紀以後はヨーロッパの強力な植民地支配下においても、地域や産業による違いをみせつつ、残存してきたとみるべきであろう。犬飼は、この在来的なものが家制度に基礎をおく村落社会において成立し維持されてきた日本との類似性を指摘しているが（同1～5頁）、筆者はさらに、日本が海によって周辺世界から遮断されていた点をもって、その類似性の強さを強調したい（Abo 2004, 2012, 2015）。後にみるわれわれのアフリカ調査結果の分析において、東部・南部現地日系工場の小集団活動の現場で、他の新興諸国の場合と比べても目立って協調的行動形態がみられるのは、こうした事情が多少とも関係しているのかもしれないと思われる。

第Ⅰ部　調査研究の視点

　植民地下の時代：古典的帝国主義の時代といわれた19世紀終盤から第一次大戦にいたる四半世紀の間にアフリカ全土を支配下においたヨーロッパ列強による植民地の時代は、第二次大戦後、1950年代半ばにおける一連の独立で形のうえでは終るまで、１世紀弱続いた。それは、それに先立つ遠大な伝統社会の期間と比べると「意外なほど短い」（犬飼　20頁）が、この広大な未開社会の急激な変容に与えた衝撃は絶大なものがあった。きわめて部分的かつ表層的であれ、近代産業社会からみればほとんど無地の社会地盤の上に市場─資本主義の強力な構造物が建設され、まったく目新しい活動をめまぐるしく展開し始めたのである。

　この時代に、もちろん政治社会的には白人支配が徹底されるが、経済・経営面では、基本的にヨーロッパ式の企業統治と経営組織が導入された。企業統治面では、欧米にある本社が所有するアフリカ子会社に本国から少数の役員、管理層・技術者が派遣され、支配・管理がおこなわれた。経営組織は、一般に「欧州モデル」と呼びうる資格・賃金の等級制度が導入され、派遣された専門経営者・管理層によって、職種・職務別の分業・階層制度に基づく現場の管理運営が行われてきた。それぞれ本国でみると、イギリスでは５等級ほどのグレードがあり、産業別労働組合との協約で規定され、ドイツではTarifという８〜12等級のより厳格な制度がやはり産業別組合との間で運営され、フランスでは５等級制のouvriersと呼ばれるものがそれにあたる（以上、公文・安保　2005、第２章（田端博邦）、第５章、第８章など）。

　もっとも、持ち込まれた産業はきわめて限定されていて、輸出用の農産物や鉱産物の生産や加工などが中心であった。白人植民者による大規模農場建設がサブ・サハラ各地で行われ、ケニアの「ホワイト・ハイランド」に代表されるような、土地収奪とアフリカ人の賃労働者化やインド・パキスタン系契約労働者の導入が進められた。この土地収奪は、まず王室領として編入され、植民者の手に渡ったのである（犬飼　21頁以下）。そのプロセスは、17世紀に始まる初期アメリカ植民地におけるヨーロッパ宗主諸国の投資に似ていたが、アメリカでは原住民の賃労働者化は起らず、植民者が本国から独立し

64

た（ウィルキンス　2015、第1、2章）。この過程で伝統的な移動焼畑農業や遊牧的家畜農業が破壊され、ココア、コーヒー、落花生、パーム油など換金作物のモノカルチャー農業への転換が進行した。

　鉱山でも、1886年の南アフリカでの金鉱脈発見に始まり、1906年ベルギー領コンゴでの銅鉱山、1915年以後のザンビア（当時北ローデシア）における鉛、亜鉛、銅など、主に南部、中央部で植民地資本による開発が進められた。それに必要な労働力は、農村から賃労働者として調達され、これに巻き込まれた農村経済社会が荒廃したといわれる。

　独立以降期：この植民地体制は第二次大戦後1950年代半ば以後における一連の国家的独立によって終わるが、それは政治面のことであって、経済的にはヨーロッパ先進国への実質的従属は続くことになる。それはなによりも、国民生産における貿易依存度の高さに、またその主内容が欧米諸国向け換金作物と鉱物資源の輸出からなるという、植民地時代以来の基本構造が再生産された点に示されていた。そして人口の圧倒的部分は農村に居住しており、サブサハラにおける製造業部門の対GDP比率は2012年でもなお13％程度にとどまっている（*World DataBank* 2015年4月1日）。

　経営管理面でも、「欧州モデル」に代替するものはなく、管理層の一部にアフリカ人の参入はみられるものの、それは欧米で教育を受けた「黒い肌のヨーロッパ人」たちであった。

　他方、そうしたなかで注目すべき1つの新しい流れとして、アフリカ「社会主義」という思想と実践の登場、普及がサブ・サハラ地域にみられた。それは、帝国主義的植民地支配体制からの解放が、資本主義対共産主義の対抗という当時明確な形をとりつつあった第二次大戦後の冷戦体制の下で、自然に向かうべき有力な選択肢の1つであったといえよう。イギリス植民地から独立後社会主義を志向したなかでは、1957年のエンクルマ指導下のガーナ共和国がその嚆矢であり、63年、ニエレレ指導下のタンザニア連合共和国が代表的で、フランスからは58年、ツーレ指導下のギニア共和国、60年コンゴ共和国（コンゴ民主共和国とは別）、ポルトガルからは遥か後れて75年、ネト指

第Ⅰ部 調査研究の視点

導下のアンゴラなどがある。これらは、当然のように旧ソ連や続いて中国やキューバなどとの強い連携をもったが、エンクルマやニエレレなどが平等・民主主義などを唱道したのに対して、強権的独裁体制を強行した国も少なくなく、その「社会主義」の評価は一概にはいえないであろう。

　ただ、われわれの研究テーマである日本的経営方式の移植との関連では、前述のように、このアフリカ型「社会主義」の背後にある「共同体主義」、「分け合う」という社会的連帯意識が多少とも日本的集団・協調主義に通じるところがあるという点は、注目されてよいであろう。サブサハラの中―東部を中心とする伝統社会の基層にみられるこのような傾向は、もちろん、家族、近親者、企業組織といった狭い同質的人間関係の下で強く表れる日本の集団主義とは同じではないかもしれない。しかし、なんらかの形で囲まれた内向き社会に共通する協働的行動形態として、この両者の間には一種親近性が認められるといってよいと思われる。

　なおここで、アフリカ「社会主義」の影響下に活発に展開されたパン・アフリカニズムの活動にもふれておこう（犬飼　50頁以下）。それは、もともとは20世紀初頭あたりから欧米諸国に住むアフリカ出身者の間に芽生えた思想であり、アフリカ伝統文化を固有のものとして再認識しようとするものであった。それが、一連の独立が実現していくなかでアフリカに輸入され、その統合を目指す民族主義の波となり、63年のアフリカ統一機構（OAU）そして2002年にはアフリカ連合（AU）の結成へと発展していったのである。ただし、エンクルマが呼びかけた「アフリカ合衆国」の結成やEUと並ぶ地域連合の実質を備えるには、その準備があまりにも未熟であり、内部対立・抗争が繰り返されるなかで、今日に至るもその実現にはなお道遠しというところである。ただ興味深いのは、この過程を通じて、アフリカやアフリカ人といった概念が１つであるという認識が定着をみたといえる点である。それ以前には、マズルイが強調しているように、もともとアフリカというアイデンティティやアフリカ人（African）という概念はなく、ヨーロッパ人がつくり上げたものであった（Mazrui　pp.99-）。

66

こうして、結局のところ、独立以後1980年代頃までのアフリカ経済は、産業的には農業と鉱業に限定され、それも外資主導の輸出用換金作物と鉱産物に特化した対外依存性を本質とするモノカルチャー経済の構造として、基本的に変わらなかったのである。

3. 一般的経済発展のマクロ現況

世界が注目してきたように、アフリカ経済は、90年代を転機として、2000年代に入ると急成長の新時代を迎えている。図1のように、アフリカ全体の平均GDP成長率が5～6％に達して、世界をリードするアジアと並び、世界平均の3％前後を大きく上回るようになった。

この時期のアフリカの経済成長にもっとも直接的に影響を与えたのは、鉄鉱石、原油、銅、ニッケル、クロムなどの資源ブームで、その高度成長の時期とこれら資源価格が急上昇した2000年代初めから2011～12年頃とが対応している。その後資源価格の全般的な低落傾向とともに、成長率も落ち、13年以降は2～3％の水準にとどまっている。

図1　世界の地域別GDPの伸率

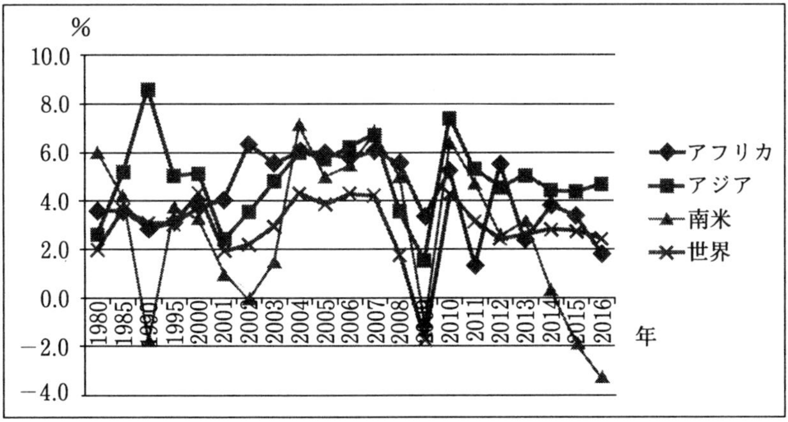

出所：UN, *Statistical Division*, 2018年10月6日、より作成。

第Ⅰ部　調査研究の視点

　以下、表1をみながら、本書に必要な限りで、アフリカの主要マクロ諸指標を、類似の新興途上地域である南アジア、ラテンアメリカと比較して、拾っておこう。

表1　アフリカのマクロ指標
　　　　―南アジア、ラテンアメリカとの比較

	2000年	2011～12年*
人口　100万人		
サブサハラ	664	888
南アジア**	1,382	1,628
ラテンアメリカ	525	602
GDP　100万USドル		
サブサハラA	357,721	1,543,903
世界B	33,284,012	73,514,224
A/B　％	1.07	2.10
GDP/1人　USドル		
サブサハラA	539	1,699
南アジア	451	1,426
ラテンアメリカ	4,402	9,886
世界B	5,455	10,438
A/B　％	9.88	16.28
対内直接投資残高***　100万USドル		
アフリカ	153,742	686,962
サブサハラ	108,152	445,173
南アジア	257,245	1,553,205
ラテンアメリカ	507,344	2,568,596
財・サービス輸出/GDP　％		
サブサハラ	34.4	33.1
南アジア	34.4	22.4
ラテンアメリカ	21.4	23.5

68

第2章　アフリカ産業経済の現状分析

財・サービス輸入/GDP　％

サブサハラ	29.9	33.9
南アジア	15.2	29.2
ラテンアメリカ	22.0	25.6

農業生産/GDP　％

サブサハラ	17.2	14.8
南アジア	23.6	18.8
ラテンアメリカ	5.2	5.1

出所：*World DataBank*, 2015.4.1より作成
注：*項目により2011年または12年、**アフガニスタン、バングラデシュ、ブータン、
インド、モルディブ、ネパール、パキスタン、スリランカ、***2000-2013, UNCTAD

　人口は、2012年にサブサハラ・アフリカで9億人弱（北アフリカは原資料
では中近東と合算されているが、4億人近い）。これは、南アジアの16億人強の
6割近く、ラテンアメリカの6億人より約6割多い。他方では、サブサハラ
の人口は、2000年からの伸び率が約33.7％で、南アジア17.8％、ラテンアメ
リカ14.7％のそれぞれ倍近いかそれ以上なので、以後同じペースで伸びれば、
2020年代半ばには南アジアにほぼ追いつく計算になる。

　GDPは、12年のサブサハラで1兆5,439億ドル、これは世界の2.10％に当た
る。これも、2000年には1.07％であったから、この間世界の2倍程度のスピー
ドで伸びたことになる。これを1人当たりGDPでみると、サブサハラ・アフリ
カは12年に約1,699ドルと、意外にも、南アジアの1,426ドルを2割程度上回っ
ている。2000年からの伸びは両者ほとんど変わらない。この指標では、ラテン
アメリカは、12年で1万ドル近くと格段の違いをみせている。

　対内直接投資は、ここでは残高だけを比較しておく（詳しくは第Ⅰ部第3
章参照）。13年に、アフリカ全体で約6,870億ドル、サブサハラで4,452億ドル
だが、これはラテンアメリカの2兆5,686億ドル、南アジアの1兆5,532億ド
ルとはなお大差がある。2000年からの伸び率をみても、サブサハラ（4.12倍）
は南アジア（6.04倍）、ラテンアメリカ（5.063）より低く、この面では、他の
新興諸地域と比べてなお後れがみてとれる。

69

第 I 部　調査研究の視点

　財・サービス輸出入の対GDP比は、輸出入とも三分の一にも達していて、他の新興途上地域と比べても一段と高く、サブサハラ・アフリカの前述した貿易依存度の高さが表れている。

　農業生産の対GDP比は、低下しつつも11年に14.8％とかなり高く、前記製造業の13％程度を上回っている。これは、南アジアの18.8％より低いとはいえ、後述する鉱物資源の輸出依存の高さも含めて、工業化の余地がなお大きいことを示しているといえよう。

4．産業構造―比較優位論

　以上のマクロ諸指標からも示唆されるサブサハラを中心としたアフリカの産業構造の特徴を、比較優位論の観点から製造業の比較劣位の問題を取り上げて検討してみよう。日本企業がアフリカに進出する場合、まずは自動車を中心とする製造業の現地生産の可能性が焦点になるが、その完成品での採算は容易でないとみられるからである。その理由としては次の諸点があげられよう（以下、安保　2013などより）。

　第一に、先の歴史的概観において指摘したように、サブサハラ地域は在来的自給的農業が人々の経済活動の基礎となっていたが、それが植民地経済の下で、鉱物資源産業とともに輸出産業の主軸として組み込まれた。これら産業の活動を支える機械・部品、工業用原材料や生活用機械類などは、主にヨーロッパ宗主国などから輸入されたから、アフリカ内で製造される余地は少なかった。

　第二に、植民地体制からの独立以後も、こうした歴史的経緯と自然的諸条件が重なって、アフリカの多くの国々が農業・資源・観光産業に比較競争優位をもち続けることになり、その裏側で製造業は国際競争上比較劣位におかれることになった。具体的には、輸出競争力のある比較優位産業による賃金水準の引き上げが、後述するように、製造業の国際競争力を弱める効果をもたらす。そしてさらに変動相場制下では、これら比較優位産業の対外収支黒

字を反映した為替相場の「割高」の分が—経常収支がその分押し上げられていることを指す—、製造業を輸入と輸出の両面で競争上苦しい立場におくことになるのである。

以上の点について、アフリカの代表的な3カ国の簡単なデータを示しておこう。

A　エジプトのケース

図2のように、エジプトの国際収支において、貿易収支は大幅な赤字で、それを移転収支（大部分海外送金）とサービス収支の黒字で賄っている。この

図2　エジプトの国際収支

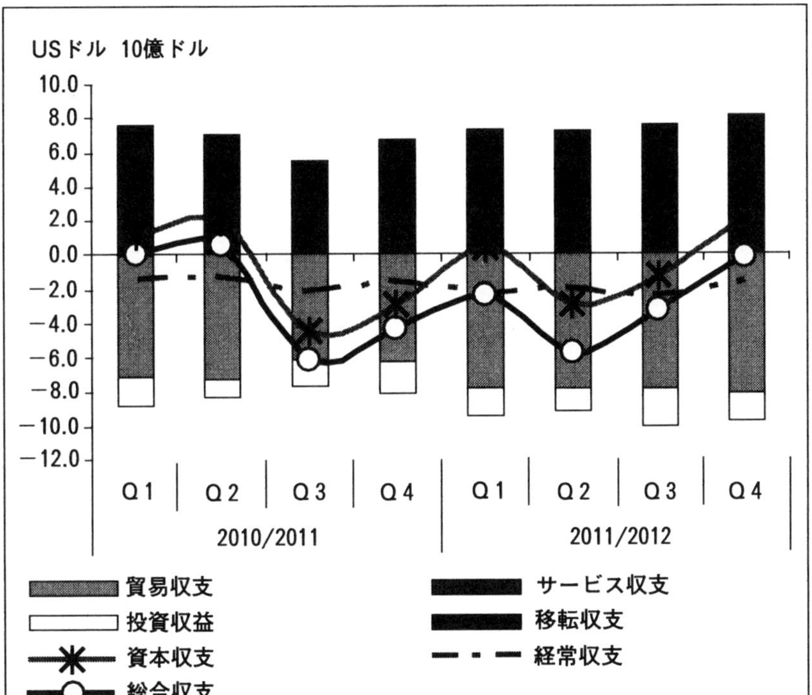

出所：Central Bank of Egypt, *External Position of Egyptian Economy*, FY 2011/12; http://www.cbe.org.ep

第 I 部 調査研究の視点

サービス収支の内訳をみると、観光収支とこれに関連した運輸収支の黒字が大部分を占めている。つまり、観光関連産業の比較優位がその分製造業には不利に働くであろう。

B ケニアのケース

ここでは、2006年のデータであるが、GDPの60%以上がサービス部門の貢献である。その大半が同国最大の外貨獲得源である観光事業（803US百万ドル）で、これに生花、茶、コーヒーなどの農産物輸出が続く、という構造である（Kenya, Library of Congress, June 2007）。最近のデータでみると（2013年4月末）、観光収入などサービス黒字が貿易赤字（319US百万ドル）の大部分を埋合わせ、これに海外送金（54US百万ドル）が加わって、経常赤字（176US百万ドル）を小幅に抑えている（Kenya, *Economic Indicators*, 2013/07/18）。アフリカ諸国で一般的に、海外居住者からの送金が経常赤字を補填する重要な一部になっている。前記エジプトの場合も同様である。

C 南アフリカのケース

ここでも、自然資源・観光主軸の産業構造における比較優位は明瞭である。鉱物性生産品が世界有数の資源大国で、金、ダイヤモンド、プラチナなどの貴金属、マンガン、クロム、バナジウムなどのレアメタル、そして石炭まで含めて、鉱物資源関連だけで輸出の60～70%を占めている（2011年、JETRO, 2012より）。観光資源国としての地位も近年急速に高まった。観光客数が増加し、2012年に9.2百万人（世界28位）とエジプトの11.5百万人（同22位）に接近している（日本は8.4百万人で32位）（UN WTO, 2013）。他方、輸送機器と一般機械・電機は、それぞれ輸出の8.3%、8.1%を占めるが、これは、部品輸入への優遇税制や輸出奨励策などに支えられていて、産業自体の競争力だけで可能になっているわけではない（後述）。

以上のように、アフリカの多くの国で、各国内の産業間の比較優位関係からみて、製造業が国内、海外市場で競争力を獲得するには、相当特別の経営

環境条件面でのテコ入れや政策的措置などが考慮されなければならないことがわかる。そこで次にそれを、人材・部材供給条件と産業政策の面から検討しておこう。

5．経営環境条件―人材・部材の供給条件

（1）人　材

　アフリカの人件費は、その人口の規模や１人当たりGDPの低さから低賃金地域とみられがちだが、今日では必ずしもそうではない。むしろ実際には、アジア諸国より割高の国が多く、人の作業動作も通常ゆっくりしているから、先進国の製造業企業がその人件費の割安さを見込んで生産拠点を設置するのに適しているとはいえないであろう。

　ジェトロの資料による表２のように、アフリカ諸都市の賃金水準は、アジア上位の国々のそれより高めである。2013年で、南アのワーカーの2,598USドル/月は日本より高く別格であるが、モロッコの800ドルも中国の495ドル、インドの224ドルよりかなり高い。本表の限りではエジプトの171ドルがインドより低いだけである。南アは、エンジニアや中間管理職でますます大幅に日本を上回り、モロッコはこれらのクラスでは中国よりもやや低い。この要因だけをみていると、日本企業がアジアを飛び越えてアフリカで現地生産を行う理由はなく、たとえばスズキやトヨタのように、インドで生産した車をアフリカに持っていくという企業があって当然であろう。

表2　賃金水準の主要国比較　　　　　　　　　　　　単位：月額　米ドル

	インド	中　国	エジプト	南アフリカ	モロッコ	日　本
ワーカー	224.15	495	170.95	2,598	800	2,523
エンジニア	567.03	867	320.54	5,514	800	3,475
中間管理職	1,405.43	1,485	512.86	5,193	1,053〜	4,653

出所：JETRO　国・地域別情報2013年10月調査（日系企業）

第Ⅰ部　調査研究の視点

　このアフリカの人件費高の要因をどうみるかは、たいへん重要な問題である。この点について、以下若干の検討を行っておこう。既存研究では、食料割高説が、平野克己（2009）など、アフリカ研究者間で通説化されているようである（西浦 2006、池上 2012も）。それは、農業の生産性の低さに基因する食料中心の物価高が、労働者の生活費、（したがって）人件費の押上げ要因とするもので、一見もっともらしいが、筆者は全面的には賛成できない。たしかに、生活費の水準は人件費を規定する主要な部分だが、これは労働力商品の供給サイドのコスト要因であって、それだけで最終的な価格が決まらないことは、市場経済のイロハである。

　実際の価格は、市場において、供給と需要との力関係のなかで調整され、その均衡点で決まるのである。食費が高くなっても、それで生活する労働者に高い人件費を支払う雇用者の需要がなければ、その高賃金は成り立たない。事実、アフリカのなかで、食費の高さはかなり共通しているのに、賃金の国ごとの差はきわめて大きい。問題は、雇用側がなぜそのような高賃金を支払えるのかである。

　考えられる要因としては、次のようなものがあげられる。

①資源・観光などの競争優位をもつ産業における支払い能力。これら産業は、前述のように、その国の経済―市場をリードしているから、そこの賃金水準が市場で相場を形成する可能性が高いであろう。これら産業への大きな労働力需要が、しかるべき教育訓練を受けて一定の知識・技能水準を有する労働力を吸収すると、それは関係教育訓練機関の供給能力を上回り、供給不足が生じて賃金水準を押し上げることになる。こうして、比較劣位にある産業はこの賃金を支払えないので、このままでは成立しにくいであろう。

　資源・観光などの産業は独占的性格が強く、国際競争に晒されにくいので、この高い人件費水準が維持されやすい。さらに変動相場制下では、現地通貨の割高が、この高賃金のドル換算の国際水準をさらに引き上げる方向に作用することも確かである。ただし、南アの場合は2012年の失業率が25％

第2章　アフリカ産業経済の現状分析

を越えており（エジプトは12.3%）、資源産業の賃金水準がそのまま製造業などのそれを規定するということにはならないであろうが、他方では、労働市場の方にもこの高賃金水準を支える一種独占的組織がある。

②産業別労働組合の賃金規制力。南アのNUMSA（第Ⅱ部第5章参照）のように、政府にバックアップされた、現状では恐らく世界一強力といえる労働組合は特別だとしても、アフリカには政府に支援された労働組合活動が比較的多い。それは、1つには、いわば一時代前のヨーロッパスタイルの組合が「社会主義」の影響などもあって温存されている面と、いま一つ、後述の地域共同体－地域主義という囲まれた経済環境づくりのなかで、国家による産業保護政策の一環として、労使協調に配慮がなされている面、などが考えられるであろう。

　こうして、南アに代表されるように、この発展途上地域における高人件費の下で、自動車など国家的戦略産業では、生き残りが可能にされているのである。

（2）部品・素材

　人材の供給条件と並んで、現地製造業の生き残り可能性を左右するのは、部品・素材の調達条件である。現地の有力日系自動車企業のマネジャーが示してくれたように、同社の世界の工場のなかで部品調達コストは南アが最大という（ブラジルがその次）。事実、後にみるわれわれの調査結果にも表れているように、アフリカは部品の現地調達比率が他のどこの地域よりも目立って低い。これをなんとかしなければ、製造業の現地生産の持続的発展はあり得ない。

　地元の部品産業が育たない理由は、歴史的概観でもみたように、そもそも伝統的に機械産業の形成がみられないのだから当然ともいえるし、さらに植民地下では、ヨーロッパ企業は在アフリカ子会社には本国から直接部材を供給したのである。独立後は、すぐ後にみるように、特にEUをモデルにした

75

第Ⅰ部 調査研究の視点

地域主義志向が強まる1994年のアブジャ条約以降、共通関税やFTAなどを意識して現調率を高めるための現地サプライヤーの育成やそれとの協力などがある程度進められている。

また、現地で部材企業の展開が後れていることは、逆に、外資系部材産業企業の進出の機会があることを示しているともいえるであろう。これも後に具体的に詳述されるように、2つの顕著な事例がみられる。1つは、北部モロッコやチュニジアなどに展開している対欧輸出拠点の場合である。自動車向けのワイヤハーネス、エアバック、電子部品や衣類用のファスナーなどが、西欧よりは割安賃金でロジスティック上大陸ヨーロッパとほとんど変わらない好位置にあって、通商上は欧州近隣諸国政策の特例措置で護られている。いま1つは、南アを中心とする南部アフリカ拠点で、資源・観光など財政的に余裕のある政府による各種税制上の優遇策に支えられて、欧米・日系製造企業が輸出までおこなっている。ダーバンを製造拠点にして、自動車組立で歴史のあるVWと並ぶまでになったトヨタはその代表例であるが、それも、この地に有力関係部品メーカーを相当数集めていわゆるサプライヤーパークを形成しているからできることであろう（第Ⅲ部第6章参照）。

6. 産業政策と地域統合の動き

（1）アフリカ内経済共同体の状況

以上のように、アフリカで製造業など資源・観光以外の基幹的な産業を根づかせるためには、国家的政策措置としての産業政策やその延長上に地域統合の制度づくりが要請されよう。その最も基本的なものに、アフリカ各地域に張りめぐらされた地域協力・共同体組織がある。その全体の概要は、やや古いが図3のジェトロ作成の「相関図」で見渡せる。80年代以降地域統合の規模の利益追求が意識されて進展したが、相互に重複する部分が多く、お互いにどこかで繋がっているようで、地域共同体づくりとしては世界でも進んでいるほうだといってよい。これは、既述のように、良くも悪くも、アフリ

図3 アフリカにおける主要地域機関の相関図（2009年9月現在）

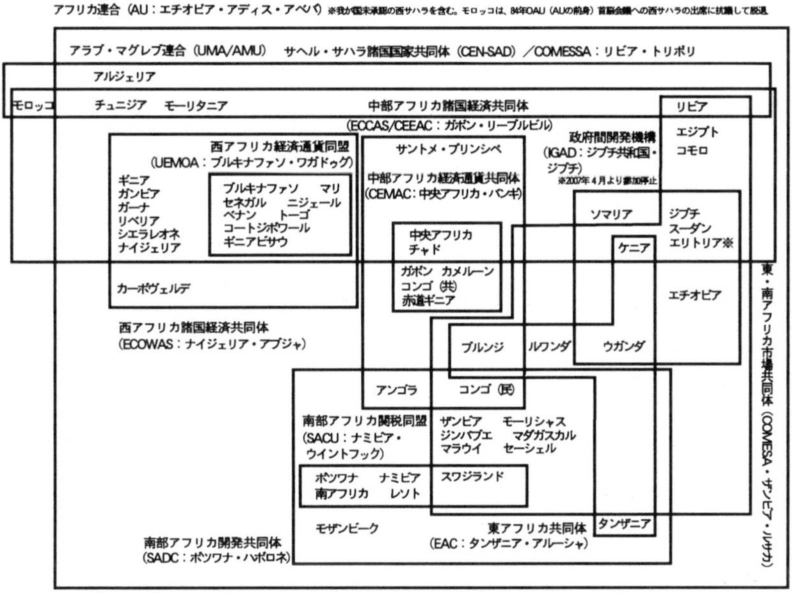

アフリカ連合（AU：エチオピア・アディス・アベバ）※我が国未承認の西サハラを含む。モロッコは、84年OAU（AUの前身）首脳会議への西サハラの出席に抗議して脱退。

アラブ・マグレブ連合（UMA/AMU）　サヘル・サハラ諸国国家共同体（CEN-SAD）／COMESSA：リビア・トリポリ

アルジェリア

モロッコ　チュニジア　モーリタニア　　中部アフリカ諸国経済共同体（ECCAS/CEEAC：ガボン・リーブルビル）　リビア

サントメ・プリンシペ

政府間開発機構（IGAD：ジブチ共和国・ジブチ）※2007年4月より参加停止　エジプト　コモロ

西アフリカ経済通貨同盟（UEMOA：ブルキナファソ・ワガドゥグ）
ギニア　ガンビア　ガーナ　リベリア　シエラレオネ　ナイジェリア
ブルキナファソ　マリ　セネガル　ニジェール　ベナン　トーゴ　コートジボワール　ギニアビサウ

中部アフリカ経済通貨共同体（CEMAC：中央アフリカ・バンギ）
中央アフリカ　チャド

ソマリア

ジブチ　スーダン　エリトリア※

カーボヴェルデ
ガボン　カメルーン　コンゴ（共）　赤道ギニア
ケニア
エチオピア

西アフリカ諸国経済共同体（ECOWAS：ナイジェリア・アブジャ）
ブルンジ　ルワンダ　ウガンダ

アンゴラ　コンゴ（民）

南部アフリカ関税同盟（SACU：ナミビア・ウイントフック）
ザンビア　モーリシャス　ジンバブエ　マダガスカル　マラウイ　セーシェル

ボツワナ　ナミビア　南アフリカ　レソト　スワジランド

モザンビーク
東アフリカ共同体（EAC：タンザニア・アルーシャ）
タンザニア

南部アフリカ開発共同体（SADC：ボツワナ・ハボロネ）

東・南アフリカ市場共同体（COMESA：ザンビア・ルサカ）

出所：ジェトロ資料（www.mofa.go.jp/mofaj/area/af_data/pdfs/sokan.pdf：2015年4月5日）

カの人々の国境意識の薄さ、それを強めたパン・アフリカニズムの影響などがあって、地域共同体やその相互組織がつくりやすいことに関係しているようである。[1] そのなかで、われわれの調査との関連も考慮して、いくつかの重要な地域協力組織にふれておこう。

1960年代末以降形成されてきた主なものに、次の4つがある。[2]

・COMESA（東・南アフリカ市場共同体）：

1994年に81年から続いていたPTAを再組織した地域共同体。メンバーはエジプト、ケニア、ザンビア、ジンバブエなど19カ国、本部はザンビア。北東南部に広くまたがっており、他の共同体組織との連携を全アフリカ規模で繋いでいくうえで重要な位置を占める。

第Ⅰ部　調査研究の視点

・EAC（東アフリカ共同体）：

1996年に、60年代から続いていたEAC名の地域共同体組織を正式に立ち上げた。メンバーはケニア、タンザニア、ウガンダに2007年ルワンダ、ブルンジを加えて5カ国に、本部はタンザニア。メンバー数は少ないが、言語が同じスワヒリ語を話す1億4,000万人を擁し、2010年当時でゼロ％の共通関税を実現するなど、タンザニアを中心にまとまった共同体を形成している。

・ECOWAS（西アフリカ諸国経済共同体）：

1975年に設立された地域共同体。メンバーはガーナ、ナイジェリア、セネガル、ニジェールなど18カ国、本部はナイジェリア。歴史も古く、人口が1億8,000万人の石油大国ナイジェリアを中心に3億人近くに達する西部に集まった諸国からなり、勢いがあるが政治的不安定性も感じさせる。

・SADC（南部アフリカ開発共同体）：

1980年に形成された地域協力組織を92年に再組織した地域開発共同体。メンバーは南アフリカ、モザンビーク、コンゴ（民）、ザンビア、タンザニア、アンゴラなど15カ国、本部は南アフリカ。資源豊富で工業化もある程度進んだ南アが主導する比較的恵まれた経済共同体で、近年のアフリカの高成長を代表する。

　以上のようなアフリカの各地域共同体は、当然のことながら、アフリカの独立が始まった60年代以来一貫して追求されてきたアフリカ規模の地域統合の目標と歩みのなかに組み込まれている。それは、1963年のOAU（アフリカ統一機構）に始まり、2002年のAU（アフリカ連合）への改組を経て発展のプロセスにある。これに経済的政治的実質を与えるのが各地域共同体の連携・統合への動きである。図3からもわかるように、各地域組織は、上記4つ以外も含めて、相互にかなり重複している点に重要な特徴がある。それは、アフリカにおける各国・地域間関係の密度の濃さを示すといってもよいが、同時にその統合に向けた調整の難しさをも示唆しているであろう（片岡2013）。

78

その最終的な姿は、EUをモデルにしたAEC（アフリカ経済共同体）の創設であり、制度のうえでは94年にアブジャ条約として発効した。その原則として、共通関税、各種経済要素の移動の自由、経済政策の調整、金融など超国家機関の設立、などが掲げられた。この方向は、その後リビアのカダフィ大佐の野心と腕力で成立したAUによって加速されたが、客観的諸条件の未成熟に加えてアフリカ的手続きの特殊性もあり、なお大きな進展はみていない。すなわち、各地域共同体間の統合を積み重ねて全体の統合を図るという一種の回り道で、直接統合に向かったEUに比べて、その調整には時間がかかるのである。

　今日まで比較的進んでいるのは、COMESA、EAC、SADCの３組織による自由貿易圏協定で、2008年に関係首脳会議が本格的交渉のスタートをした。これが実現すれば、アフリカ大陸の半数近い26カ国が参加し、人口は５億３千万人を数える大貿易圏が形成されることになる。また、回り道をとらない方式も模索されていて、2012年のAU首脳会議では大陸ベースの自由貿易圏の創設が2017年にセットされ（片岡　145-146頁、など）、2019年２月にほぼ発足を視野に入れた。[3]。

　こうして、アフリカ規模の地域統合への道はそれなりに軌道に乗りつつあるといえそうであるが、他方では、近年の中近東―北中部アフリカを覆う宗教がらみの治安の悪化、政治不安の動向は、そうした長年の地域統合に向けた努力の積み重ねを大きく損ないかねない、という危惧を抱かせるものがある。

　以上のアフリカ内の産業・貿易協力制度とともに、アフリカ外、特にEUとの間の通商政策がある。対EU関係に限ってみると、2000年頃から、従来の北とサブ・サハラの両アフリカに分けて一般特恵関税制度（GSP）として行う方式に代わって、アフリカ大陸全体を１つにして経済パートナーシップ協定（EPA）の構築をめざす交渉が本格化している。かつての方式が片務的な援助政策であったのに対して、現在進行中のものは関係アフリカ諸国の自立的独立を促すものであり、この間のアフリカにおける貿易や地域統合の進

第Ⅰ部　調査研究の視点

展を反映しているといえよう。

　もちろん、こうした進展度合いは北部、南部、西部などでかなり重要な違いがみられるが、ここではその詳細には立ち入れない（以下、JETRO, 2013、9頁以下を参照）。大きな流れとしては、マリ、セネガル、中央アフリカ、エチオピアなど後発開発途上国（LDC）の多い西部、中部アフリカなどには、EBA（武器以外はすべて）という関税や輸入割当なしの特恵措置、ナイジェリア、コンゴ共和国など西部・中部の少数非後発開発途上国には一般特恵関税制度（GSP）がなお残り、ガーナ、ジンバブエ、ケニア、タンザニア、南アフリカなど各地域にわたる非後発開発途上国にはEPAが適用される方向にある。こうして南アフリカなどは、FTAを含む通商・開発・協力協定を拡充し、2004年以降、FTAはEU―南アフリカの貿易の90％をカバーするまでなった（JETRO, 2013、13-14頁など）。これは、後述する南アからの対欧自動車輸出などに効力を発揮している。他方、ヨーロッパに近い北アフリカ諸国は欧州近隣諸国政策に組み込まれ、ことにエジプト、モロッコ、チュニジアなどは、2011年からFTAをより高度・包括化するDCFTA締結のための積極的な交渉に踏み出している（片岡　15頁以下）。

　なお、以上の特恵関税や地域統合を通じた域内産業育成という一般的な流れとはまったく逆方向の動きがある点にも、一言ふれておく必要がある。ケニアやタンザニアなどでは、80年代の国際機関による自由化・開放政策の要求に沿って、自動車や電機製品から中古車まで輸入自由化措置がとられたために、関係日系企業の現地生産工場は存亡の困難に見舞われたのである（AVAのケースなど、Juhn and Abo 2016）。もちろんそれはそれで、中古車輸入ビジネスやそれを通じた新車販売戦略も生み出すであろうが、現地産業の育成という観点からみれば、輸入代替をまったく飛ばして実現するものかどうか、疑問が残る。

80

7．非製造業企業進出のアフリカビジネス環境

　製造業以外の日本企業がアフリカに事業展開をする際のビジネス環境について、われわれの調査経験・結果なども参考にして、簡単にふれておこう。

①資源・関連産業

　大口は、歴史と大規模資本・技術力、政府からの直接的支援を受けている欧米、現地系、そしてアジア系国営大手によって押さえられている。したがって日系資源各社は、各種資本参加、技術提携などを通じてその隙間に参入し、時には操業管理責任を負う「オペレータ」を引き受けることはあっても、多くは大手の所有と操業管理の一部に参加して、相応の取り分に満足するほかはない（安保　2008など）。

②エンジニアリング産業

　自然資源を探索・開発・生産・備蓄・輸送・販売するプロセスにおいて、その各工程の技術的処理を専門的に引き受ける、千代田化工、日揮、三井海洋開発といったエンジニアリング専業会社がある（安保　2008参照）。これには、日本式の柔軟できめ細かい現場型工程管理技術の強味を発揮する余地が大きく、アフリカでも強い競争優位を発揮しており、本書では実際に取り上げられていないが、相当な実績を上げている。

③総合商社

　日本型総合商社にとってアフリカは、ある意味で、その競争優位の特性を発揮するのに適した活動領域といえよう。取扱商品の規模の大きさと範囲の広さがその競争優位の基本的特徴だが、アフリカには、資源・鉱業、インフラ・エンジニアリング、農業など、大口ニッチ分野でリスクをとる機会が多く、野心的に遂行しうる資金と質の高い多能的人材を抱えている総合商社に

第Ⅰ部　調査研究の視点

は、なかなか好都合なビジネス領域である。ことに2000年代以降世界の資源ビジネスが活況を示すなかで、以下の章でもみるように（第Ⅲ部第8章参照）、アフリカにおいても、日本の各社が資源ビジネスのウエイトを高めていったのである。もっとも、14年以後の原油や資源価格の低落で1つの転機を迎えているが。

④小売りなどその他流通分野

アフリカ市場には、これまでのところ、アジアなど新興諸国で爆発的に起こっている大衆消費現象やスーパー、コンビニといった大量・規格化された消費市場の展開はあまりみられない。BOP的市場といってもそれほど広範に目立つわけでもない。ただ、南アの都市部では、日本企業のボールペン販売など、日用品を都市低所得層にこまめに売り歩くような地道なビジネス方式が一部始まっていて、注目されている。

⑤農　業

農業は、アフリカではなお最多の就業人口を抱え、かつ急増する人口を養う重要産業であるが、一部の輸出向け商業作物を別にすると、とにかく生産性が低い。その改善を支援する耕作指導など各種ODAプロジェクトに日本の熱心なグループ、人々が取り組み、またビジネスとしても、サカタの種など全アフリカにきめ細かく展開している。異色で評判になっているケニア・ナッツ・カンパニーの事例もある（佐藤　2012）。

⑥インフラ関連事業

近年新興地域で盛んになっているビジネスの1つにインフラ関連の事業があるが、アフリカでもますます重要性を増してきている。伝統的な道路、鉄道、港湾建設などに加えて、太陽熱やバイオ利用の発電など新エネルギー創成や都市・農村設計など新分野でも事業活動が活発化している。ただ、それに関連してどこへ行っても目につく共通の現象は、中国勢の存在感の大きさ

である。最近タンザニアで見聞した事例では、アルーシャのレストランで大勢の中国人が食事をしていて、彼らは日本のODAの有償援助に落札した鉄道建設事業を遂行しているということだった。同地の日系建設会社の話では、日本企業の場合、無償でないとはじめから中国勢と競争する気はないといっていた。なお、南アでは、やはり中国系が引き受けた鉄道事業で、日本の日立系の企業が鉄道車両のみを納入する契約が成立していた。

8. 経営環境としての政治社会不安

　最後に、しかし外国企業がアフリカで事業を行う際に決して軽視できない重大な経営環境として、政治社会不安の問題がある。それが予想を超えて深刻であることは、現地に行ってみた日本人の誰もが痛感するところであろう。ここでは詳述はできないが、たとえば、南ア・ヨハネスブルグの中心地にある国際的なホテルで、夜はホテルのすぐ傍の街でも出歩くのは危険である。派遣された日本人社員の多くは、特定の警備員付の警護地域に住んでいる。まして、治安のよくないナイジェリアなどでは、このアフリカ最大の人口とGDPをもち、世界有数の産油国でありながら、かつて相当数進出していた日系のオートバイ、エンジニアリングなど重要な企業が近年撤退しているのである。

　なぜアフリカの多くの国々では、今日に至るもこの基本的な問題が処理できないのか、われわれには容易に理解でないものがある。歴史的事情、宗教がらみの問題があり、そして幸か不幸か、豊富な資源埋蔵がその独占をめぐる暴力的政治的抗争を生み出す大きな原因の１つになっていると、いわざるを得ないのである（白戸　2012参照）。

第Ⅰ部　調査研究の視点

【注】

1）以下の説明は、ナタニエル・アゴラ准教授、同志社大学大学院グローバル・スタディーズ研究科（現在）（2010年6月19日）、とDr. G.O. Ajumbo, Secretariat, East African Community（2010年9月9日）、からのヒアリング内容を中心に、JETRO「海外ビジネス情報」、片岡（2013）などを加えた情報による。

2）上述、アゴラ、Ajumboを各国のOfficial site, U,N, *Wkipedia*などで補足。

3）NHK NEWS WEB

（https://www3.nhk.or.jp/news/html/20190211/k10011810791000.html）

【参照文献】

Abo, T.(2004), "An Integrated Theory of Management Geography: Japanese Hybrid Factories in the Three Major Regions," in Gupta, V. et al, eds, *Trasformative Organizations*, Response Books.

安保哲夫編著（2008）『日本石油・ガス企業の国際競争戦略―国際石油メジャー・日本製造企業との比較』ミネルヴァ書房。

安保哲夫（2011),「日本型生産システムの国際移転研究の変遷―6大陸のハイブリッド工場―」『国際ビジネス研究』第3巻第1号。

Abo, T. (2012), "Global Operations of Japanese MNE's Hybrid Factories: Management Geography Framework," in Schlunze, R.D., Agola, N. O. and Baber W.W., eds., *Spaces of International Economy and Management*, Basingstoke, Palgrave Macmillan.

安保哲夫（2013）「アフリカにおける日系企業の現地生産の可能性―他新興地域の日系企業および在アフリカの外資企業との比較―」JAIBS第74回関東部会報告　2013年7月27日。

Abo, T. (2015), "Researching international transfer of the Japanese-style management and production system: Hybrid factories in six continents", *Asian business and Management*, Vol.14, No.1 (February 2015).

平野克己（2009）『南アフリカの衝撃』日経プレミアシリーズ。

池上彰（2012）「池上彰と歩く「アフリカビジネス」「新参者」ニッポンにチャンス／」日経BP Special（special.nikkeibp.co.jp/as/201207/africa/prologue.html）.

犬飼一郎（1976）『アフリカ経済論』大明堂。

JETRO（2012)、『海外ビジネス情報』。

Juhn, W. and Abo T. (2016), "Applicability of Japanese Mmanagement and Production System in Africa: Using-Hybrid Evaluation Model in Comparison with Other Developing Regions," *World Journal of Business and Management*, Vol.2, No.21 2016.

Kaplinsky, R. (1994), *Easternization: The Spread of Japanese Management Techniques to Developing Countries*, London, Frank Cass.

片岡貞治（2013）「第8章　アフリカにおける地域統合—現状と課題」日本国際問題研究所『地域統合の現在と未来』（www2.jiia.or.jp/pdf/resarch/H24_Regional.../08-kataoka.pdf）.

Kenya, *Economic Indicators*, 2013/07/18, (http://www.tradingeconomics.com/kenya/indicators).

Kenya, Library of Congress‐Federal Research Division, *Country Profile*, June 2007.

公文溥・安保哲夫編著（2005）、『日本型経営・生産システムとEU—ハイブリッド工場の比較分析』ミネルヴァ書房。

Lituchy, T.R., Punnet B.J. and Puplampu B.B. (2013), *Management in Africa: Macro and Micro Perspectives*, London, Routledge.

Mano, Y. (2013), "Industrial Development in Developing Economies: Cases in Sub-Sahara Africa"（国際経済学会報告）。

三島一孝（2013）、「アフリカは日系製造業にとってはまだ暗黒の大陸なのか」（http://monoist.atmarkit.co.jp/...）。

松本仁一（2008）『アフリカレポート』岩波新書。

Mazrui, A. A. (1986), *The Africans: A Triple Heritage*, Boston-Toronto, Little, Brown & Company.

西浦昭雄（2006）「労働組合と最低賃金制度の雇用効果」、山形辰史編『雇用を通じた貧困削減』アジア経済研究所。

佐藤芳之（2012）『アフリカの奇跡』朝日新聞出版。

白戸圭一（2012）『ルポ資源大陸アフリカ—暴力が結ぶ貧困と繁栄』朝日文庫。

杉村和彦（2004）『アフリカ農民の経済』世界思想社。

UN WTO（2013）, *World Tourism Barometer*.

ウィルキンス、M.、安保哲夫・山﨑克雄監訳（2015）『アメリカにおける外国投資の歴史』ミネルヴァ書房。

World DataBank, 2015年4月1日。

第3章
主要国のアフリカへの直接投資について

郭　四志

はじめに

　近年、着実に成長を続けるアフリカは、世界の最後の巨大経済市場・有望な投資先として、国際社会での存在感が高まりつつある。かつて、欧州列強・宗主国がアフリカのモノカルチャー経済構造をつくり、資源開発を中心に投資したものの、2000年代以来、イギリスやフランスなど旧宗主国およびアメリカに加え、中国など新興国の対アフリカ進出が活発になってきている。

　欧州企業は中国のアフリカへの参入・事業拡大に戸惑いつつも、かつての植民地として支配してきたアフリカ市場を堅守しようと旧宗主国・植民地としての言語・文化、ノウハウの蓄積を生かしたアフリカ事業戦略によりパワーアップを図っている。アメリカは政治経済大国としてのアフリカへの影響力を高め、アフリカで援助・経済勢力を拡大するなどでアフリカでの存在感が高まりつつある中国を視野に、アフリカを支援する「パワーアフリカ」など国家プロジェクトを立ち上げ、民間の対アフリカ投資の拡大をさらに推進しようとしている。

　一方、1970〜80年代には数多くの日本企業がアフリカで盛んにビジネスを展開したが、その後、多くの企業がアフリカを離れた。アフリカ現地の地政学的リスクの上昇によりビジネスの継続が困難になったことに加え、アジア市場へのシフトが加速したと考えられる。よって、日本企業は欧米や新興諸国のアフリカへの投資拡大、とくに中国が官民あげてアフリカ市場を席巻す

第Ⅰ部　調査研究の視点

るなか、自らのアフリカ進出・投資戦略を思うように構築せず、他の国々と比べ、出遅れているといわざるをえない[1]。

　目下、ますます拡大している12億人からなる「最後のフロンティア市場」をめぐって日本企業を含め、主要国企業が積極的に対アフリカ直接投資を拡大し、それぞれアプローチ・投資パターンを繰り広げている。今後、ポピュリズムや保護貿易主義が高揚していくなか、既存の世界市場・投資先を取り巻くビジネス環境がますます厳しくなるとともに、アフリカ進出や投資事業をめぐる主要国・企業間の競争がさらに激化すると考えられる。

　上述の問題意識にもとづき、本稿の研究目的は、以下のとおりである。まず主要国のアフリカへの直接投資の歴史と現状を検討し、主要国企業による対アフリカ進出のアプローチ・投資パターンの比較、分析を踏まえ、主要国の対アフリカ投資の特質を明らかにする。加えて今後の主要国の対アフリカ投資の課題を取り上げたい。

1．外国の対アフリカ直接投資の概観

　アフリカ向けの外国の直接投資をみると、1990年代後半以降、特に2000年初期から急激に増加している。アフリカへ流入する外国直接投資を示すInflowsの数値でみると、アフリカは1995〜99年にかけて、世界全体の外国直接投資額の2.0％を占めるに過ぎず、2000年には0.9％に低下、2001年にやや回復したものの、それでも世界全体の2.3％に留まる[2]。2000年初期以降、世界エネルギー・資源価高を背景にアフリカ経済成長に伴い、世界主要国のアフリカ直接投資を拡大してきた。

　2017年末時点で、世界の対アフリカ直接投資のストック額は8,668.2億ドル、フロー額は417.7億ドルに達しており、それぞれ1990年代末と比べ約6倍、7倍と大幅に拡大している。表1に示したように、ストックベースでみるアフリカへの主要投資国は米国が第1位であり、イギリスとフランスは第2位、3位である。中国は第4位となっている。

88

第3章　主要国のアフリカへの直接投資について

　しかし、近年中国の対アフリカ投資は大きく増加し、フローベースでグリーン
フィールド投資額は、16年にそれぞれ361.4億ドル、29.3億ドルに達し、第1位と
なっている。17年に第2位となっている。イタリアが第1位、米国が第3位、イ
ギリス第4位となっている。注目すべきは、16年と17年に過去の植民地時代の
宗主諸国につながるEU地域の投資額は全体の13％、27％を占めている（表2）。

表1　アフリカにおける主要国の直接投資　（ストックベース）10億ドル

米　　国	57
イギリス	55
フランス	49
中　　国	40
イタリア	23
シンガポール	17
イ　ン　ド	14
ス　イ　ス	13
中国香港	13

出所：UNCTAD　*World Investment Report 2018* etc.

表2　アフリカへの外国グリーンフィールド投資　　単位：100万ドル

国・地域	2016年	2017年
先進国	19,495	32,398
EU	11,864	22,704
イタリア	4,006	10,383
イギリス	2,395	2,287
アメリカ	3,640	3,901
発展途上国	73,643	21,582
中　　国	36,144	8,920
サウジアラビア	4,507	3,972
UAE	10,997	2,023
移行経済諸国	452	31,324
世　　界	94,039	85,305

出所：表1と同じ。

89

第Ⅰ部　調査研究の視点

図1　外国企業の対アフリカ直接投資（地域別；2010〜2017）単位：10億ドル

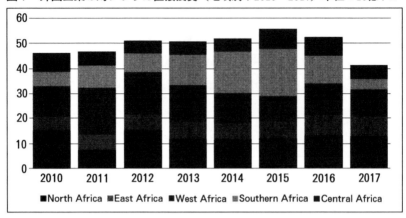

出所：表1と同じ。

以下、地域別にアフリカへの外国投資をみてみよう。

（1）北アフリカへの外国直接投資

　北アフリカへの外国投資のストック額は、8,668.2億ドルで、アフリカへの全体の32%を占めている。外国直接投資は主に北アフリカに集中している（図1）。背景はエジプトやモロッコなど北アフリア地域の経済・消費水準の高さおよび地理的な便利さなどにある。

　フローベースで、2017年には北アフリカへの世界の投資は133億ドルに達している。エジプトやモロッコなどに集中している。17年末、フランス・ルノーをはじめとした新自動車技術（電気、バッテリ、車載カメラ）分野のモロッコへの投資は14.5億ドルに達した。そして中国が関わった金融分野への投資も大きく拡大した。加えて米Uber企業は対エジプト、モロッコ投資を増加し、配車サービスアプリ業務をスタートしている。こうしたアメリカのエジプトやモロッコなどの北アフリカでのサービス投資は、現地の観光事業および市民の生活等に積極的な影響を与えている。

　最近、日本企業の対北アフリカの自動車分野への進出は活発化している。

三井金属アクトは今年7月、モロッコにドアラッチなどの自動車部品を製造する新会社を設立すると発表し、2020年1月に操業を開始する予定である。また、パナソニック傘下のスペインの自動車部品・システムサプライヤー、フィコサ・インターナショナル[3]は2018年3月、モロッコ・ラバトで生産を開始、電気ケーブルやリアミラー、シフターシステム、ウォッシャーシステムなどを生産する他、自動運転車等のためのビジョンシステム開発を手掛ける。投資額は約65.4億円で約700人を雇用し、20年までに年間約196億円の売上高を目指す[4]。

　一方、アルジェリアへの外国投資は12億ドルで、従来の石油資源分野に加え、IT、スマホン等関連分野への投資が目立ち多様化しつつある。その投資主役は、中国のHUAWEI、韓国のサムスン等である。なお、17年にチュニジアへの投資額は9億ドルとなっている。これは主にフランスやベルギーのソフトウエア・ITや新エネ分野への投資である。

　さらに、スーダンへの投資は11億ドルとなっている。これは主に中国石油大手CNPCの油田開発への投資によるものであり、スーダンは強く中国の石油エネルギー投資に依存している。2018年にアメリカによる、スーダンに対する制裁の解除、原油価格の上昇に伴い、同国の外資による石油開発等の投資が拡大すると見込まれる。

（2）中部アフリカへの外国直接投資

　2017年に対中部アフリカへの外国直接投資ストック額は、878.2億ドルとなっている。アフリカ全体の10.1％を占めるにすぎないものの、2000年に比べ82.6％と大幅に増加し、近年、同地域への中国等外国企業の進出が活発になっている。17年には外国企業の対同地域の投資額は57億ドルとなっている。

　外国企業は従来の石油ガス分野への投資に加え、EVのバッテリー材料のコバルトなど鉱物資源分野への投資を増加している。たとえばスイスGlencore社が10億ドルによるコンゴでの2つ鉱山への買収がある。特にガボンとコンゴ共和国への外国企業の直接投資は、拡大している。17年それぞれ前年比21

第Ⅰ部　調査研究の視点

％と11.2％の大幅増の15億ドル、13.4億ドルとなり、両国への外国直接投資のストック額は10年より約3倍、2.4倍も拡大し、95億ドル、225億ドルに達している。両国での外国企業存在は、主にフランスと中国である。

コンゴ共和国では、フランス・トタル社がLMoho-Nord油田を開発するため、すでに100億ドル以上投資している。フランスは石油・鉱物資源をはじめ、独占的地位を占めている。一方、中国企業はセメント、建材などの分野に積極的に進出している。最近油田の開発に加え、素材産業の国内生産過剰にともない、現地でのセメント工場の建設・生産を行った。目下、中国企業の投資ストック額は8億ドルとなっている。

ガボンでも、資源開発への投資が外国からのメインの投資である。これは、ほとんど石油メジャーの開発投資である。トタール社とロイヤル・ダッチ・シェル社は、同国で最大の原油生産社であり、他の主要生産者には、パリ・ベースのPerenco、中国Sinopec傘下のアダックス社、ヒューストン・ベースのVaalcoエネルギー社があげられる。

近年、ガボンと中国等の新興国との間の経済貿易協力の急速な発展にもかかわらず、フランスはガボンの対外貿易投資において依然として独占的地位を占めている。現在フランスは外国のガボンへの投資総額の約4割、ガボン輸入総額の35％を占めている。

それに対し、中国の対ガボン投資の歴史がまだ浅いので、投資のストック額は3億ドルにすぎない。フランス等旧宗主国企業があまり及んでいないインフラ分野に積極的に進出しつつある。近年、中国企業が現地のインフラ建設、水力発電に関わるプロジェクト等での請負事業に活発に参入している。たとえば、16年に中国建築工程総公司等が建設等の請負プロジェクトを21件取得、契約額は16.4億ドルに達し、年間売上高約7億ドルとなった。

また、同地域のチャドでは、近年、存在感の高いフランス企業以外では、米国企業の進出が活発になっている。17年にチャドへの外国投資のストック額は54.4億ドルで05年、10年より9.4倍、1.5倍を増大した。フランスMOBILITAS、Total等18社は、早くは1950年代から進出しており、業種は石油資源開発か

らビール食品、航空輸送、金融・サービス分野にわたっている。一方、米国ExxonMobil、Chveron、コカ・コーラ、DHL等10社ほどの大手企業はチャドで石油開発に加え、飲料水・食品業、輸送等サービス事業を展開している。

　近年中国企業のチャドへの進出が際立っている。10年末、中国の直接投資のストック額は4億ドルとなって、約60社がチャドで石油開発・精製、建築、ホテル、小売卸売、物流等事業に投資し、特に油田・ブロックの権益買収は目立っている。09年のCNPCによるEnCana Corpのチャド油田資産Permitの買収（金額2.3億ドル）に加え、最近中国華信集団が1.4億ドルでチャドの台湾中華石油のチャド石油資産の50％の権益を取得した。

（3）西アフリカへの外国直接投資

　2017年末時点で外国の西アフリカへの投資ストック額は1,863億ドルで、2000年および2010年より、それぞれ5.6倍、1.9倍も拡大している。一方、17年同地域への外国投資のフロー額は、前年比10.9％減少の113億ドルとなっている。

　これは主にナイジェリアへの投資減少によりもたらされた。近年原油価格が大幅に下落したことにより、同国の経済が低迷している[5]ことから、17年に外国の直接投資の流入額は前年比21％減の35億ドルとなっている。他方、同国消費市場がますます拡大し、そして同国政府が積極的に産業多角化に取り組んでいることから、米国のUber社、フェースブック社が配車サービスや通信サービス分野への進出が活発化している。加えて中国企業は繊維から自動車等ハイテク産業にも投資を行っている。

　また、ガーナ政府が2000年以来、財政支出の削減や経済・産業多角化を目指し、積極的に外資を誘致している背景の下で、ガーナへの外国投資の残高は2000年より21倍以上大幅増の331.4億ドルに達している。特にイタリアや中国等の同国の資源開発分野への進出が際立っている。たとえば、イタリアのENI社は同国沖のサンコファ石油・ガス田（ENI：44.44％、CNPC社：20％）における生産をスタートした。

93

第Ⅰ部　調査研究の視点

　なお、オランダのビール大手Heineken社は、17年に3,500万ドルを投資し、現地でのビール生産能力を2倍拡大し、現地事業をめぐってフランスのCastel社との競争を展開している。さらに米国チョコレート製造大手のThe Hershey Companyは現地のココア加工分野への投資を行っている。

　指摘すべきは、2000年以来、セネガルへの外国企業の進出は活発化してきている点である。17年末時点でその投資残高は00年と10年よりも約3倍、16.5倍も拡大し、49億ドルに達している。外国の直接投資のフロー額も前年比13％増の5.3億ドルとなっている。

　それは以下のような背景にある。最近西アフリカ諸国経済共同体（ECOWAS）内で最大規模となる経済特区（ZES）整備がセネガルで進んでいる。目下、工業団地の建設に加え、政府機関の移転や大学の開設なども行われている。同国政府が2035年までの新興国入りを目指して各種インフラなどを整備し、特に交通インフラが整い始めた今、一部外国企業の同国経済特区進出が始まった[6]。現在、港や高速道路といったインフラ整備で、数多くの外国企業が関わっている。たとえば、中国の中地海外集団（CGCOC）は、同国省庁のビルを建設している。フランスの建設会社エファージュ、鉄道車両製造のアルストム、鉄道コンサルティング会社システラの共同事業体を通して地域高速鉄道（TER）の建設を担当している。

　このほかにトルコの建設会社スマとリマックは合弁で空港を建設し、委託運営にも携わり経済特区内ではホテルや総合競技場を建設している。なお、ロシアの商用車最大手KAMAZ社は6,050万ドルを出資しセネガルでトラックの組み立て事業に乗り出している。

（4）東アフリカへの外国直接投資

　東アフリカは、アフリカの経済成長の最も速い地域として注目されている。2017年に外国の同地域への直接投資残高は、2000年および2010年比もそれぞれ11.5倍、2.2倍も拡大し826億ドルに達している。北・南部アフリカに次いでアフリカ第3位の投資先である。

第3章　主要国のアフリカへの直接投資について

　東アフリカ経済を牽引しているケニアは、地理的に有利な条件と発達した事業インフラが備わることから、外国企業が活発に投資を展開している。17年の時点で外国企業の対ケニア直接投資の残高は2000年と2010年比、13倍、2.2倍も拡大し、1,190.4億ドルに達した。外国企業投資のフロー額は、前年比71％大幅増の7億ドルとなっている。

　ケニアは同地域トップの経済体で、近年では2030年に新興工業化を果たし新興国入りを目標として、外資を積極的に受け入れている。

　最近、ケニアへの中国投資は急増している。今年1月、ケニア政府の「外国投資調査」によると、中国はすでに旧宗主国の英国や米国を抜いて、外国からの最大の投資国となった。また16年のマッケンジー調査報告では、ケニアの中国企業は390社にのぼり、業種はエンジニアリング、繊維、製造業に集中している。

　一方、米国企業は同国のICT技術分野に積極的に進出している。たとえばマイクロソフトは同国ICT省、ケニアのインターネットプロバイダーIndigo Telecomと提携し、ケニアで無線基地局展開に向けた高速インターネットパイロットプロジェクトを行う。そして17年に米国のオラケル社、ボーイング社もケニアに投資、ソフトウェア・サービス分野など事業に乗り出している。

　なお、最近、フランスのPSAグループは、ケニアで組立生産をスタートした。18年6月にプジョー「508」のKD生産をスタートした。続いて新型SUVの「3008」の生産もはじめ、同国内向けに年間1,000台以上の生産を計画している。

　外国企業の重要な投資先であるエチオピアへの外国投資も、2000年以降、拡大している。17年にその残高は00年と10年より20倍、4.4倍拡大し185.1億ドルに達した。中国やトルコ企業は、17年、同国の軽工業と自動車分野に投資し、ドバイのVelocity Apparelz社は同国で衣類等生産工場を立ち上げ、欧米への輸出を95％にし、最終的に1万人の現地労働者の雇用を計画している。

95

第Ⅰ部　調査研究の視点

（5）南部アフリカへの外国の直接投資

　南アフリカをはじめとする南部アフリカは、アフリカでは一番大きな外国企業の投資先である。ストックベースでみると、2000年、2010年および2017年にそれぞれアフリカ全体の25.4%、36.8%、27.1%を占めている。

　同地域での産油大国であるアンゴラでは、近年の原油価格の下落で経済低迷していることから、油田開発等の延期で、外国投資が減少した。17年にアンゴラへの対外直接投資残高は、10年に比べ24.8%大幅減の121億ドルになっている。18年に原油価格の上昇やアンゴラ南部の新規油田の開発で、外国企業の投資が増加するとみられる。

　他方、近年、アンゴラ政府は石油依存型といったモノカルチャー経済構造からの脱却を図るため、国家開発計画の下、農業、製造業の振興等による産業多角化に取り組んでいる。

　こうした背景の下、外国企業特に中国企業は、活発にアンゴラに進出した。中国は資源開発や建設、発電所、通信、鉄道、農業等にわたって投資を多様化、拡大し、企業数が百数十社に達している。70年代からアンゴラ石油ガスを開発してきたイギリス石油会社BPは、1990年代にはルワンダの北西約200kmにある4つの深海沖合ブロックで権益を取得し、2011年には、首都南部のクワンザとベンゲラ盆地の5つの新しい大水深ブロックを獲得した。BPは現在アンゴラで最大の外資系企業の1つで投資残高は300億ドルに達している。

　南アはフリカ全域で、外国にとって最大の投資先である。17年に外国企業の対南アの直接投資の残高は約1,500億ドルで、南部アフリカへの外資総額の64%、アフリカ全域の外資総額の17.3%を占めている。外国企業が南アへの年間投資額は、13.3億ドルとなっている。表3に示したように（12年1月〜17年10月まで）主要国の投資額と件数はそれぞれ152億ドル、420件となっている。

　米国企業は南アの主な投資者である。17年にDuPont社は南アの農作物研究へのプロジェクトを立ち上げている。自動車分野では、いすゞはGMの南ア子会社を買収し、北京自動車は8,800億ドルを出資、南ア産業開発社と合弁で自動車工場を設立している。ドイツ、イギリス自動車メーカーは南ア自

96

第 3 章　主要国のアフリカへの直接投資について

表 3　主要国の対アフリカの直接投資（地域別12年1月〜17年10月累計）

（100万ドル）

	米　国		英　国		フランス		中　国		日　本	
	金額	件数	金額	件数	金額	件数	金額	件数	金額	件数
合計（その他含む）	28,584	513	18,346	430	33,156	328	52,394	211	6,996	105
エジプト	1,642	40	2,800	26	1,191	13	22,868	23	261	9
アンゴラ	2,574	5	88	7	18,388	4	30	3	4	1
南アフリカ	4,530	**163**	3,478	**145**	2,057	40	3,993	**44**	1,126	**28**
ナイジェリア	4,582	45	1,777	27	1,129	13	4,457	18	1,119	17
モロッコ	2,077	56	640	22	3,814	**94**	3,061	12	1,040	16
モザンビーク	1,867	11	2,437	27	277	4	4,011	3	635	2
ケニア	1,698	65	869	52	486	8	930	16	626	17
アルジェリア	57	3	234	4	276	11	3,547	11	11	1
ガーナ	1,703	17	498	26	235	15	1,328	11	12	2
ザンビア	1,725	5	151	6	597	4	1,134	6	3	1

注：太字は当該国で投資件数が最も多いもの。
出所：JETRO「主要国企業のアフリカ展開と日本企業との連携可能性」2018年4月。

動車分野への進出した主役で、最近工場の再編を通して南ア域内における乗用車のサプライチェーンを築いている。

　南部アフリカ以外の地域にも外国企業は投資を拡大している。その投資残高は170億ドルで00年、10年よりも42.5倍、2.3倍も増大している。17年の年間投資は前年比65％大幅増の11億ドルに達している。背景として同国政府は経済・産業多様化に取り組んで積極的に外資を受け入れ、外国企業の進出が活発化している。たとえば中国のSinocnst社は5,480万ドルを投資、現地との合弁でセメント工場を立ち上げている。

　なお、南部アフリカ地域には、イスラエル企業（Gree200）が積極的に食品生産分野に参入、事業展開している。なお、日本カービュー社は自社のインターネットやコンサルティングの優位性を活用し、12年10月にケニアに進出、東アフリカで自動車販売事業を展開したうえ、さらに16年3月にザンビアに進出し、インターネットによる自動車関連情報サービスの利用・促進を

第Ⅰ部　調査研究の視点

事業とする会社を立ち上げた。

2. 主要国の対アフリカ進出

　近年、主要国企業は、アフリカに積極的に進出し、貿易を拡大している。
欧米企業に加え、中国等新興国の進出が活発化している。欧米企業は、特に
旧宗主国である欧州各国のグローバル企業を中心に、資源関係に加え、日用
品・食品等も含めて、アフリカにおける将来のイノベーションと経済成長に
ついてとりまとめ、アフリカでITサービス事業も展開している。　欧米諸国
は、従来の資源開発分野への投資を行いながら、台頭している12億人のアフ
リカ消費市場を視野に入れ、自動車や通信、ソフトウエア・ITサービス、
医薬など多様な分野で事業を展開している。日本企業の対アフリカ投資は欧
米、中国企業と比べ少ないが、近年南アフリカを中心に自動車や電気機器の
製造、販売などの分野に積極的に進出している。

（1）イギリスのアフリカへの主要進出活動

　イギリスはアフリカとは歴史的な旧宗主国・植民地の関係をもち、現在も
コモンウェルスの枠組みのなかでナイジェリア、南ア等アフリカ諸国との関
係を維持している。歴史上、アフリカから移民を数多く受け入れてきたため、
イギリス社会に大規模なディアスポラ社会が存在し、アフリカ系の政治家も
輩出している（JETRO〔2018a〕）。加えて英語圏での交流等のネットワーク
というソフトパワーによりアフリカとの関係をつないでいる。イギリスは、
今日こうした旧植民国との関係で形成・蓄積した強みを、対アフリカ直接投
資・事業活動の展開に活かしたと考えられる。

　イギリスは、上述のような背景で、アフリカへの投資は1980〜1990年に31
億ドル、1990年〜2000年に57億ドルで、年間わずか平均3.1億ドル、5.7億ド
ルであった。しかし2000年以後増大してきた。年間投資額は20億ドル以上と
なった。2017年に対アフリカの直接投資額は、23億ドルに達しており、16年

第3章　主要国のアフリカへの直接投資について

図2　イギリスの対外直接投資の推移（フロー；ストック）単位：100万ポンド

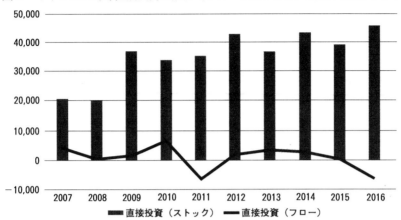

出所：Office for National Statistics - GOV.UK より作成。

にストックベースでその投資額は450.9億ポンド（約550億ドル）となっている。ただし、14年よりフロー投資額が減少している（図2）。

　投資フロー額はかつて米国に次ぎ、第2位であったが、近年、中国などが対アフリカ投資を拡大していることから、第4位となった。こうして、イギリスは輸出市場や投資先の確保、ひいてはアフリカへの影響力を維持、拡大するのに積極的に取り組んでいる。18年8月にメイ・イギリス首相が就任後初めてナイジェリア、ケニアおよび南アを訪問し、イギリスのアフリカでのプレゼンスを拡大し、対アフリカ直接投資を増加させようとする。今後5年以内、G7諸国のなかで、アフリカへのトップ投資大国になることを狙っている。

　近年、イギリスからアフリカへの直接投資は、主に南アフリカと北アフリカに集中している。表3に示したように、12年1月～17年10月、アフリカへの直接投資の金額は約183.5億ドル、件数は430件となっている。その投資は、主に南アフリカ、エジプト、モザンビーク、ナイジェリア、ガーナなどに向けた。それぞれアフリカへのイギリス投資総額の約19％、15.3％、13.3％、9.7％，4.7％、2.7％となっている。

第 I 部　調査研究の視点

表4　主要国の対アフリカの直接投資（業種別、2012年1月〜2017年10月累計）

（100万ドル）

	米国		英国		フランス		中国		日本	
	金額	件数	金額	件数	金額	件数	金額	件数	金額	件数
合計（その他含む）	28,584	513	18,346	430	33,156	328	52,394	211	6,996	105
食料品・タバコ・飲料	802	33	904	17	684	22	182	6	105	6
繊維・縫製	169	3	14	1	97	3	3,288	11	1	1
医薬品・ヘルスケア・医療機器	330	17	240	8	235	7	221	4	38	3
鉱業（鉱物性燃料・鉱物・金属）	11,988	27	9,847	41	19,299	15	6,280	33	2,310	5
代替・再生可能エネルギー	3,422	23	1,158	7	2,800	19	2,667	6	198	1
化学、ゴム、紙・包装材、ガラス・土石、プラスチック	1,048	27	40	3	1,161	15	547	7	1,231	8
産業用機械・機器、エンジン・タービン	723	30	113	18	109	7	184	10	62	11
自動車OEM生産・同部品	916	17	132	2	2,017	15	1,888	18	1,910	**20**
建築・建設資材	1,695	2	297	2	1,314	10	1,616	4	—	—
運輸・倉庫	840	35	1,158	23	1,647	18	9,331	5	76	3
通信・ソフトウェア＆ITサービス	4,152	**126**	1,521	56	1,355	45	971	**38**	663	13
不動産・ホテル・観光・娯楽	783	9	683	23	322	5	29,526	8	94	2
ビジネス・金融サービス	1,104	124	1,859	**207**	1,486	**101**	1,191	22	89	10

注：太字は当該国で投資件数が最も多いもの。
出所：表3と同じ。

　業種別からイギリスのアフリカへの投資をみると、石油燃料、鉱物資源などの資源開発投資がトップで、全体投資額（183.5億ドル）の53.7%を占めている（表4）。かつて植民地時代からも燃料・鉱物資源以外に投資してきた主要業種である食料品・タバコ・飲料業は、通信・ソフトウエア・ITサー

ビス（投資比率8.3％）や代替・再エネ（同6.3％）および運輸・倉庫業（同6.3％）に次いで第4位となり全体投資額の4.9％を占めている。

　イギリスが、情報通信・ITサービスや再エネの投資比率を伸ばした背景[9]は、国内の情報通信や再エネ分野の発展やその技術進捗に加えて、近年米中等によるアフリカの情報通信・ITサービス分野への進出強化や市場シェアの拡大にある。

　表3に示したようにイギリスの対アフリカ直接投資は主に旧宗主国として関わりの強い諸国で行われている。具体的にいくつかの進出している企業を取り上げみてみよう。

　まず、ナイジェリアへの主要投資業種は、石油、日常用品・食品製造である。同国に進出している英国企業は主にシェル、ユニリーバ、PZ Cussons、ブリティッシュ・エアウェイズ、ディアジオ／ギネスなどがあげられる。これらの企業は、1920年代にナイジェリアに進出して以来、石油開発や石鹸・洗剤生産に集中して、さらにユニリーバは、80年代初期から食品加工や茶園事業に乗り出した。

　シェルの場合、シェル・ナイジェリア（SPDC）は、シェルとナイジェリア政府と合弁した石油企業で、シェルは所有率30％をもち、同国の80以上の油田と石油生産の4割（90年代後半、日量約90万バレル）を保有し、全長6,000km以上のパイプラインを稼働させている。そして約90基の供給施設や2つの輸出ターミナルをもっている。

　シェルは50年代にナイジェリアの石油産業に参入し、60年代からナイジェリアで操業し探鉱・開発を中心に事業を展開してきた。近年低炭素エネルギーの増産を目指し17年に天然ガスの生産量は、陸上生産の7割を占め、08年から2割以上増加した。石油・ガスの上流産業の他、LNG開発・備蓄および石油製品開発事業も展開している。

　ただしナイジェリアのナイジャーデルタは、アフリカ最大の原油産出地である。上述の油田・パイプラインには老朽化しているものがあり、今後原油流失事故の防止や環境保全への取り組みが同社にとって、長期的で重要な課

第Ⅰ部　調査研究の視点

題である。

　ユニリーバは190カ国以上で約400のブランドを製造、販売する世界有数の消費材を中心とする製造多国籍企業で，グローバルバリューチェーンを世界各地にわたって配置している。ナイジェリアに進出した歴史は、1923年にロバート・ヘスケス・レバーバームがナイジェリアの商号であるレバー・ブラザーズの株式の下で取引所を開設したときにさかのぼる。同社は石鹸等の取引きに従事し、1925年にApapaに石鹸工場を立ち上げ、その後新しい石鹸事業を展開して、60年代に同社はOMO洗剤生産に乗り出した。

　同社は、ナイジェリア政府の1972年の独占禁止法に従い、1973年に上場会社になり、ナイジェリア子会社の株式60%を現地側に売却し同社は40%の所有となった。ただし、こうした所有率の変動があっても、同社は依然として現地事業の発展をやり遂げ、1980年以降、青いバンド、樹木トップなどの食用製品の生産をスタートした。さらに、同社は合併買収期間を経て、まず80年代中期にリプトンナイジェリアを買収し、その直後ワセリン製造会社であるChesebrough Products Industriesと合併して、現地で生産原料を確保し、事業を拡大した。

　なお、イギリスのPZ Cussons社も1948年からナイジェリアの日用品の石鹸市場に参入し、石鹸生産工場を設立してから、洗浄剤の生産・販売事業を経て、2010年にWilmar Internationalとの合弁会社PZ Wilmerを設立し、ナイジェリアにパーム油精錬所を建設し、食品原料生産拠点を設立し、食品生産を行ってきた。

　ユニリーバとPZ Cussons社とともにナイジェリアの人口増大による大衆消費市場の拡大にともない、日常用品・食品加工分野に手掛けて現地事業が拡大してきた。イギリス企業のナイジェリアに進出してきた主な企業活動からみて、イギリスは、旧植民地時代から、今日まで現地国の賦存性と大衆の消費ニーズに合わせて、石油資源の開発・確保から、大衆消費分野にわたって投資し事業を展開していると考える。地元の産業基盤の確立につながる技術集約型の製造業の進出はみられていない。

第3章　主要国のアフリカへの直接投資について

　南部アフリカ地域、特に南アはイギリス企業が投資・事業展開の最も盛んな国である。イギリスは2000年代末まで南アへの直接投資の最大の源泉国であり、03年から13年4月までに、合計194件の案件が計上され、総額は967.7億スイスフランに達した。南アはアフリカでイギリスの最大の投資先でイギリスが対アフリカ直接投資総額の29.8%を占めている。

　業種別にみると、イギリスのアフリカへの投資は、主に採掘・鉱業、金融サービスに集中し、全体投資額の54.4%と34.3%に達している。[10]

　採掘業の代表的な企業BP（British Petroleum）を通じて、南アにおけるイギリスの石油事業活動をみてみよう。

　BPは南アに進出している主要企業であり、世界でのスーパーメジャーである。70年代末、BPは南ア会社BP SA（BP南ア子会社）を設立し、南アを本拠点にBP南アやBPアンゴラおよびBPモザンビークの事業を行う。同社はアンゴラで上流の探鉱開発に取り組み、[11]南アとモザンビークで石油・ガスの下流事業を行っている。BP SAは、石油製品の精製・販売に重点をおき、SAPREF製油所で原油を処理し、ダーバン市にあるオイル混合工場で潤滑油を製造している。現在、BP SA社は南アに500以上のSS事業所をもつとともに、モザンビークの石油市場シェア約2割を保有し、さらに潤滑油・航空燃料市場シェアの35%、50%ももっている。

　南アの金融分野への投資も注目されている。05年7月に英国バークレイズ銀行が41.9億ドルで、南ア最大のASSA銀行を買収し55.5%の権益を取得、さらに12年8月に約55億ドルを出資し、バークレイズのアブサへの所有率は55.5%から62.3%に上昇した。バークレイズは傘下に入ったASSA銀行業務を通じ、ヨハネスブルグ証券取引所に上場する南ア最大級の金融サービス・グループのプレゼンスを活用し、銀行・保険、資産運用の各種商品ならびにサービスを提供している。

　また、同行はモザンビークとタンザニアの銀行に出資するほか、ナミビアとナイジェリアに事務所を置き、ボツワナ、モザンビーク、ザンビアでバンカシュランス業務を展開している。現在バークレイズは、南ア等10カ国で[12]

103

第Ⅰ部　調査研究の視点

4万3,000人を超える。従業員が1,300以上の店舗と1万0,400以上のATMからなる営業ネットワークおよび1,440万人の顧客をもっており[13]、南アをはじめとするアフリカ地域のコーポレート・バンキング、市場関連業務、バンカシュアランス事業を拡大している。こうしてイギリスの南ア現地金融サービス業の投資事業がイギリスの製造業・非製造業の投資・事業展開をもたらした。

　なお、ガーナでは、イギリスはガーナの旧宗主国として、同国の貿易・投資大国である。イギリスにとってガーナが長年の貿易相手国であることに加えて、アフリカのなかで5番目の輸出先であり、貿易額は10億ポンドに達している。イギリスからは、自動車、医療機器、薬品、飲料、電気機器が主に輸出されている。活発な貿易関係を背景に、多くのイギリスの大手企業（Vodafone Ghana（通信）、Guinness Ghana Breweries（飲料）、BP Ghana（石油・ガス）、British Airways（航空））がガーナに進出し、事業を展開している。ガーナへの投資は（12年～17年10月の累計額）米国、中国に次ぎ、約5億ドルに達し、イギリスはガーナで第3位の投資大国となっている。

　とはいえ、イギリスの同国への投資はそのアフリカ投資額の3％に過ぎない。最近、イギリス政府はガーナへの投資拡大に取り組んでいる。企業のガーナ進出を促進するために、今年、イギリス国際貿易庁（DIT）が「インフラ整備フォーラム」をガーナで開催した。これにはAECOM、ARUP、Colas Groupといった、インフラ関係のイギリス企業が多数参加するなど、同国市場への関心の高さがうかがえる[14]。こうしたイギリス政府は、中国[15]、インド等新興国のガーナでの投資拡大による存在感の高まりを意識し、旧宗主国としてのガーナへの影響力を維持・拡大しようとする。

　最近、18年8月、イギリス政府は、ガーナ政府とアフリカ西部で雇用創出と経済発展を促進するために、20億ポンドの貿易・投資契約を締結し[16]、投資を拡大させている。

　イギリスの主要旧植民国の1つである、ケニアでの投資や事業活動を概観しよう。

　イギリスは1895年に東アフリカ保護領を確立し、1920年から1963年までケ

104

ニアを植民地としていたこともあり、歴史的にもつながりは強い。ケニアにとってはイギリスとの貿易額は非常に大きい。特にマークス＆スペンサーがお茶や野菜、花などを多く輸入している。また、これら加工製品の輸出を行っているのもイギリス企業が多い。代表企業にはBritish America Tabaco社がある。1907年にケニアに設立され、1969年以来ナイロビ証券取引所に上場しているBritish America Tabacoケニア社のコア事業は、たばこ栽培、加工・製造、製品の輸出と販売である。同社は地元の加工製造のみならず、タバコ農家の成長、収穫、マーケティングの全過程もサポートし、農家収入の上昇、農業の発展ももたらされた。

　また、ケニアのエネルギー分野にもイギリスが積極的に進出している。ケニアで事業展開をしているBP、シェル以外にEnergy Geothermal International社やNova Energy社、Green Globe Architecture社、Eaton, KC Global Procurement LLP社、OST Energy社などもあげられる。イギリスのエネルギー会社がケニアにおける石油ガスの半分の市場シェアをもっている。近年イギリス企業がケニアで初の油田を発見したことに加え、活発に風力・太陽光発電等再エネ分野に投資し事業を拡大している。背景にはイギリス政府が企業のケニアへの投資拡大を促進するためのサポートがある[17]。

　長い間、イギリスが旧宗主国と植民地国との歴史的な関係の下、アフリカの上流の資源開発に投資し、事業を展開してきた。イギリスの石油ガスや鉱物資源の安定的調達・輸入に寄与する。他方、下流のアフリカの消費品製造・販売分野に積極的に参入し、輸出・販売市場シェアを拡大してきた。こうして1980年～2000年の対アフリカ直接投資の累計額は87.2億ドル[18]と、アフリカで第1位の対内投資大国となっていた。

　だが、近年、イギリスが米国、特に活発に対アフリカ投資を拡大してきた中国に次いで第4位の投資国になり、アフリカにおけるプレゼンスが低下しつつある。アフリカでの遅れ、低下した影響力を挽回するため、イギリス、積極的に首脳外交等で、アフリカへの企業投資の拡大をしようとする。

　最近、メイ首相がナイジェリア、南ア、ケニアを訪問し、アフリカの経済

第Ⅰ部　調査研究の視点

支援に向け40億ポンドの追加投資[19)]を行うと表明した。2022年までに対アフリカ投資額で米国を抜き、Ｇ７でトップになるのを目指すとしている。

（２）フランス

　フランスはイギリスと同じくアフリカとは歴史的に旧宗主国・植民地関係をもっている。特にフランス語圏アフリカを中心に大規模なディアスポラ社会が存在し、軍事協力やCFAフラン（旧仏領アフリカ諸国の共通通貨）等、政治・経済面でアフリカに対し強くコミットしている（JETRO〔2018a〕）。フランス語圏を中心にアフリカ情報も集積し、仏企業の現地でのインフラプロジェクト受注など政府が積極的にサポートしている。　一方、フランスは欧米他の諸国や中国等の新興国によるフランス語圏を含むアフリカへの競合進出が拡大するなか、同地域での投資のプレゼンスが低下している。

　表１に示したように2016年にフランスによるストックベースでの対アフリカ直接投資額は490億ドルで、外国の対アフリカ直接投資第３位となっている。2012年１月～2017年10月のフランスの対アフリカ直接投資累計額は、約332億ドルに達し、主にアンゴラ、モロッコ、南アに向けている。その投資額は、フランスのアフリカへの投資全体の55.5％、11.5％、6.2％を占めている。以下では、立ち入ってフランスのアフリカでの主な事業展開をみてみよう。

　フランスはアンゴラ等産油国に投資を拡大している。アンゴラはフランスの旧植民国ではないものの、アフリカの産油国として石油・ガス資源が豊富な事情から、フランスの国際石油メジャーであるトタルとのつながりが深い。

　トタルは、探鉱開発のための投資先には、アンゴラの他に、リビア、南スーダン、アルジェリア等17カ国がある。石油製品・ガス販売など下流分野への投資先にはモロッコ、カメルーン、赤道ギニア等26カ国がある。そして上下流一体化の投資先には、アルジェリア、コートジボワール、ガボン等13カ国がある。トタルは1953年からアンゴラでの石油開発を展開し、積極的に探鉱開発に成功した。目下、チッセンガの沖合油田や大水深1,300メートルに位置している油田・鉱区が４つ、1,400～1,900メートルの水深に位置してい

106

る油田を6つ保有している。

またLNG分野では、アンゴラLNGプロジェクトの持分13.6％を保有し、ザイール州北部近くに位置する沖合油田からのガス供給やLNG施設運営を行っている。なお、同社はアンゴラ石油開発分野に15年に22億ドルを投じた。18年7月、トタルのアンゴラ最大の深海油田Kaomboの生産がスタートし原油が年間約600万トン産出される[20]。要するにフランスの対アフリカ投資は、トタルにより、アンゴラ等複数の産油国で探鉱開発に取り組み、アフリカの大半の石油製品市場に参入し、その影響力が際だっている。

またウラン資源開発にもフランスは長年積極的に力を入れ投資を拡大してきた。世界大手原発会社であるフランスのアレバ社が、1950年代世界有数のウラン資源国のニジェールに進出して、1971年にウラン鉱山を取得して開発投資を拡大している。

さらに同社は09年にニジェールの世界第2の規模をもつImourarenウラン鉱床の開発を行い、同国政府の合意を得て権益の66.65％を取得した。これにより年間4,000tU（ウラン含有トン）規模のウランが生産される。フランスは電力構成の7割が原発に依存するが、年間に必要なウラン燃料（9,000tU）は、ニジェール生産供給量によって半分近くを賄える。今後アレバはさらに10億ユーロ以上を投資し、現地ウラン開発を強化する予定である。

なお、アレバはアフリカの他のウラン産出国でM&A投資によりウランの開発を行っている。07年6月に南ア、ナミビア等でウラン鉱山を所有する南アのウラン生産企業UraMin（ウラミン[21]）を買収する等、子会社を通じてのウランの採掘事業にも関与している[22]。

フランスは、アフリカの水事業も積極的に参入している。世界の水メジャーであるGDFスエズ（GDF Suez S.A.）は、フランスに本拠地を置き、公益事業を行う企業であり、08年にフランスガス公社とスエズが合併して誕生し、ユーロネクスト（Euronext）に上場している。GDFスエズは、水事業、電力やガスおよび再エネといった分野において、グローバルな事業を展開している。

スエズは、1952年ブラザビルのラ・ドジエ（LaDjoué）で水処理施設を建設

第Ⅰ部　調査研究の視点

して以来、アフリカ地域で500以上の飲料水および衛生施設を建設しており、ナイロビ、ワガドゥグー、ダルエスサラーム、バマコ等アフリカ諸国首都エリアの大半を占めている。04年以来、モロッコで廃棄物収集、リサイク事業を展開し地方自治体を支援してきた。近年、同社はサハラ以南のアフリカの企業に関わる事業活動を拡大し、17年7月、カメルーンのSO.NA.RAの製油所での排水処理・拡張事業に参入している。[23]

　また18年7月にスエズはアフリカで新規プロジェクトを立ち上げ、エジプト、ウガンダ、ナイジェリアの人口急増にともない、飲料水や衛生サービス事業を展開している。

　フランスは、こうした水供給インフラの整備・水事業の展開によって、アフリカでのプレゼンスを拡大し、自国企業のアフリカへの投資を促進したと考えられる。

　他方、フランス企業はアフリカの鉄道分野にも積極的に参入してきた。鉄道車両・信号設備製造を主務とするアルストム（ALSTOM）は世界の鉄道車両の2割強のシェアを有している多国籍企業である。1925年から南アに進出、鉄道事業を展開してきた。同社は1926年に最初の電気機関車（EMU）を生産して以来、現地合弁事業を通じて、南アへのコミットメントを強化し続けてきた。現在、8万㎡と6万㎡の工場2つ保有し、鉄道産業のシステム、設備製造、サービスといった広範囲で事業を行っている。また同社は16年4月、南アの鉄道会社CTLE（通勤交通機関・機関車エンジニアリング）を買収し、南アの鉄道会社の51％の株式を取得して現地鉄道・輸送の拡大を目指している。

　なお、フランスは自動車産業への投資は早く、モロッコで行っている。95年にルノーグループはモロッコに進出し、カサブランカのソマカの工場を設立し80％の出資率とPSA（20％）を合弁した。現在、Renault Kangoo、Dacia Logan、Dacia Sanderoを生産し同工場の生産能力は年間約8万台で、従業員数は1,300人以上となっている。ルノーは99年に日産との資本提携により12年にRenault-NissanはTangie工場を開設した。同社は日産とのアライアンスを生かしDacia LodgyとDacia Dokkerを製造し、1つの組立ラインで年間17

第3章　主要国のアフリカへの直接投資について

万台の生産能力をもち、5,000人の従業員を雇用し生産規模を拡大している。

　こうした現地事業関連企業投資は20億ドル以上となっている。ルノーグループの現地事業展開にともない、現地自動車部品会社は170以上設立され、収益額は約54億ドルとなっている。現在モロッコの自動車産業は同国GDPの約16%を占めており、フランスの自動車を中心にする投資は現地の経済成長に大きく寄与している。

　ここで、以下の点を指摘しておきたい。フランスは長い間、米国やイギリスおよび中国等とは異なり、旧植民地関係等アフリカ諸国への援助は人文、文化教育、医療健康等非ビジネス分野で行ってきた。フランス企業のアフリカへの投資・ビジネスと直接に結びつけなかった。

　しかしながら、近年、中国など新興国が対アフリカ進出を加速、投資を拡大しているなか、従来のアフリカでのフランスの影響力・存在感が低下しつつある。

　アフリカの政治面の関わりを別にして、アフリカ市場・事業展開における中国や米国等との競争を受けて貿易・直接投資分野にも影響を及ぼしている。たとえば17年、ドイツはフランスを抜いて、アフリカ大陸に対するヨーロッパ第1の供給国となった。フランスの貿易収支は（石油価格が史上最高水準だった08年と12年を除き）黒字を続けたが、アフリカへの輸出の市場シェアは00年の11%から、17年には5.5%にまで半減した。[24]この減少は、航空産業を除くすべての主要な輸出部門に影響を及ぼしている。フランスの対アフリカ投資は近年低迷・減少している。フランス銀行統計によると、17年のフランスの対アフリカ直接投資残高額は15年と16年に比べ6.2%、7.6%減の535.1億ユーロとなっている。[25]

　こうしたなか、フランスの対フリカ投資拡大のために、フランス政府は対アフリカ政策特に国家援助をなるべく民間の対アフリカ投資・ビジネス活動に結びつけようとしている。特にフランスの援助政策の動向のなかで注目されるのは、従来の保健、教育分野の重視から、昨今は途上国の経済発展を支援するというかけ声の下、各種タイド案件の実施にみられるようにフラン

109

第Ⅰ部　調査研究の視点

ス企業の活動支援を重視する傾向がみられる[26]。

（3）米　国

　アフリカへの米国の直接投資は、19世紀初めにはじめた。第2次世界大戦後、投資の規模はますます拡大している。冷戦時代には、米国のアフリカへの投資は、旧ソ連との戦い・競争とエネルギー供給の多様化という戦略に応えなければならなかった。米国にとって、アフリカへの直接投資は、現地への輸出促進や国内雇用問題につながっていた。

　冷戦終結以来、米国はアフリカへの投資を着実に伸ばしてきた。92年の米国の直接投資額は44.7億ドルで、01年には15.8億ドルに増加し10年には500億ドルを上回った。14年には、米国のアフリカへの直接投資のストック額は690.3億ドルと過去最高を記録した（図3）。1990年代初期から17年にかけて、米国のアフリカ直接投資の年間成長率は12％以上に達した。　米国は65年にアフリカで最大の投資国になった。米国は、英国とフランスの対アフリカ投資は80～95年に米国を超えたが、米国は00年以降、長期にわたる競争優位を保ち、最大の投資国としての地位を維持してきた。

　米国商務省が16年12月に発表した報告書によると、アフリカでは、資産、売上高、純利益が0.25億ドルを超える912社の米国企業が、43カ国にわたって事業を展開している。地域別に米国企業が南部アフリカをはじめとする北、西アフリカに集中している。そのうち最も集中している国は、南アフリカ、モーリシャス、ナイジェリア、エジプト、アンゴラである。なかでも南アに進出している米国企業は、アフリカ全地域における米国企業の約30％を占めている。米国企業が上述の地域・諸国に進出した背景には、これらの国が、米国にとって地中海や大西洋・インド洋など沿岸部に位置する地理的利便性や比較的良好な社会ビジネス環境および豊富な資源等の戦略的地位を有することがある。

　ただし金額ベースからみると、16年時点での投資金額はエジプトがトップの38.6％となっている。一方、南アへの進出企業は256社だが、1社当たりの

110

第 3 章　主要国のアフリカへの直接投資について

図 3　米国の対アフリカ直接投資の推移

単位：100万ドル

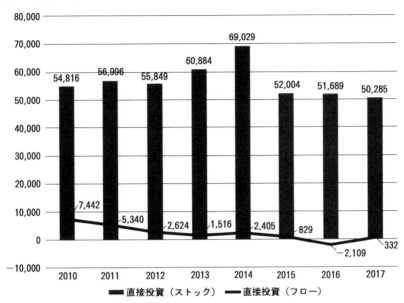

出所：U.S. Department of Commerce "U.S. Direct Investment Abroad: Balance of Payments and Direct Investment Position Data 2010-2017" より作成。

投資金額はエジプト、ナイジェリア、アンゴラ、モーリシャスより少なかった。

　これは、南アへの1社当たりの投資規模は、比較的小さく製造業、サービス業等に集中し、エジプト、ナイジェリア等で石油ガス資源分野といった業種とは異なる原因と考えられる。00年以来、原油や資源価格の高騰および米国の産油国での開発強化にともない、ナイジェリア、エジプト等アフリカ産油国への投資を拡大してきた。17年にストックベースの米国の対アフリカ直接投資額は約502.9億ドルに達している（図3）。

　一方、米国の対アフリカの投資規模がアフリカの産油国への投資に比べ小さく、アフリカ全域域で投資シェアが低くなった。たとえば、米国の対南アフリカ資源分野の投資はわずか2.3%を占めるのに対し、アフリカ産油大国であるナイジェリアへの投資は36%以上も占めている。

　米国の92年の南アへの直接投資額はアフリカ全体の24.8%、02年は20.7%、

第Ⅰ部　調査研究の視点

08年は13.2%、16年は8.8%であった。ただし、17年には米国の対アフリカ投資が減少するなか、米国の対南ア投資は前年比大幅増の73.3億ドルとなった。その原因は製造業や専門技術、特に技術サービス分野の投資が増大したことにある。

　米国の対アフリカ投資は、石油ガスをはじめとする資源や、製造分野へ投資を強化する以外、2008年以降IT情報、クリーンエネルギーなどハイテク分野にも投資を拡大した。09年時点で電子情報分野への累計投資は5億ドルとなったが、5年後の14年には4倍もの大幅増の10億ドル以上となっている。[28]08年、米国国際開発局が掲げたアフリカのクリーンエネルギー開発を推進するための「アフリカインフラ計画」、そして13年のオバマによる、米国から5年間で計70億ドルを投資する計画「パワーアフリカ計画」は米企業のアフリカでの風力、太陽光、水力および原子力エネルギーの投資を促進した。[29]

図4　米国の対アフリカ直接投資（ストック額548億ドル；業種別、2010年）

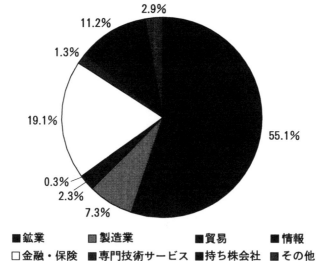

出所：図3と同じ。

図5 米国の対アフリカ直接投資（ストック額548億ドル；業種別、2017年）

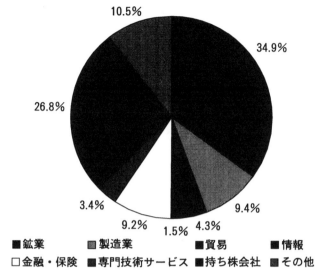

出所：図3と同じ。

　注目すべきは、近年、米国の対アフリカ投資（ストック）のなかで、資源分野への投資が10年の302.4億ドルから17年には174.5億ドルにまで大幅に減少している。その投資比率が全体の55.1％から同34.9％にまで大幅に下がった（図4、図5）。それに対し、情報や専門技術・サービスへの投資は同1.8億ドル、6.5億ドルから、7.7億ドル、46.5億ドルにまで大きく増加し、投資比率は5.2％から13.5にまで大幅に上昇した。その背景として主に以下のような点があげられる。つまり第1に米国は、シェール革命によるシェールオイル・ガスの大幅な増産を契機に、近年石油・ガスの純輸入国から純輸出国に転じ、資源調達・確保の視点でアフリカなど産油国・地域とのかかわりは薄くなっていること、第2に人口急増しているアフリカ市場でのビジネス利益の確保や影響力の拡大に積極的に取り組み、情報・技術分野等活発に進出していることがあげられる。

　また指摘すべきは、米国企業のアフリカでの新しいビジネスである。米国

第 I 部　調査研究の視点

の配車サービスアプリ「Uber」は、13年、南アのヨハネスブルグで事業を
はじめ、現在モロッコ、エジプト、ナイジェリア、ケニア、南アの5カ国11
都市でUberのサービス事業を展開している。さらに18年5月、ケニアの首
都ナイロビで食事宅配サービスアプリ（フードデリバリー）を開始した。[30]サ
ブサハラアフリカで同社がサービスを展開するのは南アに続き2カ国目、同
社はすでにナイロビで100以上の飲食店とパートナー契約を締結した。さら
に今年、Uberを運営するUber Technologyがアフリカでの事業を拡大し、
ガーナとウガンダ、タンザニアの3カ国でもサービスを開始する計画である。

　上述のUberの事業背景にはスマートフォンと電子決済の普及や消費層の
拡大がある。アフリカのスマートフォンの普及と相まって配車サービスを提
供するインフラ基盤を構築しつつある。

　また、Facebookは、15年6月に南アに進出し、アフリカ地域でのFacebook
利用の促進や広告販売事業を展開し始めている。特に南ア、ケニア、ナイ
ジェリア等のサブサハラアフリカ地域での事業活動を積極的に行っている。
同社はアフリカのユーザー数を1.7億人に増やし、先進市場以外の地域への
普及を目指して、無線LANホットスポットを追加し、光ファイバーケーブ
ルを敷設することでさらなる事業拡大を計画している。[31]

表5　米国主要企業のアフリカ事業活動の概要

投資分野	投資主体	投資概要
石油・ガス、鉱業	米国政府直轄海外投資機構	1. 海外投資機構が90年代初期赤道ギニアでの1,300万ドルの天然ガス案件；05年西アフリカでの4,500万ドルのパイプライン案件 2. 01年米エネルギー省がアフリカでの探鉱開発に100億ドルを投じることを公表 3. 13年海外投資機構がエジプト石油分野に4,000万ドルを投資
	米国企業	1. 08年 Chevronが5年以内アフリカでの探鉱開発投資200億ドルを表明 2. 10年 Exxon Mobilが10年以内アフリカでの開発投資500億ドルを表明。 3. 14年 Freeport－McMoRan Copper&Goldがコンゴで銅、コバルト開発に30億ドルを投資

114

第3章　主要国のアフリカへの直接投資について

	コンソーシアム	17年 Chevronとナイジェリア国家石油公司（NNP）がSonam石油開発のための共同投資
クリーンエネルギー	米国政府直轄海外投資機構	1．海外投資機構のケニアOlkaria地熱発電の投資案件 2．14年米国国務院がアフリカのクリーンエネルギー開発に1,000万ドルを投資 3．千年チャレンジ社が2年内「パワーアフリカ」に20億ドルを投資
	米国企業	1．05年米アルミ企業ALCOAがガーナで発電所建設に10億ドル投資 2．07年 Motorola Inc.のアフリカの風力・太陽光エネルギーGSM基地局 3．Westing Housの南ア原発AP1000案件 4．15年 Googleがアフリカ太陽光発電案件に1,200万ドル投資
	コンソーシアム	1．MWHグループとウガンダのエネルギー公司Bujagali Energy Ltdが水力発電プロジェクトに共同投資 2．10年 Mobilとナイジェリア国家石油公司がナイジェリア発電所に投資
情報通信	米国政府直轄海外投資機構	海外投資機構が1999年マダガスカルで電信投資900万ドルを投資；12年東アフリカの高速インターネット、電話・テレビサービス業務に7,200万ドルを投資；15年東アフリカ情報通信5,000万ドルを投資
	米国企業	1．97年 SBC Communicationが南ア電信産業に1.26億ドルを投資 2．17年 Googleが300万ドルを投じ、現地人員のデジタル技能を養成
製造業	米国政府直轄機構	海外投資機構が90年代赤道ギニアのメチルアルコール生産に1.74億ドルを投資；05年ガーナの衣料品産業に300万ドルを投資；モーリシャスの紡績業に7,800万ドル、ナミビアの紡績業に3億ドルを投資。15年サブサハラアフリカで包装業に5,000万ドルを投資
	米国企業	1．06年 GMが南アの自動車製造に投資 2．12年コカ・コーラ社がナイジェリアの飲料生産に投資した
農　業	米国企業	1．Chevronがアンゴラの農業分野に投資； 2．米国教員年金基金（TIAA Cref）が長期的にアフリカ農業に投資

出所：Wang Tao, Bao Jiazheng *"Historical Perspectives and Contemporary Analysis of the U.S. Investment in Africa"* Fudan American Review 2018/1; OPIC, *Overseas Private Investment Corporation*, Washington D.C.: Overseas Private Investment Corporation, Sep. 30, 2015.

第Ⅰ部　調査研究の視点

図6　日本の対外直接投資の推移　　　　単位：100万ドル

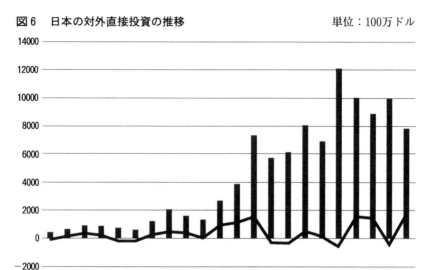

出所：JETRO「直接投資統計」（1996〜2017年末）より作成。

（4）日　本

　一方、日本の対アフリカ直接投資は、欧米、中国と比べてまだ少ない。17年時点で日本の対アフリカ直接投資の残高は、ピークの13年（120.1億ドル）比35.2億ドル減少の78.2億万ドルとなっている。ただし、フローベースで17年に増加し、16年（マイナスの4億3,500万ドル）と比べると17億2,600万ドルの増加となっている（図6）。対アフリカ直接投資のストック額は米国の13.7％、イギリスの14％、フランスの16％、中国の16％にすぎず、主要国と比べ遅れている。

　さらに対アフリカ投資のストック・フロー額は、日本海外投資ストックとフロー総額の0.5％と1％を占めるにすぎない。

　日本の対アフリカ投資は60年代中期に始まり、次第に増加してきた。80年代から90年代、対アフリカ投資は年間平均4億ドル、4.5億ドルで、2000年代約5.8億ドルにまで拡大した。ただし10年〜17年の年平均投資額は3.9億ドル台で07年に11億ドルと初めて10億ドルの大台を超えたが、10年、13年、16

第3章　主要国のアフリカへの直接投資について

年の投資額はマイナス（流入超過）で、10年〜17年の年間投資額は4億ドル弱に減少している。

　この投資マイナス・流入超過の主因は、アフリカ現地日系企業の撤退や廃業によると考えられる。これを除いてアフリカへの年平均投資額は10億ドル以上に達している。10年以後、日本企業はアフリカ現地事業に経営不振の一面がありながら、アフリカ進出の動きが活発化してきたとうかがえる。

　地域別に日本対アフリカ投資の残高をみると、投資は主に南アフリカ、モーリシャスおよびエジプト、モロッコに向けており、なかでも南アへの投資はアフリカ総額の79.4％を占め、モーリシャスは11.4％を占めている。これら諸国は、地中海や大西洋沿岸に隣接するなど地理的メリットに加え、アフリカの内陸諸国に比べ経済水準は比較的高く資源が豊富である。

　業種別にみると、17年末時点での日本の対アフリカ直接投資は、非製造業に集中し投資総額の65.9％も占め、従来石油や鉱物資源開発に集中してきている（図7、図8）が、NTTが、10年に27億ドルで南アのIT企業ディメンションデータホールディングスを買収したことにともない、通信分野の投資残高額がトップに計上された。こうして通信・資源分野の投資残高は、それぞれ非製造業残高総額の24.4％、22％を占めている。

　資源分野に進出した事例として国際石油開発帝石があげられる。同社は、総合的にエネルギーを開発・供給する企業であり石油・ガスの開発事業を展開し、鉱区の取得から、探鉱開発、製品の販売まで事業を担っている。同社はアフリカでは、75年にエジプトウェスト・バクル油田鉱区の開発に乗り出して以来、アルジェリア、コンゴ、アンゴラでも操業しており、10年8月、コンゴでの西部陸上に位置するンガンジ鉱区権益の20％を取得、さらに13年2月、アンゴラのブロック14にTOTAL社との合弁会社を通じて参画し、9.99％の権益を取得した。こうした開発権益の獲得は、原油輸入の9割近くを中東地域に依存している日本のエネルギーセキュリティ上の大きな効果が得られる。

　一方、製造業への投資残高は対アフリカ全業種投資の34.1％を占めている

117

第Ⅰ部　調査研究の視点

(図7、図8)。主な製造業への投資比率は、自動車関係の輸送機械器具が、41.7%、化学・医薬が7.9%、鉄・非鉄・金属が7.8%となっている（図9）。業種的特徴は、主にアフリカの資源開発や現地市場シェアの拡大にある。

他方、日本は石油エネルギーや鉱物資源はほとんど海外に依存して現地での安定調達や開発権益の確保および台頭しているアフリカ市場のシェア拡大のために、積極的に現地で事業展開を行っている。

図7　日本の対アフリカ直接投資残高（79億ドル；業種別シェア%、2017年）

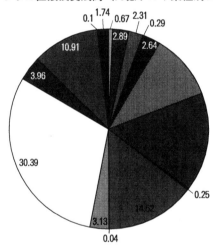

出所：日本銀行「直接投資統計」より作成。

第3章　主要国のアフリカへの直接投資について

図8　日本の対アフリカ非製造業投資残高（52億ドル；内訳%、2017年）

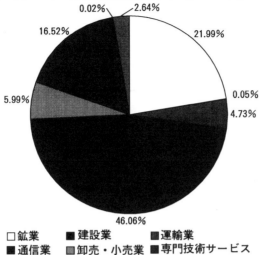

出所：図7と同じ。

図9　日本の対アフリカ製造業投資残高（27億ドル；内訳%、2017年）

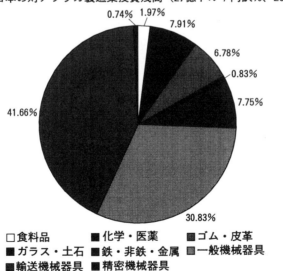

出所：図7と同じ。

第 I 部　調査研究の視点

　上述の地域別・業種別からみた対アフリカ直接投資の特徴に関連して、企業ベースからみてみよう。2018年の東洋経済新報社の調査（『2018海外企業進出総覧』）によると、日本企業のアフリカへの進出は、主に北アフリカと南アフリカをはじめとする南部アフリカに集中している。アフリカに進出している207社のうち、北アフリカおよび南部アフリカに進出した企業は、146社と、7割以上に達している。両地域の日本企業がそれぞれ50社、96社でアフリカ全域の日本企業の24.2％、46.4％を占めている。ちなみに、銀行・商社などの日本企業は、駐在員事務所をほとんど北アフリカと南部アフリカに置いている。

　日本企業の現地事業の業種について、製造業の場合、輸送機械・関連部品が35社、鉄・非鉄金属が9社、食料と化学・医薬がそれぞれ5社となっている。非製造業には卸売り・小売りが75社、サービスが36社、鉱業が6社ある。こうした日系企業の現地事業活動の法人・拠点数も、統計上の対外直接投資残高における業種別の特徴を裏づけている。

　モロッコやエジプトなどの北アフリカと南アフリカ[32)]での自動車や関連部品の製造の主役はトヨタ、日産、ホンダなど自動車メーカーであり、鉄・非鉄・金属の代表的な企業は、新日鉄住金などであり、食料や化学・医薬の主な企業として、不二製油と住友化学があげられる。一方、非製造業では、三菱商事や三井物産、伊藤忠商事、双日、豊田通商など大手商社および三井海洋開発、商船三井、自動車メーカーの販売子会社などが主役として、自動車・中古車の販売、輸出入品の貿易業業務、エネルギーや鉱物資源の開発、船舶業務などを行っている。

　最近、情報通信、ITサービス事業など分野で日本企業の進出は活発化しつつある。たとえばNTTグループ・NTTコムは、17年12月より南アの通信会社Internet Solutions社と提携、アフリカ大陸におけるデータセンターサービス「Nexcenter」の業務をスタートした。[33)]さらにLINE LIVEが、18年2月に中東以外、アルジェリア、エジプト、モロッコ、チュニジアなど北アフリカに／動画配信サービス業務を提供・展開するようになっている。

120

第3章　主要国のアフリカへの直接投資について

　なお、指摘すべきは、日本企業がアフリカに進出する際に、商社が大きな役割を果たしている点である。『2018年海外企業総覧』によると、アフリカに進出している日本企業の207社のうち、三菱商事、伊藤忠商事、住友商事、豊田通商、双日などの大手商社は積極的にアフリカに進出し、43社の現地子会社を設立した。それはアフリカに進出した日本企業・子会社の21％を占めている。また、アフリカに進出している欧米や中国企業にはみられない、商社とメーカー・非商社企業が共同出資により設立した「商社参加型」[34]日本企業がアフリカ現地には複数ある。[35]

　これはほとんどが国際メジャーなど多国籍企業による欧米のアフリカ進出とは異なり、自動車メーカー等日本製造企業以外、大手商社が日本企業のアフリカ進出・事業展開の先導者・主役および参与者として位置づけられると考える。

　商社のアフリカ事業に関わった度合いが強い背景は、もちろん資源の豊富で莫大なポテンシャルのある世界大市場であるアフリカでの資源開発や市場開拓のためだと考えられる他には、商社とメーカー・非商社企業の取引きシステム関係にある。つまり日本国内における商社とメーカー・非商社の長期的相対取引きシステム（橋本［2001］）により形成された信頼関係の下、商社は取引き相手であるメーカーなどが海外市場・アフリカ事業展開ための輸出入業務や現地での原材料・部品の仕入れ・調達やメーカーなど製品販売などを担当・協力し、そしてメーカー等と連携し相互の経営資源（商社の流通・情報分野とメーカー生産分野）を補充し合って共同出資により現地事業を行う[36]ために、積極的にアフリカ現地事業に参入した。

（5）中　国

　1979年までは、中国の対アフリカの直接投資はわずかで、特定の国家援助プロジェクトに関係する投資であった。79～90年末、アフリカへの投資は、対アフリカ貿易や国家援助と相互に補完しながら展開してきた。この期間に投資金額は5,119億ドル、投資案件は102件に達している。

第Ⅰ部　調査研究の視点

　1990年代初頭、中国政府はアフリカへの援助事業を2国間企業間による合弁事業に転換した[37]。そして95年から90年代末にかけて、政府は23のアフリカ諸国との政府間融資枠組み協定を締結し、中国企業のアフリカへの投資を支援した。たとえば中国企業は、これらのアフリカ諸国で投資事業を行う場合、政府から融資を受けられる。さらに中国政府は90年代後半、エジプト、ギニア、マリ、コートジボワール、ナイジェリア、カメルーン、ガボン、タンザニア、ザンビア、モザンビークに11の「投資開発貿易センター」を設立し、企業の現地投資事業をサポートしてきた。

　80年代の対アフリカ投資はわずかでありながら、アフリカへの援助に携わった投資や貿易促進のための貿易志向型の特徴を有しているが、90年代特に90年後半以降中国経済の発展や石油純輸入国への転落にともない、国家指導の下で[38]、対アフリカ投資は、単なる貿易志向型から資源開発型や現地生産型およびサービスなど流通分野への投資パターンにシフトしたと考える。

　中国の対アフリカ投資が本格的に展開したのは、1990年代後半からである。96年に中国は原油輸入国に転じて以来、現地での石油資源の調達・確保のための投資を増加し、2000年代以降、さらに拡大してきた。たとえば、CNPCが95年10月、アフリカ進出の第1号としてスーダンのMuglad盆地の油田ブロック6のPSC（生産分与契約）を取得し開発して以来、7つのPSC案件を実施し、開発を推進し、00年代初期、同国での原油生産量は年間1,000万トン以上に達しており、取り分の原油（権益分）500万トン以上に達している[39]。

　00年以降、企業は政府の「走出去（海外進出）」戦略の推進の下、アフリカなどでの海外自主開発（資源開発型）や生産・加工企業のための融資・税金面など優遇措置を受け[40]、エネルギー・鉱物資源の確保や国内の生産能力過剰や人件費など生産コストの上昇にともない、アフリカへの生産移転・現地市場シェアの拡大に積極的に注力してきた。

　中国多国籍企業、つまり新興多国籍業として、先進多国籍企業がもっているハイテク・技術集約度高い企業優位性とは異なり、ローエンド・ミドルエンド技術といった「相対的企業優位性」を低所得地域・市場であるアフリカ

第3章　主要国のアフリカへの直接投資について

で実現し、現地事業の展開に生かしてきた。資源開発に加え得意な繊維、家電、建材、農業、食品加工などの産業は現地に比較的良質で低コストの製品や雇用効果をもたらした一方、中国にとって、アフリカを格好の投資先として、資源権益の確保や国内生産の移転および市場の拡大等での大きなメリットを受けている。

　00年代以来、18年にかけて中国政府各政権は、ナイジェリア、アンゴラ、スーダン・南スーダン、南ア等産油国・資源国を中心に首脳・資源外交を積極的に展開し、中国国家主席や政府要人が40回近くも訪問を重ね、探鉱開発等の石油分野で38件の契約合意につなげた。目下、中国はアフリカ産油国での自主開発による権益原油は数千万トンに達している。また、中国のアフリカからの原油輸入量は年間8,000万トン以上に達し、海外輸入量全体の2割となっている。こうした資源開発事業が中国のエネルギー安全保障に貢献するにあたり、政府の首脳・資源外交が果たした役割はきわめて大きいと考えられる。

　近年、中国政府が「一帯一路」との対外経済戦略構想を掲げ、対アフリカ投資はその促進により、さらに拡大している。

　17年末時点の中国の対アフリカ直接投資残高は441億ドルで、米国に次いで第2位となっているが、近年対アフリカ直接投資フロー額は、2015年以後30億ドル以上、世界第1位となっている。18年9月に中国商務部の公表によると、17年アフリカへのフロー投資は前年比71%の大幅増の41億ドルとなり、03年比40倍も拡大した（図10）。現在アフリカにおける中国企業は、1万社に達しており、ザンビア、ナイジェリア、エチオピア、南アフリカ、タンザニア、ケニア、ガーナ、アンゴラ、ウガンダに分布している。特にザンビア、ナイジェリア、エチオピア、南アフリカに集中している。

　業種別にみると、現在アフリカへの投資は、主にインフラ整備や建築など建設業やエネルギー・鉱物資源の確保のための探鉱・開発に集中している。これら業種への投資残高は、113億ドル、104.1億ドル、50.9億ドルとなり、全体投資額の28.3%、26.1%、12.8%を占めている。

123

第Ⅰ部　調査研究の視点

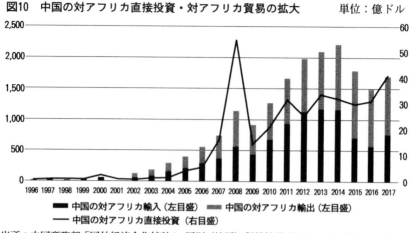

図10　中国の対アフリカ直接投資・対アフリカ貿易の拡大　　単位：億ドル

出所：中国商務部「国外経済合作統計」、国別（地区）貿易統計（1996～2017年）より作成。

　上述の国家援助プロジェクトに強く関わった中国の対アフリカ投資の初期段階で、企業と政府は連携して現地への投資活動・現地事業を展開している。00年以降、政府はさらに中国とアフリカ協力フォーラムのメカニズムを活用し、アフリカへの協力による影響力を拡大しながら、対アフリカ投資・貿易の拡大を促進させている。

　中国政府は2000年10月から18年9月にかけて3年おきに7回にわたって「中ア協力フォーラム」を開催し、アフリカ諸国への交通・エネルギーインフラを中心に融資・無償援助等でアフリカ諸国を支援してきている。18年9月に中国・アフォーラムを開催するとき、習近平中国主席からは600億ドルの拠出と一部の国の債務免除や、積極的な国連平和維持活動やアフリカ連合への援助と中・ア平和安全保障基金を創設することが表明され、19年から21までの行動計画が発表された。具体的には、①産業発展の促進、②インフラの整備、③貿易円滑、④グリーン発展、⑤能力開発、⑥健康・衛生、⑦人的・文化的交流、⑧平和・安全保障という8つの分野での協力を行うとする。

　中国はこうした「8大行動」計画を遂行させるため、政府援助、金融機関・企業の投融資により、アフリカ諸国に対し600億ドルを支援する。内訳は150

億ドルが無償援助・無利息借款・優遇借款、200億ドルが貸付限度額の設定、100億ドルが中・ア開発性金融特別ファンドの創立。そして中国企業が今後3年間で100億ドル以上の現地への投資を行うよう促すとした。これに鑑みて、中国企業の対アフリカ投資や現地事業は今後も国家資本や国有系列プロジェクトに関わっていくと考える。

中国が近年アフリカへの直接投資を拡大し、現地事業活動を比較的スムーズに展開したのは、上述の首脳・資源外交や国家援助プロジェクトとの関わり等政府のバックアップのみならず、アフリカの華僑・華人が現地での存在感や事業への協力・影響も大きいからである。

アフリカ地域には華僑・華人が18年9月時点で、200万人近く住んでいると調査・推測される[41]。これらの人口は1996年時点の13.6万人から急増した。主に南ア、ナイジェリア、ケニア、アンゴラ、モーリシャス等の資源豊富で市場の大きい沿岸地域に集中している。現地華人・華僑が中国企業と現地社会とのリンク・架け橋の役割を果たしている。現地の中国人社会と、各国にある中国大使館、進出した中国企業は緊密な関係をもっていることが多い。現地市場ニーズや商習慣を知ったり、政界や財界に人脈を広げたりするうえで現地に住みついている中国人が中国のアフリカへの投資、事業展開の有力な足掛かりになっている。

その最たる例がナイジェリアだ。現地には華人でありながら、「酋長」を担った人物である胡介国という人がいる。同氏はナイジェリア大統領の特別経済顧問も務めている。出身地である上海の市政府や企業とも太いパイプをもち、中国とナイジェリア、さらにアフリカとの架け橋となって投資・貿易事業に携わっている。

中国にとってアフリカへ直接投資は地政学的リスクの抑止・軽減や現地社会の理解、およびアフリカ投資環境変化に備えるべき投資方式など、数多くの課題が残る。しかしながら、上述のように中国は、もっている投資側の優位性（後発多国籍企業の相対的「企業優位性」やアフリカ諸国との伝統的友好関係、人脈資源・華人のネットワークなど）を活用し、官民あげてアフリカへの

第Ⅰ部　調査研究の視点

投資を展開してきた。

3．主要国の進出パターン・投資の特質

　以上、主要国のアフリカへの直接投資およびいくつかの事業活動を概観してきた。

　主要諸国は、アフリカの資源賦存性、最後のフロンティア市場に惹かれそれぞれの戦略・パターンをもって自国・企業優位性を活用し、アフリカへの投資を展開させてきている。まず、主要国の比較的共通の戦略目的として以下の点があげられる。

　まず第1は、主要国が直接投資を通してアフリカ現地の豊富なエネルギーや鉱物資源の調達および開発権益の確保である。それは、国際石油メジャーであるエクソンモービル、シェブロン、ロイヤル・ダッチ・シェル、BP、トタルおよび国際原発最大手のフランスのアレバ、中国版の石油メジャーであるCNPC、日本の石油大手である国際開発帝石等の現地事業活動からうかがえる。

　第2は輸出促進・輸出代替や現地販売市場の確保である。ナイジェリアをはじめとするアフリカでの、ユニリーバ社の石鹸・日用品の製造販売や食品製造、コカ・コーラ社の飲料生産、および中国企業の海信社のテレビ・家庭用電気製品、金帝靴社のサンダル等の製造販売は、輸出代替・現地販売指向型の進出である。これは、労働集約型の製造業を中心に製造された日常用品・家庭電器用品など製品、つまり低所得のアフリカ大市場のニーズに相応しい製品である。もちろん、こうした資源や一般大衆消費材以外の業種・分野に欧米・日本などの動車メーカーによる、南ア、モロッコなどのような高所得・産業基盤の比較的発達した諸国向けの自動車産業がある。

　加えて、欧米情報・通信大手であるボーダフォン、フランス・テレコム、マイクロソフトおよび日本のNTTコムや中国のHUWEI、ユニコム等、北・南部アフリカを中心に通信・情報サービスを展開している。また、米国

Uber等がアフリカ現地で配車サービス事業、中国のアリババ・アリペイはモバイル決済業務を展開している。

第3に、主要国政府は自国企業の直接投資における資金・生産技術などによる経済・産業面でのパワーを通じて、アフリカでのプレゼンスや政治・外交および国際関係等の影響力を高めようとしている。このため、主要国政府がその直接投資拡大・促進に精力的に取り組んでいる。

その一例として、①米国政府の「パワーアフリカ」（アフリカの電力ネットワーク構築）計画、②イギリス政府の援助機関である国際開発庁（DFID）による農業ビジネスやインフラ整備などの計画、③フランス開発庁（AFD）・支援センターによる農業、都市開発、エネルギー分野などの支援およびAFI傘下の公的金融機関の融資、④日本政府のODAや政府系金融機関、JICAによるアフリカの資源開発投資やインフラ開発、農業発展・産業多角化のための支援など、⑤中国政府のアフリカでの産業促進、インフラ整備・インフラネットワーク構築など「八大行動計画」があげられる。

上述の目的・戦略を遂行するために、主要国はさまざまな事業手法・進出パターンを実施してきた。それは各国の事情やアプローチ方法および企業の経営資源・優位性により異なっている。今日、世界「最後のフロンティア」アフリカの大市場をめぐって諸外国間が激しい競争するなか、主要国のアフリカへの投資・進出パターンについて興味深い点が注目される。

（1）イギリスの進出パターンと特徴

まずイギリスの対アフリカ直接投資・進出では、イギリスは旧宗主国としての影響力・強みを活用し対アフリカ進出を展開してきた。

イギリスの旧植民地国は主にエジプト、南アフリカ・ケニア、ナイジェリア、アシャンティ（ガーナ）など二十数カの国であり、北アフリカ、南部アフリカ、および東アフリカの大半の地域に集中している。

植民地支配時代において、イギリスのアフリカ大陸・市場占領の進出方法は、南北縦断の政策だといわれた。脱植民地時代の1960年代、70年代以降、

第Ⅰ部　調査研究の視点

近年の対アフリカ投資・進出も南・北から展開したパターンといえる。イギリスの地域別対アフリカ投資はほとんどエジプトと南ア等に向けられていた。イギリスの旧植民地社会とのつながりや文化・言葉との融合の一面が、今日のイギリス企業の強み・企業優位性の１つといえるであろう。たとえば、旧植民地国からイギリスの移民や、宗主国時代からの住みついたイギリスの住民は、今日のイギリスの対アフリカ事業展開・現地企業経営にしばしば携わる。[42]

　加えて、イギリス政府・金融機関のサポートは自国企業の進出・事業展開に重要な役割を果たしている。つまり、イギリス政府は対外投資を促進するための組織を設立した。その組織は、①政府部門：外務省・国際開発部（投資援助と企業進出の推進）；貿易工業省（輸出と投資プロジェクトの促進）；貿易と投資庁（輸出市場の研究・開発、輸出入企業・投資企業へのコンサルティング）、②政府海外機構（貿易・投資業務へのサポート）；貿易・投資企業に対して輸出信用担保、海外企業の政治リスクを保障、③産業・業界協会（イギリス工商業連合会による海外事業活動の支援）から成り立っている。

　なお、イギリスのアフリカにある膨大の支点により金融・サービスのネットワークを形成し、メーカー・企業の海外・アフリカ現地事業の運営・拡大につながった。たとえば、アフリカ現地のHSBCグループ、バークレイズ、スタンダードチャータード銀行のアフリカ支店は、1981年にサハラ以南のアフリカに現地法人を設立、南アをはじめアフリカ市場に参入しきた。これら大手銀行はアフリカ現地法人を含むイギリス系企業を融資やバンキングサービス業務を通してイギリス企業アフリカ進出をサポートした。

（2）フランスの進出パターンと特徴

　フランスは旧宗主国としてイギリスと同じ数多くの旧植民地国をもっている。

　フランス企業のアフリカへの直接投資・進出では、蓄積してきたフランス語圏での社会文化・言語・生活方式などの影響力を現地事業に活かしたと考

第 3 章　主要国のアフリカへの直接投資について

えられる。かつて20世紀初めまでにフランスはアフリカ北部、西部、中部に
次第に植民地を拡大していった。この一連の動きはアフリカ横断政策といわ
れる。

　フランス地域別進出は、ほとんど北アフリカのエジプト、モロッコ、アル
ジェリアなど旧植民地に集中している[43]。

　フランスは、アルジェリア、モロッコ、ニジェール、ガボンなど20以上の
旧植民地国からの移民と住みついていた3世アフリカ系のフランス人が合わ
せて500万人以上に上る。こうした移民、特にフランスで教育を受けた2世
たちはフランスのアフリカ現事業に携わる必要な人的資源である。

　フランスは、アフリカのフランス語圏諸国が歴史のなかで蓄積してきた、
フランス社会文化と融合した旧植民地の社会文化遺産を継承・活用すべく、
国内の認識にもとづき、ＯＤＡはまず優先的に旧フランス語圏・旧アフリカ
植民地国に援助してきた。それゆえ民間企業の現地投資・事業展開を促進し
た。

　だが、フランスは経済協力分野、民間の対アフリカ投資分野でも旧植民地
国・フランス語圏を重要視してきたとはいえ、フランスの援助を多く受け取
っている地域はフランスにとって商業的な権益や、石油・エネルギー権益が
最も多い地域ではなかった[44]。たとえばナイジェリア、アンゴラ等だ。フラン
スの直接投資に関連してこれまでの国家援助は、ビジネス利益よりもフラン
ス語圏の勢力圏における外交的影響力を重視し、フランスの国際社会の発言
力の強化、国際的地位向上もしくは維持のためにフランスとの関係が伝統的
に緊密なフランス語圏アフリカ諸国を優先したのである[45]。この意味で、これ
までのフランスの国家援助は、ビジネス・開発権益に結びつく他国らと比べ、
自国企業の対アフリカ進出を促進する度合いは弱いといえよう。

　今後、フランス政府が経済成長重視の路線で、他の主要国と比べ、対アフ
リカ投資の地位は4番目に落ち込んだなか、アフリカでのエネルギー・商業
利益を拡大するためにほかの非フランス語圏・非旧植民地国への援助を強化
し、自国企業の投資拡大につながる非フランス語圏への進出を促進させると

129

第 I 部　調査研究の視点

考えられる。こうしたなか、15年11月、フランスと中国政府は「第３国・地域での協力声明」を公表し、中仏双方が連携してアフリカ地域を含む海外ビジネス事業の展開を図るとしている。

（3）米国の進出パターンと特徴

　米国は19世紀初め、対アフリカ投資をはじめたが、イギリス、フランス等欧州宗主国の間に挟まれ、アフリカでのプレゼンスは絶対的ではなかった。60年代中期、アフリカ諸国の多くが、植民地から独立して以来、米国は世界・アフリカでの絶対的パワーで、対アフリカ直接投資のストック・フローベースで、イギリスを超え、第１位に君臨してきた。その投資の戦略狙いはアフリカの石油資源の開発権益を獲得・維持しながら、アフリカの市場シェアを拡大・確保し、世界での影響力を高めようとすることである[46]。まさに戦間期アメリカの対外投資戦略に類似している（安保〔1984〕）。

　米国の対アフリカ進出パターンと投資の特徴についていくつかの点を指摘しておきたい。

　まず、地域別にはナイジェリア、アンゴラ、リビア、エジプトなどアフリカ主要産油国に集中し、長い間、石油資源・鉱物資源分野への投資は全体の６割以上に達している。2000年時点でストックベースでの金額は数百億ドルになっている。

　だが、17年に米国の対外直接投資のストック額は10年比、大きく減少した。近年米国の対アフリカ投資のパターンは、石油ガス資源分野から、情報や専門技術・サービスに変わりつつある。つまり、近年、シェール革命を契機にシェールオイル増産により、石油の純出国になり、米国のアフリカらの輸入量は大きく減少していることから、アフリカの石油ガス資源に依存する必要性が薄れてきた。

　ただし、専門技術・情報通信サービスなどのサービスへ投資を拡大しても単位当たり金額が大きい石油開発の投資規模には及ばない。今後、アフリカへの石油開発投資の減少に伴い、米国の全体投資が伸び悩み、低迷していく

可能性が考えられ、米国のアフリカへの関わり・影響力が低下していくであろう。

　米国のアフリカへの投資主体がもう1つの重要な進出パターン・特徴である。アフリカ投資の主体が自国の国際メジャーと大手企業および国務省所属の「海外民間投資機構」である。同組織は1971年に設立、国務省国際開発庁長が同組織の会長を兼任す。それ以来、同組織が米国国際開発庁の対アフリカ投資に関連する援助プロジェクトおよび数多くの直接投資プロジェクトを行ってきた。こうした国家資本の対アフリカ投資は企業の対アフリカ投資を促進した。しかしトランプの「アメリカ第一主義」の影響により、政府の対アフリカ投資への参入度合いが薄くなると考えられる。

（4）日本の進出パターンと特徴

　日本のアフリカ進出パターンの特徴として、主に以下の3つ指摘できる。

　まず第1に前述のように日本はほかの欧米など外国とは異なり、商社先導・商社参加型の進出が、重要なアフリカへの投資パターンである。三菱商事、三井物産、伊藤忠商事、住友商事、丸紅、双日、豊田通商という7大大手総合商社は流通・情報分野で重要な経営・情報資源およびオーガニゼーションなどの機能をもっている。加えてほとんどの総合商社は、昔、資源・エネルギー関係の問屋・専門商社を前身としている。

　対アフリカ投資にあたって、まず商社は、現地で日系企業のための情報収集・提供や貿易業務および原油・ガスエネルギー資源と鉱物資源開発投資を行った[47]。そして製造業において、長期的相対取引きシステムの下で、メーカー・非商社と連携し、商社とメーカーがもつそれぞれの流通・情報分野および生産分野の経営資源の優位性を吸収しあってシナジー効果をもたらす「商社参加型」の事業を展開してきた[48]。これは長い間、日本的対外進出の1つ重要なパターンで、日本的多国籍企業の特徴といえる。

　第2は買収による進出パターン・特徴である。近年日本企業が対アフリカ投資を活発にするなか、アフリカ現地企業の買収を通して進出する動きが際

第Ⅰ部　調査研究の視点

立っている。17年までの5年間でもアフリカに進出した日系企業数十社のなかで、買収・一部買収を活用し、進出事業展開をした会社が3割以上に上っている。たとえば、資源開発では、三井物産は16年12月、6億ドルを投じ、モザンビークで開発中のモアティーズ炭鉱95％の権益を保有するヴァーレ子会社の権益15％の買収に加え、インフラ事業を推進するヴァーレ子会社の50％持分も取得した。生産分野では、LIXILが14年9月に51％を取得した南ア住宅設備大手のGDWT社を完全子会社化し、LIXIL Africaブランドを生産販売に乗り出した。

　上述のM&Aを実施した大きな理由は、以下の点にある。一般的に日本企業の海外進出の突破口、インフラと生活環境を整備した工業団地を建設して日本企業向けの拠点をつくることによって、日本の強みである製造業進出に弾みをつけるケースもある（たとえば、中国大連、蘇州などにある日中工業団地である）。だが、アフリカには中国・東南アジアと異なりインフラが脆弱かつ人材の確保も難しいという事情がある。そのため、日本企業がM&Aによってその歩を進めている。新規投資よりもアフリカ既存の販売網や人的ネットワークを活用してアフリカでの事業を展開したのである。一例として豊田通商があげられる。

　豊田通商は、12年12月、アフリカ市場・自動車分野を中核とするフランス系大手貿易会社CFAO S.A.の株式を買収、97.81％の権益を取得し同社と提携関係をもった。その後、15年12月残余株式を買収した。CFAOは北・西アフリカを中心にビジネスを展開し、豊田通商は東・南アフリカに強みをもっているため、両社の経営資源の補完によって、現在自動車販売ではアフリカ53カ国のマーケットがカバーされている。[49]

　第3は、日本企業がアフリカ・新興国市場に強い他国企業との連携パターン・投資特徴である。

　アフリカへの直接投資は、主要旧宗主国やアメリカや中国と比べて低くとどまっている。だが、アフリカ市場に強い、先行する外資系企業と連携して現地で事業展開する日本企業の進出パターンが注目される。背景には、日本

企業は、相手の人脈・ノウハウなどアフリカ市場での経営資源を活用し、リスク回避や販路を広めていることがある。以下いくつかの事例をみてみよう。

　情報通信分野では、三井物産は17年にグーグル、南アの情報通信技術（ICT）投資ファンド、国際金融公社（IFC）との４者連携で、アフリカ都市部での光ファイバー網に関連する高速通信事業を手掛ける企業へ出資している。同社は相手企業と連携し、その経営資源の優位性を活用し事業を展開している。

　その優位性は、①グーグルがアフリカの通信産業に先行投資しており、技術的なプラットフォームを確立したこと、②IFCにおけるファイバーや通信タワーなどICTの幅広い分野にポートフォリオおよび豊富な事業経験・ノウハウを有していること、③南アを拠点にする南アの投資ファンドが現地市場に精通していること、である。

　水インフラでは、三菱重工と三菱商事は、14年にドバイの総合水事業会社「メティート社」に出資・連携し、メティート社が上下水道などの設計・建設や運営および海水淡水化技術・ノウハウをアフリカ市場に活かそうとする。ちなみにメティート社は2015年にワンダで浄水場の整備事業を受注している。今後も日本の両企業は同社の実績を踏まえ、さらなるアフリカの水インフラ需要の獲得を目指している[50]。

　食料関連分野に関しては、三菱商事は15年、シンガポールを拠点とする農産物大手の「オラム社」に20％出資し、資本業務提携をスタートした。同社は、コーヒーやカカオなどの取り扱いで世界トップクラスの実績を有し、65カ国で事業を展開している。もともとナイジェリアで設立された企業であり、アフリカに強い事業基盤をもっている。こうしたなか、三菱商事は同社を通じてアフリカの食料関連事業に多角的に参入していくことを狙っている[51]。

　物流・小売分野では、豊田通商は13年５月、仏カルフールとアフリカでのショッピングセンター事業を提携し、さらに、16年10月、フランスのボロレ・トランスポート＆ロジスティックスおよび日本郵船と共同で、ケニアにおける完成車物流会社を設立、事業を進めている。

　このほか、双日は08年にアフリカ市場に強いUAEのETA Star Interna-

第Ⅰ部　調査研究の視点

tional社と連携してアンゴラFCKS社からアンゴラ最大規模のセメントプラ
ントやインフラ設備一式を受注し、アンゴラでセメント事業を始めた。

（5）中国の進出パターンと特徴

　中国の対アフリカ直接投資は欧米、日本などと比べ投資の歴史が浅いとは
いえ、17年時点でフローベースで世界の第1位になり、それをとおして、ア
フリカでのプレゼンスが高まっている。そうしたなか、中国の進出パターン
と特徴を欧米・日本など主要国と比べてどのようなものであるか、内外から
注目を集めている。

　まず第1は首脳外交を中心に官民あげての進出パターンである。中国は92
年「走出去（海外進出）」との対外経済指針を掲げてから18年にかけて江沢
民・胡錦涛主席（当時）、習近平主席および副総理以上の要人がアフリカへ
の首脳・資源外交を40回以上も展開して、それにともない合意された現地の
大型資源開発案件は50件に上っている。

　加えて、これまで、『中国・アフリカフォラーム』という枠組みによる、
アフリカへの無償援助・低金利融資額は1,200億ドルに達している。こうし
たアフリカでのインフラ整備等大型援助の国家資本は国有・民間企業の対ア
フリカ投資を推進させてきた。目下、アフリカ全域の中国系企業は1万社以
上に達し、石油ガス・鉱物資源開発から、製造業、小売、情報通信サービス
まで事業を活発に展開している。アフリカの投資事業は、中国石油・エネル
ギーの安全保障に寄与するし、また、中国経済の減速にともなう素材産業な
ど過剰生産能力のアフリカ現地へ移転、国内産業構造調整に重要な役割を果
たしている。

　中国のアフリカに対する国家援助・低金利融資がフランスのコカ援助とは
異なり、アフリカ諸国に対「内政不干渉」原則を堅持しながら、資源権益な
ど自国利益につなげていると考えられる。むしろ中国は西側と異なるアフリ
カへのアプローチ方法（アフリカ諸政府にとって好都合）により、自国企業の
アフリカ現地事業を拡大させたのであろう。

第3章　主要国のアフリカへの直接投資について

　第2は、買収の参入方式を採用し、速やかに現地事業を展開・拡大するパターンである。中国企業の直接投資は、欧米、日本などと比べ、わずか二十数年間の歴史で、アフリカに先行している先進国の多国籍企業に負けないように、M&Aを盛んに行ってきた。

　中国政府系研究所によると、M&Aによる対アフリカ投資額は中国の対アフリカ直接投資の4割以上を占め、ほとんどが石油ガス・鉱物資源の案件である。18年6月時点で石油など資源案件は80件以上に上っている。

　こうした買収により、中国企業は、グリーンフィルドの新規投資より大幅に時間などのコストを短縮するとともに、また、相手企業側の人材や生産・販売チャンネルなど経営資源を手に入れた。特に資源案件（油ガス田・ブロック買収）の場合は、中国企業側は短期間でアフリカ上流の探鉱開発権益を手に入れ、相手側の石油ガスの生産量・埋蔵量をも確保した。

　中国企業が特にアフリカの重要な資源関係案件の買収を計画する場合、直轄の中央政府省庁に申し込み、首脳外交を通じて政府高官・要人から現地国政府・関係者へ買収に成功させるように働きをかけるのである。

　最後に、中国企業がアフリカ現地の華人・華僑ネットワーク活用しアフリカに投資するのは、重要な進出パターン・特徴である。

　現在、世界各地域に華人・華僑が4,000万人以上居住する。200万人近くが南アをはじめとするアフリカ地域に住んでいる。昔から居住していたのは、数万人で、ほとんどの人は1990年代初期から移住してきた。

　アフリカのこれらの華人・華僑社会の存在が中国企業のアフリカ進出・事業展開に大きな役割を果たしている。たとえば、現地事情、政界や財界に人脈をもっている人は数多くいる。前述のようにナイジェリアでは、ある部落の「酋長」を務める人もいる。これらの人たちがアフリカの進出企業のFSや立ち上げ等に協力している。現地の華人・華僑は中国とアフリカとの架け橋役として本国投資事業に携わっている。

135

第Ⅰ部　調査研究の視点

結びにかえて―アフリカ投資の主な課題

　以上、主要国による対アフリカ直接投資の展開および進出パターン・特徴を述べてきた。それを通じて、以下いくつかの点―アフリカへの投資の主な課題を指摘しておきたい。

　まず第1は、諸外国が対外直接投資を行い、アフリカ事業を展開する際にWin-Winの視点をもつべきである。

　目下、世界では、ポピュリズムや保護貿易主義が高揚するにつれ、世界の経済成長を取り巻く環境が厳しく不確実性が増幅している。こうしたなか、主要国が最後のフロンティアとしてのアフリカ大市場をめぐる競争が、今後ますます激化すると考えられる。諸外国の対アフリカ事業は過度な競争を避け、Win-Winの視点から対アフリカ投資を展開すべきである。

　第2は、アフリカでの事業環境が直面する安全上のリスクが依然として厳しく、現地の事業展開にとって予防・解決策が必要不可欠である。これまで、ソマリア、ナイジェリアなどで中国企業の従業員が合計100人近く拉致され、数十人も殺害されたことがあり、日本企業も数年前アルジェリアで10人も被害に見舞われた。関係諸国が現地のビジネス事業を比較的スムーズに展開させるために、人身安全・テロ事件の防止に共通に対応し工夫を凝らして取り組むのが喫緊の課題である。

　第3は、アフリカ地域経済の健全な成長を目指すべきである。主要国は、直接投資通してアフリカで資源獲得や12億人の消費市場の確保を目指す一方、現地経済を健全で持続的に発展するために、現地諸国と共同で、旧植民地時代から残った負の遺産であるモノカルチャー経済問題の克服に取り組まなければならない。

第 3 章　主要国のアフリカへの直接投資について

【注】

1 ）JETRO「主要国企業のアフリカ展開と日本企業との連携可能性」（はじめに）2018年。

2 ）ちなみに、東南アジアでは、1995～99年にかけて15.1％を占め2000年に8.8％に低下したものの、2001年には12.8％に再び増加した。

3 ）フィコサは1949年の設立で、19カ国で事業を展開し、 1 万500人以上を雇用。パナソニックは2017年 7 月に同社に対する出資比率を49％から69％に引き上げ、連結子会社化している（『国際自動車ニュース』2018年 3 月22日）。

4 ）『国際自動車ニュース』2018年 3 月22日。

5 ）ナイジェリアのGDP成長率の平均は2000-2014年にかけて10％と 8 ％であったが、原油価格の大幅下落によって2014-2016年にかけては 1 ％と 0 ％に低下した。原油価格は 2016年に回復したが、シェールガスの掘削技術向上や世界的な経済減速に伴う需要低下などから原油価格の大幅上昇は見込めないことから、経済は依然として低迷している。

6 ）JETRO「西アフリカ最大規模の経済特区整備計画が進むセネガル」『地域・分析レポート』2018年 6 月18日。

7 ）佐藤仁「マイクロソフトが狙うアフリカ市場」『info Comニューズレター』情報通信総合研究所2013年 2 月13日。

8 ）Adams Bodomo THE GLOBALIZATION OF FOREIGN INVESTMENT IN AFRICA p.23 Table 3.1より算出。

9 ）たとえば「英国の上院議員で、対アフリカ経済援助基金会会長であるBerenger氏が、中国、フランス、インド、韓国、日本、そしてドイツなどによる、アフリカでの貿易と投資の勢いが英国にプレッシャーを感じさせてられていると考えている」（『Sina新聞中心』「記者観察：迟到的英国到非洲寻求脱欧机遇」2018年 8 月29日）。

10) UK, Office for National Statistics "Figure 3: UK foreign direct investment positions with Africa (£ billion), 2005 to 2014".

11) たとえば、 1990年代にはルアンダの北西約200kmにある 4 つの深海沖合ブロックで権益を取得した。

12) これら10カ国でアフリカの人口の22.5％、GDPの30.5％を占めている（https://www.barclays.co.jp/press-releases/06-dec-2012/ BARCLASY「バークレイズのアフリカ事業とアブサ戦略的統合を合意」2012年12月 6 日。

137

第Ⅰ部　調査研究の視点

13) 2014年の実績。

14) 野村総合研究所『新興国市場開拓事業（【アフリカ】アフリカ進出に向けた他国企業等との連携構築に向けた実態調査)』平成30年３月、p.43。

15) 中国は2016年以来、対ガーナ直接投資はストックとフロー額はそれぞれ15億ドル、4.9億ドルとなっている。ガーナの最大の直接投資国である。

16) The Herald　Ghana, Britain sign ?20m trade deal 30 Aug, 2018.

17) たとえば2016 年 5 月にイギリス政府とケニア政府がケニアにおける再エネプロジェクトの支援をイギリスが実施する」MOUを結んでいる。

18) Adoams Bodomo THE GLOBALLZATION OF FOREIGN INVESTMENT IN AFRICA Emerald Publishing Limited 2017 p.23.

19) 追加投資のうち35億ポンドは、英政府系投資機関CDCグループが向こう 4 年間に投資する。若年層の雇用創出などの経済支援プロジェクトに40億ポンドを投資することにより、同額以上の民間投資を誘発できると見込む（「共同通信社「英国、アフリカに追加投資へ　雇用創出などに40億ポンド」2018. 8 .29)。

20) TOTAL HP. Angola's Major Deep Offshore Kaombo Project Comes On Stream. 2018/07/27.

21) 現Areva Resources South Africa.

22)「フランスのウラン鉱山」2014年11月（http://www.rist.or.jp/atomica/data/)。

23) 同排水処理プラントは、 1 日当たり9,600㎥の工業用水と雨水の処理能力をもっていて2018年 9 月完成予定。SUEZ expands its activity with industry players in sub-Saharan Africa.
（https://www.suez.com/en/News/Press-Releases/SUEZ-expands-its-activity-with-industry-players）-in-sub-Saharan-Africa.

24) Coface France's loss of market share in Africa benefits several European countries, China and India Paris, 20 June 2018.

25) Banque de France Foreign Direct Investment Flows ? Geographical and industrial breakdown ? Annual data (2000-2017) (2017 annual report) 05/16/2018.

26)「フランス共和国における調査；調査の視点と概要」
（http://www.sangiin.go.jp/japanese/kokusai_kankei/oda_chousa/h21/pdf/3-3.pdf)

27) 2016年に比べ0.2％減少している。

第 3 章　主要国のアフリカへの直接投資について

28) Loni Prinsloo Facebook Adds Wifi Hotspots to Sustain African Growth Bloomberg 2017年 4 月 5 日。

29)「美国対非洲投資的歴史透視与現状解析」p.89.

30) JETRO「ウーバー、ナイロビでフードデリバリー事業に参入」『ビジネス短信』2018年 6 月 7 日。

31) Facebook Adds Wifi Hotspots to Sustain African Growth By Loni Prinsloo 2017年 4 月 5 日。

32)「南アフリカでは、世界の主要自動車メーカー 7 社（トヨタ、日産、フォルクスワーゲン、ダイムラー、BMW、ゼネラルモーターズ、フォード・モーター）が現地生産している。日系ではトヨタ自動車と日産自動車が現地に工場を構え、地元の雇用創出や人材育成に大きく貢献している。部品メーカーでは、ブリヂストン、デンソー、キャタラー、トヨタ紡織など、20社近くが進出している」（高崎早和香「南アフリカ自動車産業投資ミッション派遣に向けて 成長を続ける南アフリカ自動車関連産業の可能性に迫る」『JETRO ミニレポート』2014年 3 月）。

33) これにより今後、アジアや欧米の企業が南アフリカへ事業進出する際に、NTTコムのデータセンターサービスを利用することが可能となる。なお南アフリカのコロケーション市場は、年平均約12%の成長率で拡大しており、今後も拡大が期待されている（Africa Quest. com 12/05/2017「NTTコム、南アフリカの通信会社と提携！データセンターサービスをアフリカ大陸へ拡大！」）。

34) 郭四志『日本の対中国直接投資』明徳出版社、1999年、p.106。

35) 東洋経済新報社『2018海外進出企業総覧』pp.1624-1634。

36) たとえば、1999年年 4 月、三菱商事と三菱電機側はそれぞれ15%、85%を出資し、南アフリカに昇降機の販売・据付・保守事業のための会社を設立した（東洋経済新報社『海外企業総覧2018』2018年 6 月、p.1631）。

37) つまり、1995年に中国政府は、中国とアフリカの協力体制を政府から企業に移管し、対外援助の方法と資金の多様化を実施して、対外援助形態を改革した。中国政府は、受益国が経済発展の勢いを得るための生産プロジェクトを立て、アフリカへの対外援助を直接投資、プロジェクト契約、労働協力、対外貿易に密接に統合するのを積極的に支援する。

38) 1998年、国家計画委員会（現改革委員会）は、アフリカへの投資分野、規模および投資目標を定量化し、関連ガイダンスを提供するための初めての

第Ⅰ部　調査研究の視点

　　対アフリカ投資計画プログラムを決定した。これは、アフリカへの中国の
　　投資が新世紀に向かう戦略的な転換、つまり貿易指向の投資の生産と加工
　　と資源開発への転換を促進し始めたことを示している。

39）郭四志「中国の海外権益原油について」IEEJ 2004年3月号。

40）たとえばNDRC（中国国家発展改革員会）2014年11月12日の通達によると、
　　資源開発型と大型プロジェクト分野の海外進出企業に低金利の優遇融資
　　（商業銀行より2ポイント低くする）措置を与えている。

41）粟裕「中非合作论坛经贸合作"信号强"非洲华商将大有可为」『僑報網』2018
　　年9月4日。

42）2009年〜2014年にエジプトや南部アフリカへ企業を調査したとき、このよ
　　うなタイプの経営者・管理者の存在を見聞したことがある。

43）一方、石油開発や自動車企業現地事業展開のためにアンゴラや南アにも進
　　出している。

44）中村宏毅「フランスのアフリカ政策に関する考察」『武蔵野大学政治経済研
　　究所年報』（5）、293-323、2012年、pp.307-308。

45）同上。

46）たとえば、米国政府が、冷戦時代、旧ソ連のアフリカ進出の勢いを抑え、
　　冷戦以降、特に2000年以来、中国のアフリカでますます高まってきている
　　影響力をけん制しようとしている。

47）伊藤忠商事が1978年10月にアフリカのナイジェリアに進出し、情報収集・
　　提供および現地顧客先との連絡業務を展開してきた例が挙げられる（東洋
　　経済新報社『海外企業進出総覧』2018年6月。

48）たとえば、2017年2月、三菱日立パワーシステムズ（MHPS）が、三菱商事
　　などとともに、ケニア発電公社）から、出力7万キロワット級の蒸気タービ
　　ンおよび発電機などを含む発電設備を2系列、計14万キロワットをフルタ
　　ーンキー契約で受注したと発表した。地熱発電所オルカリアⅤに納入するも
　　ので、地熱発電設備の設計の他、蒸気タービン、発電機、復水器といった設
　　備一式を供給し、据付・試運転を行う。運転開始は2019年が予定されている。

49）野村遥「アフリカでのビジネスの法務　M＆Aでの日本企業参入も」『法と
　　経済のジャーナル』2014年8月。

50）「インフラ・消費分野に事業拡大新興国企業とのパートナーシップがカギ」
　　『国際開発ジャーナル』2016年8月。

51）同上。

第3章　主要国のアフリカへの直接投資について

【主要参考文献】

安保哲夫（1984）『戦間期のアメリカの対外投資―金融・産業の国際化過程』東京大学出版会。

アフリカビジネスパートナーズ（2017）「週刊アフリカビジネス349号」『AFRICA BUSINESS PARTONERS』6月12号。

遠藤貢（1996）「イギリスの対アフリカ政策：連続性と変化」（第5章）林晃史編『冷戦後の国際社会とアメリカ』、アジア経済研究所。

郭四志（2009）「中国の対アフリカ戦略」『帝京経済研究』3月。

佐藤仁（2013）「マイクロソフトが狙うアフリカ市場」『info Comニューズレター』情報通信総合研究所、2月13日。

東洋経済新報社編（2018）『海外企業総覧2018』東洋経済新報社、6月。

共同通信社（2018）「英国、アフリカに追加投資へ　雇用創出などに40億ポンド」8月29日。

JETRO（2018a）「主要国企業のアフリカ展開と日本企業との連携可能性」4月。

JETRO（2018b）「西アフリカ最大規模の経済特区整備計画が進むセネガル」『地域・分析レポート』6月18日。

JETRO（2018c）「ウーバー、ナイロビでフードデリバリー事業に参入」『ビジネス短信』6月7日。

高崎早和香（2014）「南アフリカ自動車産業投資ミッション派遣に向けて成長を続ける南アフリカ自動車関連産業の可能性に迫る」『JETROミニレポート』3月。

中村宏毅（2012）「フランスのアフリカ政策に関する考察」武蔵野大学政治経済研究所年報』。

新浪新聞中心（2018）「記者観察：遅到的英国到非洲尋求脱欧机遇」『Sina網』8月29日。

野村遥（2014）「アフリカでのビジネスの法務M＆Aでの日本企業参入も」『法と経済のジャーナル』8月。

野村総合研究所（2018）『新興国市場開拓事業（【アフリカ】アフリカ進出に向けた他国企業等との連携構築に向けた実態調査）』3月。

橋本寿朗（2001）『戦後日本経済の成長構造―企業システムと産業政策の分析』有斐閣。

増田耕太郎（2014）「事例からみた日本企業の対アフリカ投資の特徴～「支援」

第Ⅰ部　調査研究の視点

から「投資」対象の時代に〜」『季刊 国際貿易と投資』Winter No.98。

丸川知雄、中川涼司編著（2008）『中国発・多国籍企業』同友館。

粟裕（2018）「中非合作论坛经贸合作"信号强"非洲华商将大有可为」『僑報網』
9月4日。

中国商務部（2017）『中国対外経済貿易合作発展報告』。

Bodomo, Adams. (2017). *The Globalization of Foreign Investment in Africa*.
Emerald.

BP. (2018). *Statistical Review of World Energy Outlook 2018*.

Banque de France. (2018). *Foreign Direct Investment Position- Geographical
and Industrial Breakdown-Annual Data (2000-2017)*, *(2017 Annual Report)*.

Banque de France. (2018). *Foreign Direct Investment Flows-Geographical
and Industrial Breakdown-Annual Data (2000-2017)* *(2017 Annual Report)*
May 16.

Coface. (2018). *France's Loss of Market Share in Africa Benefits Several
European Countries, China and India*. Coface for Trade. June 20.

Sanchez, Dana. (2016). "U.S., U.K. Lead in Africa Foreign Direct Invest-
ment, China is Far Behind", *Moguldom*. July 12.

Gov. UK, (2018). "Foreign Direct Investment Involving UK Companies"
Office for National Statistics. https://www.ons.gov.uk/economy/national
accounts/balanceofpayments/bulletins/foreigndirectinvestment.

Prinsloo, Loni. (2017). "Facebook Adds WiFi Hotspotsto Sustain African
Growth", *Bloonierg*, April 5.

OPIC, Overseas Private Investment Corporation. (2015). *Annual Manage-
ment Report for Fiscal Year 2015*. Washington D.C.: Overseas Private
Investment Corporation, Nov. 16.

Tao, Wang, Bao Jiazheng. (2018). "Historical Perspectives and Contempo-
rary Analysis U.S. Investment in Africa", *Fudan American Review*,
Vol.26, No.1.

UNCTAD. (2018). *World Investment Report*. United Nations Publication.

U.S. Department of Commerce. (2017). *U.S. Direct Investment Abroad:
Balance of Payments and Direct Investment Position Data, 2010-2017*.

第Ⅱ部
アフリカの
ハイブリッド工場の分析

第Ⅱ部　アフリカのハイブリッド工場の分析

　第Ⅱ部の課題は、調査研究活動で得た材料を分析して、日本的経営のアフリカへの移転可能性への答えを探すことである。その課題に、調査項目に関する二つの分析、すなわち量的分析（第4章）と質的分析（第5章）の両面から接近することにする。第4章は、23の調査項目に関する移転状況の数量的評価をもとに二つの分析枠組（「6グループ評価」と「四側面評価」）を利用する。すなわち、23の調査項目を現地工場の管理の視点から6つのグループに分類する6グループ評価と、方式の移転状況を見るべく方式と結果に関する項目を抜き出して四つに分類する四側面評価、の2つの分析枠組を用いるのである。そして四側面評価について、初めて発展途上国型という新たな類型を析出した。これにより、アフリカのハイブリッド類型が、発展途上国に共通する類型に属することそのなかでも典型と言ってよいものであることが明らかになった。第5章は、ハイブリッド工場の代表事例を取り上げて、日本的経営の移転状況の質的分析を行う。取り上げるのは4カ国5工場（エジプト・日産、南アフリカのトヨタ自動車と矢崎総業、ナイジェリアとケニアの本田技研）である。5つの工場を対象とする個別具体事例の分析を行う。日本的経営のアフリカへの移転可能性を以上の量的分析と質的分析の二つの視点から明らかにする。

第4章
アフリカの日系ハイブリッド工場の特徴と
世界比較

銭　佑錫

はじめに

　本章では、これまでの足掛け8年間に及ぶアフリカ調査で把握できたアフリカにおける日系ハイブリッド工場の全体像と、その特徴について概観する。[1] そのためにまずわれわれ研究グループの「適用・適応（ハイブリッド）の5段階評価モデル」について説明した後に、このモデルを使ってアフリカにおける日本的生産システムの移転状況を定量的に把握する。最後に、この結果をもって他の地域における日系ハイブリッド工場との比較を試みる。

1. 適用・適応（ハイブリッド）の5段階評価モデル

　まず、われわれ研究グループが用いている「適用・適応（ハイブリッド）の5段階評価モデル」について簡単に紹介する。このモデルでは、日本的生産システムを構成する要素として23個の項目を設け、さらにそれらを大きく6グループに分けている（表1参照）。

　これらの項目では、日本的生産システムの属人的な特性を考慮して、生産現場における人関連の管理・制度的な側面が重視されているが、機械設備など物関連の要素も取り入れられている。なお、日本的生産システムの移転において「やり方」（方式）の移転だけでなく、日本的要素が体化（embodied）

第Ⅱ部　アフリカのハイブリッド工場の分析

された日本人駐在員、機械設備、部品などの「出来合い」（結果）の形でも移転が行われる点に注目し、これら「出来合い」の持ち込み度合いを測る項目を設けている。これら２側面におけるシステムの実質的根づき具合の違いをヒト・モノに分けて評価するのが、「四側面評価方式」である。

　それぞれの項目に対して日本的要素の移転度合いを測るための評価基準が定められており、５点尺度の評価が行われる。点数が高いほど日本的要素がより多く含まれていること（適用）を意味し、逆に点数が低いほど日本的要素が現地に合わせて修正されるか、何らかの現地の要素で代替されていること（適応）を意味する。評点づけは半日〜１日程度の現地インタビュー・観察調査（「１日見学調査」）の結果に基づいて、研究グループメンバーの全員参加のなかで行われる。一貫した評価基準に基づいて評点づけが行われる点、そして評点づけの主体が一定している点から、通常のアンケート調査の５段階評価に含まれがちな評点づけにおける回答者による主観的要素がほとんど排除され、対象サンプル間の比較可能性が非常に高い分析モデルであるといえる。

　われわれ研究グループは、今回のアフリカ調査（09-12, 14-16）の他にも過去に８つの地域（北米（89, 00-01）、中南米（01, 06）、韓国・台湾（92）、東南ア（93）、中国（02）、英国（97）、大陸西欧（98）、中東欧（03））における500を超える日系多国籍企業、欧米系多国籍企業、現地企業を訪問調査してきた。

　そのうち、十分な調査が行われた日系海外工場を対象に「適用・適応（ハイブリッド）の５段階評価モデル」を用いた日本的生産システムの移転可能性について分析を行ってきているが、その総数は今回のアフリカ地域の19工場を含めて総計289工場に及ぶ。上記の各地域の括弧の数字は調査年度を表している。約30年間にわたって調査・研究が行われているため、同時期の各地域を比較するのは不可能である。もちろん、各地域の調査結果はそれぞれの地域的な特徴を色濃く反映していると思われるが、地域比較分析においては、調査が行われた時期の違いがバイアスとして働いている可能性について十分注意する必要がある。そのため２度の大規模な調査の間に10年以上の間隔が開いている北米地域については、北米（89）と北米（00-01）に分けて分

146

第4章　アフリカの日系ハイブリッド工場の特徴と世界比較

析を行っている。

2．評価対象工場の概要

　本章で5段階評価・分析の対象とするのは、2009年から2016年の足掛け8年にわたってわれわれ研究グループが訪問調査した合計29の日系工場のなかから日本的生産システムの適用・適応の評価対象となった18工場（12社）である[3]。産業別の構成としては、自動車組立4社5工場（うち、3工場はCKD工場）、自動車部品5社7工場、電機1社1工場、その他2社5工場である。地域別構成は、北部アフリカが6工場（エジプト2、チュニジア2、モロッコ2）、東部アフリカが1工場（タンザニア1）、西部アフリカが1工場（ナイジェリア1）、南部アフリカが10工場（ジンバブエ1、スワジランド1、南アフリカ8）である（表1参照）。

　アフリカ大陸の広大さを考えたとき、上記の18工場を対象とした分析はサンプル数が少ないといわざるを得ない。確かに、本章で比較対象としている他の地域のサンプル数と比べてもアフリカ地域のサンプル数は際立って少ない（表2参照）。しかし、本章におけるサンプル数の少なさの解釈には注意が必要である。

　サンプル数が少ないことによる問題は、しばしば母集団（ここではアフリカ地域のすべての日系工場）の数に比べて、標本サンプル（ここでは本章で取り上げている18工場）の数が相対的に少なすぎるときに、標本サンプルの特徴が母集団の特徴を代理できないことから生じる。本章で取り扱っているサンプル数は他地域に比べると確かに少ないが、それはアフリカ地域の母集団の数が少ないことに起因するところが大きい。

　東洋経済新報社の『2018「国別編」海外進出企業総覧』によると、アフリカ大陸全域における日系企業の製造拠点は58カ所である。そのなかでわれわれ研究グループが生産システムの移転と関連して分析の対象とする自動車・電機・機械関連の製造拠点は40工場にすぎない。本章で取り上げるわずかに

147

第Ⅱ部　アフリカのハイブリッド工場の分析

表1　評価対象工場の内訳

	合　計	自動車組立	自動車部品	電　機	その他
対象工場数	18	5	7	1	5
国					
モロッコ	2		1		1
チュニジア	2		1		1
エジプト	2	1			1
ナイジェリア	1				1
タンザニア	1			1	
ジンバブエ	1	1			
スワジランド	1				1
南アフリカ共和国	8	3	5		
最高責任者の国籍					
日本人	8	1	3	1	2
現地人	9	4	3		2
第三国人	2		1		1
従業員数					
～99人	4		1		2
100～499人	6	1		1	3
500～999人	3	1	2		
1,000～1,999人	2	1	1		
2,000～2,999人	0		1		
3,000人～	3	1	2		
不明	1	1			
操業開始年度					
1950年代	1		1		
1960年代	3	2		1	
1970年代	2				2
1980年代	1		1		
1990年代	4	1	1		2
2000年代	7	2	4		1

みえるサンプルは実は母集団の5割近くをカバーしているのである。

　したがって、本章の分析結果をもって、「（現存する）アフリカの日系企業における日本的生産システムの移転様相の特徴」を「一般化」して述べることには特に問題はないと思われる。つまり、本研究でのサンプルの少なさは、これらのサンプルとは違う様相を示す多数のサンプルが漏れている可能性があることを意味するわけではないのである。

　ただし、「アフリカにおける日本的生産システムの移転可能性」を「一般化」して主張するにはやはりサンプル数が少ないといわざるを得ないので十分な注意が必要である。アフリカの地域的な特徴が日本的生産システムの移転にどのような影響を及ぼしうるかについての「一般化」を本研究のサンプルだけで主張するには無理がある。そのときには、すでに進出している数少ない日系企業だけでなく、今後潜在的に進出しうるすべての日系企業が母集団になるからである。

　さらに、前述したように、サンプル構成が産業では自動車関連、地域的には南アフリカに偏っている点にも十分注意する必要がある。このような偏りがサンプリングのバイアスによるものというよりは、アフリカ地域に進出した日系製造企業の現状を反映するものではあるものの、その分析結果の解釈には十分な注意が必要である。

3．アフリカにおける日本的生産システムの移転の様相

　先述した「適用・適応（ハイブリッド）の5段階評価モデル」を用いて評価した6グループ・23項目の適用度を表しているのが表2である。同表には比較のために、アフリカ以外の8つの地域の適用度も併せて示してある。まずは23項目の総平均点3.1であるが、世界平均より若干低めではあるものの大きくは違わない。アフリカ大陸においても日本的生産システムの移転がそれなりに実現しているといえそうである。しかし、アフリカ平均3.1の解釈には若干の注意が必要である。全サンプルの約20％を南アフリカのダーバン地

第Ⅱ部　アフリカのハイブリッド工場の分析

表2　適用・適応評点の世界比較表

	アフリカ n=18	北米 (89) n=34	北米 (00-01) n=37	中南米 (01,06) n=35	英国 (97) n=20	大陸西欧 (98) n=32	中東欧 (03) n=29	韓・台 (92) n=24	東南ア (93) n=35	中国 (02) n=24	n=288
Ⅰ　作業組織とその管理運営	3.2	2.9	3.2	3.1	3.4	3.0	3.3	3.7.	3.3	3.5	3.2
1.職務区分	(3.6)	(3.7)	4.1	(3.6)	4.4	(3.2)	4.1	4.9	4.6	4.4	4.0
2.多能工化	3.1	(2.6)	3.1	2.9	3.3	2.8	2.8	2.9	(2.6)	3.0	2.9
3.教育・訓練	2.7	(2.9)	3.7	3.3	3.5	(3.1)	3.4	3.4	3.3	3.5	3.3
4.賃金体系	3.2	(2.4)	(2.2)	2.7	2.8	2.8	2.9	3.9	3.1	3.4	2.8
5.昇進	3.3	3.1	(2.9)	3.3	3.4	3.1	3.3	3.7	3.1	3.4	3.2
6.作業長		(2.9)	3.2	3.1	3.4	3.1	3.2	3.4	(2.9)	3.3	3.1
Ⅱ　生産管理	3.1	3.3	3.4	3.4	3.5	3.2	3.3	3.5	3.4	3.3	3.3
7.生産設備	(3.6)	4.3	3.9	4.0	3.9	(3.1)	4.0	(3.5)	4.0	3.8	3.8
8.メンテナンス	(2.8)	(2.6)	3.1	2.9	3.0	3.3	2.8	3.3	3.0	3.1	3.0
9.品質管理	3.1	3.4	3.4	3.4	3.6	(2.8)	(3.0)	3.6	3.2	3.2	3.3
10.工程管理	(3.1)	3.5	3.5	3.4	3.6	3.2	3.4	3.5	3.2	3.3	3.3
Ⅲ　部品調達	3.2	3.0	2.6	2.9	2.5	2.8	2.6	3.2	3.2	3.0	2.9
11.ローカルコンテント	3.8	2.7	(1.8)	3.0	(1.9)	3.3	(2.2)	2.9	3.1	3.0	2.7
12.調達先	3.4	3.9	(2.9)	3.2	(2.7)	(2.9)	(2.8)	3.5	3.8	3.3	3.3
13.調達方法	(2.4)	(2.5)	3.1	(2.5)	2.9	2.8	2.7	3.2	2.8	2.8	2.8
Ⅳ　参画意識	3.2	3.2	3.3	3.2	3.3	3.1	2.8	3.4	3.2	3.0	3.1
14.小集団活動	2.7	(2.5)	2.6	2.9	2.7	2.9	(2.0)	3.2	2.9	2.6	2.7
15.情報共有化	3.4	3.6	3.6	3.3	3.6	(2.8)	3.2	3.5	3.3	(3.1)	3.3
16.一体感	3.5	3.5	3.7	3.4	3.7	(2.8)	(3.2)	3.6	3.3	3.4	3.4
Ⅴ　労使関係	3.3	3.6	3.7	3.5	3.5	2.8	3.3	3.4	3.1	3.1	3.3
17.採用方法	3.3	3.4	3.6	3.3	3.3	(2.6)	3.2	3.0	3.1	(2.9)	3.2
18.長期雇用	3.5	3.4	3.5	3.5	3.4	(2.9)	(3.0)	3.3	(3.0)	(3.0)	3.2
19.労使協調	(3.1)	4.4	4.2	(3.1)	4.2	(2.8)	3.8	4.0	(3.3)	3.7	3.6
20.苦情処理	3.1	3.3	3.7	3.2	(3.0)	3.2	3.3	3.2	3.1	(3.0)	3.2
Ⅵ　親―子会社関係	2.4	3.6	2.8	2.3	2.8	3.1	2.8	2.3	2.9	2.7	2.8
21.日本人比率	(1.5)	3.7	2.1	(1.2)	2.4	3.2	(1.7)	(1.5)	(1.6)	(1.8)	2.1
22.現地会社の権限	3.2	3.6	3.1	(2.5)	3.0	3.3	3.1	(2.7)	3.2	3.0	3.1
23.現地人経営者の地位	(2.5)	3.6	3.1	3.1	(3.0)	3.4	3.4	(2.7)	3.8	3.2	3.3
総平均	3.1	3.3	3.2	3.1	3.2	3.0	3.1	3.3	3.2	3.2	3.17

注：網掛けと太字は世界平均より0.2以上高い項目を、括弧は世界平均より0.2以上低い項目を示す。

第4章　アフリカの日系ハイブリッド工場の特徴と世界比較

域に位置するトヨタグループの工場が占めており、これら4工場だけの平均評点を計算してみると、3.3という高い数値を示すからである。トヨタグループの工場が地域の平均評点を引き上げるというのは他の地域でも見受けられる傾向であるが、サンプル数が少ないアフリカ地域においてはそのトヨタ効果がより鮮明になっているといえる。トヨタグループの工場を除いた14工場の平均評点は3.0であった。

6グループでみると、Ⅰ作業組織とその管理運営（3.2）、Ⅴ労使関係（3.3）の2グループは世界平均並み（Ⅰ：3.2、Ⅴ：3.3）の移転度合いを、Ⅲ部品調達（3.2）とⅣ参画意識（3.2）の2グループは世界平均（Ⅲ：2.9、Ⅳ：3.1）より高め、Ⅱ生産管理（3.1）、Ⅵ親―子会社関係（2.4）の2グループは世界平均（Ⅱ：3.3、Ⅵ：2.8）より低めの移転度合いをみせている。特に、のちに詳しく説明するが、Ⅱ生産管理においては世界最低レベルを、Ⅲ部品調達においては韓・台（92）、東南ア（93）とともに世界最高レベルを示している点は、アフリカにおける日本的生産システムの移転における1つの大きな特徴であるといえる（表2、図1参照）。

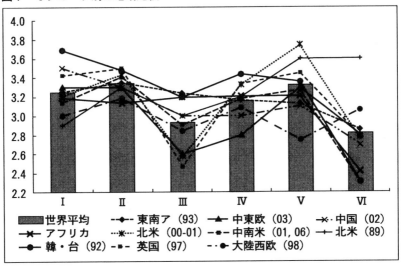

図1　6グループ別の地域比較

第Ⅱ部　アフリカのハイブリッド工場の分析

　それでは、23項目の移転度合いを取り上げながら、各グループにおける移転度合いの内訳をみていくことにする。

　最初に、世界平均並みの移転度合いを示しているⅠ作業組織とその管理運営であるが、その中身をみると、職務区分の低い適用度を多能工化の高い適用度が相殺している姿がみてとれる。職務区分における低い適用度は、同じく低い適用度を示している大陸西欧（98）と合わせて考えると、長い間アフリカ地域を植民地としていた欧州の影響によるものと思われる。

　つまり、細かい職務区分を特徴とする欧州の制度がアフリカ諸国にいまだ残っている事情を反映しているのである。同じく欧州の植民地であった中南米（01, 06）も同様である。ただ、ケニア、ジンバブエ、南アフリカなどを植民地支配していた英国（97）における職務区分の高い適用度については、若干の補足説明が必要であろう。英国はサッチャー政権時に大規模な経済改革を行っているが、それに先行する歴史的変化にこの改革が加わり制度的な制約が緩和されたことによって、英国（97）における職務区分の高い適用度が可能になったと考えられる（公文・安保, 2005）。アフリカ地域における職務区分の低い適用度は経済改革以前の昔の英国の姿が残っているものと解釈できよう。

　多能工化における予想を超えた高い適用度はアフリカ地域のもう１つの特徴である。このような高い適用度は、18工場のうち３工場がCKD工場であり、全体的に比較的単純な作業を比較的少人数の作業員が遂行する工場が多いことがその主たる原因であると考えられる。Ⅱ生産管理におけるほとんどの項目が低い適用度を示していることがこのような状況を裏づけている。このような小規模工場の比較的単純な作業における多能工は本当の意味での多能工ではないとする議論もありうる。われわれは多能工の概念として、①生産工の仕事の範囲が広いこと（量産工場の場合、生産工によるジョブ・ローテーションでそれを実行する）、②品質管理と保全という欧米では専門工の仕事となる作業も生産工が一部担うこと、この２つを重視している。小規模工場の場合、１人当たりの仕事の範囲は広くなり、作業時間は長くなる。これは量産工場におけるジョブ・ローテーションによる仕事の拡大に相当すると解

152

釈できる。仕事の範囲が広いと、作業の習熟にはそれなりの訓練が必要で時間がかかり、責任範囲も広がるからである。そのうえジョブ・ローテーションも実行していれば、われわれの評価上より日本的ということになるが、作業範囲が広い状況では、それは簡単ではない。

　さらに、上記の結果と後述するV労使関係の労使協調の低い適用度を併せて考えると、アフリカでは外形的には欧州譲りの制度的な制約があるなかで、1人の作業員がゆっくりではあれ数多くの作業を遂行するなど、柔軟な運営が可能であることを示唆するものであり、たいへん興味深い。実際、多くの日系工場では、制度面の職務区分は非常に細分化されているにもかかわらず、現場の作業者や作業長における職務を区分して考える意識は非常に低かった。さらには、第1章でも述べているアフリカ特有の文化であるウブンツや「皆で力を合わせて」というアフリカン・ブラザーフッド（African Brotherhood）が作用している可能性もうかがわせる。

　次のアフリカの特徴は、III部品調達が世界平均より相当高い適用度をみせていることである。これは、部品調達における「出来合い」の持ち込みを現すローカル・コンテントにおけるきわめて高い適用度（日本などアフリカ外への依存度が高いこと）によるもので、方式を表す調達方法の適用度は逆にかなり低い。ローカル・コンテントは全地域のなかで断トツに高い適用度を示していて、アフリカにおける日系工場が輸入部品に大きく依存していることがわかる。これは、アフリカ地域の工業的基盤が脆弱であり有力なサプライヤが存在しないことによるものと考えられる。しかし、他方で「モノ・出来合い」を示す生産設備の持ち込みはそれほど多くないのもアフリカの特徴である。まだ、大規模な投資はせずに、欧州や現地企業から購入した汎用的な設備を用いて、日本本社やグループ内のアジア拠点などででき上がった部品を輸入し、単純に組み立てるレベルにある可能性を示唆している。

　アフリカ地域のもう1つの注目すべき特徴は、V労使関係の労使協調における低い適用度である。これも先述した職務区分同様、欧州の影響によるものと考えられる。第5章でも説明されているが、多くの国・地域において強

第Ⅱ部　アフリカのハイブリッド工場の分析

力で戦闘的な産業別組合組織がその背後にあることが主な理由と思われる。特に南アフリカではアパルトヘイト政策によって差別を受けていた黒人が一致団結して自由を勝ち得た経験から、労働者のほとんどを占める黒人の団結力が非常に強く、この団結力が行き過ぎて定期的な賃金交渉におけるストライキのほかに違法ストライキも頻発しており、組合問題は南アフリカでの事業展開において最も重要なキーワードの1つになっているように思われる。

　最後に、Ⅵ親─子会社関係における低い適用度を指摘することができる。特に日本人比率と現地人経営者の地位の適用度が低い。これは、日本人派遣駐在員の数が少なく現地人経営者の地位が高いことを意味する。比較的単純な工程の工場が多いことから人の現地化がスムーズに進んだとみることも可能であろう。また、製造業が十分に発達していない地域的な特徴から現地政府の支援があり、さらに他の地域と比べて現地関係者の間で日本企業への好意的評価も目立ち、現地の優秀な人材を確保しやすかったという事情もありそうである。他方、日本本社からみると、なお戦略的な重要度が低い地域であるため、日本人の派遣に積極的ではなかったことに起因する面もあると考えられる。アフリカが、中南米同様、日本から物理的にも心理的にも最も遠い地域であることが、このような日本本社の消極的な態度の一因になっている可能性もある。

4．四側面評価による地域比較

　ここでは、四側面評価を使って地域間の移転パターンの相違について比較検討する。四側面評価とは、23項目のうち工程管理と現地会社の権限の2項目を除いた21項目を、まず日本的要素の「やり方」（方式）と日本的要素の「出来合い」（結果）に分類した後、それぞれを「ヒト」関連と「モノ」関連に更に分類した四側面（ヒト方式、モノ方式、ヒト結果、モノ結果）のマトリックスをつくり、日本的生産システムが移転され機能するパターンの違いを把握しようとするものである（表3参照）。ここで「やり方」（方式）とは、

第4章　アフリカの日系ハイブリッド工場の特徴と世界比較

システムが現地の組織（ヒト、モノの組成と動かし方）に実質的に根づいて機能する側面であり、他方「出来合い」（結果）とは、本国の親工場などですでにでき上がったモノ（機械、部品）、ヒト（管理者・技術者など）を単に持ち込み、そのまま使って促成的な効果を出す側面である。

　各地域の四側面ごとの適用度平均値を計算し表にしたのが表4である。さらに地域ごとに適用度の高い上位2側面を網掛けで表示している。これをみ

表3　四側面評価の項目構成

	ヒ　ト	モ　ノ
方　式	Ⅰ作業組織とその管理運営（全6項目） Ⅳ参画意識（全3項目） Ⅴ労使関係（全4項目）	Ⅱ生産管理 　品質管理・メンテナンス Ⅲ部品調達 　調達方法
結　果	Ⅵ親―子会社関係 　日本人従業員の比率 　現地人経営者の地位	Ⅱ生産管理 　生産設備 Ⅲ部品調達 　ローカル・コンテント 　部品調達先

表4　四側面評価による類型化

		ヒト方式	モノ方式	ヒト結果	モノ結果
発展途上国型	アフリカ	3.2	2.8	2.0	3.6
	中南米（01, 06）	3.2	2.9	2.2	3.4
	中東欧（03）	3.1	2.8	2.6	3.0
	東南ア（93）	3.2	3.0	2.7	3.6
	中国（02）	3.3	3.0	2.5	3.4
結果移転型	北米（89）	3.1	2.8	3.7	3.6
	大陸西欧（98）	3.0	3.0	3.3	3.1
方式移転型	北米（00-01）	3.3	3.2	2.6	2.8
	英国（97）	3.4	3.2	2.7	2.8
	韓・台（92）	3.5	3.4	2.1	3.3

155

第Ⅱ部　アフリカのハイブリッド工場の分析

ると日本的生産システムが各地域において移転され機能するパターンには大きく分けて3つの類型があることがわかる。ヒト関連では「方式」がモノ関連では「結果」が主な移転の対象となる「発展途上国型」、ヒト・モノともに「方式」の移転が主となる「方式移転型」、ヒト・モノともに「結果」の移転が主となる「結果移転型」の3つがそれである。表4ではアフリカの日系ハイブリッド工場が「発展途上国型」に該当することが示されている。

　韓・台（93）、英国（97）、北米（00-01）が該当する「方式移転型」は、日本的要素が体化された機械設備、部品、日本人といった「出来合い」の移転に頼らず、「方式」の移転が進み現地に根づいているという点で、日本的生産システムの海外移転における一種の理想型ともいえるものである。

　これは、現地の社会経営環境が日本的生産システムを受け入れやすい地域（韓・台（93））であることにもよるが、北米（00-01）と北米（89）の違いに見られるように、有望な市場の拡大をにらんだ企業の長期的で地道な努力によっても達成しうることを示唆している。なお、英国（97）の結果は、現地政府の政策によるところも大きいということは前述したとおりである。

　次に「結果移転型」であるが、北米（89）と大陸西欧（98）がこのパターンである。日本的生産システムの移転を妨げる社会制度・文化的な制約、または日本的生産システムとは異質な確固たる現地の生産システムがあり、日本的な「やり方」の実質移転が難しいなかで、日本的生産システムを「出来合い」の移転で促成的に実現しているパターンであるといえる。北米（89）と北米（00-01）の違いから、日本企業の海外進出初期に見受けられる暫定的なパターンである可能性もある。

　最後に、ほとんどの途上国地域が該当する「ヒト方式・モノ結果」の「発展途上国型」がある。工業化の歴史が浅いため、確固たる現地の生産システムが確立されていない、現地の部品・機械設備産業が脆弱である、といった途上国特有の事情によるものと考えられる。

　アフリカはまさにこの「発展途上国型」に当たるわけであるが、アフリカと同じくこのパターンに分類できる中南米（01, 06）、中東欧（03）、東南ア

156

（93）、中国（02）と比べても、最も低いモノ方式の適用度と最も高いモノ結果の適用度という組み合わせに端的に示されるように、最も典型的な「発展途上国型」であるといえる。そういう意味ではアフリカのパターンに最も近い地域は中南米（01, 06）である。ただし、「モノ結果」においては依然として両地域の間に大きな差がある。「発展途上国型」のなかでもアフリカ地域特有のパターンは、「モノ結果」の極端に高い適用度にあるといえそうである。

　なお、この「発展途上国型」類型ではヒト結果よりもヒト方式の移転が日本的生産システムの移転で重要な役割を果たしているが、そのヒト方式の適

図2　ハイブリッド工場の類型別四側面評価比較

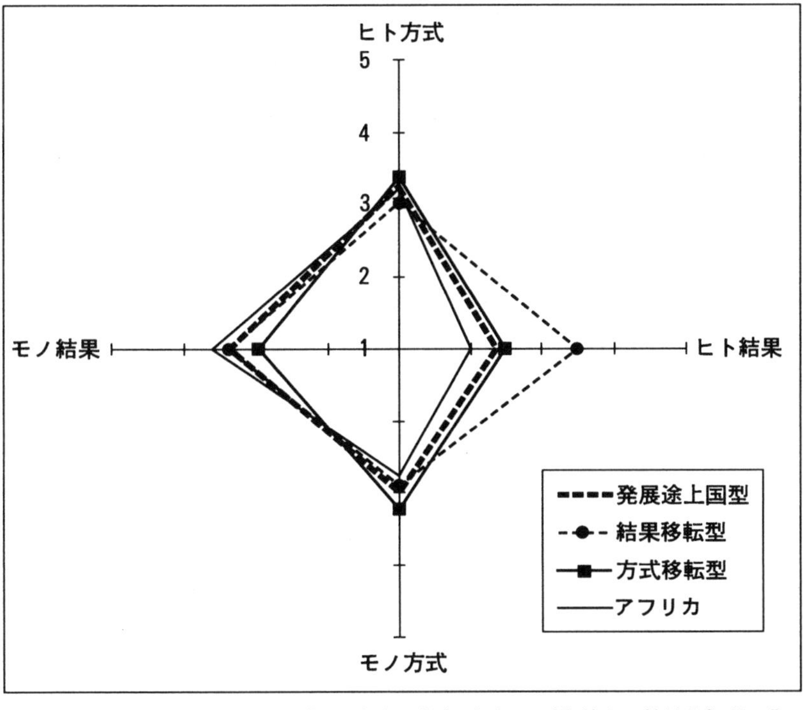

注：方式移転型は韓・台（93）、英国（97）、北米（01）の平均値を、結果移転型は北米（89）、大陸西欧（98）の平均値を、発展途上型は中南米（01/06）、中東欧（03）、東南ア（93）、中国（02）、アフリカの平均値を示す。

157

用度が「方式移転型」よりは総じて低いものの、「結果移転型」よりは高いということは、注目に値する。アフリカや中南米に限っていえば、日本的なヒト方式の移転に妨げとなる欧州の制度的な影響は残っていながら、そのようななかで日本的なやり方の移転を柔軟に受け入れる土壌がこれらの地域にあったことを示唆する結果であり、たいへん興味深い。

5. 日本人ゼロのハイブリッド工場

これまで指摘したように、アフリカの日系ハイブリッド工場の大きな特徴の一つは、ヒト結果つまり日本人駐在員の比率が低いことである。日本人比率が低かった他の地域と違うアフリカの特徴は、日本人駐在員が1人もいない工場が非常に多かったという点である。本章で対象にしている18工場のなかで日本人駐在員が1人もいなかった工場は5工場であり、工場の運営にはまったく関与しないでリエゾン・オフィス的な役割のみを遂行している日本人駐在員1名の工場を含めると、実質日本人ゼロの工場はまさに全体の1/3に当たる6工場に及ぶのである。本節ではこれらのアフリカにおける日本人ゼロのハイブリッド工場の特徴についてみてみることにする。

まずは、どのような経緯で現地工場が日本人ゼロという状態になったのかということであるが、2つのパターンがあった。1つは、今回のアフリカ調査で新たに発見できた「グランドチルドレン型」の現地工場である。一般的に日本企業の海外工場の場合、日本の国内工場をマザー工場としてもつ場合が多い。しかし、アフリカで発見することができた新たなやり方は、日本の国内工場がマザー工場になるのではなく、欧州の現地拠点がアフリカ工場のマザー工場になるというパターンである。日本の国内工場の観点からみれば、アフリカの現地工場は「グランドチルドレン」、日本の国内工場は「グランドマザー工場」ということになる。

本章の対象工場である18工場のなかには、このような「グランドチルドレン型」の現地工場が3工場含まれている。矢崎総業のモロッコ工場とチュニ

ジア工場、YKKのモロッコ工場がそれである。矢崎総業のモロッコ工場は同社のポルトガル工場がマザー工場になっていて、支援が必要な場合はポルトガル工場からポルトガル人の技術者が支援に来るという（苑, 2012）。矢崎総業のチュニジア工場の場合は、同社の欧州統括会社がマザーの役割をしているが、実際現地には同社のトルコ工場からトルコ人がアドバイザーとして来ていて実質工場長に近い役割を果たしていた。一方、YKKフランスのカサブランカ連絡事務所から出発しているYKKモロッコにおいてはYKKの欧州統括会社からフランス人がモロッコ工場のトップとして派遣されている（山﨑, 2012）。このように、アフリカの「グランドチルドレン型」の現地工場を支えているのは日本人ではなく、欧州のマザー工場において日本人駐在員に鍛えられ、なおかつ日本への研修経験もある、欧州各国の現地人であったのである。

　日本人ゼロの現地工場のもう一つのパターンは日本企業の出資比率がマイナーであり、現地パートナー主体で経営が行われているケースである。マツダが25％出資しているジンバブエのWMMI（Willowvale Mazda Motor Industries（Pvt）Ltd.）、デンソーが同じく25％出資している南アフリカのスミス社（Smiths Manufacturing（Pty）Ltd.）が、このパターンに含まれる。これらの工場では必要に応じて日本から日本人が派遣される形で支援を受けているということであった（公文・銭, 2013）。最後に、南アのUDトラックスの工場も日本人がゼロであったが、その経緯については詳しく調べられてないので以下の分析では含めないことにする。

　それでは、UDトラックスの南ア工場を除いた17サンプルを、①日本人駐在員ありの工場（12）、②グランドチルドレン型の工場（3）、③マイナー出資の工場（2）の3つの群に分けてそれぞれにおける日本的経営生産システムの移転度合いについて調べてみることにする。日本人の有無を基準に群分けをしているので、日本人比率や現地人経営者の地位を含むVI親―子会社関係を除いた5グループの20項目を比較対象とする。まず、20項目評点の平均値をみると、①日本人駐在員ありの工場が3.20、②グランドチルドレン型の

工場が3.22、③マイナー出資の工場が3.05とあって、マイナー出資による日本人ゼロの工場の評点平均値は低めであったが、グランドチルドレン型の工場は日本人ありの工場とほぼ変わらない評点平均値をみせている。

　20項目に対する群間の評点平均値の大小を表したのが、表5である。群間の評点平均値の差が0.2を超える場合には不等号（＞）で、0.2以内の場合は等号（＝）で表している。表をみると、意外にも日本人ありの工場（①）が日本人なしの工場（②と③）より高い移転度合いをみせている項目は、職務区分、賃金体系、昇進、生産設備の4項目にとどまっていることがわかる。しかも、生産設備を除くと人的資源管理の制度と関連した項目がほとんどを占めている。日本的生産システムの成果変数ともいえる、多能工化や工程管理においては、日本人ありの工場と日本人なしの工場の間で大きな差はなかった。さらに日本的経営の大きな特徴の一つである長期雇用においても3つの群の間に大差はなかった。

　さらに興味深いことは、教育・訓練、作業長、メンテナンス、品質管理、調達方法、一体感、労使協調、苦情処理の8項目において、グランドチルドレン型の日本人なしの工場が日本人ありの工場よりも高い移転度合いを示している点である。日本人なしの工場においては日本的経営生産システムの移転が不十分な状態にとどまるであろうという当初の予想とは真逆の結果となったのである。

　それでは、なぜこのような結果が可能であったかについて考えてみよう。まず考えられるのは、日本本社における海外子会社向けの人材不足によって日本人ありの工場といえども日本本社からの支援が手薄になっていた可能性である。また、アフリカという地域が日本から物理的に遠く離れている点もこのような手薄な支援に拍車をかけた可能性がある。その点、割とアフリカから近い欧州拠点をマザー工場にもつグランドチルドレン型の工場においては日本人こそいないもののマザー工場から手厚い支援を受けていた可能性がある。グランドチルドレン型の3工場がすべて欧州から近い北部アフリカに位置していることは注目に値する。また、日本人駐在員によって日本的経営

第4章　アフリカの日系ハイブリッド工場の特徴と世界比較

表5　日本人の有無による日本的経営生産システムの移転度合いの比較

Ⅰ　作業組織とその管理運営				
1．職務区分	①	＞	②	＞	③
2．多能工化	①	＝	②	＝	③
3．教育・訓練	②	＞	①	＝	③
4．賃金体系	①	＞	②	＞	③
5．昇進	①	＞	②	＝	③
6．作業長	②	＞	①	＞	③
Ⅱ　生産管理				
7．生産設備	①	＞	②	＞	③
8．メンテナンス	②	＞	①	＞	③
9．品質管理	②	＞	①	＝	③
10．工程管理	①	＝	②	＝	③
Ⅲ　部品調達				
11．ローカルコンテント	③	＝	①	＞	②
12．調達先	③	＞	①	＞	②
13．調達方法	②	＞	③	＞	①
Ⅳ　参画意識				
14．小集団活動	③	＞	②	＝	①
15．情報共有化	③	＞	①	＞	②
16．一体感	②	＞	③	＝	①
Ⅴ　労使関係				
17．採用方法	①	＝	②	＞	③
18．長期雇用	③	＝	①	＝	②
19．労使協調	②	＞	③	＝	①
20．苦情処理	②	＞	①	＝	③

注：①は「日本人ありの工場」、②は「グランドチルドレン型の工場」、③は「マイナー
　　出資の工場」、を示す。

生産システムの移転がある程度進んでいる欧州拠点にはアフリカの工場を支
援するための人的資源が豊富にあったであろうことも考えられる。
　次に注目すべきは、グランドチルドレン型の工場において最も移転が進ん
でいた項目に、教育・訓練、作業長、一体感、労使協調が含まれている点で

ある。これらはそれ自体が日本的経営生産システムを構成する要素であるとともに、トータルとしての日本的経営生産システムを実現するための土台のような役割をする項目である。表5の結果は、日本人駐在員がいなくても、これらの項目がしっかり移転されていれば日本的経営生産システムは全体として実現可能であることを物語っている。特に、教育・訓練と労使協調と関連しては、アフリカに工場をもつメルセデス・ベンツやBMWのような欧米系の企業が日本的経営生産システム（彼らの言い方でいうとリーン・プロダクション・システム）を取り入れる際に最も力を入れている部分であり、相通じるところがある（安保, 2019；公文・糸久, 2019）。

　問題は日本人の直接的な指導なしに、如何にこれらの項目が移転できたのかということであろう。一つ考えられるのは、教育・訓練の体系づくりや作業長の養成におけるマニュアル化の進展である。次に考えられるのは、欧州のマザー工場から派遣されてくる支援者の特性である。彼らはそれほど遠くない過去に日本人駐在員から学ぶ立場にあった者たちである。学ぶ立場での経験や記憶が薄れないうちに教える立場になったことによって、日本本社からの日本人よりもむしろ効果的に日本的経営生産システムの指導が可能になっていた可能性が考えられる。

　以上、本節では日本人駐在員が存在しない「日本人ゼロのハイブリッド工場」において日本人ありの工場に比べて遜色のない日本的経営生産システムの移転が実現していることを明らかにした。このような本節の結果と、メルセデス・ベンツやBMWのアフリカ工場において日本人なしでもかなりの程度のリーン・プロダクション・システムが実現されている事例（安保, 2019；公文・糸久, 2019）とあわせて考えたとき、日本人を媒介にしなくても日本的経営生産システムが実現しうる可能性を示唆するものである。今後、さらなる調査研究を重ねていく必要があろう。一方、実務的な観点からは、上述したように、近年、日本の多国籍企業において海外子会社向けの人材不足が叫ばれるなかで、グランドチルドレン型の海外子会社がその有効な解決策の一つになりうることを本節の結果は示唆しており、たいへん興味深い。

【注】

1）本章は、安保・公文・銭（2013）の第2節（銭執筆）の内容をもとに、その後の調査結果を加えて大幅に加筆・修正したものである。

2）具体的な評価基準の詳細については、安保他（1991）、板垣（1997）、公文・安保（2005）を参照願う。対象地域が北米から始まりアジア、欧州へと拡大する中で、アジア・バージョン、欧州バージョンといった具合に一部項目についてマイナーな修正は施されてきたが、基本的には一貫した評価基準を維持している。今回は、欧州バージョンをハイブリッド評価の基準として用いる。アフリカでは経営環境要因として欧州の影響が明確に認められたからである。アフリカに対する評価基準については、付表を参照願う。

3）われわれ研究グループは8年をかけてアフリカで85カ所を訪問調査した。なかには31の日系工場以外にも、日系商社の現地拠点、資源関連日本企業の現地拠点、アメリカ企業、ドイツ企業、中国企業の現地生産拠点、現地の政府機関、日本大使館、JETROなどが含まれる。

【参考文献】

安保哲夫（2019）「BMW・南アフリカ工場（BMW SA Plant）―ドイツ・プレミアム車メーカーによる「日本的生産方式」への取り組み―」『法政大学イノベーション・マネジメント研究センター・ワーキングペーパーシリーズ』（オンライン）に掲載予定

安保哲夫・板垣博・上山邦雄・河村哲二・公文溥（1991）『アメリカに生きる日本的生産システム』東洋経済新報社

安保哲夫・公文溥・銭佑錫（2013）「アフリカの日本的ハイブリッド工場（2009/2010）―中間的なまとめ」『赤門マネジメント・レビュー』第12巻第12号、795-840

苑志佳編著（2006）『中東欧の日系ハイブリッド工場』東洋経済新報社

苑志佳（2012）「（D）矢崎総業―モロッコの日系自動車部品ハイブリッド工場―」『赤門マネジメント・レビュー』第11巻第10号、681-693

板垣博編著（1997）『日本的経営・生産システムと東アジア』ミネルヴァ書房

Itagaki, H., ed., (1997), *The Japanese Production System: Hybrid Factories in East Asia*, Macmillan

河村哲二編著（2006）『グローバル経済下のアメリカ日系工場』東洋経済新報社

第Ⅱ部　アフリカのハイブリッド工場の分析

公文溥・安保哲夫編著（2005）『日本型経営・生産システムとEU―ハイブリッ
　ド工場の比較分析―』ミネルヴァ書房
公文溥・銭佑錫（2013）「(O) マツダ・ジンバブエ」『赤門マネジメント・レビュ
　ー』第12巻第2号、169-182
公文溥・糸久正人（2019）「リーン生産を導入するメルセデス－ベンツ・南アフ
　リカのケース」『法政大学イノベーション・マネジメント研究センター・ワー
　キングペーパーシリーズ』（オンライン）に掲載予定
山﨑克雄（2012）「(E) YKK 3 社―エジプト、モロッコ、スワジランドにおける
　子会社の経営比較―」『赤門マネジメント・レビュー』第11巻第10号、695-702
山﨑克雄・銭佑錫・安保哲夫編著（2009）『ラテンアメリカにおける日本企業の
　経営』中央経済社

付表：アフリカ調査の適用度評価基準
Ⅰ．作業組織とその管理運営
（1）職務区分
　アフリカは、欧州式の産業別等級別賃金制度（大くくりの賃金等級制と職務給）
が一般的で、アメリカ式の職務区分（job classifications）はない。個別企業は、
産業別賃金等級を前提として企業内で個々の職務を賃金等級内に位置づける。そ
こで賃金等級の数を基準として評価する。

5：賃金等級の数が2以下。
4：3～5。
3：6～10。
2：11～50。
1：51以上。

　ここで企業内の賃金等級・職務区分がジョブ・ローテーション等柔軟な作業組
織・管理運営の制約になっているかどうか、さらに職能資格的な運用により職務
規制の枠を緩和する場合は、その運用の程度を評価して評点をつけることとする。

（2）多能工化
　日本風の多能工の実施状況をみる。主として生産工の技能形成と作業における
生産・品質管理・保全の各職務の分離状況および各職務の固定状況をみる。具体

第4章　アフリカの日系ハイブリッド工場の特徴と世界比較

的には、生産工の仕事の範囲、ジョブ・ローテーションの範囲、品質管理、保全
への関わり、職場の問題解決への関与などを考慮する。

5：班内のJRを日常的に行なう他、班を越えたJRも計画的に行い多能工の育成に
　　努めている。星取表の活用、品質管理や予防保全、問題解決に積極的に関わ
　　っている。

4：班内のJRは日常的、計画的に行うが、班を越えた移動は限定される。一般の
　　作業者も品質確保や予防保全などに関与するものの、程度はやや限定される。

3：もっぱら班内のJRを中心に行なっており、班を越えたものはまれである。一
　　般の作業者による品質確保やトラブル対処への関与はあるものの実質的には
　　かなり限定される。

2：日常的なJRはないが、需給の変動やモデルの変更、応援などの配置替え、あ
　　るいは職務範囲の拡大は行う。一般の作業者は品質確保や予防保全などに基
　　本的には関与しない。

1：JRはなく、職務は固定的である。一般の作業と品質や保全などの熟練を要す
　　る作業は完全に分離されている。

（3）教育・訓練
　一般作業者、保全工の企業内教育訓練をみる。一般作業者のOJTによる企業内
教育、保全工やSVの企業内育成等を基準にして評価する。また、日本への現地従
業員の派遣、日本人の現地への派遣なども考慮する。

5：OJTを中心に社内の研修機関などを併用しつつ長期的・体系的な教育。訓練
　　プログラムのもとに、一般作業者からメンテ要員、作業長や技術者・管理職
　　に至る各層の技能形成に積極的に取り組む。日本への派遣や日本からのト
　　レーナーの派遣も活発に行う。メンテ要員や作業長などはもっぱら内部で養成
　　する。

4：やや体系性や計画性に欠けるが、OJTを中心とした教育訓練に熱心に取り組
　　み、日本への派遣などもメンテや作業長などの基幹要員を中心に活発に行う。

3：あまり体系的とはいえないがOJTを中心とした教育訓練を行う。基幹要員等
　　の訓練で不足するぶんを、日本への派遣や日本からのトレーナーの招聘、外
　　部の訓練機関などで補う。基幹要員も内部養成と外部採用を併用する。アプ
　　レンティスシップも活用されている。

第Ⅱ部　アフリカのハイブリッド工場の分析

2：OJT等の教育訓練はあまり重視されておらず、自然に身につく技能で済ませ
　　たり、せいぜい外部の訓練機関の利用や一部要員の日本への派遣を行う程度
　　である。現場組織の要となる人材は外部からの採用が多い。
1：社内の教育訓練は重視しない。必要な人材は外部から採用する。

（4）賃金体系
　日本風の現場作業者に対する職能資格給を基準として、それとの距離をみる。
アフリカにおいては、産業別賃金等級が協約賃金を構成し、場合によっては人事
考課が採用される。その場合は、人事考課が如何に作用するか（基本給、ボーナ
スなど）を考慮する。

5：日本の賃金と基本的に同じ。人対応型の賃金で、基本給は、年齢・勤続給、
　　職能資格給、人事考課で決まる。定期昇給、ボーナスがあり、ホワイトカラ
　　ーとの間で体系・額ともに格差が少ない。
4：企業内加給の範囲が3より広く、人事考課の範囲が大きい。また年齢・勤続
　　を反映する賃金もある。
3：全国レベルの協約賃金をベースとし、それに企業内付加給付がある。企業内
　　加給には人事考課がある。
2：全国レベルの協約賃金と企業内加給で決まり、人事考課がない。
1：数多くの職務区分・企業内賃金等級があり、全国レベルの協約賃金で賃金が
　　決まる。人事考課はない。

（5）昇　進
　日本風の企業内昇進、能力にもとづく昇進の実現状況をみる。

5：一般作業者（場合によっては現場の熟練工を含む）が能力に応じて作業長や
　　その上の係長など中間管理職へ登用される内部昇進制が採用されている。特
　　定の職級での滞留年数が決まっており、勤続年数が長ければある一定のレベ
　　ルまでは昇給できるなど年功的要素が大きい。また、昇進は直属上司による
　　推薦が必要である。ただし、人事考課によって昇級速度は異なってくる。
4：内部昇進であるが、一般作業者からの昇進はせいぜい作業長までである。直
　　属上司の推薦が必要である。
3：作業長は内部昇進が主であるが外部採用もある。内部昇進には社会的資格を

第4章　アフリカの日系ハイブリッド工場の特徴と世界比較

必要とする。一般作業者や熟練工の昇級は年功に人事考課が加味される。

2：一部内部昇進はあるが現場と作業長以上の管理職は基本的に断絶している。
作業者や熟練工の昇級は社外の資格や学歴によって決まる。

1：作業長は外部採用が主であり、現場と管理職の断絶がはっきりしている。昇
進・昇級とも社外の資格や学歴で決まる。

（6）作業長

5：内部から昇進した作業長が、単なる労務管理（現場規律の維持、人事考課）だ
けでなく、現場作業チームの運営（日程計画の検討、要員への作業割り当て
と作業状況の把握、部品・材料の確保、教育・訓練）、工程の技術的管理（作
業標準の設定、設備の保全、品質の維持、作業改善活動）に積極的に関与し、
職場間の連携で重要な役割を果たすなど、　日本の作業長と同じ役割を果たす。

4：5よりも機能の範囲が狭い。

3：内部昇進が主で外部採用が従である。作業チームの運営や工程の技術的管理
関与するが、熟練工などが補佐する必要がある。

2：作業チームの運営や工程の技術的管理の面がかなり欠けている。内部昇進は
あるが外部採用が主である。

1：もっぱら労務管理のみを行う。内部昇進にこだわらない。

Ⅱ．生産管理

（7）生産設備

5：日本の国内工場と同一の設備が使われている。

4：4分の3が日本国内と同一の設備。あるいは、ほとんど日本から持ち込まれ
た設備であっても自動化の程度が劣るなど世代が古い。

3：2分の1が日本国内と同一の設備。

2：4分の1が日本国内と同一の設備。

1：日本の設備との共通性はほとんどない。

（8）メンテナンス

保全工の企業内育成制度と一般生産工の保全への関与をみる。

5：現場のメンテナンス要員は一般作業者もしくは別途採用の未経験者から内部
養成する。一般作業者も予防保全や簡単なメンテナンスへ積極的に関わる。

第Ⅱ部　アフリカのハイブリッド工場の分析

日本人が関与しなくてもメンテナンスの能力が高く、新鋭設備の稼働率において日本と比べて遜色ない。

4：5に比べて一般作業者の関与がやや弱かったり、稼働率が若干日本より劣る。

3：メンテナンス要員は未経験者と有資格者・経験者の併用。一般作業者はあまりメンテナンスに関与しない。予防保全をはじめ現地要員のメンテ能力が十分でなく日本人のサポートが必要である。

2：メンテナンス要員は有資格者。経験者の採用が主となる。一般作業者の関与はなく、また日本人や技術者の関与する程度が高い。

1：もっぱらメンテナンスの有資格・経験者を採用する。技術部門主導型の体制である。

（9）品質管理

　品質管理の工程における作り込みの実施状況をみる。品質管理専門工と生産工の分業か協力か、生産工が如何に品質管理にかかわるかをみる。

5：工程内での品質の作り込みを重視し、一般作業員も各種の措置を通じて積極的に品質確保に関与する（作業標準に品質チェックの項目あり、品質への配慮、見極め能力の高さ、ライン・ストップの権限あり、品質改善活動やQC・ZD運動の積極的展開）。工程内不良率、出荷段階での品質レベルともに日本国内工場と遜色ないレベルである。

4：工程内での作り込みを重視するが、具体的措置の点でやや欠ける面がある。工程内不良率は日本国内工場より若干劣る。

3：工程内での作り込みが望ましいが不十分であり、専門の品質管理要員や検査要員を日本より多目に配置したりチェックポイントを多くして、出荷段階の品質レベルを確保する。

2：一般作業者の品質への関与はほとんどなく、品管や検査専門要員が細かく分けた工程の各段階できめ細かなチェックを行う。

1：品管・検査専門要員による工程終了後のチェックを重視する。

（10）工程管理

5：以下の方法、措置を通じて多品種小ロット生産が日本並みにスムーズに行われている。混流生産や頻繁な機種の切り替え、迅速な金型・治具の交換、工程内の厳格な在庫管理、日本並みのST設定と達成率、現場を主体としたライ

第4章　アフリカの日系ハイブリッド工場の特徴と世界比較

ンバランスの調整、予防保全、職場間の連携による迅速な不具合への対処、活発な改善活動。

4：多品種小ロット生産がかなりスムーズに遂行されているが、5よりはやや劣る。

3：通常の業務はスムーズに遂行できるが、新機種の導入などの大きな変化や不具合への対応、改善活動などは日本人のサポートが必要である。生産する機種の数はあまり多くない。

2：変化と異常への対処は技術部門や日本人が中心になって対応せざるをえない。機種の数は多くない。現地での改善活動にあまり期待していない。生産効率には問題がある。

1：日本人を含む技術部門指導の工程管理が行われ、生産現場レベルの関与はない。機種の数はきわめて限定されている。生産効率には問題がある。

Ⅲ．部品調達

（11）ローカル・コンテント

5：現地調達率20％未満。

4：20〜40％未満。

3：40〜60％未満。

2：60〜80％未満。

1：80％以上。

（12）調達先

5：日本工場、日本国内の部品工場からの調達が中心で、現地調達分も日系メーカーからほとんど調達している。

4：重要部品は日本工場ないし日本国内の部品メーカーから調達している。現地や第三国からの調達も日系メーカー（姉妹工場を含む）からの割合が高い。

3：日本国内からの調達は一部の重要部品に限られる。現地ないし第三国からの調達は、日系メーカーと非日系メーカーが半々である。

2：一部の重要部品を除いては、現地ないし第三国の非日系メーカーから調達する。

1：重要部品を含めて現地ないし第三国の非日系メーカーからほとんどの部品を調達している。

（13）調達方法

5：現地サプライヤとの間の長期継続取引を通じて、ジャスト・イン・タイム、

無検査での品質確保、技術指導・協力（場合によってはデザイン・インなどの共同開発）、などの関係を実現している。

4：一部の現地サプライヤとはある程度5のような関係を実現している。

3：ジャスト・イン・タイムや無検査での品質確保は無理であるが、自らサプライヤに出向いて部材を集める方式の採用など部品在庫を少なくし、工場運営を円滑に進めるためのなんらかの制度や工夫がある。現地サプライヤに対する技術指導は行い、品質・コスト・納期面での向上を図っている。

2：現地サプライヤに対して、品質、納期などの最低水準は守るよう働きかけている。

1：現地サプライヤとはスポット的取引が中心であり、部品在庫を多目にして不良や納期遅れに対処する。

Ⅳ．参画意識

（14）小集団活動

5：強制ではないが全員参加に近く、活発な活動を展開している。テーマの設定などに自発性が高く、品質・生産性・安全面での実質的な効果が認められる。

4：50％以上の参加率があり、実質的な効果はやや劣るものの活発な活動を展開し、職場の士気高揚には役立っている。あるいは、強制的参加であるが活発な活動を展開している。

3：20〜50％の参加、あるいは強制的全員参加であり、小集団活動としての一応の体はなしている。

2：20％未満の参加率、あるいはモデルケースとしての活動に限定される。あるいは、小集団活動はないが提案制度などの職場の活性化につながるなんらかの措置を施している。

1：小集団活動も、提案制度もない。

（15）情報共有化

5：幅広い従業員層を対象とした各種の懇談会やミーティング、積極的な経営情報のディスクロージャー、活発な小集団活動などを通じて、情報の伝達と意見の吸い上げ、円滑な意思疎通に努めている。言語的コミュニケーションギャップも少ない。

4：5ほどではないが、情報を共有化するための各種の工夫がある。

3：それぞれの職層のなかでは各種ミーティングなどを通じて、情報の共有化が

図られている。

2：始業前の打ち合わせ程度。

1：特別な施策はない。

（16）一体感

5：一体感を醸成するための以下のような制度。工夫が充実している。全従業員
　　が共用できる食堂、ユニフォーム、オープンオフィス、全社的な親睦行事、
　　朝礼、ロットの決められていない駐車場、保養施設。

4：5のなかでいくつかは欠けているが、一体感を醸成するための工夫がある。

3：5のなかで1つか2つはある。

2：親睦行事ぐらいしか実施していない。

1：特別な施策は実施していない。

Ｖ．労使関係

（17）採用方式

5：一般の作業者に至るまで注意深い選別（ペーパーテスト、面接、多段階選別
　　など）を行っている。多数の応募者のなかから選抜できる。新卒者を重視す
　　る。労働力の地域的特性に十分配慮しながら立地を選択した。

4：5ほどではないが慎重な選別を行っている。

3：採用の際に選別は行うが、応募者の倍率や労働力の流動性の制約から必ずし
　　も十分ではない。伝統的工業地帯に立地する。

2：応募者が少なかったり採用の頻度が高いので、簡単なチェックのみで採用せ
　　ざるをえない。伝統的工業地帯に立地する。

1：採用の際に特別な選別は行わない。伝統的工業地帯に立地する。

（18）長期雇用

5：会社都合による解雇はできる限り避けると従業員に説明しており、実際にも
　　解雇はない。従業員の定着を図るための積極的な施策があり、現実にも従業
　　員の定着性はよい。

4：基本は5であるが、施策の面での積極性にやや欠けるか、実態面での定着性
　　がやや劣る。

3：会社都合による解雇は望ましくないが、状況しだいで特別回避にこだわらな
　　い（やむをえず実施したことがある）。基幹要員には長期勤続を望んでいるが、

第Ⅱ部　アフリカのハイブリッド工場の分析

　　　　対策としては積極性に欠ける。離職率は地域平均程度である。

2 ：会社都合による解雇はいたしかたない（現実に何度も実施している）。長期勤
　　続を図るような特別な措置はない。従業員の流動性が高く、解雇をせずとも
　　雇用調整が十分可能である。

1 ：経営状態によって解雇するのは当然であり、実際にも解雇を頻繁に行ってい
　　る。従業員の流動性がきわめて高い。

（19）労使協調

　　日本風の生産と技能形成に協力的な企業別労働組合を基準として、産業別労働
　組合の企業内交渉・協力状況を評価する。アフリカでは、産業別労働組合が組織
　されるが、地域によってはワークス・カウンシルが制度化され労働組合に代替す
　るケースがあるので、それも考慮する。

5 ：労働組合との間で良好な関係を維持し、ワークス・カウンシルが日本の労使
　　協議会と同じ役割を果たしており、従業員との間で意思疎通を積極的に図っ
　　ている。あるいは労働組合がないが、ワークス・カウンシルを通して従業員
　　との間で良好な関係を形成し、きめ細かな配慮を行っている。

4 ：労働組合があり、良好な労使関係が維持されている。従業員との意思疎通を
　　図る施策の積極性に 5 よりやや欠ける。

3 ：労働組合があり、交渉は時として難航することはあるが、トラブルはない。

2 ：労働組合があり、大きなトラブルではないが賃金や雇用条件をめぐる労使の
　　対立があり、その結果ストライキに入ることもある。

1 ：対立型の労使関係にあり、ストライキも頻繁に経験している。

（20）苦情処理

5 ：労働環境、職場環境の改善など従業員の要望を積極的に汲み取ろうとしてお
　　り、職制を通したルートで職場中心の解決を図る。

4 ：基本的に 5 と同じであるが、ワークス・カウンシルも問題解決に機能している。

3 ：労働組合およびワークス・カウンシルの両方のルートを通して解決が図られ
　　るが、交渉が難航することがある。

2 ：公式の苦情処理制度を通して苦情処理が行われる。

1 ：組合主導で公式の苦情処理制度を通して処理が行われる。苦情の件数が多く、
　　外部裁定にまで至ったケースがある。

VI. 親—子会社関係

（21）日本人従業員比率

5 ： 4％以上。

4 ： 3 〜 4 ％未満。

3 ： 2 〜 3 ％未満。

2 ： 1 〜 2 ％未満。

1 ： 1 ％未満

　　（従業員500人以下の工場では 1 ％増し。例えば 5 点は日本人従業員比率 5 ％以上とする）。

（22）現地会社の権限

　生産品目、投資、市場、人事、R&D、等に関して、

5 ：基本的に日本の本社が立案し決定する。

4 ：現地の具申はあるが本社が決定するなど、実質的に日本主導の立案・決定である。

3 ：現地が計画立案し、日本が決済を行う。

2 ：日本側の意向を打診などはするが、実質的には現地主導の立案・決定である。

1 ：基本的に現地が立案し決定する。

　留意事項：日本企業の出資比率、合弁相手の性格も考慮する。

（23）現地人経営者の地位

5 ：社長（最高経営責任者のこと。以下同じ）以下ほとんどの重要なポストを日本人出向者が占める。

4 ：社長他重要なポストを占める日本人出向者の比率が相対的に高い。

3 ：日本人出向者と現地人経営者が経営陣のなかに混在し、重要なポストも両者が分け合う。

2 ：社長ほか重要なポストを占める現地人経営者の比率が相対的に高い。

1 ：社長以下ほとんどの重要なポストを現地人経営者が占める。

　留意事項：経営陣に占める日本人出向者の数が少なくても、その裁量権が強ければ適用度は高くなる。会議で使用される言語も判断の参考になる。

第5章
ハイブリッド工場の代表事例

公文　溥

はじめに

　本章の目的は、個別企業の具体事例の分析を通して、われわれの調査研究の課題である日本的経営生産システムのアフリカへの移転可能性に関する答えを探すことである。前章では、6グループ評価と四側面評価の分析枠組を使ってアフリカにおけるハイブリッド工場の特徴を示した。そして四側面評価の発展途上国型を析出し、アフリカはその典型的なケースを示すことを明らかにした。

　発展途上国型は、モノ結果とヒト方式の適用度が高く、逆にヒト結果とモノ方式の適用度が低くなるのである。ここでモノ結果が表現するのは、部品調達や生産設備などである。発展途上国では、部品の現地調達率が低く、生産設備の日本への依存度が高いのである。そしてヒト方式が表現するのは、作業組織（多能工、賃金体系、教育訓練など）や労使関係（労働組合など）に含まれる諸項目である。同様に発展途上国では、作業組織や労使関係を構成する項目における適用度が相対的に高くなるのである。そして、アフリカはこの発展途上国型（高いモノ結果とヒト方式の適用度）を最も典型的に示していた。

　本章の目的に効率よく応えるべく、ここではわれわれの調査・分析枠組のなかの「作業組織とその管理運営」を構成する諸項目に則してシステムの移転状況を説明する。

第Ⅱ部　アフリカのハイブリッド工場の分析

　四側面評価でいえば、ヒト方式のなかで中心となる諸項目をみることになる。われわれは、日本的経営の移転を現地の経営環境要因との関係でみるのであるが、その際、考察するべき対象として、日本の方式と現地の人にかかわる諸制度との関係を重視する。日本企業の特徴は、品質の良い製品を効率よく生産し市場に供給することにある。その軸になるのが、現場従業員の高度な技能（小池、2005、Finegold, & Soskice, 1988, Ashton, & Green, 1996, Brown, Green, & Lauder, 2001）であり、独自の組織ルーチン（JIT: Just-in-Time や TQM: Total Quality Management）である。技能移転が成功してこそ、組織ルーチンも生きる（ネルソンとウインター、1982＝2007）のであり、両者の移転により改善する組織ができあがる。そこで日本の技能形成の特徴である多能工とそれを可能にする教育訓練およびインセンティブとなる賃金体系、そして現場従業員の管理組織などに焦点をおいて説明する。必要に応じて生産管理や労使関係の項目をみる。

　代表事例として、アフリカの4カ国5企業を選ぶことにする。[1]まず南部アフリカから南アフリカ、北部からエジプト、東部からケニアそして西部からナイジェリアを選ぶ。いずれもアフリカとその地域を代表する国である。そして、それらの国に進出する日本企業のなかから日本的経営を端的に表現すると思われる企業を5つ選んだ。その際、日本企業が出資することが必要条件であるが、必ずしも100％出資でなく、合弁もある。進出国と企業は次のとおりである。日本企業が最も集中的に進出する南アフリカから、トヨタ自動車と矢崎総業の2社を選ぶ。エジプトから日産自動車を、ケニアとナイジェリアは本田技研の2輪車工場を選んだ。

　以上のように日本的経営の移転可能性を検討するべく自動車とオートバイの2つの産業を選択した。アフリカではこのほか、建設用機械や化学、電機、ファスナー、食品、医薬品などの企業を訪問した。それぞれ独自の経営を行っており、われわれの調査研究にとって興味ある有用な経営情報を得ることができたが、結果的にこの2つの産業の5企業を選択することになった。

　以下、南アフリカのトヨタ自動車（現地名TSAM）そして矢崎総業（現地

名HESTO）、エジプトの日産自動車、ナイジェリアのホンダ、そしてケニア
のホンダの順番に説明する。

1. 南ア・トヨタの事例

　まず南アフリカのトヨタ自動車における生産システムから検討する[2]。筆者
はトヨタ自動車の主要な海外工場を訪問しているが、トヨタはどこに行って
も本社と同じ工場管理方式を実施する。少なくとも実施しようとしている。
南アフリカにおいてもその姿勢は同様であった。ただしシステムの移転は漸
進的である。

　企業名はTSAM（Toyota South Africa Motors）であり、現地ではティー
サムと呼ぶ。インド洋に面した港町のダーバン市に立地する。工場は、本格
的な自動車組立工場であり、プレス、溶接、塗装、そして組立から構成され
る。IMVやカローラなどを生産する。生産量は、約12万台（2016年）で、従
業員数は8,615人である。

　トヨタ車を販売する現地のディストリビューターが、工場をもって生産を
開始した。トヨタ自動車は、南アフリカ政府の自動車産業育成政策に沿って、
1996年からそこに出資を始めて、2008年に完全子会社とした。トヨタ自動車
が、独自の生産システムを移転し始めるのも出資を開始してからである。

　ところで南アフリカにおける企業管理をみるには、BEE（Black Economic
Empowerment）と呼ばれる現地人優遇政策を述べる必要がある（Broad-Based
Black Economic Empowerment Act, 2003）。これはアパルトヘイト時代に差
別された黒人（黒人、カラード、インド人）に経済力をつけるための措置で
ある。そのため、企業は所有、経営管理、熟練職種における人種構成の変化
を評価される。トヨタ自動車がTSAMの株式を100％所有するが、日本人派
遣者は責任ある地位についていない。2017年現在、責任ある地位についてい
るのは工場長だけである。日本人が40名派遣されているが、それ以外の派遣
者はコーディネーターの地位にある。トヨタの海外工場ではまず日本人派遣

第Ⅱ部　アフリカのハイブリッド工場の分析

者が責任ある地位につき、生産システムの移転が進むとともに現地人を経営管理の責任者につけるのであるが、南アフリカでは、BEE対策として早くから現地人主導となっていた。日本人派遣者は、現地人をサポートする管理組織をとる。

　もう1つ企業統治に関わって労働組合の役割をみておかなければならない。自動車産業の労働者を組織するのは南アフリカ金属産業労働組合（NUMSA：National Union of Metal Workers of South Africa）である。労働組合は、アパルトヘイト時代に職業差別の撤廃と民主主義のために闘った。それゆえ、政治的な労働組合であった。南アフリカの労使関係において違法ストをよく聞く（Nel, 1997：194）。それは現地でアンプロテクテッド・ストライキとよばれる。政府の労使関係報告書にも違法ストがよく出てくる。今日でもストライキの半分くらいが、その分類に入る（Department of Labour, 2015：11）。TSAMにおいても、アパルトヘイト後しばらくは、違法ストへの対応が課題であった。その事情をみておく。

　TSAMは、労働者と労働組合に就業上の規律をもとめた。しかし企業内部の労使協議制と苦情処理のルートを通した違法ストへの対処が困難であったため、外部の労働裁判所を利用した。職場の労使関係の実態はわかりにくいが、ここでは労働裁判所の仲裁と判例をもとに説明する。

　TSAMは違法ストによる労働停止に対して「ノーワーク、ノーペイ」の原則を立てた。違法ストが行われた場合は、それに賃金を支払わないのである。そして違法ストに対しては対抗措置としてロックアウトを行うことにした。2000年11月、自動車部品の従業員による違法ストが発生した。それに対して経営側は工場を閉鎖した。南アフリカ労働裁判所は、同年12月に仲裁を下した。それはいわば喧嘩両成敗の仲裁であった。すなわちNUMSAは可能な限り違法ストに関与しないこと、あるいはメンバーによるその行動の中止を促すことを約束する。そして経営者は正式な手続きによらないロックアウトはしないことを認める、というものであった。しかし、それで事態が収まるわけではない。

第5章　ハイブリッド工場の代表事例

　2006年8月4日、塗装の労働者が仕事につくことを拒否した。新しいマネジャーへの不満から、休憩の後、職場復帰しなかったのである。経営側はその行為が違法ストに相当すること、それゆえ労働組合の職場委員（ショップ・スチュワード）は労働者に仕事に復帰するよう伝えるべきこと、そして不満は苦情処理の手続きに従うべきことを伝えた。しかし労働者は職場復帰を拒否し、歌い踊りながら行動をはじめた。そして職場委員はこの行動に同行した。

　経営者は、職場委員が違法ストにおいて主要な役割を演じたことをもって解雇した。これに対して労働組合は解雇無効の訴えを起した。職場委員は、労働者集団をコントロールするべく同行したのだと言った。裁判官は、職場委員が労働組合員の行動に同行しスローガンを唱えるのは文化であること、そして解雇は不公平なので、職場に復帰させるべきと命令した（Labour Court of South Africa, 2010）。

　裁判結果はこのようになったが、ここでみておくべきことは、TSAMの経営者がアパルトヘイト後、工場内の秩序を形成したことである。経営者は、滞りなく生産が進むように職場秩序を正常化しなければならない。そのため外部の労働裁判所を利用したのである。このように企業内部の話し合いの制度では職場秩序を形成できないので、外部の労働裁判所を利用したのである。

　以下、具体的に作業組織にかかわる項目について要点を説明する。まず、現場の作業組織をみておく必要がある。トヨタ自動車は、現場労働者をチーム・メンバー（TM）と呼ぶ。そして約5人のTMに1人の割合で、チーム・リーダー（TL）をおく。TLは、日本では班長に相当する。そして4人のTLの上にグループ・リーダー（GL）をおく。GLは組長に相当する。GLは、現場監督者であり、TLはその補助の役割を果たす。このように、GL－TL－TMの作業組織をもって作業が行われる。

　海外の日本企業が移転しにくいものの代表は賃金体系である。賃金体系は労使間の長い交渉の末、できあがるものだからであろう。南アフリカの場合も例外ではない。ところが南アフリカの賃金は英国風の時間給による等級制度を基本としながらも、賃金の支払い基準が職務ではなく技能なのである。

179

第Ⅱ部　アフリカのハイブリッド工場の分析

表 1：TSAMの概要

企業名	Toyota South Africa Motors（Pty）Ltd.（TSAM）
立　地	南アフリカ共和国、ダーバン市
設　立	1961年（1996年からトヨタ自動車資本参加）
所　有	トヨタ自動車100%（2008年）
生産品目	IMV、カローラ、ハイエース、トラック
生産設備	プレス、溶接、塗装、組立
生産量	127,100台（2016年）
輸出比率	42.8%
従業員数	8,615人
日本人数	40人
労働組合	NUMSA、LIMUSA、UASA

出典：TSAM提供資料、2017年 3 月 1 日。

注：LIMUSA（Liberated Metalworkers Union of South Africa）は、NUMSAから
　　分離した現業の労働組合であり、UASA（United Association of South Africa）
　　は、事務職の労働組合である。

もちろん査定による個人別格差はないが、教育訓練の成果をもとに、同じ賃金率のなかが初級と上級に分れている。

　この賃金体系を提起したのは、NUMSAであった。労働組合が 7 段階の賃金体系を提起し、それを経営側が認めたのである。これは、自動車組立企業 7 社の団体とNUMSAとの間で決定された。両者の賃金交渉は、 3 年に一度行われる。表 2 の自動車組立産業の賃金モデルが、それを示す。賃金額は個別企業ごとではなく、産業レベルで決まるのである。

　NUMSAが能力に基づく賃金等級を提起したのは、アパルトヘイト時代における職種の差別に基づく人種差別そして賃金格差をなくすためである。賃金体系の仕組みを説明する。

　第一に、技能レベルと賃金額が正確に対応するのである。技能レベルは生産工と熟練工の技能等級を示し、同時に資格の等級を示す。それが賃金支払の基準となる。たとえば、入職時の技能レベル（資格）は 1 であり、その初級

180

第5章　ハイブリッド工場の代表事例

表2：自動車組立産業の賃金モデル（2010年6月現在）（単位：ランド/時給）

技能レベル	資　格	教育訓練	初級賃率	上級賃率
1	資格1	アーチザンの20%	31.63	35.04
2	資格2	アーチザンの40%	35.04	38.93
3	資格3	アーチザンの60%	38.93	43.26
4	資格4	アーチザンの80%	43.26	48.06
5	アーチザン職種	アーチザンの100%	48.06	53.40
6	アーチザン職種	アーチザンの120%	N/A	64.08
7	アーチザン職種	アーチザンの140%	N/A	76.90

出典：NUMSA（The National Union of Metal Workers of South Africa）の
　　　労働協約。
注：（1）技能レベル5は、生産工の最上級レベルでチームリーダーを含む。
　　（2）技能レベル6は、Automotive Electrician, Electrician（Engineering），
　　　　 Electronics Equipment Mechanician, Fitter, Machine Tool Setter,
　　　　 Motor Mechanic, Tool, Jig & Die Maker, Turner Machinistから構成
　　　　 される。
　　（3）技能レベル7は、多能アーチザン（multi-skilled artisan）あるいはTechnician。
　　（4）2010年7月1日から2013年6月30の間の協約賃金。

賃率は31.63ランドとなる。ここで賃率と呼ぶのは、時間給だからである。
そして当該資格の必要な教育訓練を終了すると、上級賃率の35.04ランドを
得る。もちろん、この時間賃率は年とともに変化する。最新（2017年現在）
の技能レベル1の初級賃率は56.86ランド、その上級賃率は62.79ランドであ
る。生産工は技能レベルの1から5までに位置づけられる。技能レベル6と
7が熟練工である。南アフリカの工場でよくアーチザン（artisan、職人）と
いう名称を聞いた。この制度は南アフリカ独自のものである。アーチザンは
資格であり、生産工の最上級である5等級と熟練工がそれに属する。いわゆ
る熟練工職種（機械工、電機工、ツール&ダイなど）ばかりでなく、生産工の
最上級がアーチザンと呼ばれるのである。
　第二に、技能レベルと教育訓練の関連を説明する。表2のようにアーチザ
ンを基準として、それに必要な教育訓練のマスター状況により資格が上がる
のである。たとえば技能レベル5のアーチザンの教育訓練レベルを100とし

181

第Ⅱ部　アフリカのハイブリッド工場の分析

て、その80％の学習単位を完了した人は、技能レベル４（資格４）となる。

　第三に、昇格について説明する。技能レベルの１から４までは、各等級に必要な教育訓練を受け、要件を満たせば自動的に昇格する。他方、技能レベル４から５への昇格は、必要な能力を習得したうえ、空席があることが条件となる。空席がないと、資格４の人はアーチザン候補としてその等級にとどまることになる。

　第四に日本との違いをみておきたい。日本では労働者の賃金は、職能資格と年功によって決まる。そしてホワイトカラーと同じように査定によって賃金に差がつく。南アフリカの賃金体系は、欧州型の等級制度が基本である。しかし欧州と異なるのは特定の職務によってではなく能力によって決まるところであり、その側面は日本と似ている。しかし査定がない。労働者の賃金はアワリー給である。ブルーカラー賃金のホワイトカラー化が実現しているわけではない。依然として欧州型である。かつての差別を考慮すれば、査定によって賃金に格差をつけるのはリスクが大きい。査定がないのはむしろ無難な措置といえよう。

　次に教育訓練について説明する。日本企業は伝統的に企業内学校制度のもとで技能教育を行ってきた。そして現場におけるOJT（On-the-Job Training、職場内訓練）が、生産工の多能工化をうながす。南アフリカではどうか。

　NUMSAは教育訓練を重視した。これはアパルトヘイト時代の差別からの離脱と一般的な学校教育の不十分さを反映している。企業内教育訓練は２つのルートを通して行われる。

　１つは自動車産業に一般的な教育訓練である。これは、政府がオーストラリアのカリキュラムを参考に作成したものである。この教育成果が賃金を規定する。TSAMでは、人事部のなかにこの教育を担当する部門をもっている。教育レベルは、表２における技能レベルに対応して４段階に分かれる。教育レベル１は、新入職員向けの教育である。４週間の導入教育と２日間の実技訓練と職場におけるOJTである。教育レベル２から４までは、カリキュラムにもとづく教育によって決まる。教育カリキュラムは、コア教育、基

182

礎教育、そして技能教育の 3 つから構成される。レベル 2 の場合、コア教育の内容は健康と安全、コミュニケーション、チームワークからなる。基礎教育は数学と英語である。技能教育は 8 単位のローテーション訓練である。教育訓練が終わると評価が行われ、完了すればその上のレベル 3 の初級にエントリーされる。教育訓練の内容は、技能レベルが上がれば、向上する。この評価の場に、経営側は労働組合の職場委員を呼んでいるとのことである。現場管理者と人事部が行う労働者の能力評価に職場委員を呼ぶのである。

　もう 1 つは、TSAM が行う独自の教育訓練である。これはトヨタ生産方式を現場労働者にマスターさせるべく行う教育である。この教育を実施するのは製造部に属する MDD（Manufacturing Development Department）である。MDD は、合計32名のメンバーから構成される。工場見学の際、ここを訪問し話を聞く機会があったが、日本人派遣者も 3 名ほど見かけた。内部が 5 つの組織に分かれている。マネジメント育成（担当者 8 名）、生産性改善（2 名）、現場監督者教育（4 名）、QC サークル・創意工夫事務局（4 名）、そして技能育成（4 名）、以上の 5 つである。

　そして独自のカリキュラムをもっている。このカリキュラムは、トヨタ自動車が技能の国際移転のためにつくったものである。トヨタ自動車は、GPC（Global Production Center）と称する技能訓練機関を海外 3 カ所（アメリカ、イギリス、そしてタイ）に設けて、そこで地域の工場のトレーナーを育成している（公文、2016）。ところが南アフリカは、地域 GPC の管理下にないので、同じカリキュラムを工場内の MDD が教えるのである。

　MDD のカリキュラムは、基本技能、QCC、役割研修の 3 つからなる。基本技能として、TM を対象に現場の基本技能を TL を対象に標準作業など、TL と GL を対象にトヨタの仕事の教え方、作業観察などを教える。QCC は、TM、TL そして GL を対象に QC サークル活動の基礎、QCC リーダー・トレーニング（TL 対象）、そして QCC アドバイザー・トレーニング（GL 対象）を教える。役割研修は、管理監督者の教育であり、TL、GL、マネジャーおよびシニア・マネジャーを対象にそれぞれの層別に異なる教育を行うのである。

第Ⅱ部　アフリカのハイブリッド工場の分析

　2016年の受講者数は、基本技能が513人、QCCが222人、役割研修が454人で、合計1,189人となっている。やや粗い計算をすると、32人のMDDのメンバーが合計1,189人を教育したことになるので、メンバー1人当たり約37人を教育したことになる。

　教育訓練の最後に、熟練工の企業内育成について説明する。アパルトヘイト時代に、熟練工は白人が就く職種であった。しかしアパルトヘイト後BEE政策の一環として、黒人も熟練職種につけるように法律を設けた。TSAMは、その政府政策に沿って社内に熟練工育成機関を設けた（Apprentice Learner Programme）。これは政府の熟練工育成プログラムを利用しており、費用の80％は政府から支給されるという。われわれは、この学校を訪問したが、訓練生は全員が若い黒人であった。訓練生は、高等学校の在学中にラーナーシップと称する7カ月の実習プログラムを受けた後、TSAMに就職する。そして就職後2年間は生産工として働いた後、この機関で熟練工として教育訓練を4年間受ける。4年間の熟練工育成プログラムを完了した後、熟練工の資格試験を受ける。この資格認定を行うのは労働組合ではなく政府である。南アフリカにおいて熟練工は国家資格となる。国家資格を取得するのは、150人が受けて40人になるということなので、狭き門である。ここで面白いのは、TSAMが機械工と電機工を1つにしてその両方の資格を獲得できるようにしていることである。

　多能工について説明する。生産工が与えられた職務をこなすだけでなく、変化と異常に対応し、職場の問題解決も行うのが日本の製造現場の特徴である。まずジョブ・ローテーションについて聞いた。労働者にはジョブ・ローテーションをするように依頼しており、そして一部の職場で始めたところである、と答えた。

　労働者は、TSAM独自の基本技能の訓練を受け、政府の技能訓練プログラムでもローテーションの訓練を受けている。ところが、工場見学の際に直接確認した技能訓練表の成果は芳しくなかった。2010年の訪問の際、ドア組立ラインから職場の技能訓練表（星取表）を始めたと聞いた。しかし、その

ときは、TLが欠勤対応を行っていたが、まだTMによるジョブ・ローテーションはなかった。2017年に訪問した際、あらためてその点を確認した。工場見学とその後の現地側とのメールによる問い合わせで明らかになったことは、TMによるジョブ・ローテーションを実施していることであった。労働組合もそれに反対していないという答えを得た。このように、7年間の間にジョブ・ローテーションについて進歩がみられたのである。

　次に労働者による変化と異常への対応をみる。TMには異常があればラインをストップするように依頼している。いうまでもなく、TMは、異常を発見すると直ちにラインをストップするわけではなく、まずはTLを呼ぶ紐（コード）を引く。タクトタイム内に修正作業が終了すれば解除されラインは流れる。それについて、労働者は躊躇なくラインストップの紐を引くかと聞いたところ、イエスだがなお改善の余地があると答えた。GLとTLは、始業前の生産条件の変化の確認から作業中の品質確認など、変化と異常への対応を職務として行っている。

　問題解決への取り組みをみる。TMが職場の問題解決に取り組むように、QCC活動を行っており、MDDがそのための教育を実施している。組織的には、TLがその活動を支援しGLが監視する、そしてMDDが事務局となってその活動を推進している。GLとTLは、業務として問題解決を行っている。工場見学中、問題解決の事例を数多く教えてもらった。溶接工程における作業の停止しやすいところで改善した事例、組立工程においてクオリティ・ゲートをなくした事例さらにラインを短縮した事例などである。

　ここでGLの役割をみておく。TSAMでは、トヨタが工場管理にコミットする前はエンジニアが標準作業書を作成していた。それは大量生産方式の工場にみられる通常の姿である。そこで、トレーナーの育成を強化して教育した結果、GLが標準作業書をかけるようになったという。そしてGL用にハンドブックを作成した。日本のGLは、150くらいの作業をこなすという。しかし現状のTSAMにおいて、日本並みの作業を要求することはできないので、日常作業を23項目にまとめたハンドブックを作成した。ハンドブックには、

始業前（変化点の確認）、稼働中（標準作業書に基づく作業の確認、異常条件のチェックなど）、そして終業後（次シフトへの報告など）のチェック項目を写真付きで記載している。

工場見学の際、GLによる「めんどうみ」の掲示を見かけた。これは本社から始まり、海外工場に展開している活動である。GLがTMに話を聞き、アドバイスをする活動である。これは人の信頼関係を重視する現地の文化と整合するものと思われる。

生産管理については、字数の制約があるので、結果を簡潔に記すことにする。工場内外の部品供給と調達は、JIT（Just-in-Time）で行われている。工場内部では供給過剰にならないように、供給のタイミングを変動させる最新の方式を採用していた。もちろんeカンバンを利用している。部品メーカーとの間では、クロス・ドックを設けて工場への部品供給をJITで行っている。

2．南ア・矢崎総業の事例

南アフリカの矢崎総業を次に検討する[3]。矢崎総業は、自動車用のワイヤーハーネス事業を海外に広く展開しており、世界中に子会社をもっている。他方、大企業であるが、非上場企業である。オーナー経営者のもとで従業員を家族として扱うことで知られる。南アフリカのHESTO社は、従業員教育を重視し技能の移転をはかっている。

HESTO社は、現地の投資会社Metair Investmentグループの子会社としてワイヤーハーネスを生産する企業であった。1989年に操業を開始した。矢崎総業は、2006年に出資したが、所有比率は25.1％である。Metair側は、74.9％を所有するが、たいへん寛大に日本の企業を受け入れた。企業の意思決定の際に、矢崎総業は50％の投票権を有するという。少数所有者が、意思決定において同等の権利をもつのである。矢崎総業の側は、日本人の派遣者を最小限に抑えるという方針をもつ。

2回（2014年と2017年）の訪問を通して得た印象は、合弁双方の関係がき

わめて良好なことである。その１つの要因は、おそらく最高経営責任者の地位にある社長のキャラクターにあると思われる。社長はもとTSAMの社員である。TSAMからこの合弁企業に移ってきて、経営責任者の地位に就いた。おそらくは社長が知識の移転と、信頼関係の構築に積極的な役割を果たしているものと推測する。

　企業の規模は拡大している。生産量の増加とともに従業員数が順調に増加しており、約1,800人（2014年）から2,144人（2017年）になった。製品の納入先はTSAMから米国系のGM、フォードと拡大し、さらに日系企業のいすゞ、日産の注文も予定されている。日本人派遣者数は、１名から３名に増えた。そのうちの１人は、輸入するワイヤーの調達を担当する。そして新たな事業として計器の生産を始めるので、その指導に日本人が来ている。計器の仕様にはTSAMの承認が必要なので、本社から派遣者が来た。

　工場従業員の特徴として女性が多いことを指摘しておく。作業がワイヤーハーネスの製造という電気系の部品なので、女性向きだからである。女性が全従業員の約80％を占める。そのうち65％が黒人で、インド系が34％である。

　具体的に工場における日本の生産システムの構成要素の実施状況を説明するべく、まず現場の作業組織を見ておく。リーダーの名称や被管理者数の情

表３：HESTOの概要

企業名	HESTO Harnesses（Pty）Ltd.
立　地	南アフリカ、スタンガー市
操業開始	1989年５月、（2006年、矢崎総業資本参加）
所有形態	矢崎総業25.1％、Metair74.9％
生産品目	自動車用ワイヤハーネス
ローカル・コンテント	53％
取引先	TSAM、GMなど
従業員数	2,144人（日本人３名）
労働組合	NUMSA、LIMUSA、UASA

出典：HESTO提供資料、2017年３月２日。

第Ⅱ部　アフリカのハイブリッド工場の分析

報をあらかじめ知らせておく必要があるからである。

　現場は、基本的にTSAMと同じ組織になっている。グループ・リーダー（GL）のもとにチーム・リーダー（TL）がおり、そのもとにオペレーターがいる。ある職場の組織をみると次のようになっている。すなわち、1人のGLのもとに、6人のTLが配置される。そして1人のTLが、30人くらいのオペレーターを管理する。

　従業員の採用は、高等学校の卒業者を対象とする。広告を出し、インタビューを行う。そしてメディカル・チェックを行って採用する。採用後、従業員教育にはいる。

　HESTOは、採用後の教育訓練を重視しそれにコストをかけている。DOJO（道場）と呼ぶ教育訓練センターがある。ここに教育担当専門の女性が2人配置されている。教育内容は新人のための基本的な作業から、経営のリーダーシップまでである。つまり現場の新入従業員から管理監督者までを対象にする教育訓練を担当するのである。

　教育担当の1人は高等学校卒業後、作業者（オペレーター）としてこの会社に入り、品質管理を担当した。その後チーム・リーダー、改善などを経験して、教育訓練担当となった。このように高校卒後入社し、現場を経験した人が教育担当者になっている。新人にたいして、座学と実技の両方を教えるのに経験者が相応しいからである。現場経験者が現場労働者を教えるという、たいへん合理的な配置である。もう1人は、年長の管理者である。大学の工学部と経営学部を卒業した後、他社（ネスレなど）で勤務した。その後、経験を買われてHESTOに就職した。われわれに、ニュー・ヤザキシステムなどの技法ともに従業員には作業の責任意識を植えつけるべくオーナーシップ意識をもたせていることを説明した。新人オペレーターは、5日間の座学、そして10日間の実技訓練を受ける。そして現場に配属された後、OJTの形で教育が行われる。

　現場では、品質と効率を高めるべく技能訓練を行っていることを確認した。技能訓練の1つの指標としてジョブ・ローテーションをみておく。それの可

能な人の数が、次の表から確認できるのである。表４：HESTOの技能訓練状況がそれである。自動車組立企業Ａ社向けに供給するインストルメント・パネル職場における技能訓練表をもとに、訓練状況を表示したものである。このスキル・マトリックス表は、縦軸に職務名称、横軸にオペレーターの名前を記載している。そしてオペレーターごとに、本来の持ち場の職務、訓練済みの職務、訓練中の職務、そして未訓練の職務を表示している。この職場は、36名のオペレーターから構成される。前述のように、１人のTLが管理するのはこれくらいの人数であった。

　職務の数は、27である。職務名称の数とオペレーターの数が同じでないのは、同じ職務名称を複数のオペレーターが担当するからである。

　表４はオペレーター１人当たりの職務数を計算したものである。本来の持ち場の平均職務数は、1.3である。これは１人のオペレーターがもつ本来の職務数を示す。１人のオペレーターがもつ本来の職務は１つだが、36名のうち３人はまだ本来の職務がなく、８名は複数の職務をもつとなっているので、計算上は1.3となる。本来の職務のない３人は新人で、ベテランは、複数の本来職務をもつのだと想定できる。

　そしてオペレーター１人当たりの訓練済み平均職務数は、9.1となる。この訓練済みの職務は、ジョブ・ローテーションが可能なものと理解できる。実際、36名全員が訓練済みとなっている職務は26の職務のうち、８つある。

表４：HESTOの技能訓練状況　　　　　　（単位：労働者１人当たり平均職務数）

技能訓練状況	平均職務数
本来の職務数	1.3
訓練済の職務数	9.1
訓練中の職務数	3.8
未訓練の職務数	13.1

出典：表３と同じ。
注：自動車組立企業Ａ社向けインストルメント・パネル職場、36人の技能訓練表をもとに、労働者１人当たりの平均職務数（訓練済など）を計算した。職務数は、27。

第Ⅱ部　アフリカのハイブリッド工場の分析

この8つの職務はおそらく比較的簡単にマスターできるのであろう。そして訓練中の平均職務数は、3.8である。

現場のGLの説明によると、この職場ではジョブ・ローテーションをルールとして実行しているという。ところが経営者によると、ジョブ・ローテーションはなお弱点であるという。タクトタイム内の作業を忘れるからだとその理由をあげた。訓練済みとなっていても、なお訓練が足りないのであろうと推測する。また、年齢によってジョブ・ローテーションへの態度に違いがあるという話を聞いた。若い人は協力的であるが、年長者はそうでもないという。その理由はなにか。若い人ほど早く複数の作業をマスターできるからか、あるいは年長者優遇のアフリカの文化が女性の職場においても作用したか、推測の域を出ない。

次にGLとTLについて必要な情報を説明する。現場監督者は、ラインバランス、問題解決、教育訓練など16のルールをマスターする必要がある。現場における生産管理と労務管理の仕事をマスターしなければならない。そして内部昇進なのである。この職場の女性GLの経歴を説明する。このGLは、多少はにかみながら、20年にわたる経歴を説明した。高校卒後オペレーターとして入社した。そして品質管理を担当した後、別の職務を経て、サブ・チームリーダーとなった。やがてTLとなり、GLに昇進したのである。前述した教育担当者とよく似た経歴を示していることが面白い。つまり、高校卒業後入社し、オペレーター、品質管理、そしてTLと昇進したことが、共通するのである。それが、昇進の有力なルートなのであろう。そして彼女のもとにいるTLはすべて内部昇進であるという。このように現場では内部労働市場が形成されているのである。

また、技能訓練のために従業員の日本への派遣と日本からここへの派遣が行われている。計器の職場で日本人派遣者に話を聞いた。本社の工場から派遣されてきた人である。トレーニングのためにここから2名のGLを日本の工場に派遣して訓練したという。そしてこのGLが現場労働者を指導するが、さらに日本からも指導者が来て特に品質保証の仕組みを教育したという。

ここで労働組合にかかわるシステム構成要素を検討しておく。南アフリカにおいて、この側面はぜひともみておく必要がある。TSAMと同様に３つの労働組合がある。NUMSAとそこから分かれたLIMUSA、そして事務職を組織するUASAである。NUMSAの組織率が74％、LIMUSAが15％である。賃金形態は基本的にTSAMと同じで、査定のない賃金である。ところが労働組合は、多能工化に賛成であるという。職場委員（ショップ・スチュワード）は、多能工になったほうが雇用保障されるので賛成だという。HESTOの人事担当者は、こうした労働組合の対応について、ここの労働組合は例外的であると評価した。

最後に、このような教育訓練の成果を示す指標を１つ紹介しておく。組立企業A社へ納入するワイヤーハーネスは、すべて検査なしで受け入れられているとのことである。われわれは、組立企業におけるインタビューでも部品はノー検（検査なし）で受け入れているという話を聞いたが、それをHESTOでも確認できたのである。

3．エジプト・日産の事例

北部アフリカの代表事例として、エジプトの日産自動車を取り上げる[4]。エジプト日産は、現地企業を買収して発足した。買収は、本社カルロス・ゴーン社長（当時）による日産自動車の再建策のもとでうまれた積極策による。そして経営者は日産方式を掲げて工場管理を行うのである。

エジプトの国名は、エジプト・アラブ共和国（Arab Republic of Egypt）であり、中東との繋がりを想起させる。われわれが訪問したのは、2009年であった。しかしいわゆる「アラブの春」（2011年）以降、政治的に不安定となり、経済活動は不活発となった。本稿はそうなる前の時点における日本的経営の移転をみるのである。

まずエジプト日産の歴史から説明する。工場は1997年から生産を行っていた。当時日産は資本を出資していなかった。工場は、日産車ばかりでなく、

第Ⅱ部　アフリカのハイブリッド工場の分析

フィアットやBMWなど広く他社の車種を生産していた。日産自動車の本社が、1999年にフランスのルノー社から資本出資を受け入れ、カルロス・ゴーン社長の下で経営再建を行った。エジプト日産の新しい位置づけがここから始まった。日産本社が、エジプト市場の将来性を高く想定し、積極策を考えた。日産自動車が、日産車を委託生産していた工場を買収するのである。現地の日本人派遣者の話によると、ゴーンがフィージビリティ・スタディを試み、役員会で買収を決定したという。

　こうしてエジプト日産（NMEG）が発足し、2005年から生産を開始した。工場の設備構成をみておく。工場は、プレスをもたず、溶接、塗装そして組立の3工程からなる。プレス部品は、輸入に依存するKD（Knocked-down）型の工場である。生産車種は、乗用車（サニー）とピック・アップトラックそしてSUV（Sports Utility Vehicle、エクストレイル）の3車種である。生産能力は、1直で7,000台、2直で1万4,000台であり、残業時間を含めた最大能力は1万7,000台である。そしてこの会社は、製造ばかりでなく輸入と販売も担当する。表5のように、従業員は工場部門に440名が配属される。日本人

表5：エジプト日産の概要

企業名	Nissan Motor Egypt S.A.E.（NMEG）
立　地	エジプト、オクトーバー市
設　立	2004年（1997年操業開始）
所　有	日産自動車100％
生産品目	乗用車（サニー）、ピックアップ・トラック、SUV
設　備	溶接、塗装、組立
ローカル・コンテント	45％
生産量	1万4,000台（2008年）
従業員数	工場440人（直接288、準直接5、間接77）、日本人4人
労働組合	なし

出典：NMEG提供資料、2009年9月2日。

派遣者は4名であり、社長と工場長の地位についている。

次に経営者がいう生産システムの移転の姿勢を説明する。日産自動車は、海外展開の初めに、現地人経営者主導で日産方式を移転した。しかしその後少ない日本人派遣者で経営する方針は変えないものの、工場開始当初は日本人経営者が責任者になるようになった。エジプトの工場にもこうした傾向がうかがえる。

生産システムの移転について、日産方式という言葉を用いた。その構成要素として、次の手法、すなわちSQC (Statistical Quality Control)、JIT (Just-in-Time)、TPM (Total Preventive Maintenance)、そしてTQM (Total Quality Management) をあげた。日産自動車は、かつてJITとはいわなかったが、明らかに姿勢が変わった。さらに、6S (5Sプラス安全)、5ステップの何故、標準作業、PDCAサイクルなどの手法を説明した。ここでも大野耐一のいう「5ステップの何故」をあげた。2005年からこれらを現場監督者に教えているという。

2005年に操業を開始して以降、順調に生産を伸ばしたので、次の投資を予想したところ、米国発の不況（リーマンショック）がきて、生産は停滞したという。そしてわれわれが訪問した後、いわゆる「アラブの春」による政治的混乱が起きたので、新たな投資をする環境にはないであろうと想像する。

作業組織について説明する。まず労働者の採用についてみる。この企業は、既存工場を買収してできたので、元の従業員を再雇用した。再雇用率は、製造で80%、スタッフで100%となったという。現場の作業組織を確認しておく。下から順に、テクニシャン（現場労働者）→シニア・テクニシャン→グループ・リーダー→フォアマン（工長）→ゼネラル・フォアマン、となっている。フォアマン以上が管理職である。ゼネラル・フォアマンは1名であるが、フォアマンは、各直に1名配置される。グループ・リーダーのもとに10名から15名のテクニシャンが配置される。

次に賃金ランクをみる。現場のテクニシャンには4つの賃金グレードがある。そしてその上位グレードとして、シニア・テクニシャンとグループ・リ

第Ⅱ部　アフリカのハイブリッド工場の分析

ーダーの2つがあるので、現場労働者には合計6段階の賃金ランクがあることになる。

　日本企業の特徴である査定をみると、現場労働者にもそれが適用されている。査定は5段階で行われ、基準は4で、3と4に評価が集中するという。別の日系企業（エジプト大塚製薬）で聞いた話によると、エジプトでは労働組合があると労働者への査定は実施できないが、その企業ではそれがないので導入していた。エジプト日産にも労働組合がないので、査定が可能になったものと推測する。そして昇進は、成績評価に基づいて行われている。このように、エジプト日産の賃金と仕事の関係は、厳密な職務給ではなく査定があり、能力給的な運用が可能なのである。

　ただしそれが多能化に繋がるかというと微妙である。ジョブ・ローテーションに抵抗はないが、あまり進んでいないので、隣りの工程の仕事ができるように指導しているとのことである。それでも考慮する必要があるのは、1人当たりの仕事の範囲がもともと広いことである。サイクル・タイムが、1台20分と長いのである。発展途上国のKD（Knocked-Down）工場によくみられる分業の未分離ゆえに、1人当たりの作業範囲はもともと広い。

　技能訓練をみておく。この点では日本の親会社との強い連携を確認できた。本社の横浜にあるGTC（Global Training Center）で訓練を受けたトレーナーがここで作業者に訓練をするのである。工場には技能習熟表が掲示されていた。日産自動車の技能表は、I、L、Uの3段階で表示される。これは海外工場のどこに行っても同じである。Uは他人に教えることができるというレベルである。1人当たりの作業量は日本と比較してどれくらいかと聞いたところ、4分の1という答えであった。技能習熟表で技能レベルを個別労働者について評価しているが、日本並みの能率を求める段階ではないようだ。

　そして「改善」を2年前から始めたという。たとえば、塗装工程の入り口では、改善プランの掲示があり、実績を数字で示していた。シャシー工程の横には、改善エリアがあり、数名の労働者が器具を作成していた。2年前に現場から人を引き抜いて常設の改善チームをつくったのだという。このよう

に、改善活動は、改善チームや工長の段階にとどまっており、現場労働者にまで広がっているとはいえない。実際、小集団活動を導入したが、それも工長とスタッフが行っており、現場労働者はまだ関与していなかった。もとより現場労働者が改善を行うのは容易でない。小集団活動はその手段として行われるのであるが、それも小集団活動の指導層である工長とスタッフが行う段階なので、始まったばかりである。

生産管理を次にみる。工場は、生産量の少ないKD工場なので、手作業が多い。車体溶接はすべて手作業であり、上から溶接器具が下りてくる。塗装工程も手作業が基本である。塗装の一部と検査ラインは自動化されている。

組立工程では1本のラインで、乗用車と商用車を混流している。われわれが訪問した時点においては、1時間3台、1台を20分で生産していた。生産ロットは12台である。日本からCKD（Completely Knocked-down）部品が12台ロットで送られてくるので、工場ではそのロットで生産する。組立工程への部品供給は、キット供給方式である。日本から送られてくるロットごとに、部品を一塊にそろえて、組立工程にもっていくのである。

品質管理は、現場作業者による工程内の作りこみより、悪い製品の流出防止を重視している。悪い製品の市場への流出を防ぐべく、最終工程における品質チェックを重視するのである。保全工は、外部から専門工を採用する。そして日本に送って専門の訓練を行う。こうして品質および保全ともに専門工の仕事となっている。

最後に部品調達を説明する。エジプトの自動車産業は、自動車部品の自給体制が弱い。政府に申請する部品調達率は、45%から56%くらいである。とりあえず、これは政府の要請する現地調達率を実現している。しかし、発展途上国の部品調達率の数字は通常ある種の操作がある。エジプトもその例外ではない。たとえば商用車のローカル・コンテントの45%は、35%の現地部品使用プラス10%の現地組み立てで構成される。つまり輸入するノックダウン部品55%、ローカル部品35%、そして現地部品組み立て10%でよいことになる。さらにローカル部品については、完成車と同じ比率でローカル・コン

第Ⅱ部　アフリカのハイブリッド工場の分析

テントを充足すればよい。もうひとつ、エジプトの自動車部品産業は部品ごとに供給独占となっている。自動車部品メーカーの立場が強いのである。日産自動車の場合、29社から部品を購入しているが、ワイヤーハーネス供給の2社を除いて他の部品は1社による独占供給である。GM社がエジプトの部品メーカーを育成したとのことである。そこで、日産は、部品の不良率の指標を取り、目標を設定して納入業者管理をおこなうこととした。その目標は達成しているものの、日本の不良率の水準にははるかに及ばないという。当然部品在庫も多めに持っている。

4．ナイジェリア・ホンダの事例

ナイジェリア・ホンダは約30年にわたる現地生産の歴史をもつ[5]。政情不安のなかで、高級車市場に製品を供給することで細々と生き残ってきた。高級車市場に高品質の製品を供給したのである。そして2000年代に入り市場が拡大するなかで、中位価格車を開発することで生産と販売量をのばした。

ナイジェリアは、豊富な人口と天然資源をもちながら経済開発に後れた。イギリスから独立（1960年）後、内戦（ビアフラ戦争、1967年7月〜1970年1月）と軍事クーデターによる政治不安定ゆえに、経済開発に後れた。民族構成と宗教が複雑である。民族構成は北部のハウサ、南部のヨルバ、そして東部のイボの3つの部族が中心で、その他250の少数部族がある。宗教は、北部がイスラム教、南東部がキリスト教で、それぞれ人口の約半分を占める。この複雑な民族と宗教が何らかの要因で先鋭な対立関係に発展すると社会が混乱に陥る。原油はOPEC（石油輸出国機構）産油国のなかで6位の産出量を記録する。原油の産出地は、南東部の沿岸地域である。この地域は港湾もあるので経済活動は活発である。しかし原油の開発による収入が国民に行き渡らず一部の層に偏在する。政府の予算は年度初めに決まるが、どこに支出されたかわからないうちに消化されるという。政府役人の汚職が問題であるが、有効な手立てがないままとなっている。

第 5 章　ハイブリッド工場の代表事例

　次に本田技研のオートバイ工場について説明する（表 6 ）。ナイジェリア・
ホンダは、1980年から生産を開始したが、このような経済環境のなかで高価
格帯の市場に高級品を供給することで細々と生き残ってきた。そして工場で
は、高品質の製品を生産するべく管理システムを整えた。しかし、2000年代
にオートバイ市場が拡大した。その市場拡大を担ったのは、インドと中国の
安価なオートバイであった。本田技研は、かつての中国における「半値バイ
ク」開発の経験を生かして、インド車をターゲットする新車を開発し生き残
りを図る。

　企業の設立は1979年で、翌年から生産を始めた。立地は、商業都市のラゴ
スから少し内部に入ったオタ市である。本田技研が株式の76％を所有し経営
権ももっている。しかし設立直後、軍事政権が発足し経済活動は停滞した。
同じころ生産を始めたヤマハやカワサキは撤退した。しかし本田技研は撤退
せず、細々と生産を継続し生き残った。2000年代に入って、政治が安定する
とともに経済活動が活発となり、オートバイの販売が増加した。ナイジェリ

表 6 ：ナイジェリア・ホンダのオートバイ工場の概要

企業名	Honda Manufacturing (Nigeria) Limited. (HMN)
立　地	ナイジェリア、オグン州オタ市
設　立	1979年 7 月、生産開始1980年11月
所有形態	本田技研工業株式会社76.3％、一般株主23.7％
事業内容	オートバイの製造・販売、汎用製品の販売
生産設備	組立（溶接、塗装は休止中）
生産量	9 万1,000台（2014年）
ローカル・コンテント	0 ％。部品は全量輸入。
従業員数	259人（うち生産は178人）、期間工76人、日本人 5 人
労働組合	Honda Domestic Junior Staff Union、Honda Domestic Senior Staff Association.

出典：2011年 9 月16日、2015年 8 月31日、工場における企業の説明による。

第Ⅱ部　アフリカのハイブリッド工場の分析

アにおいて、オートバイはタクシーとして利用されて販売が伸びたのである。2000年100万台、2008年153万台と増加した。JETROによれば、1人当たりGDPは、2010年で1,890ドル、2015年で2,763ドルである（アクセス日、2017年9月4日）。このオートバイ販売の増加を担ったのは、インド製と中国製の安価なオートバイであった。

　表7を参照されたい。この価格表は、ナイジェリアのオートバイ市場における、上位、中位、下位の3つの価格帯を端的に示している。ホンダのオートバイ価格は、インド製と中国製に比べてだいぶ高いのである。すなわち、ホンダのCGL125は14万5,000ナイラ、DREAM100は、15万ナイラである。これにたいして、インドのBajaj・Boxerは、10万5,000ナイラ、中国製の金城AX100は、6万7,000ナイラである。市場の販売シェアは、この価格帯通りになっており、中国製が80％を占める。中国製は粗悪品ですぐに故障する。しかし購買者にとって何よりも動くことが大事で安いことが魅力という。これに対してインド製は2年たっても壊れず、品質が良かった。

　ナイジェリア・ホンダの2000年代における販売量は3万台（2008年）が最大である。2％に満たない市場シェアを如何にあげるか、これが生き残りのための課題であった。かつて本田技研は、中国市場において現地企業との競争に備えて、現地のコピーメーカーと合弁事業を行い「半値バイク」を開発した経験をもっている。その経験が、ナイジェリアにおいても生きるのである。

表7：オートバイ価格の比較　　　　　　　　　　　　（単位：1台当たりナイラ）

製　品	価　格
ホンダCGL 125	14万5,000
ホンダDREAM100	15万0,000
インド、Bajaj・Boxer	10万5,000
中国、Jincheng（金城）AX100	6万7,000

出典：2011年9月16日、企業の説明による。
注：1ナイラ＝0.6円、1ドル＝152ナイラ。

第 5 章　ハイブリッド工場の代表事例

　そこでインド車を競争相手とするオートバイを開発した。ナイジェリア市場用に開発した新車は、AceCB125である。インド車の価格は、10万5,000ナイラであった（表 7 参照）が、2011年 9 月にナイジェリア・ホンダが発売した新車の価格は、約10万ナイラである。さらに2013年12月10日に排気量110ccクラスの新車CG110を発売した。

　われわれは、ナイジェリア・ホンダを 2 度訪問した。2011年 9 月 6 日と2015年 8 月31日である。 1 度目の訪問時点は、新車（AceCB125）の発売を発表する直前であった。そして 2 度目の訪問時点は、新車の販売効果が表れたころである。新車の発売後 2 年を経て、販売量が増加していた。表 6 のように、工場の生産量は 9 万1,000台（2014年）となっていた。新車投入以前の、2 、 3 万台の生産量と比較すると、約 3 倍に増加した。さらに、 2 度目の訪問時点では、オートバイ工場のなかに乗用車の設備を設置し生産を開始していた。

　あらためて工場を確認しておく。工場は、オタ市の郊外にあり、広大な敷地（ 7 万9,600㎡）の一部に、事務棟と工場がある。生産開始後すでに約30年の歴史をもつ。工場の設備は、溶接、塗装、そして組立の 3 工程を備えているが、組立工程のみを稼動させており、溶接と塗装は休止していた。部品の現地調達率は、ゼロである。部品は全量を中国から輸入する。塗装済みの部品を中国から輸入し、ここで組み立てるのである。

　従業員数は、259名（2011年は229名）であり、このうち工場の従業員は178名（2011年は136名）、契約社員が76名である。工場の生産能力は年間15万台であるが、実際の生産量は約 9 万台である。日本人派遣者は 5 名であり、それぞれ社長、工場長、 2 名のExecutive Coordinator（サービスと営業）そして 1 名のCoordinator（営業）となっている。このように日本人派遣者 5 名のうち、 4 名は責任ある地位についている。

　企業組織の一環として労働組合をみておく。労働組合は企業経営に協力的であるという。ナイジェリアでは、公務員も含めて従業員を、ジュニア・スタッフとシニア・スタッフに分け、それぞれの従業員を異なる労働組合が組

織する。現場労働者は、ジュニア・スタッフの組合に、監督者クラスはシニア・スタッフの組合に属する。ナイジェリア・ホンダにも、2つの労働組合がある。1つは、現場労働者を組織するNLC（Nigeria Labour Congress）傘下の組合で、Honda Domestic Junior Staff Unionである。もう1つは、中間管理職を組織するTUC（Trade Union Congress）傘下の組合で、Honda Domestic Senior Staff Association、である。

　まず採用と従業員教育をみる。新規採用には、慎重なプロセスを設けている。第一段階は人材コンサルティング会社に依頼し、その会社が技能検査を行った後、採用人員の約3倍の応募者を紹介してもらう。その後、企業側が個別に面談（30分）、社長面談（20分）と進み、健康診断を受けることになっている。現場従業員の学歴はさまざまで、中学校卒、高校卒、そして専門学校卒であり、なかには大学卒の現場従業員もいるとのことである。失業率がたいへん高いので、応募者は多い。なお、保全工の要員は、一般従業員とは別に機械系の人を採用する。

　新規採用者の教育訓練として、まず入社後2週間の訓練を受ける。その後は現場に入り、OJTを受ける。なかでも品質管理の教育を重視しており、日本の親会社が作成したテキストを、ジュニア・スタッフ全員を対象に実施する。TQMS（Total Quality Management System）と呼ぶホンダの共通テキストを用いて全員を対象に教育するのである。

　次に賃金体系を検討する。ナイジェリアの賃金体系は、公務員と民間部門で共通する。われわれは、ナイジェリアの中央部ジョス市において、地方公務員の労働組合役員にインタビューする機会があり、賃金体系表をもらった。それによると、ジュニア・スタッフ（JS）とシニア・スタッフ（SS）に分かれており、それぞれ等級がつくのである。この地方公務員の場合、ジュニア・スタッフが1から10までの10等給があり各等給に15段階の級がある。シニア・スタッフの場合、12から16までの5段階で各グレード（等）に11の級がある。この賃金の基本構造は、民間企業の場合も同じである。ホンダの場合は、ジュニア・スタッフに4段階のグレード（等）があり、シニア・スタッフには、

第5章　ハイブリッド工場の代表事例

5段階のグレード（等）がある。そして各グレード（等）に5段階の級がある。地方公務員の等級が多いのは、地方公務員の数が多いことを反映するとみてよいであろう。そして、公務員の賃金支払い基準が面白い。たとえば、ジュニア・スタッフ5等1級の賃金額は、月額2万1,339.34ナイラであり、その内訳は基本給が1万669.67ナイラで約半分を占める。残りの半分は、家賃、交通費、食費などの生活費なのである。つまり基本給プラス生活給なのである。基本給と生活給の額が、等級の上昇とともに増加するのである。

　ホンダの賃金の内訳は聞けなかったが、同じであろうと推測する。そして等級内の賃金額は全員同じであるが査定があり、それが昇給に効くのである。昇格、たとえばJS1からJS2への昇格は、能力で決まる。

　次に作業組織をみる。末端の作業員を管理するのがライン・リーダーであり、その補助者がサブ・リーダーである。その上は、スーパーバイザーと工長となる。現場監督者は内部昇進によって上がった人である。労働組合のメンバーでいうと、ライン・リーダーまでが、ジュニア・スタッフである。

　現場従業員の技能のランクは5つある。ランク1は、1人の作業範囲である2.5メートルの範囲で、決められた仕事ができることである。ランク2は、品質不良を出さないである。このランクになると品質に責任をもつのである。そしてランク3と4は、段取りができることである。この工場は部品を全量輸入に頼るので、当該作業の段取りが能率向上の重要な作業になる。ランク5は、しつけ、服装、そして安全の管理である。こうして5段階の技能レベルは、決められた仕事をするランク1、品質管理にも関わるランク2、熟練工の仕事も担当するランク3と4、そして従業員のしつけを担当するランク5となっている。日本の企業らしく、現場作業者が部品の組み付け作業ばかりでなく、品質管理や熟練工の仕事も担当するのである。

　品質管理については、現場作業者による品質の作りこみと検査による出荷品質の確保の両方でやっているとの答えであった。労働者の作業標準書に品質チェックの項目が入っている。ライン内にクオリティ・ゲートを2カ所、そして最終工程に1カ所設けている。検査担当者は4人おり、これはベテラ

ンの労働者である。現場の社内資格として、10工程できる欠怠マン、溶接資格、危険取り扱い資格、品質マン、検査資格、設備メンテナンスがある。ここで品質マンは、工程における品質チェックを担当し、検査資格は出荷品質の保証を担当する。こうして品質については、レベル2の現場労働者が直接チェックするうえに、品質マンと検査資格、この2つの社内資格取得者による工程におけるチェックと出荷品質の保証、この3つで管理しているのである。

　2015年の訪問のさい、経営者のプレゼンテーションのなかで、ライン直行率を教えてもらった。それによれば、85％を目標にしているが、実績は82％であった。これは本田技研の海外工場のなかでは低いほうだという。不良の中身は何かと聞くと、中国から輸入する部品に多いという。こうして工程における品質の作りこみを目指すが、なお現状は最終工程における検査と修理によって出荷品質を保証するという段階にある。

　設備のメンテナンスの担当者は8名である。電気系統の技術者の必要性が特に高い。8名中、大学卒業者が半分で、6名が実働中である。いずれもホンダで訓練した人で、2名が現在訓練中である。ナイジェリアにおける熟練工や設備保全者の育成システムがどうなっているのか聞けなかったが、この工場では内部で養成している。

　多能工について聞いたところ、まずその人にあった仕事に配置し、仕事を固定する。そして良い人はローテーションするとのことであった。具体的には、1人が3つ、4つのステーションを担当できるように教育訓練を行い、他工程をできるようになった人がローテーションをするのである。

　現場労働者が改善活動を学ぶ小集団活動について聞いたところ、2011年には準備段階であったが、2015年には、実施していた。NHサークル（New Honda Circle）とよぶ、本社が行う活動を実施していた。13チームがあり、80人が参加しているので、工場従業員はほぼ全員が参加する。5、6人がチームを組んで、QC（Quality Control）の手法を使って改善を行うという。その実施方法は、勤務時間外に手を上げた人が手当てなしに行う、自主的なものであった。参加者は成果発表のために会社の費用で海外に行けることが、

インセンティブになっているのであろうか。成果発表の機会として、社内大会、ホンダの欧州大会、そして世界大会が設定されている。すでにナイジェリアのチームが、欧州大会に出場したという。

5．ケニア・ホンダの事例

　本章の最後に、ケニア・ホンダを検討する[6)]。本田技研は、ケニアにおいてナイジェリア市場用に開発した商品を製造し販売する。そして簡素な設備で製造を始めるのである。設備は簡素であるが、従業員教育は重視し多能工を育成した。

　ケニアは、農業、鉱山業、工業、観光業など比較的バランスのとれた産業構造をもっている。特定の天然資源に恵まれていないことが幸いしているのかもしれない。東部アフリカの優等生ともいわれ、2009から2016年におけるGDP成長率は年平均5.6％と安定している。表8の概要のように、企業設立は、2013年である。われわれのグループのメンバーが訪問したのは、その2

表8：ケニア・ホンダの概要

企業名	Honda Motorcycle Kenya Limited HMK
設　立	2013年3月25日、生産開始2013年10月30日
所在地	ケニア、ナイロビ
出資比率	本田技研工業株式会社　99.9％、ドクター・アイサック・カルーア氏　0.1％
事業内容	2輪車（Ace CB125、XL125等）の生産・販売
生産能力	2万5,000台／年
ローカル・コンテント	2％
従業員数	63名（うち生産部門29名、この他日本人社長1名）

出典：ホンダ・モーターサイクル・ケニア
　　　（http://ke.honda/en/motorcycles/company.html）のHPとインタビュー（2015年8月25日）。

第Ⅱ部　アフリカのハイブリッド工場の分析

年後である。ケニア市場は成長が見込めるうえ、輸入販売と現地生産では、価格に20％の差がでることから、現地生産に踏み切った。しかし、現地のオートバイ市場はすでにインド車と中国車が支配していた。そこで本田技研は、ナイジェリアの市場用に本社が開発した車種、AceCB125を製造し販売することにした。オートバイがバイクタクシー用に使用されるのもナイジェリアと同じである。インド車と中国車が市場を主として占めるが、ホンダはインド車を競争相手とする。3者間のオートバイの価格差もほぼナイジェリアと同じである。

　従業員数は63名で、このうち生産部門には29名が配置される。日本人派遣者は1名であり、南アフリカのホンダから3名が応援にきていた。ケニアの首都、ナイロビ市内の工業団地内にある既存工場の建物を借りて、簡素な設備だけで生産を開始した。本田技研のなかではこのような工場をKDP（かんたん・どこでも・パック）工場と呼ぶという。部品の現地調達率は、2％と低い。これもナイジェリアと同じであり、中国から部品を輸入する。

　工場の設備構成は、たいへん簡単である。部品ストックエリア、2つの組立ライン（サブ・アセンブリとメイン・アセンブリ）、完成車検査場、完成車ストックエリアからなる。部品ストックエリアでは、10名が配置されており、輸入部品の開封、仕分け、組み立てラインへの配送を担当する。サブ・アセンブリラインでは、6つのステーションに合計6名が、メイン・アセンブリラインでは、5つのステーションの両側に合計10名が、それぞれ配置されている。

　作業組織は、作業者、品質管理要員（1名）、そしてチーム・リーダーから構成される。作業者の賃金は、訪問当時、全員が同じであるという。今後、経験、能力などによって差が出てくるであろう。

　教育訓練からみてゆく。日本からベテランの指導者が来た。オートバイを製造する熊本製作所から来た海外工場の立ち上げを見てきた人である。そしてまず女性を2人雇用して、オートバイを1人で組み立てることができるように訓練を行った。工場には自動化設備がなく、すべての部品を手作業で組

み付ける必要があるので、オートバイの部品を完成まで1人で組み付けることができるようにしたのである。

　本格的な製造が始まると従業員を雇用した。われわれのメンバーが訪問した時点における多能工の実施状況は進んでいた。すなわちサブ・アセンブリラインの6つのステーションで働く6名の作業者のうち、5名は6つすべてのステーションの作業ができるという。メイン・アセンブリラインには5つのステーションがありその両側に従業員が配置されるので、都合10のステーションがある。ここに配置される10名の従業員のうち、少なくとも全員が4つのステーションの作業ができるという。そしてサブ・ラインとメイン・ラインの両方の作業をすべてできる作業者が、2、3名いるという。定期的にジョブ・ローテーションを実施している。両方の組み立て工程内のジョブ・ローテーションばかりでなく、2つの工程をまたがる交替も実施する。ただし、部品ストックエリアと組立工程の間のジョブ・ローテーションは行っていない。そして個人別の技能習熟状況を示すいわゆる星取表の掲示は準備中とのことであった。

　品質管理は、作業者がまず組み立ての前に部品をチェックし、組み立て後は自分の行った作業をチェックする。メイン・アセンブリラインの最後では、チーム・リーダーが品質チェックを行っている。最終検査工程においては、トレーニングセンターで厳しい訓練を受けた1名の品質保証部門の作業員（スーパーバイザークラス）が完成車の検査を担当する。ここで欠陥が発見されると、組立工程の作業者が来て、その場で修理を行う。また、実際にガソリンを入れて、エンジンを点検し、指示器（前2つ、後ろ2つ）、ヘッドライト、ブレーキランプなどの電気系統をチェックする。さらに、工場建屋の外に設けられた実走テストコースで、「8」の字になる実走テストを実施する。現在までのテスト結果は、合格率が100％であるという。

　生産設備のメンテナンスは、外部の専門の会社に依頼している。作業者がメンテナンスに関わることはないし、今後もその予定がない。こうして、生産工は品質管理には関わるもののメンテナンスには関わらないのである。こ

第Ⅱ部　アフリカのハイブリッド工場の分析

れも工場管理の1つの考えというか方針として十分ありうる。

　最後に部品調達が面白いのでみておく。部品の現地調達率は、約2％である。グリースやクラッシュ・ガードのみを現地調達している。中国（新大洲本田）から、部品は輸入するのである。しかし、オートバイの販売価格を下げるためには、部品の現地調達が必要である。そこで、ケニア・ホンダは、段階的に現地からの購入を増やすことを計画している。そして最終的にはすべての部品を現地で購入するという目標を掲げている。それには現地の部品メーカーを育成しなければならない。

まとめ

　本章の目的は、個別具体事例の分析を通して、日本的経営生産システムのアフリカへの移転可能性を探ることであった。そのため4カ国の5企業を選択した。本章は、個別事例を対象として移転可能性を探るのである。そのため代表事例を説明した。もちろんこの方法の場合、偶然性が作用する余地がある。個別事例がどこまで全体を代表できるかという問題である。

　そこで工業活動の側面からみた場合にアフリカを代表すると思われる4カ国（エジプト、南アフリカ、ケニア、ナイジェリア）をまず選んだ。そして現地に進出する企業から、日産自動車、トヨタ自動車、矢崎総業、本田技研を選択した。企業組織の側面からみた場合に日本を代表するとみてよいからである。それでも経営生産システムの移転から見ると偶然性は作用する。進出の形態が、100％出資か合弁か、グリーフィールドか既存企業の買収か、さらにはスケールメリットが十分働く工場か小規模か、などである。現地の政治社会文化要因も考慮する必要がある。調査主体が対象を操作できない以上、それらの偶然性と向き合うしかない。

　そして、われわれの調査項目のなかから「作業組織とその管理運営」に含まれる項目（多能工、教育訓練、賃金体系、など）にそくして移転の状況をみた。現場従業員の技能と組織ルーチンが工場の組織能力を規定する（ネルソ

ントウインター、1982＝2007)。なかでも従業員の技能とそれに関連する項目
は、組織ルーチンの機能を規定する要因となる。複数車種や車型を平準化し
て流すことよりJITによるスムーズな生産の流れは可能になる。工程におけ
る品質の作りこみと現場における問題解決が実施されてこそTQMは可能に
なる。経営者が、JITやTQMの管理システムを組織する。しかしそれらを
実施するには、それを可能にする現場の技能が必要なのである。現場の技能
に応じた管理になるのである。

　結論からいえば、日本的経営生産システムのヒト方式にかかわるそれら項
目の移転は可能である。もちろん日本とまったく同じというわけではなくハ
イブリッドとなっている。さらには、国や企業の規模などによって、違いが
ある。以下いくつかの項目について事実を確認しておく。

　生産工の多能工化は日本独特の方式であり、日本的経営生産システムの要
となる。仕事の経験の幅を広げるジョブ・ローテーション、作業条件の変化
と異常への対応能力、たとえば不具合の発見の際のラインストップ、そして
現場で発生する問題を自主的に解決することなどをさす。企業によってジョ
ブ・ローテーションの実施、ラインストップや小集団活動に違いがみられた
が、それなりに実施されていた。そのための移転に重大な障害はなかったと
いえる。現場の生産工によるジョブ・ローテーションは実施されており、労
働組合もそれに反対しないとのことであった。

　教育訓練は、日本方式のなかでも企業経営者の意図あるいは方針が強く作
用する項目である。教育訓練の実施に反対する理由は少ないからである。し
かし企業規模によって実施方法は異ならざるを得ない。大規模な企業ほど徹
底しやすい。小規模な企業は、そのための専門の人を配置する余裕がもちに
くいからである。その場合も日本と現地工場の間の人の派遣を通して教育訓
練を実施していた。保全工の育成には企業によって違いがあった。

　賃金体系は、現地方式に適応する側面が強い項目である。労使間の賃金交
渉を通して形成されるからであろう。アフリカの賃金体系は欧州型の等級制
度であり、時間給制度である。しかし明確な職務給ではなかった。多能工化

207

第Ⅱ部　アフリカのハイブリッド工場の分析

は、職務の拡張を必要とする。職務給は職務固定型の作業方法と整合性がある。その点では、アフリカの賃金は、職務の拡張に整合的であった。能力の向上を反映できる賃金体系であった。しかし査定は微妙であった。この項目も企業によって国によって対応が分かれていた。査定によって直接的に賃金に差をつけるケースから能力評価が昇給に生きるケースなどがあった。欧州型の等級制度のもとで、何らかの形で能力評価を入れていた。それによって多能工化との整合性を図ろうとしていた。こうして、多能工、教育訓練そして賃金体系との間にある種の整合性をみることができた。

　現場監督者（作業長）は、日本と同様に現場における生産管理と労務管理の役割をもっていた。現場における問題解決を実質的に担うのもこの層である。現場労働者による問題解決への取り組みになお制約があるので、現場監督者への依存は大きい。経営者側はこの層の教育に力を入れていた。

【注】

1）本稿は、5社を対象とするケース分析をもとに作成した。5社の訪問時点は、各社の概要を記した表（表1、表3、表5、表6、表8）の注を参照されたい。

2）TSAMに関する本節の説明は、（公文、2012、2017、2019）をもとに作成した。

3）HESTOに関する説明は、（苑・山﨑、2019）と筆者の訪問ノートおよび企業側配布資料をもとに作成した。

4）エジプト日産の説明は、（公文、2012）をもとに作成した。

5）ナイジェリア・ホンダに関する説明は、（公文・銭、2019）をもとに作成した。

6）ケニア・ホンダに関する説明は、（兪・銭、2019）にもとづいて作成した。筆者は、この工場を訪問していないので、記述は、兪と銭の事例分析および安保作成による会社記録に全面的に依拠した。

【参考文献】

苑志佳・山﨑克雄著（2019）「南アフリカにおける日系自動車部品ハイブリッド工場—HESTOの事例を中心に—」、法政大学イノベーション・マネジメント研究センター、ワーキング・ペーパー（オンライン）に掲載予定。

公文溥（2012）「アフリカの日本型ハイブリッド工場シリーズ—日産・エジプト」、『赤門マネジメント・レビュー』11巻9号（2012年9月）、ものづくり紀行、第63回、607〜614頁。

───（2012）「アフリカの日本型ハイブリッド工場シリーズ：（J）トヨタ」、『赤門マネジメント・レビュー』11巻12号（2012年12月）、ものづくり紀行、第72回、821〜832頁。

───（2016）「技能の国際移転：タイ・トヨタの教育訓練機関のケース」、『社会志林』第63巻第3号、33〜58頁。

───（2017）「南アフリカのトヨタ自動車について：生産システムの移転」、『社会志林』第64巻第4号、2017年3月、99〜131頁。

───（2019）「南アフリカのトヨタ自動車—生産システムの漸進的移転—」、法政大学イノベーション・マネジメント研究センター、ワーキング・ペーパー（オンライン）に掲載予定。

公文溥・銭佑錫（2019）「ナイジェリア・ホンダ—品質重視の工場管理」、法政大学イノベーション・マネジメント研究センター、ワーキング・ペーパー（オンライン）に掲載予定。

小池和男（2005）『仕事の経済学第3版』東洋経済新報社。

兪成華・銭佑錫（2019）「ケニアの二輪車市場に挑むホンダ・ケニアのハイブリッド経営」、法政大学イノベーション・マネジメント研究センター、ワーキング・ペーパー（オンライン）に掲載予定。

ネルソン，リチャード・R/シドニー・G・ウインター著、後藤晃/角南篤/田中辰雄訳（1982＝2007）『経済変動の進化理論』慶應義塾大学出版会。

Ashton, David, & Francis Green. (1996). *Education, Training and the Global Economy*. Cheltenham: Edward Elgar.

Brown, Phillig, Andy Green, & Hugh Lauder eds. (2001). *High Skills: Globalization, Competitiveness, and Skill Formation*. Oxford: Oxford University Press.

Finegold, David, & David Soskice. (1988). "The Failure of Training in Britain: Analysis and Prescription." *Oxford Review of Economic Policy*. 4 (3): pp.21-53.

Nel, PC.ed. (1997). *South African Industrial Relations: Theory and Practice, 3rd edition*. Pretoria: J.V. van Schaik Publishers.

第Ⅱ部 アフリカのハイブリッド工場の分析

資 料

HESTO社提供資料. (2017). *Training Skill Matrix Instrument Panel.* Revision Date: 25 November 2016.

Department of Labour. (2015). *Annual Industrial Action Report 2015: Ten Years Trend Analysis.* Department of Labour, Republic of South Africa.

Government Gazette, Republic of South Africa. (2004). *No.53 of 2003: Broad-Based Black Economic Empowerment Act, 2003.* Republic of South Africa, 9 January 2004.

Labour Court of South Africa. (2010). *Case No: D241/07. In the matter between National Union of Metal Workers of South Africa and Toyota South Africa Motors (Pty) Ltd.* Date of Judgement: 21 May 2010.

第Ⅲ部
アフリカの課題別分析

第Ⅲ部　アフリカの課題別分析

　第Ⅲ部では、アフリカの調査研究から浮かび上がった課題を取り上げて考察する。調査経験の蓄積とメンバーの会話のなかから、数多くの興味ある問題が提起された。それらのなかでハイブリッド・モデルの視点にかかわる面白い問題を取り上げることにする。

　第6章は、南アフリカの自動車産業を対象として、日米欧の自動車組立企業が揃って日本のリーン生産を採用すること、そして産業クラスターを形成することを明らかにする。われわれの調査によれば、アフリカにおいて産業集積をみることがほとんどなかった。そのなかで南アフリカの自動車産業は、珍しく組立から部品に至る産業集積が見られたのである。第7章では、政府機関である生産性本部が日本の生産方式を導入していることを説明する。われわれが訪問した南アフリカとナイジェリアの生産性本部は、日本方式を現地企業に教えていた。日本的生産システムは、現地政府機関を通しても移転しているのである。第8章では、日本の総合商社のアフリカにおける活動の一端を説明する。われわれは、日本に特有な総合商社がアフリカにおいて行う投資活動を知るため、主要な諸国で商社を訪問しインタビュー調査を行った。そのなかから住友商事による南アフリカの鉄鉱石鉱山への投資を取り上げる。第9章では、アフリカと欧州市場との連携関係をみる。北部アフリカ地域は地中海を通して欧州経済圏と深いつながりをもっている。そのなかからモロッコとチュニジアの自動車部品工場を取り上げて、市場、技術、人材などの欧州との連携を明らかにする。第10章では、中国企業のアフリカにおける経営を取り上げる。中国政府によるアフリカ諸国への接近はよく話題になるが、実は中国企業が数多くアフリカに進出しているのである。われわれは、南アフリカとナイジェリアにおいて中国企業を訪問した。2つの企業を対象にアフリカの文化と中国企業の経営の相性に焦点をおいて分析する。数多い中国企業のアフリカへの進出には企業組織と現地の社会環境要因の相性の良さがありそうである。

第6章
南アフリカの自動車産業
──日本的生産システムの導入と産業クラスターの形成──

糸久　正人

はじめに

　本章の目的は、南アフリカ共和国（以下、南アフリカ）で生産活動を行う自動車メーカーおよびサプライヤーを対象に、日本的生産システムの導入可能性という観点から、同国自動車産業の現状について検討を行うものである。同時にダーバン地区における自動車産業クラスターの形成についても言及する。

　南アフリカといえば、アパルトヘイトや黒人居住区（ソウェト）など前近代的な印象をもつ読者も少なくないだろう。しかし、人口5,800万人（2018年）を有し、日本の約3.2倍の国土と豊富な天然資源に恵まれた南アフリカは、アフリカ諸国のGDP合算の約15％を占める経済大国である。貧富の差は大きいものの、1人当たりGDPも約67万円に達しており、富裕層や中間層の台頭も目覚ましい。

　そうしたなか、南アフリカ政府は自動車産業の育成に注力しており、世界の主要自動車メーカーが生産拠点を構えている。日系完成車メーカーとしては、トヨタと日産が進出しており、部品メーカーは20社近くが進出している。とくに、トヨタの工場が立地している東海岸のダーバン周辺では、スミス（デンソー）、豊田合成などの日系1次サプライヤーのみならず、ローカルの2次サプライヤーも育成されてきており、ある種の産業クラスターが形成されている。

213

第Ⅲ部　アフリカの課題別分析

　しかしながら、南アフリカの自動車産業を対象とした研究は萌芽的である。[1]
近年、急成長を遂げている南アフリカの自動車産業を理解するためには、生
産システムそのものへの注目と分析が不可欠であるが、そうした研究は
Rathilall and Singh (2011) のみで、まだ研究が十分に行われていないこと
がわかる。1970年代から日本的生産システムの海外移転に関する調査を実施
している「日本多国籍企業研究グループ（JMNESG: Japanese Multinational
Enterprise Study Group)」としても、アフリカ地域は最後のフロンティアの
ひとつである。本章では、こうした南アフリカの自動車産業に焦点を当て、
各自動車メーカーおよびサプライヤーはどのような生産活動を行っているの
か、果たして南アフリカにおいても日本的生産システムは移転可能なのか、
という問題意識のもとに探索的な事例分析を行う。

　本章の構成は以下の通りである。まず2節で南アフリカの経済動向と自動
車産業の位置づけについて確認する。続く3節では、南アフリカで生産活動
を行ううえでの問題点を指摘する。4節では分析に用いるデータと方法につ
いて述べ、5節で自動車メーカーとサプライヤーの小節に分けて、それぞれ
の日本的生産システムの移転状況について記述する。これらの事例分析を受
けて、6節では産業クラスターの形成と日本的生産システム移転可能性につ
いて検討し、最後の7節で本章のまとめを行う。

1．経済動向と自動車産業の位置づけ

　近年、アフリカ経済の成長は著しい。なかでも南アフリカは、2017年の名
目GDP換算で全アフリカ諸国の合計GDPの15％を占めている。南アフリカ
は右肩上がりの成長を維持し、近年の名目GDP成長率は5％台に落ち込ん
でいるものの、リーマンショック以前は2桁成長を続けてきた（図1）。2018
年の名目GDPは約4.9兆ランド（約38兆円）、1人当たりの名目GDPも約67万
円と高水準である。いまだ貧富の差は大きいものの、アフリカを代表する経
済大国である。

第 6 章　南アフリカの自動車産業

図１　南アフリカにおける名目GDPと成長率の推移（1980～2018年）

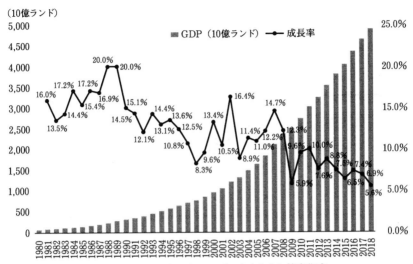

資料：IMF World Economic Outlook Databaseのデータをもとに筆者作成。

　国別の人口に目を向けると、2018年における南アフリカの人口は5,800万人で、アフリカ諸国のなかでは、ナイジェリア（２億人）、エチオピア（１億1,000万人）、エジプト（１億人）、コンゴ（8,700万人）、タンザニア（6,100万人）に次いでは６番目の規模を有する（図２）。国連の試算によれば、アフリカ諸国の人口は右肩上がりで増加していくことが予想されており、2050年にはアジアの52.56％に次いで、アフリカ諸国が世界人口に占める割合は25.27％に及ぶ。以上のことから、南アフリカを含むアフリカ諸国は、長期的な経済発展の中心地となるであろう。

　また、南アフリカは天然資源が豊富な地域である。特に金、ダイヤモンド、クロムなどの希少金属を豊富に産出する。こうした天然資源を背景として、アフリカの存在価値は高まらざるを得ない。加えて、未だ調査されていない場所も多く、潜在的な埋蔵量は未知である。以上の点からも、南アフリカは将来、大きなポテンシャルを有する国のひとつである。

第Ⅲ部　アフリカの課題別分析

図2　アフリカ諸国の人口（2018年）

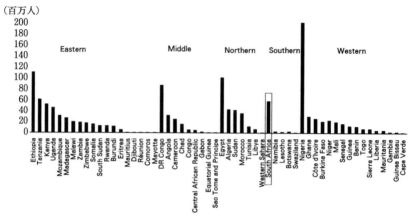

資料：United Nationsのデータをもとに筆者作成。

　一方、貿易制度に目を転じれば、南アフリカは、南部アフリカ開発共同体（SADC）と東部南部アフリカ共同市場（COMESA）そして東アフリカ共同体（EAC）という3つの共同体に所属し、自由貿易圏を形成している。このことは、アフリカで台頭する富裕層、中間層に向けて、有利な立場で製品を輸出できることを意味する。もう一つは、南アフリカとEU・欧州連合間の貿易開発協力協定を結んでいることである。これはEUと南アフリカの間の貿易、開発、協力支援体制である。このように、アフリカ内部に向けた輸出、ヨーロッパに向けた輸出において、南アフリカは有利なポジションにある[2]。

　こうしたなか、南アフリカ政府は、先述した天然資源で蓄積した資本を自動車、衣料、観光の各産業育成に振り向けている。とくに自動車産業の育成に注力しており、1995年に開始した自動車産業開発プログラム（MIDP: Motor Industry Development Programme）によって、自動車製造業者に対して、国内で組み立てた自動車の輸出額に応じ、一定の比率で自動車・同部品の輸入関税を免税する優遇措置をとっている[3]。また2013年からの新自動車政策（APDP: Automotive Production Development Programme）では、年産120万台を達成することが目標として設定された。主には、国内自動車生産

を振興する姿勢を打ち出したのである。南アフリカ国内で年間5万台以上の乗用車を生産する自動車メーカーを対象に、生産した乗用車の合計金額や、国内での付加価値分（現地調達）の割合に応じて、輸入部品の関税を相殺するクレジットが政府から発給されることとなった。さらに自動車投資スキーム（AIS; Automotive Investment Scheme）によって、南アフリカ国内で自動車生産活動を行う完成車メーカーと部品メーカーを対象に、投資額の20%相当が助成金として支給されることになった。

　こうした政策の結果、南アフリカの自動車産業の動向として生産台数をみると、2006年には52万5,270台に達し、アフリカで2番目に生産台数の多いエジプト（年産6万9,223台）を大きく引き離していた。2007年以降は、銀行の利上げや融資規制、世界的な景気後退で前年比減少に転じたが、その後回復傾向にあり、2017年は54万8,389台、2018年は61万台（見込み）、2019年は65万台になると予測されている。乗用車の主な輸出先は、日本、イギリス、オーストラリア、米国である。特に、注目すべきは、欧州高級車メーカーは、南アフリカを小型車の生産拠点化していることである。たとえば、BMWの3シリーズは、米国に輸出されるものだけでなく、日本に輸出されるものも南アフリカでつくられている。メルセデス・ベンツのCクラスも同様の状況である。

2．生産活動の課題

　以上のように、南アフリカは政府の手厚い産業育成政策も相まって、自動車生産のグローバル拠点としての地位を向上させつつある。しかし、現場レベルのマネジメントに目を転じれば、南アフリカ特有の問題点も多く存在する。

　第一は、きわめて強固な労働組合である。われわれが2010年に訪問したときは3年に1回の賃金調整の最中で、いくつかの工場はストライキのために稼働していなかった。行動力においては、おそらく世界最強レベルだと思わ

第Ⅲ部　アフリカの課題別分析

れる。そうした組合を統括しているのが、NUMSA: The National Union of Metalworkers of South Africaである。NUMSAは33万9,567人の構成員を有し（2014年時点）、１）金属製品のエンジニア、２）自動車整備工、ディーラー、３）自動車およびタイヤの組立工、４）テレビ、電話、ケーブル、コンピュータの組立工の４部門から組織されている労働組合である。黒人の労働組合が非合法のころから活動を続けていた。労働者の賃金はNUMSAによって厳格に決められており、自動車組立工の賃金ランクは７つあって、生産工はレベル１から５まで、スキルド（熟練工）はレベル６と７になる。

　南アフリカにおける第二の生産活動の難しさは、賃金が非常に高いことである。2010年11月時点で、自動車組立産業の賃金は、レベル５のエントリーが52.87ランド、クオリファイドが58.74ランドであった。自動車組立の平均賃金は72ランド≒550円に上り、国際労働機構（ILO）の2011年の最低賃金の国際比較データを見ても、南アフリカは、アルゼンチン、韓国、ポーランド、ハンガリー、チリに続き高い水準となっている。

　JETROによれば、2011年の南アフリカにおける賃金は、一般ワーカーレベルで3,133ドル/月水準で、これは中国の530ドル/月、タイの588ドル/月と比べて非常に高い水準である（表１）。われわれが現地工場を訪問調査したところでは、工場のブルーカラーの初任給が５万円から６万円程度で相当高いレベルであった。

　ちなみに、こうした状況は南アフリカだけではなく、アフリカ全域が同様の状況である。つまり、新興国でありながら、賃金レベルが高いという、アジアなどでは考えにくい状況にある。2018年時点における南アフリカの平均賃金は、経済が減速したことを受けて、一般ワーカーレベルで1,672ドル/月水準と下がっているが、それでも中国やタイよりも依然として高い水準を保っている（表２）。

第6章　南アフリカの自動車産業

表1　最低賃金の国際比較（2011年）

単位：ドル/月

職　種	ナイロビ（ケニア）	ヨハネスブルク（南アフリカ）	ラゴス（ナイジェリア）	チュニス（チュニジア）	広州（中国）	バンコク（タイ）
ワーカー（一般工職）	1,495	3,133	154〜222	211〜409	281	263
エンジニア（中堅技術者）	3,069	6,589	746〜1,228	343〜514	530	588
中間管理職（課長クラス）	3,848	6,611	395〜636	459〜817	1,061	1,423

資料：JETRO HP（2011年11月7日アクセス）。

表2　最低賃金の国際比較（2018年）

単位：ドル/月

職　種	ナイロビ（ケニア）	ヨハネスブルク（南アフリカ）	ラゴス（ナイジェリア）	広州（中国）	バンコク（タイ）
ワーカー（一般工職）	267〜1,062	1,672	50以上	537	378
エンジニア（中堅技術者）	541〜2,075	4,275	1,396	923	699
中間管理職（課長クラス）	1,211〜7,860	6,294	3,252	1,804	1,538

資料：JETRO HP（2019年1月10日アクセス）。

　第三は労働力の質の問題である。南アフリカの教育レベルを見ると、国連開発計画（UNDP）のデータによれば、ベトナムとほぼ同じくらいのHDI（Human Development Index）指標水準をみせており、それほど低くはないことがわかる。しかし、欠勤率に関しては非常に高いという特徴がある。ある工場で聞いた話では、スタッフも含めて、無断欠勤率は平均10〜15％くらいだという。工業化の初期なので、20数年前にアジアも似たような状況であった。その他、頻繁に起こるストライキの問題や、HIV（ヒト免疫不全ウイルス）の問題も深刻である。南アフリカ周辺では人口の15％以上がHIV感染しているといわれている。

　第四は、アパルトヘイトとBEE（Black Economic Empowerment）政策である。アパルトヘイトは、全人口の16％を占める白人が84％の非白人を人種

219

第Ⅲ部　アフリカの課題別分析

に基づいて差別した政策で、主にオランダ系白人を中心に施行されていた。アパルトヘイトは1991年に廃止され、これをきっかけに「団結すれば何かが変わる」というマインドが拡大し、ストライキが多発する一つの背景となったのである。その後、BEE政策が策定されることで、黒人権利拡大政策の土台となった。これはアパルトヘイトによって差別された人たちを優遇するという政策で、こうした政策による一番大きな影響は、マネジャーを住民比率にしたがって雇用しなければいけないという点である。つまり、黒人マネジャーの割合が重要となる。そうした点も含め、7つの要素（所有権、経営支配、雇用均等、技能開発、優先調達、事業開発、社会経済発展）で企業の貢献度を評価し、それが調達などにも影響を与える仕組みである。2010年ごろには、日本企業はレベル4くらいを目指している状況である。

　以上のように、南アフリカはいわばビジネスチャンスと生産活動の難しさが混在する地域である。しかしながら、長期的視点に立てば、アフリカ市場としてのポテンシャルは高く、いちはやく市場に進出することは、先行者利益を享受するという意味で重要だろう。次節以降では、本章における分析対象と方法を明らかにしたうえで、南アフリカにおいて日本的生産システムは移転可能なのか、というリサーチクエスチョンのもとに分析を行う。

3．データと方法

　上記のリサーチクエスチョンを明らかにするために、本研究では南アフリカにおける自動車メーカー各社と日系および現地サプライヤーを対象に2010年から2015年にかけて調査を実施した。自動車産業はトヨタ生産方式（Monden, 1983）やリーン生産方式（Womack and Jones, 1996）に代表される日本的生産システムの源流であり、南アフリカにおける同産業を調査することが、日本的生産システムの移転可能性を議論するうえでの先端事例として最適あると考える。訪問企業は表3のとおりである。日系自動車メーカー2社、日系トラックメーカー1社、独系自動車メーカー3社、米系自動車メ

第 6 章　南アフリカの自動車産業

表 3　訪問企業

自動車メーカー	トヨタ（TSAM）（2010、2012）、日産（2011）、UDト ラックス（2011）、VW—SW(2010)、フォード（2012） メルセデス・ベンツ（2011）、BMW（2015）
日系サプライヤー	スミス（デンソー）（2011）、豊田合成（2010）、豊田通 商（2010、2012）、HESTO（矢崎総業）（2014）、ブリ ヂストン（2011）
現地サプライヤー	マクドナルド・スティール（2011）、テクニック製造 (2011)

ーカー 1 社、および日系サプライヤー 5 社、現地サプライヤー 2 社である。

　実際の調査は、同一のプロトコル（質問票）を用いて複数人の研究者で行っている。同時に、2〜4 時間程度の工場見学も実施し、研究者による直接観察した結果もノートに記載した。帰国後、これらの情報をもとに工場見学ノートを作成し、日本多国籍企業研究会で 1 社当たり 2〜3 時間の検討を行った。こうした調査方法は、アンケート調査と特定企業のケーススタディの中間であり、南アフリカの自動車産業のように、情報が限られている対象について探索的分析を行うには適した方法論であると考える。

　調査のプロトコルの詳細は安保他（1991), Oleinizech, Itohisa, Abo and Kumon（2018）などに記載されているので、詳細は割愛するが、主に下記の項目を中心にインタビュー調査、および直接観察を行った。

　Ⅰ作業組織：1）職務区分、2）多能工化、3）教育訓練、4）賃金体系、5）昇進、6）作業長

　Ⅱ生産管理：7）生産設備、8）メンテナンス、9）品質管理、10）工程管理

　Ⅲ部品調達：11）ローカルコンテント、12）部品調達先、13）部品調達方法

　Ⅳ参画意識：14）小集団活動、15）情報共有化、16）一体感

　Ⅴ労使関係：17）採用方法、18）長期雇用、19）労使協調、20）苦情処理

　Ⅵ親・子会社関係：21）日本人比率、22）現地会社権限、23）現地経営者地位

上記の合計23項目である。実際のインタビューノートを対象として、これらの

221

第Ⅲ部　アフリカの課題別分析

23項目に従ってコーディングを行い、探索的な事例研究を行った（Yin, 2009）。

4．南アフリカにおける生産活動

　本節では、コーディングの大分類（作業組織、生産管理、部品調達、参画意識、労使関係、親・子会社関係）に従って、自動車メーカーとサプライヤーの事例に分けて、南アフリカにおける自動車関連企業各社の生産活動の特徴について記述する。

（1）自動車メーカーの事例
①作業組織
　作業組織において特徴的な点は、すべての企業で多能工の育成に力を入れていることである。いくつかの工場では、ワーカーごとの技能習得を表にした「星取表（スキルマトリクス）」を掲示しており、計画的なジョブローテーションを行っていることがうかがえる。南アフリカの生産現場においてなぜ多能工の育成が必要なのかといえば、主たる要因は欠勤対策である。依然として、多くの工場で無断欠勤率が高く、この問題は工場の稼働率にダイレクトに影響する。こうした欠勤対策として、各社ともに多能工の育成に力を入れているのである。たとえば、トヨタ（TSAM）のダーバン工場では2008年からドアラインで試験的に星取表を導入し、2009年に全行程へと横展開した。その結果、チームリーダークラスになると、20工程程度の仕事を担当できるようになっている。

　教育訓練に関しては、国のAMIC（the Automotive Manufacturing Industry Certificate）により教育プログラムが整備されているが、実際の教育は工場内のOJTで実施される。教育方法はさまざまで、トヨタのDOJOのような現場訓練場で基本技能を学ぶことを重視している場合もある一方、メルセデス・ベンツやBMWではリーン生産方式をベースにした「流れづくり」の考え方の教育にも力を入れており、ゲーミフィケーションなどの手法で現場の

222

作業員にもわかりやすくリーンの考え方を理解してもらうように努めている。例えば、BMWでは、GENBA、Standard、Pull、Zero Waste、Kaizen、Andon-line、Ishikawaなどの特殊な専門用語（日本語）が現場レベルで多用されており、日本的生産システムの教育に注力していることがうかがえる。

賃金の体系は固定的である。基本的には労働組合であるNUMSAがベースを定義し、3年間に1回の見直しが入る。つまり、ベースとなる基本給は一律で、自動車メーカー各社と労働組合の話し合いによって決まるのである。一方、昇進に関しては、外部からのヘッドハントではなく、内部育成を重視している。ただし、スタッフになるにはAMICのテストを受ける必要がある。グループリーダーの役割は、安全、生産、品質、原価管理、人事の5項目あり、日本の現場と変わらない。ただし、各項目の管理レベルは日本の4分の1程度であるという。

②生産管理

生産管理において特徴的な点は、どのメーカーも日本的生産システムとしての「リーン」を志向している点にある。先述したように、南アフリカは政府の支援により自動車産業クラスターが形成されつつある一方、労働賃金が高いという問題を有している。この問題を克服するために、各メーカーともリーンのコンセプトを高いレベルで導入しようとしている。なかでも、メルセデス・ベンツとBMWは、リーン生産の各人レベルでの標準化も行い、積極的な横展開を実施している。

生産設備に関しては、日系と欧州系で若干の志向性の違いが見受けられる。各メーカーともに、ノックダウン工場ではなく、自社工場内にプレス、溶接、塗装、組立、そして保全の工程をそろえた一貫工場として運営しているが、日系、米系は年代物の機械をうまく活用し、現地の状況に合わせた最適生産を志向しているのに対して、独系は本国と同様の自動化率、工程デザインなどグローバルスタンダードとしての生産を志向している。また、保全工に関しては、各企業ともプロフェッショナル人材を内部に抱えているが、日系は内部育成

第Ⅲ部　アフリカの課題別分析

を志向している点に特徴がある。保全工の育成プロセスは、高校を卒業すると、Learnershipと呼ばれる7ヵ月間のトレーニングプログラムに参加し、期間工として工場に配属される。その後、各工場内でApprenticeshipと呼ばれる保全工養成プログラムで4年間のOJT訓練を受ける。このApprenticeshipは政府の教育プログラムで補助金がでる[5]。

　品質管理は作業員自身もチェックするが、専門部署によるQAを行っている。欧米系ほど、この傾向は強い。ただし、品質レベルは低いわけではなく、実際、メルセデスはJDパワーの品質賞を2006〜2009年まで受賞している。

③部品調達

　部品の現地調達比率は車種により異なる面もあるが、メーカーによっても大きく異なる。たとえば、同じ日系でも、トヨタ（TSAM）はおおむね4〜6割程度の現地調達率であるのに対し、日産はほとんどの部品を欧州、日本、米国のサプライヤーから調達している。全体としてみれば、調達基準を満たすQCDを実現する現地サプライヤーはいまだ限られている状況である。しかしトヨタ（TSAM）は、現地サプライヤーの育成にも積極的で、調達グループの中に専門の育成チームを設置している。また、日系の系列サプライヤーがダーバン周辺に集積し、電子カンバンを用いたJITを実施している。VW—SWは中国からも積極的に調達している。

④参画意識

　南アフリカの生産現場をみたときに、もっとも特徴的であるのは参画意識である。南アフリカには、"the belief in a universal bond of sharing that connects all humanity"を意味する"Ubuntu（ウブンツ）"という概念が存在し、助け合いの文化がベースとして広く浸透している（Managaliso, 2001）。したがって、労働者の「一体感」は非常に強い。

　こうした一体感の強さがQCサークルや改善活動にもプラスの影響を及ぼしていると考えられる。とくに独系では日系以上に一般ワーカーのQCサー

クルへの参加度が高く、ほぼすべての労働者がこうした活動に従事している。ただし、他国に比べてゆっくりしたペースで物事が進むのも事実である。また、こうしたUbuntuの文化を有するために、情報共有はきわめて重要である。各メーカーともに、朝礼や定期的なミーティングを行い、経営情報も含めて労働者とシェアするように心がけている。

とくに印象的であったのがフォードである。フォードの工場現場では、和気あいあいとした活気のある雰囲気が感じられた。多くの作業者が、われわれ訪問者に手や目であいさつすることで、自分が工場の主人公としてお客を迎える態度であった。工場案内の生産担当副社長と作業者は、お互いによく知りあっていて、会話、肩たたきなどを頻繁に行っていた。

⑤労使関係

上記の一体感がプラスの方向に働けば各種の改善活動につながるが、マイナスの方向に働けばストライキや賃上げ交渉などの強固な組合運動につながっていく。ほとんどの労働者はNUMSAに所属し、2010年には自動車産業全体を巻き込む大規模なストライキがあった。また、2007年、2009年にも違法なストライキが発生している。

ただし、こうした労使関係は必ずしも対立するというわけではなく、緊密なコミュニケーションで丁寧に話し合えば労働者はきちんと理解してくれるという。実際、メルセデス・ベンツでは"No work, no pay"の原則を徹底して教育し、年平均1.1％％という南アフリカでは驚異的な欠勤率を誇っている。

⑥親・子会社関係

本国人（日本人およびドイツ人）比率は各メーカーによってばらつきはあるが、相対的に多くの本国人が派遣されている。トヨタ（TSAM）は四十数名、BMWは五十数名で全従業員に対する割合は2〜3％程度である。社長をはじめ経営関係の重要ポストは本国人が担うケースが多いものの、現場レ

225

第Ⅲ部　アフリカの課題別分析

ベルではコーディネータやアドバイザーとしてインド系やアフリカ系を補助するケースが多い。これはBEE制度の影響が大きく、人口比80%の"Black"[6]を管理職にしなければならないというルールがあるからである。設備投資などの権限に関しては、日系は本国主導であるのに対して、欧米系は現地に権限委譲している傾向が強い。

（2）サプライヤーの事例
①作業組織

　サプライヤーにおいても自動車メーカー同様、欠勤対策の一環として多能工の育成を重視している。ジョブローテーションの頻度に関しては企業ごとに異なるが、現地ローカルのマクドナルド・スティールやテクニック製造では月1回のペースでローテーションを行い、1人当たり3～5台程度の機械を操作できるように訓練している。

　教育に関しては、各社ともにOJTを重視し、一部に専門知識は外部教育機関にゆだねている。現地サプライヤーを含むいくつかの企業で"DOJO"という基本技能を訓練するセンターを工場内に設けていた。また、各社とも特に見込みのあるワーカーは欧州拠点や日本などに派遣し、チームリーダーを養成している。スミス（デンソー）では労働者を教育する講師の育成にも取り組んでいて、2011年時点で13名のトレーナーを擁している。

　賃金は経営者団体とサプライヤーの労働組合によって設置されるバーゲニングカウンセルグレードがあり、勤続年数に応じて査定を実施している。これに加えて技能などの能力レベルに応じて査定を実施している企業と、実施していない企業に分かれる。参考までに、2011年時点における現地サプライヤーの賃金レベルは、一般労働者の場合、時給16ランドからスタートし、これに30%のベネフィット（年金、家族など）が足される。スーパーバイザーになると時給60ランド＋30%、QA検査員は時給25ランド＋30%、エンジニアはものすごく不足しているために時給140ランド＋30%である。とくに優秀な人材はエンジニアになりたがらず、海外志向が強いことがエンジニア不

足の背景となっている。大学卒のエンジニアともなれば月給で4万ランド＋30％にも上る。

　昇進に関しては内部育成と外部採用の両方を実施しているケースが多い。BEE制度との関係もあり、とくにBlackの現場レベルのマネジメントができる人材は引く手あまたである。多くの工場では、白人の工場長、インド人の現場管理者、黒人のワーカーという構成が典型的であった。なかには、自動車メーカーから優秀な人材をヘッドハンティングして、自社の管理職として登用しているケースも見受けられた。

②生産管理

　生産管理の方法は企業によって大きく異なる。まず生産設備は日本から100％輸入している企業もあれば、スミス（デンソー）やテクニック製造などはローカル設計の生産設備を導入したり、台湾製の機械を導入したりしている企業もある。またメンテナンスは教育をしてリーダー以上に任せている企業もあれば、外部の専門メーカーに発注しているところもある。

　品質管理に関しては、各社ともにインライン検査を志向していた。問題解決までは、一般労働者レベルでは難しいが、何か問題が発生したときにはラインストップを行い、リーダーを呼ぶことを徹底している。また、複数の企業で個人レベルでの品質管理を志向している企業があった。たとえば、マクドナル・スティールでは機械に個人の写真を貼りつけることでオーナーシップ意識を醸成し、5Sに結びつける活動をしていた。

③部品調達

　部品調達に関しては各企業の方針や生産車種によりさまざまであるが、1次プライヤーは自動車メーカーおよび2次サプライヤーとの間で、電子カンバンによるJITを導入している。1次サプライヤーのスミス（デンソー）は、トヨタ（TSAM）との間はいうまでもなく、2次の現地サプライヤーであるマクドナルド・スティールとテクニック製造の間でも電子カンバンを回して

第Ⅲ部　アフリカの課題別分析

いる。また、テクニック製造自身も2005年からショップフロアレベルでカンバンを導入し、労働者に品質に関する権限をもたせたことで外部不良が飛躍的に減少した。現在は品質とコストのバランスを意識した"Value for cost down"がテーマであるという。

④参画意識

　サプライヤーにおいても一体感は顕著である。そのため、自動車メーカー同様、多くの企業で全員参加のQCサークルを実施しているが、自動車メーカーほどにはシステマティックではない。とはいえ、マネジメント層に対して、改善提案を定期的に行い、事実生産性の向上に寄与している。マクドナルド・スティールでは、こうした活動を続けた結果、2010年と2011年比で製品の外部不良率が2％から1.2％に減少した。

　こうした改善活動を実施するためにも情報共有はきわめて重要である。毎朝の朝礼のほかに、30分程度の日々の現地・現物ミーティングなどを実施している。また、HESTO（矢崎総業）の人事担当者はそれぞれの言語でのコミュニケーションを意識しており、品質情報、欠勤情報、効率情報、デリバリ情報などを徹底して共有している。

　また、一体感を醸成するために、会社のサポートを受けて親睦会（BBQ）やクリスマスパーティなどを実施している企業も多い。

⑤労使関係

　労使関係は、自動車メーカー同様、強力な組合とどう付き合うかが問題となる。一定以上の規模になると、工場の労働者はNUMSAに加盟する。スミス（デンソー）では80％、HESTO（矢崎総業）では90％が組合員である。組合とは以前は敵対的であったが、経営側が組合を通じてではなく、直接労働者と話をするようにしたところ、工場の競争力ついても理解を示してくれるようになった。生産性を向上させるための改善活動に、労働組合自体も反対はしていない。すなわち、労働者と適切なコミュニケーションを行い、組

合に情報をフィードバックすることで協調的な労働関係を構築している。ただし、こうしたコミュニケーションがうまくいっていない現場では、労働者との間にしばしば対立が発生する[7]。

⑥親・子会社関係

サプライヤーの場合、日本人の派遣比率はきわめて少ない。スミス（デンソー）は1名、豊田通商は1名、豊田合成は3名、HESTO（矢崎総業）は2名といったレベルである。ただし、新製品の立ち上げときなどは、出張ベースで何人かの日本人が支援に入っている。全体としてみれば、現地マネジャーの色彩が強い。マクドナルド・スティールでは工場現場で働く77名はすべて南ア人で、白人4人、インド系10人、その他は黒人といった人種構成である。日系でも日本人はあくまでサポーターとしての役割に徹しており、マネジメントや現場のラインスタッフの仕事は現地に任せる仕組みづくりを行っている。

5. ディスカッション

4節では、南アフリカの自動車産業における生産活動の状況を記述した。本節ではそれを踏まえて、ダーバンにおける産業クラスターの形成、および日本的生産システムの移転可能性について議論する。

（1）産業クラスターの形成

南アフリカは政府の自動車産業振興策や、今後発展が見込めるアフリカ市場の生産拠点として、主要な地位を確立している。実際、近年も自動車メーカー各社の進出は相次ぎ、現在では22社に上っている。また、広大な面積を誇る南アフリカでは、主に3つの地域で産業クラスターが形成されている（図3）。

第Ⅲ部　アフリカの課題別分析

図3　南アフリカにおける完成車工場の立地と生産台数（2017年）

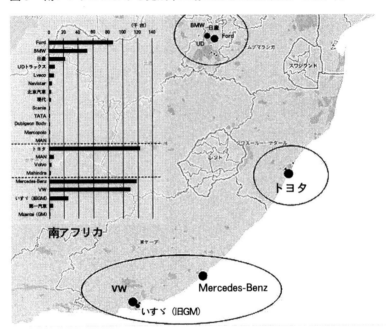

資料：MarkLinesのデータをもとに筆者作成。

　なかでも注目すべきは、インド洋に面したダーバン周辺の地域である。ダーバンはインド系が多く居住する地域であり、自動車メーカー4社が進出している。その礎を築いたのはトヨタ自動車である。トヨタ自動車は、1961年、現地人がトヨタ車の輸入販売を開始し、1996年にはトヨタがTSAM株式の27.8％を所有し、2002年には74.9％、さらに2008年にはトヨタが100％所有することになった。2005年には、IMVシリーズのアフリカ・欧州への輸出拠点となった。また、2006年からは、輸出を目指した設備の設置が始まり、2007年にはカローラのアフリカ、欧州への輸出拠点となった。年産能力は、年22万台で、従業員数は約8,000名である。そのうち日本人は43名で、2006年から現地人主導の工場合理化計画を開始した。ベンチマークの対象はトヨタのタイ工場である。トヨタ生産方式の基本となる5Sから徹底し、この他

にも、技能の星取表、ラインストップ、クオリティ・ゲート、電子カンバン、保全工養成学校、南アフリカ内に３つのクロスドック、JIT納入なども次々に取り入れていった。そこでは、われわれが「ダーバンの奇跡」と称するほどに目覚ましい発展を遂げ、南アフリカ経済に貢献するとともに、南アフリカ自動車産業における最大の市場シェア（21％、2006年）を獲得した。

　また、こうしたトヨタ（TSAM）の進出に伴い、系列サプライヤーもトヨタ生産方式を実施している。スミスは1951年に設立し、1984年からライセンス契約で日本企業と取引をしていた。2005年には、デンソーが25％を出資し、関連会社となった。従業員数は720名、そのうち、日本人派遣者は１名である。2006年から生産性が向上し、特に2011年からはタイ・デンソーをベンチマークしている。工場には、改善活動の成果を示すグラフや写真が多く掲載され、大きな改善はエンジニアが実施している。スミスはJIT納入を実施していて、トヨタから１日４回カンバンがきていた。また、２次サプライヤーにトヨタ生産方式を指導することで、現地サプライヤーを育成していた。

　現地の２次サプライヤーに目を転じれば、今回訪問した２社ともに、高いレベルで日本的生産システムを実践していた。インド人の経営している２次サプライヤーのマクドナルド・スティールは、スミスにアルミ加工部品を納入している。この会社も、大変見事に日本の方式を実施していた。非常に床も綺麗で、５Ｓもしっかりやっていた。経営者はスミスから指導を受けたと言っていた。工場の中では、人の名前を機械に書いており、自分がこの機械の所有者という意識を持たせて、責任意識を高める効果があると言う。マクドナルド・スティールは、BEEの評点は最高評価のレベル１であり、インド人経営者がトヨタ生産方式を実施している成功事例である。

　以上のように、南アフリカのダーバン周辺においては、トヨタ（TSAM）の多大な貢献により、日系１次サプライヤー11社、および現地２次サプライヤーから構成される産業クラスターが形成されている。この産業クラスター内では、トヨタ自身あるいは日系サプライヤーによる現地サプライヤーの育成が実施されている。さらには、トヨタ（TSAM）からの人材のスピルオー

第Ⅲ部　アフリカの課題別分析

バーにより、日本的生産システムの考え方がサプライヤーに移管されていたのである。

（2）日本的生産システムの移転可能性

　今回の調査において、日本的生産システムの移転可能性という観点から、もっとも印象深かった会社はメルセデス・ベンツであった。メルセデス・ベンツのイーストロンドン工場で生産されるＣクラスは全世界に輸出され、JDパワーのベスト工場賞を3年連続獲得していた。また、メルセデス・ベンツの内部オーディットでも1位にランクされていた。欠勤率も1.1％にとどまっていたのである。MBPS（Mercedes-Benz Production System）は、欧州型の管理をベースに、トヨタ生産方式をベンチマークした方式で、黒人マネジャーの改善チームが2カ月間トヨタ自動車に行ってベンチマークしたのである。また、目標達成に対するインセンティブを管理することで、労働者の改善マインドをうまく引き出していた。

　メルセデス・ベンツは、2006年の労使交渉において、NUMSAとAMEO（Automobile Manufactures Employers Organization）の合意をベースに、さらに労働者一人ひとりとフレキシブル協定を結んでいた。また、リーンの考え方を教えるために、ビジネスゲームを考案した。ゲームを通じて、わかりやすく、プル方式を実際に体験する教育を実施していた。さらに、1シフトの間に3回ぐらい、皆がプレゼンテーションをしていたことが印象深かった。たとえば、悪い品質の原因について、見える化のツールを用いて議論をしていた。QCルームの中を覗いてみると、たくさんのPC設備があって、それらを見て改善提案をしていた。

　以上のように、メルセデス・ベンツは日系企業以上に、うまく日本的生産システムを南アフリカで実践しているといえる。南アフリカ固有の文化は先述したようにUbuntuに代表される助け合いの文化である。そして、そのうえに、長期間にわたる植民地支配から、欧米型の社会システムが導入されたのである。そこで、単に日本的生産システムを導入するだけでなく、個別の

第6章　南アフリカの自動車産業

労働契約に関してきちんと明文化すべきところは契約に落とし込んで、オペレーションを実施している点が特徴的である。また、乗用車だけでなく、トラックを生産するUDトラックスにおいても、多能工化、改善、QC活動を実施していた。

　以上の点から、南アフリカには諸々の困難はあるものの、それを克服するために、マネジメント次第では十分に日本的生産システムを導入可能であると判断する。とくに、一体感がプラスの方向に働けば、全員参加型の改善活動にまで結びつけることができる。そのカギを握るのが、労働者とのコミュニケーションと契約である。ただし、労働者の仕事のペース、あるいは品質といった面においては、アジア諸国にはまだ及ばないのが現状である。また、現在は政策的に多くの補助金が導入されているが、根源的には、南アフリカの労務費は、依然として他の新興国に比べてきわめて高いという問題を有している。こうした支援がいつまで続くかは未知数であるために、各社ともに日本的生産システムをいち早く導入し、効率的なオペレーションを実施するかが重要なポイントとなる。

結　語

　本章では、急速に発展する南アフリカの自動車産業を対象に、そもそも南アフリカという地域で、しかも高い賃金と強い労働組合を有するなかで、果たして日本的生産システムの移転は可能なのか、という問題意識を掲げ、2010年〜2015年にかけて探索的な調査を実施した。その結果、われわれの予想に反して、いくつかの問題はあるものの、日本的生産システムは広く浸透していることがわかった。全体としてみれば、欧州型の制度固定的な職務配置・作業管理・訓練・報酬システムのうえに、日本型の柔軟・幅広い施策・方策が企業内努力で漸次的に導入がなされている。そして、固定的で高い賃金だからこそ、国際競争力を獲得するためには生産性の向上が強く求められ、緊密なコミュニケーションによる情報共有を行うことで、日本的生産システ

第Ⅲ部　アフリカの課題別分析

ムに対する組合や労働者の理解も得られることが判明したのである。

　それに関連して、今回の調査結果でとくに注目すべきは2点ある。第一に、自動車メーカーや日系のサプライヤーだけでなく、現地の2次サプライヤーまで、日本的生産システムが浸透していることである。むろん、日系の側から積極的にサプライヤー育成をするという側面もあるが、現地サプライヤー側の学習意欲も旺盛である。そして、ダーバン周辺では、自動車メーカー、1次サプライヤー、2次サプライヤーが産業クラスターを形成し、電子カンバンを回してJITによる生産管理を実施しているばかりでなく、人的交流や転職を通じて、日本的生産システムに関する知識のスピルオーバーが発生している点にある。日本から遠く離れた南アフリカのダーバンという地域で、自動車産業クラスターが形成され、日本的生産システムが浸透している状況は、まさに「ダーバンの奇跡」と呼ぶにふさわしい。

　第二に、日本的生産システムの移転は、日系企業よりも独系企業のほうが体系的になされている点である。彼らは日本的生産システムの各要素を形式知化、一般労働者にもわかりやすく伝えるためにゲーミフィケーションなどを実践している。また昇進や改善に対するインセンティブ設計や、個別の労働契約の結び方など、逆に日系企業が見習うべき点も多い。そして、われわれを案内してくれた経営陣は、各工程の責任者と親しげに話し、肩たたきと現場ウォークを愚直に実践している印象を受けた。こうした経営陣と労働者の信頼関係の構築が、高いレベルでの日本的生産システムの移転に寄与しているものと考えられる。

【注】

1）Web of Scienceにおいて、アフリカの自動車産業を取り扱った論文は41件しかなく、自動車産業の生産や工場に関して取り扱った論文は10件とさらに限定的となる。10件のうち、南アフリカを事例として取り扱った論文が8件と最も多く占めていることから、アフリカ諸国のなかでも南アフリカの存在の大きさをうかがい知ることができる。具体的には、政策と自動車産業の発展を扱ったものが2件、ロボット導入やオートメーション化によ

る自動車産業の発展を扱ったものが2件、労働環境を扱ったものが1件、リーン生産方式に関するものが1件、南アフリカにおける鉄鋼生産に言及したものが1件、工場の品質管理に関するものが1件となっている。

2）日本の対南ア貿易は、輸出2,816億円、輸入5,426億円（2017年：財務貿易統計）に上り、主要品目は輸出が輸送機器（自動車、部品）、輸入がプラチナ機械類、自動車等である。自動車の産業内貿易が盛んである。

3）その他の産業育成政策としては、衣料繊維産業と観光業に関する具体的な支援内容は下記である。衣料繊維競争力改善プログラム（CTCIP; Clothing and Textile Competitiveness Improvement Programme）では、衣料品および繊維品の業界団体もしくは製造業者が、社員教育やサプライチェーンの見直しなど、国際競争力を向上させるための事業を実施する場合に助成金が支給される。一方、観光業支援プログラム（TSP; Tourism Support Programme）では、宿泊施設の建設・拡張や交通機関の導入・整備など、観光業関連の投資を行う業者に対し、投資額の最大30％に当たる助成金を支給している。ただし、投資対象地域がヨハネスブルグ、ケープタウン、ダーバンの場合は、本プログラムは対象外となっている。

4）1ランド＝7.64円で計算。

5）保全工養成プログラムにはtool fitter, die fitter, electric, machine tool setter, electric equipment mechanical, auto electrician, motor mechanic という7つの資格があり、トヨタでは2つの資格を保有させ、多能的な保全工の育成を志向している。

6）Blackの定義は黒人、インド系、カラードを含む。ただし、日本人はカラードには該当しない。

7）こうした労使関係を理解するうえで、ひとつの特徴的な事例がブリヂストンである。ブリヂストン、ダンロップ、コンチネンタル、グッドイヤーからなるタイヤメーカーが各社に対してNUMSAが提示した賃金上昇率は、1年目9％、2年目7.5％、3年目7.5％というものであった。それに対し、ブリヂストンは1年目8％、2年目5％＋インセンティブ（Max 3％）＋CPI（2.5％）、3年目（2年目）と同様というものであった。ブリヂストンの場合、すでに平均勤続年数が長いので、NUMSAの提案を受け入れることはできず、あくまでも生産性の上昇と連動したインセンティブ制にしなければ賃金上昇に耐えきれなくなってしまう。世界最強を誇るNUMSAとの交渉は難航し、ブリヂストン側は条件が飲めないのならば、というこ

第Ⅲ部　アフリカの課題別分析

とで労働者を全員ロックアウトした。これは、南アフリカ全土を通じて、労働組合との交渉が合意に至らなかった初めてのケースである。黒人はアパルトヘイト以降、団結すれば何かが変わるという強烈な成功体験を有していた。しかし、このようなロックアウトは、団結しても何も変わらない、むしろ損をするだけである、という失敗体験のケースとなった。2010年は1ヵ月、2011年は2ヵ月、ストライキのために生産は止まり、その間は、ブリヂストンと個人契約を結んでくれた労働者（約20%）で1シフトの生産を続け、足りない分は輸入で代替した。自動車メーカーも気が気でなかったが、なんとか耐え抜くことができた。

【参考文献】

安保哲夫・上山邦雄・公文溥・板垣博・河村哲二（1991）『アメリカに生きる日本的生産システム：現地工場の「適用」と「適応」』東洋経済新報社.

Mangaliso, M. P. (2001) "Building competitive advantage from Ubuntu: Management lessons from South Africa," *Academy of Management Perspectives, 15* (3), pp.23-33.

Monden, Y. (1983) *Toyota Production Systems Industrial Engineering and Management Press*, Norcross, Ga.

Olejniczak, Tomasz, Masato Itohisa, Tetsuo Abo and Hiroshi Kumon (2018) "Measuring Change in 'Hybrid Factories': Longitudinal Study of Japanese Manufacturing Subsidiaries in Poland," *Journal of Intercultural Management, 10* (4), pp.109-145.

Rathilall, R., and Singh, S. (2011) "Improving quality and productivity at an automotive component manufacturing organisation in Durban-South Africa," *African Journal of Business Management, 5* (22), pp.8854-8874.

Womack, J. P., and Jones, D. T. (1996) "Beyond Toyota: how to root out waste and pursue perfection," *Harvard business review, 74* (5), pp.140-158.

Yin, Robert K (2009) *Case study research: Design and methods (4th ed.)*, Thousand Oaks: CA, Sage Publication.

第7章
現地政府が主導する
日本的経営生産システムの導入

宮地　利彦

はじめに

　われわれの研究グループは、日本的経営生産システムの海外移転可能性を調査研究の課題としている。これまで足掛け8年にわたり、アフリカの工場を訪問し、インタビュー調査を進めてきた。そのなかで、日系工場だけでなく、エジプト、南アフリカ両政府が日本的経営生産システムと関連がきわめて深い日本方式の生産性向上運動の考え方に着目して、それを採用し、国内産業全般の生産性向上の取り組みを進めていることを見出した。[1]

　さらに、こういった取り組みは、両国のみでなくアフリカ全土に広がりつつあることが明らかになってきた。これは、アフリカ各国の要請を受け、日本政府がそれを支援する形で進んできたこともあるが、いわゆる"KAIZEN"に代表される日本方式の生産性向上運動が現地社会に適合していることを現地政府が認識していることを示している。

　アフリカにおける生産性向上の運動の広がりは2つの潮流がある。1つはアフリカ各国の政府が連携して進めるPAPA[2]（Pan African Productivity Association）による運動で、もう1つは、独立行政法人国際協力機構（JICA＝Japan International Cooperation Agency）による各国政府への支援である。本稿では、この運動のアフリカにおける広がりについて考察する。

237

第Ⅲ部　アフリカの課題別分析

１．PAPAによる生産性向上運動の広がり

（１）アフリカ各国政府による生産性向上の必要性の共通認識

　アフリカ各国政府の生産性向上の必要性の共通認識の基本的な考えは、次のとおりである。

　「生活水準の向上における生産性の役割の重要性は広く認識されている。高い生産性を有する日本、東アジア諸国、欧州の国々では高い生活水準、低い失業率、社会の進歩を享受している。一方、アフリカは豊富な資源に恵まれながら、その資源の比較的非効率および非有効的利用が競争力およびアフリカの国々の社会および人材の開発を阻害している。当該国の生産性と就業率には高い相関があることから、生産性の向上が貧困の輪を断ち切るであろう。低い生産性は低賃金につながり、失業を招き、その結果貧困へとつながっている。生産性は、グローバリゼーションと増大する国際的競争によってもたらされる機会をとらえる軸となるというコンセンサスが存在する。すなわち生産性は雇用者、マネージャー、被雇用者、消費者、社会、国家に利するものである[3]」。

　この認識に基づいて、各国とも政府レベルで自国にあった手法で生産性の向上を進めている。この認識に基づく活動は1988年からスタートしているが、いまだ期待した効果を上げたと認識されていない。すなわち、ILO（国際労働機関）によると2007年時点ですら、サブサハラの労働者の付加価値は、工業国の１／12でしかなく、アフリカ北部の１／４でしかない[4]。それ故、生産性の向上は政府にとって重要な施策となっているのである。

（２）PAPAによる運動

　PAPAは1990年11月にマレーシアで行われた世界生産性会議に出席したアフリカの６カ国、ボツワナ、エチオピア、ガーナ、コートジボアール、ナイジェリアそして南アフリカの代表が、生産性向上と持続的経済発展が強い関

238

係にあるとの認識のもと、設立宣言してスタートした。直ちに暫定委員会を立ち上げ、生産性科学の世界生産性連盟の全面的支援を得たのである。[5]

　第1回の総会が1992年11月、南アフリカのプレトリアで開かれ、組織の整備が行われた。1996年には南アフリカによって、PAPAがOAU（Organization of African Unity＝アフリカ統一機構。現在のAU＝African Union アフリカ連合の前身）[6] の社会問題委員会のオブザーバーの地位に就くことが提案され全会一致で認められた。これによってPAPAは世界的に認められるようになった。そして、PAPAの初の年次総会が1997年7月、ガーナで開催された。1999年8月、スワジランドで行われたSADC（Southern African Development Community）において、各メンバー国内に、国の生産性向上組織の設立を呼び掛ける宣言が採択された。署名国はアンゴラ、ボツワナ、コンゴ民主共和国、レソト、マラウィ、モーリシャス、モザンビーク、ナミビア、セイシェルズ、南アフリカ、スワジランド、タンザニア、ザンビア、ジンバブエの14カ国に及ぶ。

　さて、PAPAは2001年8月の総会において再出発をし、それ以来活発に活動している。PAPAの組織は、総会、執行委員会、事務局で構成されている。事務局は南アフリカに設置され、南アフリカが全体を主導している。2016年8月、ケニアのナイロビで開催されたTICAD Ⅵ（Tokyo International Conference on African Development）において、JPC（Japan Productivity Center）とPAPAの間で、アフリカ大陸における生産性運動のさらなる拡大を目指す覚書が締結された。2017年9月現在の正式加盟国は、ボツワナ、ケニア、モーリシャス、ナイジェリア、南アフリカ、ザンビア、ナミビア、ブルキナファソの8カ国である。[7] このうち、ブルキナファソのみ、公用語に英語でなくフランス語を採用している国である。

（3）PAPAの活動概要

　PAPAはさまざまな活動を実施している。アフリカ大陸の生活水準の向上のためアフリカ経済における生産性向上文化の発展を進め、アフリカ各国お

第Ⅲ部　アフリカの課題別分析

よびアフリカ大陸外の国の生産性向上機構（National Productivity Organization＝NPO）間の協力・連携を進めるという目的活動であるが、具体的には、各国の生産性向上活動の核になる人材の育成プログラムの立案実施、加盟国間の生産性向上に関するアイデアや経験といった情報の共有、加盟国およびアフリカ大陸諸国の生産性向上運動組織の構築の支援を行っている。つぎに、実際の活動内容の1例をみてみよう。

　非加盟国を含む各国に対して、生産性向上活動の核となる人材育成のトレーニングを企画実施している。たとえば、コートジボアール、セネガル、タンザニア、ルワンダ、カメルーン、チュニジア、エチオピアのメンバー以外の国の参加し、2011年9月28日〜30日、エチオピアのアディスアベバで、非公式経済の零細、小企業の生産性向上基礎力構築を目的としたトレーニングセッションを開催した。

　これは、AUの零細、小企業を対象とした生産性および競争力向上、増強および生産性向上文化を促進すること、ステークホルダーに生産性向上アプローチ、技術、道具、プロセスを知らしめること、さらには、適切なステークホルダーを国レベルで動かすことという目的に合致している。参加国は自国の活動計画を策定することを成果物とし、それをAUがモニターした。結果として、カメルーン、タンザニア、ルワンダがアクションプランを提出した[8]。その他の活動については、次項でふれる。

（4）APO（Asian Productivity Organization[9]）の協力

　PAPAの生産性向上運動の基礎は、日本方式のいわゆるKAIZENである。2006年に協力関係を結び、その後日本からファクトファインディング代表団がアフリカを訪問し、PAPAメンバー国をはじめとするアフリカの生産性向上運動の状況を調査した。

　2005年4月、インドネシアで開催されたアジア・アフリカサミットにおいて、小泉首相（当時）はその演説のなかで「本日の首脳会議において、私は、アジアの成長の原動力の1つとなった生産性向上運動を、アフリカに伝えて

240

いくことを提案しました。こうした産業分野における人材育成などの協力は、アジア・アフリカ両地域の民間レベルでも進められることが重要であると考えており、政府としても可能な限りの協力を進めてまいります」と述べている。

これを受けて、日本政府の資金で、2006年8月28日〜30日、南アフリカ・サントン（Sandton）においてPAPA、APO円卓会議が開かれ、APOメンバー国とアフリカの関係者の交流が行われ、それぞれの参加国の生産性運動の強化マスタープランがつくられたのである。

ここで、APOの役割は、PAPAメンバー国をはじめとするアフリカの国々に、生産性活動の実行者を養成するトレーニングプログラムを指揮することである。共通のプログラムは4週間の基礎的生産性と品質技術の適用と推進に対する参加者の力をつけるBasic Course for Productivity Practitioners（BCOP）と、参加者により高度なツールや技術を提供し組織や産業レベルの生産性向上を遂行するノウハウや、技術的競争力を広くかつ深く与える3週間のAdvanced Course for Productivity Practitioners（ACOP）である。APOの専門家がこのコースのために支援している。ここでは、さらに研修者に学習したことをプラント内診断の経験を通して体験する機会も与えられている。

このようにAPOはPAPAにさまざまな貢献をなしてきた。APOの協力を得たPAPAの活動として、2006年から2010年の人材育成のトレーニングを実施した。参加国・人数は9カ国　合計164人に達している。詳細は、「表1 トレーニング参加状況」（次頁）のとおりである。この参加者は、各国で生産性向上運動の中核となる人材である。

第Ⅲ部　アフリカの課題別分析

表1　トレーニング参加状況

プログラム 参加国	DPS 2006. Philippines	BCPP-1 2007. SA	ACPP-1 2008. SA	BCPP-2 2008. SA	BCPP-3 2009. SA	ACPP-2 2010. SA	BCPP-4 2010. SA	Total per Country
Botswana	3	4	5	5	5	4	3	29
Kenya	1	5	5	0	5	5	2	23
Mauritius	1	5	4	4	2	5	0	21
Nigeria	0	5	5	5	5	6	2	28
South Africa	3	6	6	6	6	4	4	35
Zambia	0	5	3	5	5	5	2	25
＊Swaziland	—	—	—	—	—	—	1	1
＊The Gambia	—	—	—	—	—	—	1	1
＊Burkina Faso	—	—	—	—	—	—	1	1
Total per Course	8	30	28	25	28	29	16	164

注：＊はNon-PAPA membersを示す。
出典：http://www.pa-pa.co.za/partnerships/asian-productivity-organisation/2017年
　　　8月28日ダウンロード。

（5）JPC（Japan Productivity Center）の協力

　日本はAPOを通して、アフリカ諸国の生産性向上を支援している。しかし、JPCはアフリカ諸国を直接サポートもしている。2006年以来、JPCは日本の経済産業省の支援により、アフリカ諸国への生産性向上に技術協力をオファーしている。これはPAPAメンバー諸国との二者関係である。個々のメンバー国にその国における生産性向上を推進する能力を開発するものである。当初は、5Sとカイゼンに重点が置かれていたが、その後、無駄取り、品質向上運動が導入されてきた。

　この日本の支援活動は、アフリカの地域のパイロットカンパニーにサービスと製品の品質向上および効率的業務推進を助けることになり、アフリカのNPO（National Productivity Organisations）の経営、生産技術のコンサルティング能力の引き上げに役立っている。さらに、生産性向上手法をトレーニングだけでなく、生産性向上運動を企業や工場レベルで観察し研究するた

めに、日本を訪問することを含んでいる。PAPAメンバー国の80人以上がそれぞれの使命をおびて日本へ来ている。

このプログラムの成功は、2008年2013年に横浜で開かれたTICAD IV、V（Tokyo International Conference on African Development）において認められている。2016年ケニアのナイロビで開催されたTICAD VIでも同様である。

（6）PAPA主催のトレーニング参加国であるモーリシャス、ケニアおよびボツワナの現状

モーリシャス

モーリシャスはほぼアフリカ南部の東方、インド洋に浮かぶ、ほぼ東京都に等しい面積、人口127万人を有する島国である。1人当たりGNI（国民総所得）は9,770米ドル（2016年、世界銀行）に上る[10]。国立生産性競争力評議会（National Productivity and Competitiveness Council、NPCCと略記[11]）が、1999年法律によって設立され2000年5月に活動を開始した。NPCCの任務は生産性と品質意識を醸成し、国家的生産を引き上げ、持続的な成長と国際競争力を達成するために、経済のすべての部門における生産性と品質の活動を推進することである。その具体的な手法のマニュアルとして、5S、QCなどのKAIZENツールが基礎となっているToolkitを提供している。そこでは、「KAI」（改）は"change"あるいは"correct"、「ZEN」（善）は"good"、KAIZENは"continuos improvement"を意味すると解説されている。

NPCCは2018年1月26日、JPCの協力を得て、5SとKAIZENの哲学を実践している国内の3社をその実績と経験の共有のため招き、KAIZEN哲学をテーマとするセミナーを開催した[12]。

成果の例として、NPCCのMr. Dev Appalswamyはスピーチで、1社では顧客の待ち時間が56％削減され、生産性はレイアウトの改善により40％向上し、別の会社では手直し作業の削減で月30万ルピー（1ルピー＝3.23円）の利益と、他部門ではスペース利用の最適化が図られたと紹介している。また、5S／KAIZENは誰にでもどの部門でも適用でき、人を中心にしたアプロー

第Ⅲ部　アフリカの課題別分析

チは人の潜在力を最適化し、改善を継続的に行う文化を醸成する。しかしながら、５Ｓ／ＫＡＩＺＥＮの実行と成功のためにはリーダーシップが核になる要素であると指摘している[13]。

　また、2018年８月に同国最初の国家生産性品質コンベンションの開催を予定し、地元企業、組織に参加を呼び掛けている[14]。中小企業24社、大企業34社、政府機関56組織が参加予定である。そして、金銀銅の表彰があり、優秀６組織には2018年８月末、シンガポールで行われる国際品質サークルコンヴェンションに参加できる[15]。日本方式の導入は2006年のPAPAによる日本方式導入から始まり、現在NPCCが、PAPAおよびJPCの協力を得て、その実施レベルは初歩的とはいえるが、積極的推進しており、同国内に今後拡大していくことが期待される。

ケニア

　ケニアはアフリカ東部に位置し、日本の約1.5倍の面積、人口約5,000万人を有する。１人当たりGNIは1,380米ドル（2016年、世銀）である[16]。国家生産性競争力センター（National Productivity and Competitiveness Centre　以下、NPCC[17]）は労働および社会保護省（Department in the Ministry of Labor and Social Protection）の１部局で、ケニアの生産性と競争力を向上する活動の実行に責任をもつ組織で、パートナーはJPC、PAPA、APOである[18]。

　NPCCが国内の事業体に提供するサービスは、公私を問わず企業、組織体にKAIZENについて行うコンサルタントサービスと、OJTとさまざまな企業の参加者に対してトレーニングの講習会を実施するトレーニングサービスの２つからなっている。前者によって対象企業、組織ではKAIZENを進めるにあたって、支援を受けることができる。後者には、５Ｓ、TQM、QCサークル、無駄とり、TPMのコースがあり、KAIZEN活動を進める人材を育成できる。さらに、NPCCに代わって、このようなサービスを提供するトレーニングやコンサルタントの人材の育成も行っている[19]。

　ナイロビにおいて、2017年４月26日〜28日、ケニア政府、JICA、NEPAD

244

第7章　現地政府が主導する日本的経営生産システムの導入

共催の「カイゼン知見共有セミナー2017」が開催された。この基調演説で、ケニア商工会議所のKIPRONO KITTONY NATIONAL CHAIRMANはケニアにおけるKAIZENの現状を次のように、分析かつ提案している。セミナーやトレーニングはKAIZENの概念を広める助けになってはいるが、JICA、Kaizen Institute、APO、ILOの努力にもかかわらず、いまだ人材の不足があり、ケニアでの採用は非常に低く、トヨタ東アフリカやGlaxo Smith Kline Kenyaといった多国籍企業でのみ採用されている。不十分な宣伝、トップマネジメントの抵抗、不適切な政府の支援などの課題に直面しているのが現状である。それに対して、民間部門ではKAIZEN活動のための人材の育成を進めるべきあり、KAIZENの知識は教育機関でカリキュラムとして取り上げて教育すべきであり、政府は産業の成長発展のためにKAIZEN普及のための組織の強化を図るべきである。[20] ケニアでは、生産性向上の活動は始まったところであり、これからも、政府の施策が重要な役割を担っている。

ボツワナ

　ボツワナは、南アフリカの北に位置し、日本の約1.5倍の面積、人口約225万人を有する。1人当たりGNIは6,610米ドル（2016年、世銀）である。[21] ボツワナでは、ボツワナ国家生産性センター（Botswana National Productivity Center＝BNPC）が生産性・競争力向上活動を主導している。BNPCは政府、経営者、労働者の代表者で構成される三者協議会による準国営の組織である。2001年以降、スウェーデン、ノルウェーと協力関係をもっていたが、2006年〜2011年にAPOの援助を得て、BNPCスタッフが広範囲の研修を受けた。さらに、JPCからBNPCスタッフのKAIZEN、JITその他の日本方式の改善手法の実行力を高める技能強化のため協力を得た。

　これらの成果は食肉、繊維、陶器、レンガ製造およびサービス産業で活用された。対象はSMMEs（Small, Medium and Micro Enterprises）が主である。[22] BNPCの提供するプログラムは生産性と品質、企業サポートプログラム

245

第Ⅲ部　アフリカの課題別分析

（SMMEsへのサポートはこれに含まれる）、公共サービスプログラム、情報・検索サービス、他合計9個である。[23]だが、しかし、教育の質に起因する労働力の質の向上が求められており、ケニアと同様に本格的な普及はこれからだろう。

2. 南アフリカ生産性本部　Productivity SA

　南アフリカ生産性本部は、南アフリカのNPO（National Productivity Organization）である。1968年に経済大臣に対するPAC（Productivity Advisory Council）としてスタートし、翌年目的達成の恒久的活動組織として、政府組織のNPI（National Productivity Institute）に発展的に改組した。2007年に現在のProductivity SAに改称、2008年に創立40周年を迎えている。その間2005年にAPO（Asian Productivity Organization）と、2006年、JPC（Japan Productivity Center日本生産性本部）と協力関係を構築している。

　この2つの決定が南アフリカ生産性本部のターニングポイントになっている。それ以前には種々欧米の手法を使って、生産性向上を進めてきたが、それだけではうまくいっていなかったようだ。現在はその基礎手法として日本方式の生産性向上運動の考え方を採用しているのである。Productivity SAは資金の90％が政府から出される労働省傘下の組織である。[24]現在、ヨハネスブルグ郊外のミッドランド以外に、ダーバン、ケープタウン、ポートエリザベスにオフィスを構えている。[25]

（1）南アフリカ生産性本部の活動

　南アフリカ生産性本部は、そのビジョンとミッションを次のように設定している。

ビジョン：競争力と生産性の高い南アフリカをリードし鼓舞すること。
ミッション：南アフリカの競争力強化を目的としたソリューションを助言し、手段を与え、観測し、評価することで生産性を向上すること。

246

第7章　現地政府が主導する日本的経営生産システムの導入

　そして、活動のために、3つの基本的なプログラムを用意している。すなわち、Turnaround Solutions（TS）、Workplace Challenge（WPC）、Productivity Organizational Solutions（POS）の3つである。

　TSはさまざまな業種に生産性、収益性の向上を支援するものである。WPCは24カ月のプログラムで南アフリカの経済に価値を付与することを狙っている。WPCは企業のパフォーマンス、生産性とそして雇用の創出を改善する変化を活発化する。POSはSMMEsの発展と訓練に焦点を絞っている[26]。

　ここで、南アフリカを含むアフリカにおけるSMMEsについてその経済的位置づけを確認しておこう。1990年代アフリカ大陸ではSMMEsを含む非公式セクターが郊外の労働力の60％を吸収し新しい雇用の93％を創造している。SMMEsは南アフリカのGDP成長に大きな役割を担っているのである。

　さて、戦略的な優先分野として、8項目あげられているが、その第一がプロセス、ツール、テクニックの改善である。これが、日本方式の生産性向上運動を元にしていることは明らかだろう。これは、改善教育（intervention）の開始、実行、保証のための標準手法となる構造化された仕事の進め方を開発することに焦点を当てている。スタッフが状況に応じて適切に選択できる商品として、System 2 Winを設定している。System 2 Winはリーンツールとテクニック、ヴァリューストリームマッピング、KAIZEN関連ツールとテクニック、6シグマツールからなっている。いずれもビデオによるトレーニングを伴う多数のツールと関係するテンプレートを備えている。このように具体的な活動は、現地の実情に合わせて一種の適応をしている。

　WPCに注目すると、2012年4月〜2013年3月で、186件のKAIZENプロジェクトが実施された。また、2015年4月〜2016年3月には、実施中278件、アフターケア332件合計610件のプロジェクトが実施されている。そのうち184件が新しく始めた企業によるものである。KAIZEN　PROJECTは151件が進行中で、422件が完了している。

　WPCの具体的なトレーニング教材であるWorkplace　Transformation

247

第Ⅲ部　アフリカの課題別分析

Toolkitは、

    Toolkit 1　Goal Alignment

    Toolkit 2　Cleaning and Organising

    Toolkit 3　Teamwork

    Toolkit 4　Leadership

    Toolkit 5　Green Productivity

の5つが提供されている。Toolkit 1からToolkit 4までは、その名称から内容が想像できるが、このなかで、Toolkit 5 Green Productivityは少し異なっている。Toolkit 5 Green Productivityは人間の活動が地球環境を破壊しているという問題に対処するためにはどのように活動すべきかの具体策を提供する。

　Toolkit 5　Green Productivityのマニュアルでは、環境破壊問題とは何か、何がどのように問題なGreen Productivityのマニュアルでは、環境破壊問題とは何か、何がどのように問題なのか、から始まる。たとえば、石炭採掘はどのようにして環境を破壊するのか、原油採掘、石油の生産はどのように環境に影響を与えるのか、水はどのように循環し、それを利用するということはどうなのか、プラスチック廃棄物の問題、森林資源の利用の影響は、カーボンサイクルとは何か、温室効果とは、地球温暖化の状況など基礎知識を確認している。そして、それに対して具体的解決手法を解説しているのである。

　Toolkit 5 Green Productivityが扱う直接的な対象は（Improving carbon, water, chemical, paper and human energy footprint）で、これらを5R（Reduce, Reuse, Recycle, Refuse, Redesign）原則を掲げて、その実行のツールおよびテクニックとして改善手法をKaizen Project Method（KP sheet Method）と名づけて、推進するのである。

　では、次にWPCの事例をみていこう。

（2）Sondor（Pty）Ltd KZN[28]

Sondor（Pty）Ltd KZNはダーバンの北、ニュージャーマニ―、リッチモンドにある就業者数39人の会社で、南アフリカ内にある6カ所あるSonder支店のひとつである。同社は発泡材の製造者である。製品はシール、断熱材、音響遮音材、梱包材などでさまざまな産業に供給し、国内および国外に出荷している。そのうち80％はトヨタなど自動車産業への供給である。残りは、建設、服飾、靴、エアコン用ダクトなどである。

同社がWPCプログラムを導入したのは、ケープタウンの本社が、2008年にWPCプログラムを実施して成果を上げ、それを支店に適用すれば成果が上がると判断したことによる。そして、2010年2月にWPCプログラムを開始した。

準備として、マネジメント側がWorkplace Challenge KZNチームに加わり、全スタッフに連続的改善プロセスとこのプログラムはビジネスにも従業員にも、ともに利益をもたらすことを説明した。Sondorおよび、新たに結成されたニュージャーマニーユーザーグループからキーになる人材をBest Operating Practice Workshopに参加するよう招いた。このグループは全員が連続的改善／KAIZENと問題解決を習得しており、他社のKAIZENプロジェクトに参加していた。次にマネジメントチームが短期トレーニングセッションに参加し、Workplace Challengeのような継続的改善活動プログラムに必要とされるマネジメントシステムを学び、そのプログラムを維持していけるためには、マネジメントのサポート役割が重要性であることを学んだ。

最初に、マネジメントは目標設定（Goal alignment）の概念、実施方法を示した後、4つの小集団（mini-business unit　MBU）を設定した。これは1つが10〜12人からなり、WPCプログラムの行動基準に従って自発的に活動することを期待した。MBUはそれぞれ魅力的な名前をつけ、ほどなく毎日10分間のミーティングを開始し、チームリーダとマネジメントチームが週1回マネジメントと従業員間のコミュニケーション確立のために行われた。

マネジメントチームはMBUに会社のビジョン、ゴールとミッションを指導して、全組織内でゴールに沿った活動を確実にしていった。マネジメント

第Ⅲ部　アフリカの課題別分析

チームは日ベースのパフォーマンスの測定方法指導と測定の支援を行い、個人ごとにそれぞれの品質、コスト、デリバリー／スピードとモラルを含むパフォーマンスチャートをつくるよう要請した。MBUチームはパフォーマンスを向上していった。全員がコツをつかんだところで、徹底したチームのゴール共有活動とその結果について（外部機関による）観察を行い、その結果を詳細にフィードバックした結果、全員の自信を大いに高めた。Sondor KZNでは、毎月、内部の観察と指導の結果、ゴール共有のポイントは2010年8月の15から2011年2月には26に向上した。また、ゴール共有を実践することによってMBUの全員が、変革が組織にとって生命の元であり、仕事の改善アイデアを考えることから始まるということを認識するに至った。

　第2のツールキットはcleaningとorganizingである。マネジメントチーム、スーパーバイザーチームおよびリーダーは皆cleaningとorganizingのトレーニングを受けており、職場においてチームを指導した。これらは、日本方式生産性向上運動の基礎にある5Sそのものである。それで、5Sの原則Sorting, Set in order, shine, Standardize, Self-disciplineのポスターを各MBUの場所に掲示した。これらは英語ではあるが、まさに日本の5Sのそれぞれ整理、整頓、清掃、清潔、躾に相当する。また、「7つの無駄」についても職場で討議し、取り入れた。

　ここまでの活動で型・治工具の固定や据付場所の再設計、プレスの1工程で従来の2倍の箇所を切断したり、切断の型を遠方からプレス機の近くに移して不要な移動をなくしたり、怒涛のような変革が続いたのである。それに続いて、全社的に機械・設備をより使いやすい位置に移動したり、安全通路、材料の保管場所、トローリーの駐車場所をラインで示していった。その結果はクリーンかつ組織化された工場の姿になった。この活動はMBUのメンバーにとって楽しんでやれるものであった。こうして、会社に大きな金額の節約をもたらしたのである。

　ここに述べられていることは、まさに我々日本多国籍研究会が日本的生産システムの評価基準として設定している、参画意識の小集団活動、情報共有、

第 7 章　現地政府が主導する日本的経営生産システムの導入

一体感そのものである。

　さて、その効果を数値でみると、同社の品質は劇的に向上し、2010年 9 月
〜2011年 3 月期で廃棄率は平均0.23％まで下がりそのまま安定している。欠
勤率は月率で2010年 4 月〜 6 月の4.14％から2011年 4 月〜 6 月の1.56％に改
善した。2010年 4 月〜2011年 6 月までに、現場の改善提案によって23項目の
大きな改善を実施した。その効果は、年間715,881ランドに上る。このよう
に、従業員も会社もともに改善活動から利益を得ることができた。ゴール共
有レベルは定常的に向上し、2010年 8 月の1.5（ 5 点中）から2011年 3 月2.5
（ 5 点中）に向上した。

　同社では次のステップとして、チームワーク、リーダーシップ、技術に基
づいた公式の課題解決テクニックについて公式に学ぶことを計画しており、
それによって、会社としての次のレベルにもち上げることを狙っている。い
まや、従業員は会社の将来の成長を熱望し熱心であるようになったのである。

　この事例は、PSA（Productivity SA）が導入を進める生産性向上運動の
ほんの入り口であっても、日本方式の生産性向上運動によって、大きな効果
を上げ、従業員会社双方が生産性向上に対する姿勢を大きく変えたことがう
かがえるものである。

　2015年 9 月にPSAの紹介を得て、南アフリカ国内で、PSAの指導により
日本式生産性向上活動を行った純然たる現地企業 2 社を訪問してインタビュ
ーを行うことができた。次に、この 2 社についてみていきたい。

（3）Centurion Systems（Pty）Ltd[29]

　同社は、ヨハネスブルクに本拠地を置くゲートモーターとアクセスオート
メーション機器、南アフリカで需要の大きい門扉、自動扉用機器などを中心
とした従業員390名（2015年時点）の製造販売会社である。1986年設立操業開
始、経営陣は創業社長とR&D部門を長男、経理部門を次男、IT部門を三男、
マーケット＆セールス部門を義兄弟がそれぞれ担当する管理体制をとり、健

第Ⅲ部　アフリカの課題別分析

全な経営を行っている。これらの機器は治安情勢から南アフリカで大きな需要がある。南アフリカで市場シェア60%、輸出比率は17%、世界50カ国に輸出し、世界シェアは0.5%である。南アフリカ国内にダーバン、ケープタウンなど計8支店、国外ではオーストラリアのシドニー、ナイジェリアのラゴスに支店を開設し、主として販売と技術サポートを行っている。

　同社は2000年代半ばに品質に問題があって、NPI（National Productivity Institute PSAの前身）とコンタクトをとった。彼らにはいくつかStudy Courseがあり、そのなかにPAP（Productivity Assurance Plan）、QUAP（Quality Assurance Plan）があった。そして、Workplace Challengeと呼んで推進しており次の4つの要素からなっていた。

表2　職場での挑戦　構成要素

1．Goal Alignment	2．5 S cleans and neat, shine etc.
3．Leadership	4．teamwork

出典：インタビューより筆者作成。

　このツールには日本型のアイデアがあった。

　2007年〜2009年まで2年間PSAの指導を受け、この活動を実施した。現在はPSAの活動としては行っていないが、活動自体は同社に適合した形で行われている。

　ここで、我々の研究グループの視点で、同社の工場運営をみて行こう。

①機械設備

　生産設備では各種工作機械を自前でもっていて、製品の開発生産に使用する各種試験設備を内製している、制御基板を内製しており、サーフェスマウンター、基板外観検査機などがあり、その調達先は全世界に広がっている。部品の調達先としては、プラスチック成形品は購入、そのほかは大部分が内製品であり、内製率が高い。

②賃金・教育・昇進

　賃金は南アフリカの並み以上を払っている。南アフリカでは一般的とはいえない内部昇進のシステムがあり、オペレーターといえども、能力があればマネージャーまで昇進できるキャリアパスを準備している。一部社内でOJTによる教育を行っている、SV（Supervisor＝組長）からは、生産が遅れるから教育に人を出せないといわれる。まだ不十分であると判断していが、生産性をあげられるからトレーニング時間をとるべきだと考えている。

③品質確保

　100％の出荷テストを実施している。出荷先はディストリビュータとインストーラーで、その後消費者へ行く。ここでは、日本型で行われている作業者による品質のつくり込みは行われていない。これに関連して、工場見学中に興味深い討論があった。

Q：「不良発生時でも、自分の問題と他の問題が完全に分かれているではないか。SVだって、メインテナンスだって、みんなそうだ。他のメンバーの仕事に関心がないようだが」

A：「日本のようには、ここではできない。彼らにそのような関心をもたせるのは不可能だ。なぜならこの国の文化なのだから。教育は子供のときに始まる。生まれてすぐ母親から始まって、学校、大学、企業の教育とつながっているが、どこにもそういうのはない」

④工場内作業現場の状況

　作業現場の整理整頓状態は良好で、資材置き場（丸棒、パイプなど）、廃材置き場（丸棒切れ端、切削加工くず、ステンレス、軟鉄、アルミなど素材ごとに分離）がわかりやすく配置され、床には、作業場所と通路の区別が黄色のラインで明確に分けられている。機械加工職場には11名の作業者に対して、15の

作業内容のSkills Matrixが掲示されている。その場所はInformation Chartと呼ばれ、企業理念の従業員に対する広報として、一種の情報共有の場所になっている。

組み立てラインでは、アンドンが設置され、要所要所に、Standard Operation Procedureとして多色刷り立体図で表示された組み立て作業指導票とテスト作業指導票が見やすく置かれており、Skills Matrixが掲示されている職場も全職場ではないが存在する。

総括すると、職場の状態は5Sの成果とみることができるだろう。すなわち、PSAのWorkplace Challenge活動に参加した成果を、彼らに適した部分あるいは活用できる部分とそうではない部分を峻別して、有効部分を積極的に採用、維持していると判断できる。

最後に、彼ら自身によるPSAの活動の成果についてWebページで公表している。それを紹介しておこう。

「数年前、CENTURIONは、通商産業省主導の生産効率プログラムに乗り出しました。＋Workplace Challengeと称するこのプログラムは、ビジネスでなされる決定に我々の従業員の関与を強化し、リーダーシップと革新を引き出し、労働の技能開発と向上を促進します。これによって、我々の製品の品質とエンドユーザーに対する配送に関して、CENTURIONに競争相手に対する優位性を得ることができました。従業員は、彼らの職場と生産性を改善するために一層の努力をして、彼らが生産する個々の製品に彼らの名前付することを誇りに思っています。」

PSAのWorkplace Challengeという日本型の生産性向上運動を行った結果、従業員の仕事に対する意識を変えることができたということであろう。

（3）DPI PLASTICS（PTY）LTD SOUTH AFRICA[30]

南アフリカ・ヨハネスブルクを拠点とするプラスチックパイプおよび関連商品の製造会社でマーケットリーダーでもある。DAWNグループ傘下100%

出資のDPIホールディングスの100％出資子会社で、市場はアフリカ南部、サブサハラアフリカ、ガーナ、モザンビーク、モーリシャスを市場などである。タンザニア、アンゴラ、モーリシャスなどに工場がある。

　製品はPVC（塩ビ）パイプ、HDPE（高耐性ポリエチレン）パイプ、射出成形パイプ接合部品である。パイプ径40mm〜600mmと多種生産で需要に対応している。従業員2,700人、内250人が訪問したヨハネスブルク工場に在籍している。このヨハネスブルク工場はPVCパイプと射出成形品の製造を行う工場である。

　日本型生産性向上活動については、PSAの指導の下、2013年導入開始、2015年は3年目で最終年となる。2年間で、4つのToolkitのデザインをそれぞれ半年かけて進めてきた。このように、1つのToolkit導入後本格的活動になるまで大体半年かかる。3年目の現在はアフターケアを行っている。DPIが自身でできるようにするために、PSAは徐々に手を引いている段階である。ただし、関係を終わらせることではない。

　この種の活動には会社トップの理解が欠かせないが、Manufacturing Directorは「スキルベースの活動である。継続が大切で、人々を変えることであって、低技能をなくすことである。コンスタントプロセスであって、終わることがないビジネスである。常時チェックを要するビジネスである。継続することが大切で、決して終わることがない」と積極的に支持している。

　そして、なぜ日本式が受け入れられているのかという問いに対して、同氏は「うまく機能する。シンプルでないにしても、使いやすく、意味がある。ガイドが与えられて、ゴールがわかれば力になる、ワーカーもマネジメントも民主的にやれる。我々の文化はこの方式にあっていると思う。30年前、SASOL（南アの資源化学企業）にいたときに、KAIZENやトヨタ方式が入ってきた。これは南アフリカに侵入した日本文化である」と分析してくれた。

　具体的な活動はPSAが提供するWorkplace Challengeを採用した。これはToolkitsで以下の4つの基本から構成されている。

第Ⅲ部　アフリカの課題別分析

表3　職場での挑戦　構成要素

| 1．5 S | 2．Goal alignment |
| 3．Team Work | 4．Leadership |

出典：インタビューより筆者作成。

　Toolkitは、①品質向上テクニックのContinuous improvement techniques、②Cost and productivity Improvement technique Muda elimination、③Delivery JITなどからなる。Workplace Challengeはパッケージでこれらを含んでいる。これらについて同社はPSAのコンサルティングを受けた。
　生産現場では、日本型生産性向上運動に関係する表示、ポスターなどは見られないが、生産性向上運動の部屋が1室用意されていて、机と椅子があり、活動のために活用されている。事務職員1名が常駐している。掲示板には、DPI Plasticsの企業理念、Toolkitの5S、アイデアマネジメント、PDCA（Plan-Do-Check-Act）サイクル、魚の骨ダイアグラムなどのポスター、Skill Matrix、各種指標の予算実績比較グラフなどが掲示されている。これらはすべて、PSAのWorkplace Challenge導入の成果といえる。また、製品サンプルがあり、手に取って分析できる。

　ここで、我々の研究グループの視点で、同社の工場運営状況をみよう。

①生産設備

　工場内に停電対策3,000kVAの自家発電設備がある。押出成形では電力の安定供給が不可欠であることに対応しており、必要な電力を100%賄える容量である。押出直後の冷却水を冷やすためのチラーユニットがあり、水は循環して再利用する。これによって、押出成形に安定的かつ効率的に冷却水を得ている。KABARA EXTRUDER（インド・ムンバイのメーカー、ドイツのライセンス）製押出成形機20台保有し、生産量は1万9,000kg／日である。
　また、パイプ以外の生産品目として関連するパイプ固定具を生産している。

256

金属製品は中国製を使うが、プラスチック射出成形品は内製しており、そのため、大型射出成形機KRAUSS MAFFI（ドイツ射出機メーカー）製を8台保有している。

②生産状況

　200mm径のパイプ：20分／本、長さは20mくらいと推定、350barに耐えられる。大きいものは30分／本生産する。パイプは連結して長尺ものにする。連結部は、パイプ一端の径を大きくし、かつ溝を内面に付けてパッキングを装着したところに、次のパイプを挿入する。大きい径用にLine 1〜Line 7まで成形機が横1列に管理しやすい配置になっている。スクラップは粉砕機があり、粉砕して材料として再利用する。

③段取りについて

　押出成形は24時間止めることはない。温度保持が品質確保、安定生産において重要であるためである。しかし、射出成形は止める。生産のボリュームが小さいので顧客対応で必要で多種少量にならざるを得ない。10種類の製品／1台のマシーンである。製品の種類は押出成形パイプで500種類くらい、カラー、径など、耐圧、またカスタマーでも異なるため種類が多い。射出成形品は40種類くらいある。これは、南アフリカでは、数は稼げない。それは競争もあり、多種類生産にならざるを得ないためである。

④品質管理

　オペレーターによる管理とQCマンによる管理の併用である。オペレーターは直径、肉厚、外見検査を行う。測定個所は周に沿って60度ずつ、6カ所である。QCマンがサンプルテストをラボラトリーで行う。サンプル頻度は2時間あるいは1時間ごと、2〜3日同じ製品をつくる。ロットの最初の製品は必ずテストする。また、設定を変えたらサンプルテスト実施。保管前に最終チェックを行う。

第Ⅲ部　アフリカの課題別分析

⑤教育・訓練・多能工化

　OJTと外部教育を併用している。OJTでは１つの機械に２人、１人は熟練者、１人は非熟練で教育している。押出機の設定、射出成形機の設定はコンピュータ化されているが、その設定にも訓練が必要である。外部教育としては南アフリカでは教育機会があり、たとえばPlastic Federation（http://thegreentimes. co.za/supporter/plastics-federation-of-south-africa/）が教育Moduleをもっているので利用している。多能工化では、押出工程内、射出成形工程内、および両工程間でローテーションを行う。これは、PSAのグリーンブックにあり、それによって実行しているものでたいへん重要かつ効果的である。この活動の成果である。

⑥参画意識

　毎朝ミーティングを行う。朝礼の実施である。また、週１回ミーティングを行う。

3．ナイジェリア生産性本部

　ナイジェリア生産性本部（National Productivity Centre　NPCと略記[31]）は1970年のADBBの賃金と賃金調査委員会において、生産性コンセプトを制度化する努力が始められ。１年後、1974年のUdoji公共サービス審査委員会が、増大した生産性の必要を強調し、また、結果指向のサービスを設立する必要も強調して、NPCの設立を国に推薦したことに始まる。その後、2004年のACT CAP 70によって、連邦労働生産性省が監督する、複数の専門分野の専門家が参加する研究指向の準政府機関として設立された[32]。アブジュヤに本部を置き、ナイジェリア国内に11のオフィスを展開している。スタート時には、NPC自身の人材育成のため、2006年〜2010年にPAPAによる人材育成トレーニングに計28名を参加させた。PAPAは南アフリカのPSAが主

258

第7章　現地政府が主導する日本的経営生産システムの導入

導しているので、その影響を受けていることが推定できる。現時点では、最近発表した2016年～2020年の５カ年計画の達成に向けて、組織を改編して７部門、３ユニットの組織から成り立っている。[33]

この５カ年計画は、ナイジェリアにおける現在、特有の経済的課題と国際的なベストプラクティスに沿って、センターのプログラムと活動の重要な側面をレビューすることを主目的とし、民間セクター、特に経済を成長させ、雇用を創出し、収益を生み出し、民衆の生活水準を向上させるための中小企業（Small and Medium enterprises　以下、SMEsと略記する）の開発に焦点を当てている。[34]

（1）ナイジェリア生産性本部の活動

NPCは、そのビジョン、ミッションとフィロソフィーを次のように設定している。[35]

ビ ジ ョ ン：世界レベルの生産性研究組織であり、またナイジェリアの全般的成長と発展の目標の達成において、キープレーヤーであること。

ミ ッ シ ョ ン：国民にサービスの提供と生活水準の向上のために生産性の文化の概念を育成し習慣化すること。

フィロソフィー：グローバル化された経済における比較優位を追求するために、国家の生産性と競争力の高水準を達成するために、従業員やその他のステークホルダーの権利に対する経営効率、有効性、尊重の文化を開発することである。

またその任務は、「ナイジェリア経済のすべての部門の生産性を刺激し促進し、生活水準を向上させるために商品やサービスの量と質を目に見える形で改善する持続可能で結果の重視された政策を明確にすること」である。

NPCでは、民間部門、公共部門、国際協力の３つと戦略的パートナーシ

259

ップを組んでいる。この国際協力の対象には、APO、PAPA、PSAがふくまれており、日本方式のKAIZENがその基本である。

NPCの活動の特徴に、現状分析を徹底的に行っていることがあげられる。製造部門の分析では、崩壊した電力供給と連動した貧弱で老朽化したインフラサービス、消費者の購買力欠如による国内需要の弱さ、密輸業者の暗躍、SMEsの資金調達コスト高、教育の崩壊により悪化している労働力レベルなど、厳しい現実を把握している。また、SMEsでは、いまだに、長いリードタイム、低い設備稼働率、高コスト、低生産性といった伝統的状況にあると分析している。

さらに、この分析は、文化的側面にも向けられている。ナイジェリアのマネジメント環境文化については、多文化、多民族、多宗教でありながら国全体に共有されているいくつかの典型的文化がある。たとえば、組織内の権力者と非権力者の力の差が大きく、かつその状況が受け入れられている社会のほぼすべての側面は、階層的で、上司と部下の家族主義的な関係になっている（これは必ずしも相互に協力しないということではない）などである。また、具体的に次の6項目をあげ、西欧先進国と比較を行い、その違いを確認している。

表4　西欧とナイジェリアのマネジメント環境比較

西　欧	ナイジェリア
個人主義	家父長主義的集団主義
平等主義	階層主義
競争重視	年長者重視（尊敬）
時は金なり	時は人生なり
タスク基準	ロイヤリティ基準
未来・変化志向	伝統・過去志向

出典：2015年9月11日訪問、インタビュー時受取説明資料より筆者作成。

第7章　現地政府が主導する日本的経営生産システムの導入

　この比較項目のなかで、西欧文化の個人主義とナイジェリア文化の家父長主義的集団主義の対比が基幹をなしていて、下の5項目はそのサブカテゴリーである。項目の選択もナイジェリア文化に根差しているのでその意味を考察しよう。

　「時は金なり（Time is money.）」と対比された「時は人生なり（Time is life.）」はその意味で興味深い。時間の流れは人生そのものであり、お金は人生をより良いものにする手段に過ぎないではないか、と批判しているのである。しかし、NPCのミッションの「生活水準の向上のために生産性の文化の概念を育成し習慣化」することや、フィロソフィーの「経営効率、有効性、尊重の文化を開発する」ことに関しては、過度な年長者重視、ロイヤリティ基準、伝統・過去志向はやはり、阻害要因である。この阻害要因を取り除き、生活水準を高めるためには、文化の根幹にある家父長主義的集団主義を無視できず、むしろこれを生かさなければならないのと考えるのが自然である。NPCの活動もその考えに基づいている。日本では、戦後、家父長制度は崩れてしまったが、さら大きな集団における集団主義の良さは残っていて、KAIZENに大いに反映されている。

　ナイジェリアでは、西欧の個人主義を根幹にした手法は、たとえ目指すところは同じとしても成果は上げにくいが、集団主義的要素を含むKAIZENの手法が適し、成果が上げられると判断したのである。

　このナイジェリの文化的特徴はナイジェリアには多様な文化があるなかでの共通の文化であるが、サブサハラにも多様な文化があっても、共通の文化として同様の文化的特徴があるのである。バンツー語系諸族がサブサハラに広く拡散し分布していることも一因であろう。したがって、この文化的特徴が、サブサハラ諸国の生産性向上活動に、日本のKAIZENが受け入れられている背景の一つといえるのである。[36]

第Ⅲ部　アフリカの課題別分析

（2）コアプログラムP&QIP（Productivity and Quality Improvement Programmes）とその成果

NPCの具体的な活動は、NPCの能力向上のための各種手法の研究開発、各セクターの現状分析、生産性と競争力向上のための教育活動（学校教育にも取り入れている）、クライアント組織にたいするコンサルティング、国家生産性委員会の運営、出版物による広報、労働生産性省による表彰など幅広い。

NPCの活動のコアプログラムがP&QIPである。P&QIPによってナイジェリアのさまざまな組織が生産性および競争力強化のテクニックを手にして自分のものとできるのである。このP&QIPで導入されるテクニックは、戦略的計画、付加価値生産性測定手法、規律―5S（KAIZENで使われる5Sである）＆3M（Man、Machine、Material）、PDCAサイクル、ブレーンストーミング、品質管理7つ道具、QCを活用したTEI（Total Employee Involvement）、トップダウン・ボトムアップの双方向の効果的コミュニケーションスタイル、業績連動報酬である。日本のKAIZENの手法がその中核であることがわかる。

P&QIPの成果として、670名以上のチャンピオンが全国のQCで活動し、付加価値生産性測定手法がSMEsの戦略的計画に組み込まれるようになり、SMEsの協力関係において文化的再設定が行われ、そしてSMEsにおける製品とサービスの品質改善が進んでいる。

（3）第1回生産性振興セミナー発表事例[37]

このセミナーはThe First Productivity Promotion Seminar in Nigeria on the Application of Japanese Kaizen Concept for Productivity Improvement　JPC、METI（日本の経産省）の協力で開催された。

NPCは2017年に、5S＆KAIZENプロジェクトをSMEs（small and medium scale enterprises）を実施した。以下の3件の報告は、このプロジェクトに参加した企業の報告である。

第7章　現地政府が主導する日本的経営生産システムの導入

Mouka Ltd

　1972年設立のポリウレタンフォーム、フォームマットレス、ばねマットレス製造メーカーで、ナイジェリアにおけるマットレス業界のリーダーである。3工場あり、従業員数は730人、年間1,300トンのフォームを生産し、80万個のマットレスを生産している。経営の基本はコストマネジメント、出荷、安全、品質を4つの柱としている。このうち安全について全工場の環境をクリーンに保つGHK（Good House Keeping）を採用しているが、その実施に当たり2016年に5Sプログラムを始めたので、2017年に5S　KAIZENプロジェクトに選定されたとき、経営者、授業員ともに歓迎した。その結果、5Sスコアは2017年9月の58に対して、同11月には96.8に達した。

　また、安全について、KAIZENテーマとして使用済み化学材料を生産ラインから排除し、所定の場所に保管することを取り上げ、スペースの節約と事故をなくすことができた。そのほかのKAIZENテーマとしては廃棄物の管理を取り上げ、その区分けとリサイクル、廃棄を明確にできた。活動は、プロジェクトアクションプランのチャートを使用して実行された。

　得られた成果は、工場スペースに余裕、段取り時間を10%から1%に削減し、年間3.95Mドルの利益、生産量＝1,500ユニット／日⇒1,800ユニット／日＝に増加、在庫の管理レベルの向上、5Sの定着などである。今後は、引き続きこの活動を続け、2018年6月までに発泡の不良率を2.5%から1.5%に削減する計画である。

　以下のように結論づけている。5S／KAIZENをMouka Ltdで受け入れたことは、正しい方向に向いており、廃棄物管理、プロセス改善、安全性および環境に関するすべての法的要件を満たすだけでなく、それを超えている。すべてのステークホルダーが評価しており、環境と整合している。経営陣は、成長、収益性、人生への快適性を高めるため、正しく舵取りをしている。

J.JUMAC INT'L CO.LTD

　スーツケース、旅行バッグ、産業用および家庭用プラスチック製品の製造

第III部　アフリカの課題別分析

メーカーである。従業員数は100人未満である。

　2016年9月に5Sチーム設置から始め、5Sのトレーニングを経て、製造ラインと組み立てラインに5S／KAIZENを、5Sチェックリストに基づき2017年1月まで展開した。得られた成果は、生産現場の床が、障害物がなくなりアクセス性が改善、作業者のモラルが改善、型の段取り時間が、95分⇒40／45分と半減、ラインインバランスをなくして、タクトタイムを413秒から85.5秒に短縮、事故の可能性が最低になり安全のレベルが向上、スキルマップ分析によってアイドルタイムがなくなり生産性が100％向上、作業指導書（Standard Operation Procedure）が整備など数多い。そして、困難にみえるタスクでも、5S／KAIZENのようにステップバイステップで継続して行うことで成し遂げられることが認識できたことは大きな成果で、5S／KAIZENで疑いもなく、生産性の向上、モラルの向上、コストの低減が得られている。5S／KAIZENを続けることで、この企業を望ましい状態にもっていけると期待している。これらは我々にとってはごく当たり前のことに思える、この国の企業経営の段階を示しているといえる。

BERTOLA MACHINE-TOOL LTD

　道路工事用機械、ビル建設工事用設備、マテハン設備、農業用機械、発電機、圧縮機、ポンプ、家庭用、庭用、オフィス用機械の販売、加工、組立、保守修理の会社、従業員105名のナイジェリアではこの分野でトップ企業である。5Sの活動は、5Sチームの結成、コンサルタントを呼んで5Sの学習トレーニング、会社幹部が参加する5S委員会を設置して進めた。5S／KAIZEN活動前の課題は、展示スペースの確保、職場環境の維持、時間管理不足による低労働生産性であった。5S／KAIZEN活動の結果、業務が簡素化され、展示スペース、工具・設備の配置が明確にカテゴライズされ、スペースの管理で設置可能になったトレーニングセンターで、5S／KAIZENプログラムに沿った基準で新人教育が容易になり、職場環境の維持に対するメンバーの意識の向上が得られ、ドキュメントの異常が容易に検出され、安全意識が高

まり、医療支出が60％削減、36万ナイラ／年の効果、段取り時間が50％低下して225万ナイラ／年の効果、生産性が30％向上して750万ナイラ／年の効果が得られた。今後、NPCの協力を得て、５Ｓ／KAIZENを進め、さらなる経済効果と生産性の向上を目指す。

この５Ｓ／KAIZEN活動で得られた効果を通して、確実に従業員、企業幹部の意識が変化しているのがみてとれる。しかし、実施内容は、生産性向上活動のレベルで見れば初期段階にあり、NPCによるこういったセミナー、そのほかの普及活動が当面必要とされる。

４．JICA支援による日本型生産性向上運動の広がり

（1）JICAによる支援状況

アフリカ各国のなかで、非PAPAメンバー諸国に対しては、JICAが各国政府を通して生産性向上運動の支援を行っている。その状況をみていこう。

小泉首相（当時）が2006年に、インドネシアで開催されたアジア・アフリカサミットでアジアにおける生産性向上運動の経験のアフリカ移転支援を表明したことは前述のとおりである。これをきっかけに、JICAの生産性向上すなわちKAIZENのアフリカにおける取り組みが始まった。JICAの支援は、具体的に現地において、シルバーボランティアを含む人材を派遣し、プロジェクトを立ち上げたり、セミナーを実施したりすること、また、必要に応じて将来リーダーになる現地スタッフを日本に呼び、カイゼン研修や工場現場を体験させることなどである。

JICAの活動は、主として、国あるいは国家機関の要請に基づいて行っている。そして2009年以降、JICAはKAIZEN運動をサブサハラにおいて積極的に進めているのである。これまでに、JICAはエチオピア、チュニジア、ケニア、ガーナ、タンザニア、ザンビア、カメルーン７カ国において、各国のカイゼン推進機関を育成し、現地企業や公的機関へのカイゼンの指導と普及に取り組んでいる。また、日本やマレーシア等での研修等を通じて、アフ

第Ⅲ部　アフリカの課題別分析

リカ20カ国以上に対してカイゼンを指導する人材を育成している。[38]

　さて、2016年にケニアのナイロビで開催された第6回アフリカ開発会議（TICAD Ⅵ）で採択されたナイロビ宣言では、経済多角化・産業化を通じた経済構造改革の促進（質の高いインフラへの投資、民間セクターの役割、人材育成促進等）が3つの柱の1つとされている。そのための活動の1つが、日本が強みをもつ品質・生産性向上の手法である「カイゼン」を活用し、現地企業や公的機関に対する指導・普及に取り組み、官民双方の質および生産性を改善するための能力開発を支援することである。

　TICAD Ⅵではこの取り組みを拡大し、アフリカ全土に普及していくことを表明した。そして、これまで成果を上げてきたKAIZENについて、TICAD Ⅵにおいては、この成果をさらに拡大すべく、アフリカ全土にカイゼンを普及するためのプラットフォームとして「カイゼン・イニシアティブ」をNEPAD（New Partnership for Africa's Development[39]）とともに立ち上げ、拠点国に対するカイゼン支援と域内展開、カイゼンアプローチの標準化を進めていく予定である。TICAD Ⅵにて開催したサイドイベント「アフリカの自立した産業振興：KAIZENを超えて」において、閉会の辞を述べたNEPADのマヤキ長官は、アフリカにおけるカイゼンの普及・展開を支持したうえで、政府高官による政治的な関与と産業政策の存在がカイゼンの普及に必要であると論じ、NEPADがその主導的な役割を果たしていくことを表明した。[40]

　KAIZENをさらに普及させるために、JICAはKAIZENの普及と人材育成に関するアフリカの実践者のためのガイドブックである「KAIZEN HANDBOOK」を編集し、2018年7月に南アフリカで開かれるKAIZEN年次総会で発表する。

　ここで、JICAが提唱するKAIZENの概要を確認しておこう[41]。KAIZENとは、「①全員参加の規則的継続的改善、②品質と生産性の改善、③追加コストを伴わず、金がなければ頭を使え、④現場からのボトムアップの参加型プロセス、⑤結果だけでなくプロセスを重視」、そして、KAIZENツールとして、5S、無駄とり、QC7つ道具、QCサークル、提案箱、TQM、TPS、JIT、

看板、などなどがある。5Sは、もともとは日本語の頭の語のSをとっているのであるが、英語で「sorting（整理）、setting in order（整頓）、shining（清掃）、standardizing（清潔）、and sustaining（躾）」とゴロ合わせでわかりやすく表現されている。JICAではKAIZEN活動の開始にあたり、5Sという最も基礎的部分からはじめている。

（2）エジプトにおけるKAIZEN運動

　エジプト国通産省は産業界の技術レベルを向上させることを目的に、生産性と品質の管理・向上を扱う技術センターとして生産性・品質向上センター（通称KAIZENセンター）を2006年4月に設立した。通商産業省技術開発局傘下には13種類の技術革新センターと横断的技術を提供する3つの技術センター設置されている。KAIZENセンターはこの横断的技術を提供するセンターの一つである。通称をKAIZENセンターと称するように、日本の生産性向上運動をその活動のベースに置いている。そして、JICAがその立ち上げ後プロジェクトとしてさまざまな面で支援している[42]。

　KAIZENセンターは2011年の長年続いたムバラク政権の崩壊という政治的な混乱があったにもかかわらず、活発に活動を継続している。活動の事例を示そう。

①2012年10月には、エジプト日本科学技術大学（T-JUST）主催のKAIZENセミナーが次のとおり開催された。

　キーノートスピーカー：圓川教授（経営工学　東京工業大学大学院）
　　議題：KAIZENと日本のオペレーションマネジメント
　ゲストスピーカー：Mr Ayman Aly Deghaidy、KAIZENセンター
　　　　　　　　　　Executive Manager
　　議題：エジプトにおけるKAIZEN実行のケーススタディ[43]

第Ⅲ部　アフリカの課題別分析

②エジプトKAIZENセンターがサポートしたKAIZEN活動の事例研究がある[44]。ここでは、カーペット会社、ガスクッカー会社、電子機器会社のケースが研究されている。KAIZENセンターの適切な支援がみてとれる。

③Daily News Egyptの記事によれば、エジプト産業貿易省はKAIZENセンター主催で、2014年1月27日〜30日にトヨタのスペシャリストを招聘して、トレーニングプログラムを実施した。これは、金属およびプラスチック産業の型の交換スピードおよび機械のセットアップのスピード向上を図るべく設計されている。また、この記事が出された2014年1月25日の数日以内にエジプト産業の品質とパフォーマンス強化のための包括的なプログラムをthe Industrial Council for Technology and Innovation（an affiliate of the Ministry of Cooperation）がJICAの協力を得て実行に移すとされている[45]。

このようにエジプト政府はKAIZENを強力に推進している。

（3）エチオピアにおけるKAIZEN運動

エチオピアはアフリカ最古の国で、その歴史は紀元前10世紀ごろに始まっている。面積は日本の約3倍、人口は9,200万人のアフリカで2番目の大国である。その産業は伝統的な農業が中心であるが、慢性的食糧不足の問題を抱え、産業構造の変革が必要とされている[46]。

エチオピアにカイゼンがもたらされたのは、2008年6月に横浜で開催された第4回アフリカ開発会議（TICAD Ⅳ）で会議に参加したエチオピアのメレス・ゼナウィ首相が強い関心を寄せ、7月にはJICAへの協力要請を行った。その後、JICAとさまざまな交流を続け、JICAの協力を得、エチオピア貿易産業省内にカイゼン・プロジェクトを立ち上げ、10人からなる「カイゼン部」を設置した。同部はJICAカイゼン・プロジェクトチームとともに活動している。プロジェクトでは、エチオピア国内の企業30社を対象として個別診断・指導を行うパイロットプログラムを実施。2009年11月4日、エチオ

ピアの首都アディスアベバで、約170社の現地企業経営者、国際機関および政府機関の関係者など計320人が参加した「第1回ナショナル・カイゼンセミナー」が開催されるにいたった[47]。

その後、エチオピア版の「カイゼン」を普及させていくための国家計画が策定され、2011年10月には「エチオピア・カイゼン機構（Etiopian KAIZEN Institute EKIと略す）」がつくられた。JICAでは、2011年11月15日〜2014年11月14日の3年間の品質・生産性向上（カイゼン）普及能力開発プロジェクト〈Project on Capacity Building for Dissemination of Quality and Productivity Improvement (KAIZEN)〉を実施して支援している[48]。

エチオピアは現在、産業部門の変革を軸に2025年には中所得国への移行を目指している。そのためには、品質、生産性と競争力（QPC）の改善を推し進めているのである。EKIは、2017年10月7日、KAIZENを現在実行している企業代表、日本国大使、JICA、公共サービス・人材開発長官を招き、第5回表彰式を開催した。日本の協力を得て、EKIは、零細企業や会社にKAIZENの指導を行ってきた。現在までに630社以上の企業がKAIZENを導入し、生産性を平均37.2％向上させ、廃棄物を平均して55.2％削減している。

2016年3月、JICAはカイゼン知識共有セミナーをエチオピアで開催、エチオピアの知識経験を他の11カ国からの参加者と共有した。「KAIZEN運動は、アフリカの他のどの国よりもエチオピアで受け入れられている」としているが、これは政府の強力な施策によるといえる。また、JICAによれば、KAIZENの哲学は、「もしお金がなければ、知恵を使え」だという、これもアフリカでKAIZENが受け入れられる理由の一つであろう[49]。

（4）タンザニアにおけるKAIZEN運動

タンザニアの産業貿易省マプンジョ長官と日本政府を代表してJICAタンザニアのカッタ代表が、2011年に同国の生産部門の強化を狙った覚書に調印した。覚書は労働集約的産業部門を高い生産性の業務によって強化する品質生産性向上運動（KAIZEN）を含むことを狙っている。マプンジョ長官は同

第Ⅲ部　アフリカの課題別分析

国の産業社会全体に利益をもたらす生産部門をターゲットにした最初の技術的協力として記録にとどめられると語っている[50]。また、JICAでは2013年3月1日から2016年3月31日の「品質・生産性向上（カイゼン）による製造業企業強化プロジェクト〈The Project on Strengthening Manufacturing Enterprises through Quality and Productivity Improvement (KAIZEN)〉」で支援している[51]。

　タンザニアでは、生産部門以外に医療健康部門でもKAIZEN運動で成果を上げている。石島氏の報告「きれいな病院」の事例では5S、KAIZENによる国立病院の業務の改善が報告されている。実施には困難があるが実際の効果を見るとスタッフが共感し、理解が進むという[52]。石島氏の「Factors influencing national rollout of quality improvement approaches to public hospitals in Tanzania」という5Sアプローチに焦点を当てた興味深い研究がある[53]。

　タンザニア政府は2025年までに中所得国となることを目指した長期開発政策Vision 2025を掲げ、「天候と市場に左右される農業中心の生産性の低い経済から近代的で生産性の高い準工業化経済を目指す」とし、2016年6月に発表された「第二次国家開発5カ年計画」（FY2016／17〜FY2020／21）などの国家開発計画のなかで、製造業を成長させるために中期的な付加価値のある農業加工分野や中小零細企業の強化などに重点的に取り組み、国内外の市場で競争力をもつことを目標として掲げている。この計画の戦略事業となっているのが、JICAによる協力期間2017年8月1日〜2020年7月31日の品質・生産性向上（カイゼン）による製造業企業強化プロジェクトフェーズ2である。タンザニアの担当機関は産業貿易省（Ministry of Industry and Trade）で、主としてTanzania Kaizen Unit of Ministry of Industry and Trade（MIT）が担当する。JICAは長期短期の専門家派遣、日本での研修受け入れなどを行う[54]。

270

第7章　現地政府が主導する日本的経営生産システムの導入

（5）ザンビアにおけるKAIZEN運動

　ザンビアの国内産業の競争を高めるには、生産性を上げる取り組みが必要として、JICAは2008年からシニア海外ボランティアやJICA専門家を派遣し、生産性の向上に向けた取り組みを行ってきた。そして、これまでに4回、全国カイゼン大会が開催されている。ザンビアでは民間でのKAIZEN活動が盛んである。そして、政府機関のKAIZENにまで広がっているのは面白い。たとえば2011年9月24日、JICAのレポートにあるように、ZDA（ザンビア開発庁）、ZAM（ザンビア製造業協会）、JICAの共催で中間活動報告会を開催しており、活発な活動がうかがえる[55]。2011年9月11日から14日まで横浜で開催された第36回国際QCサークル大会で、ザンビアで展開されているカイゼン・プログラムの推進状況が発表された。これはアフリカからの初めての参加であった[56]。

　2013年2月15日から2日間の日程で、第4回ザンビア全国カイゼン大会が、国際協力機構（JICA）とザンビア開発庁の共催でルサカ市ムルングシ国際会議場にて開催された。JICAの協力によってカイゼン活動がザンビアに導入されて以来、継続的に活動したチームが予想以上に育ち、製品を輸出できるほどに成長していた。大会初日、ザンビア内閣府から国立カイゼン・センター（KIZ）の設立が表明された[57]。

　2014年6月19日、ザンビア開発庁において、ザンビア・カイゼン機構（KAIZEN Institute of Zambia: KIZ）の開所式が開催され、小井沼紀芳駐ザンビア大使が式典に参加している[58]。KIZは商業貿易産業省の傘下にある。2018年2月15日～16日にJICAと共同で、2018 National Kaizen Conferenceを開催した。ここでは、さまざまなKAIZEN手法を用いた品質と生産性向上の19件の発表が行われ、日立建機ザンビア[59]（HCMZ＝Hitachi Construction Machinery Zambia）とStrong Pack社が優秀賞を獲得した。2014年のKIZ創業後、16人のコンサルタントが訓練を受け認定された。製造業28、非製造業49、合計77の企業。組織がKAIZENコンサルタントを受け、製造業65、非製造業97、合計162のQCサークルチームのトレーニングを受けた[60]。

271

5．なぜ日本方式なのか、期待と成果

　南アフリカ生産性本部とナイジェリア生産性本部において、「なぜ日本方式なのか」を質問した。これに対する回答を以下にあげる。

　南アフリカ生産性本部の回答は、「ベストプラクティス」である。ナイジェリアの生産性本部の回答は、日本の製品の品質がよい、たとえばトヨタ車、ホンダのオートバイなどを見ている。日本人が来て教育訓練を始めてくれた。また、日本に対する関心が高い。手法の効率が高い。教育とトレーニングで行うのでコストがかからない。NPCの活動の困難さはお金がないことである。すなわち、コストがかからず、成果を上げられるということである。

　しかし、これだけでは、アフリカ諸国が歴史的に欧州の植民地時代を経て、欧米の経営手法が導入されてきたにもかかわらず、日本方式に切り替えてきた事実の説明には不十分である。ボツワナでは、当初、ノルウェー、スウェーデンと協力関係を構築しながら、日本方式に切り替えている。また、南アフリカ生産性本部は、1968年に設立されたPAC（Productivity Advisory Council）としてスタートし、翌年目的達成の恒久的活動組織として改組した政府組織のNPI（National Productivity Institute）が前身で、当初は欧米の管理手法を採用していた。これら欧米の手法は、欧米では有効であるのだが、アフリカには定着できなかったのである。

　これに対しては、欧米とアフリカの社会の違いに着目するのが妥当である。ナイジェリアNPCは欧米とナイジェリアの社会の違いを分析し、欧米が個人主義であるのに対してナイジェリアは家父長的集団主義であるとしている。また、2017年4月にナイロビで開催された、カイゼン知見共有セミナー2017における文化的要因に関する議論がある。すなわち、多様な文化があるアフリカで、「カイゼンアプローチの標準化は可能か？」が問題として、参加者から提起され、別の参加者のなかからは「カイゼンに（国地域の）文化は関係ない。5Sの理念は「整理、整頓、清掃、清潔、しつけ」という基本的な

第7章　現地政府が主導する日本的経営生産システムの導入

もので、むしろアフリカ文化に共通するもの」との意見があり、多くの参加者がこれに賛同した。また、「文化は阻害要因ではないが、カイゼンの普及・展開に当たっては各国の文化・経済背景等を考慮する必要がある。標準化に際しては、各国状況をふまえ、柔軟に対応するべき」という意見も多く出された。[61]　5S・KAIZENに代表される日本方式はボトムアップで全員参加型を特徴として、労働者が活動の主体であるという文化であって、アフリカに共通する文化との親和性が高いのである。

　KAIZENは製造業の生産性・品質の向上、競争力強化が注目されがちである。しかし、アフリカではそれだけではない。

　収集した事例および南アフリカ生産性本部のtestimonials[62]、各国のNPCの認識に見られるように、製造業、サービス業、医療、教育、政府機関などあらゆる分野で適用可能で効果を上げることができる。また、労働者が活動に参加し、継続的に自ら考え、実行することを通して、組織を活動に参加し、支える組織メンバーとしての意識に変化するのである。すなわち、経営者にとって望ましい労働力の質へ向上するのである。

　また、職場の事故が減少し安全性の向上も報告されている。南アフリカのPSAが労働省傘下の組織、ナイジェリアのNPCが労働・生産性省の傘下の組織、ケニアのNPCCが労働および社会保護省傘下の組織であり、モーリシャス、ボツワナの3者に労働者代表が含まれていることはこの事実を反映したものといえるだろう。

　労働力の質の向上は生産性・品質の向上、企業の競争力の強化につながっているのである。そして国家のレベルアップにつながっていくのである。アフリカでは、いまだ公教育が良質の労働力を育成しているとはいいがたいが、KAIZEN活動によって補完されているのである。

まとめ

　アフリカ各国政府は、自国の経済社会的発展のためには、生産性の向上の

273

第Ⅲ部　アフリカの課題別分析

必要性を痛感している。生産性の向上を通して発展を遂げた東アジアの国々の状況を研究し、日本で生まれたKAIZEN活動がその根本にあることを理解し、それによってアフリカの国々の発展に生かせると判断している。APO、JPC、JICAなどの協力を得て、生産性向上のための国家機関（NPO）を設立し、さらにPAPAといった加盟国間の協力機構を設置して、国としてKAIZEN活動の普及に取り組んでいる。日本政府がこの動きを後押ししている。国によっては、すでに相当の成果を上げている。その成果は隣国を刺激し、KAIZEN運動のアフリカにおける広がりの原動力になっている。

　しかしながら、政府が熱心であっても、KAIZEN運動を直接実施するワーカーやその管理者に受け入れられ、成果が得られないと、運動は成功しない。Sondor (Pty) Ltd KZN社、DPI plasticsのケースや、JICAのレポートを見ると、品質、生産性の向上については目に見える効果が得られている。そしてワーカーはKAIZEN運動を楽しんでいる。それを通して意識が向上している。マネージャークラスも同様である。

　KAIZENは日本で生まれた理念であり手法であるが、アフリカの社会にそれを受け入れる、あるいは歓迎する素地があると考えてよい。アフリカ各国の産業を見ると、経済の牽引は資源関連であるといわれるが、産業別人口を見ると、農業従事者が圧倒的に多いのが現実である。いわゆる農耕民族なのである。農耕民族には相互扶助の精神が根づく。ケニアなど東アフリカなどに「ハランベー」（みんなで力を合わせて頑張ろう）という相互扶助の精神も関係があるのであろう。[63]

　アフリカのワーカーや指導するマネージャークラスはやる気に満ちており、ただ、彼らが使えるツールを求めていたのである。欧米流のトップダウンシステムは彼らが求めるものではなかったが、ボトムアップで全員参加のKAIZENはまさにピッタリであったのである。しかし、アフリカでは、KAIZENを自ら実施できる能力を備えているのは一握りの大企業、トヨタ、BMW、ベンツといった外資系大企業である。大部分のSMMEs（零細中小の企業）では、人材も資金も不足している。そして、現状はまだスタートラインに立ったレ

第7章　現地政府が主導する日本的経営生産システムの導入

ベルが多いのである。

　KAIZENの普及には、政府が主導し、サポートすることが必須の条件で、これからもサポートを継続し、強化していくことがなければならない。そして、いまだ、KAIZENを導入していない諸国に広がることを期待したい。

【注】

1 ）宮地利彦（2012）「エジプト改善センターと南アフリカ生産性本部」、『赤門マネジメント・レビュー』11巻10号（2012年10月）。

2 ）Pan African Productivity Association. アフリカ大陸の生活水準の向上のためアフリカ経済における生産性向上文化の発展を進め、アフリカ各国および大陸外の国の生産性向上機構（National Productivity Organization）間の協力・連携を進める機構である。公式Webページはhttp://pa-pa.co.za/。

3 ）UA（Union Africane DRAFT PRODUCTIVIRY AGENDA FOR AFRICA 2010-2016.pdf　p.2.

4 ）同上。

5 ）http://pa-pa.co.za/about-papa/history.html 2014, July 28th

6 ）Organization of Africa Unity 1963年5月〜2002年7月、ほとんどのアフリカ諸国が参加し、AU（African Union アフリカ連合https://au.int/）に発展して現在に至る。

7 ）http://www.pa-pa.co.za/profile/about/member-countries/2017、Sept. 3rd.

8 ）PAPA GA Proceedings 07-08 Aug 2013.doc　p.5.
http://pa-pa.co.za/news-events.html 2014 July 1stダウンロード。

9 ）アジア生産性機構。1961年設立、現在20の国と地域が加盟している。加盟諸国の「相互協力」により、生産性向上を通じてアジア太平洋地域の社会経済を発展させ、この地域の人々の生活水準を向上させることを目的としている。事務局は東京にある。

10）外務省https://www.mofa.go.jp/mofaj/area/mauritius/data.html#section1 2018 July 27th.

11）http://www.npccmauritius.org/about-us/the-npcc 2018 July 22ndアクセス。

12）http://www.npccmauritius.org/news/36/npcc-and-jpc-seminar-showcases-the-achievements-of-model-companies 2018 July 22ndアクセス。

13）http://www.maurice-info.mu/npcc-and-jpc-seminar-showcases-the-achievements-of-model-companies.html 2018 Aug 4thアクセス。

14）http://www.npccmauritius.org/news/41/npcc-launches-the-first-national-productivity-and-quality-convention 2018 July 22ndアクセス。

15）http://www.npccmauritius.org/news/45/npqc-2018-preparations-in-full-swing 2018 July 22ndアクセス。

16）外務省https://www.mofa.go.jp/mofaj/area/kenya/data.html#section1 2018 July 27thアクセス。

17）http://www.labour.go.ke/background/ 2018 July 24thアクセス。

18）http://www.labour.go.ke/national-productivity-and-competitiveness-centre/ 2018 July 27thアクセス。

19）http://www.labour.go.ke/wp-content/uploads/2018/07/NPCC-eBrochure_2017.pdf 2018 July 28thダウンロード。

20）https://www.jica.go.jp/information/seminar/2017/ku57pq0000205tu6-att/20170428_01_02.pdf 2018 July 28thダウンロード。

21）外務省https://www.mofa.go.jp/mofaj/area/botswana/data.html#section1 2018 July 27thアクセス。

22）http://www.bnpc.bw/capability/ 2018 July 27thアクセス。

23）http://www.grips.ac.jp/forum-e/pdf_e12/JICA&GDFReport_Ethiopia_phase1/Kaizen_National_Movement/Kaizen_ch5.pdf Daniel Kitaw 2018 July 27thダウンロード。

24）宮地利彦（2012）

25）https://productivitysa.co.za/find-us 2018 July 24thアクセス。

26）Productivity SA Annual Report 2012-2013.

27）https://www.cmsignition.co.za/download/files_1268/PSAWorkplace ChallengeAnnualReport2016FINAL1.pdf 2018 July 24thダウンロードpp16。

28）Leader Volume One issue 2 pp14-16- Productivity SA.

29）2015年9月1日訪問、Managing Directorにインタビューした。
Website　www.centsys.com.

30）2015年9月3日訪問、Manufacturing Director, Production Managerにインタビュー実施、PSAのSenior Productivity Advisorが同行。
Website　http://www.dpiplastics.co.za/.

31）2015年9月11日訪問し、ナイジェリア生産性本部の幹部約20名にインタビュー実施、本稿はインタビューとその時受け取った説明資料による。

Website　www.productivity.gov.ng.

32）http://productivity.gov.ng/ 2018 July 28thアクセス。

33）http://productivity.gov.ng/npc_restructures.php 2018 July 28thアクセス。

34）http://productivity.gov.ng/npc_rolls_out_5_year_strategic_plan.php.

35）http://productivity.gov.ng/about.php 2017-Aug-28thアクセス。

36）サブサハラに共通する文化的特徴はubuntuと呼ばれ、経営学において研究対象になっている。Ubuntuに関する研究状況について、本書第1章アフリカの日本企業、39〜45ページをみよ。

37）https://productivity.gov.ng/want-to-improve-your-productivity-try-our-productivity-and-quality-improvement-initiative/ 2018 July 29thアクセス。

38）https://www.jica.go.jp/publication/pamph/ku57pq00000najg5-att/support_of_JICA_TICADVI.pdf pp21-22.

39）http://www.nepad.org/The technical body of the African Union 2018 July 22ndアクセス。

40）https://www.jica.go.jp/publication/pamph/ku57pq00000najg5-att/support_of_JICA_TICADVI.pdf pp21-22.

41）http://www.jica.go.jp/english/news/field/2013/130529_01.html.

42）宮地利彦（2012）

43）2012-Egypt-Japan University of Science and Technology.pdf.

44）Sanetake Nagayoshi (2013), "A Case Study on Service Design in an Egyptian Professional Consulting Firm," *IBIMA Business Review*, Vol. 2013 (2013), Article ID 193087, DOI: 10.5171/2013.193087.

45）Daily News Egypt January 25, 2014.

46）http://www.mofa.go.jp/mofaj/area/ethiopia/data.html外務省エチオピア基礎データ。

47）http://www.jica.go.jp/topics/2009/20091118_01.html.

48）http://gwweb.jica.go.jp/km/ProjectView.nsf/VIEWParentSearch/A3D2B74E171CA36649257826000DBC8B?OpenDocument&pv=VW02040103.

49）https://www.jica.go.jp/ethiopia/english/office/topics/171007.html 2018 July 31stアクセス。

50）http://pesatimes.co.tz/news/middle-east-africa-economy/tanzania-industries-to-go-the-kaizenway/.

第Ⅲ部　アフリカの課題別分析

51）http://www.jica.go.jp/project/tanzania/019/outline/index.html.

52）2011年版　政府開発援助（ODA）白書119。

53）http://www.emeraldinsight.com/journals.htm?issn=1477-7274&volume=
19&issue=2&articleid=17110971&show=html.

54）http://gwweb.jica.go.jp/km/ProjDoc548.nsf/VIEWJCSearchX/DF53
FED55B53E148492580DE0027789F/$FILE/案件概要表.pdf 2018 Aug 1st
ダウンロード。

55）http://www.jica.go.jp/project/zambia/0901055/news/general/20100924.
html.

56）http://www.jica.go.jp/project/zambia/0901055/news/general/20110915.
html.

57）http://www.zm.emb-japan.go.jp/ja/topic/2013.2.15.kaizen.html.

58）日立建機ザンビアはザンビアのカッパーベルトで使用されている80台強の
マイニング機械を対象とする再生工場として、2010年10月に設立された。
再生といっても英語でremanufacturingと呼ばれるように、再生産という
のが実態であり、生産工場と同様な設備、組織そして技術レベルをもって
いる。それ故、JICAの生産性向上運動のプロジェクトの初年度に選ばれた。
18のパイロット工場の製造部門の１つとして選定された。この工場のザン
ビア人SVが工場内の改善運動を進めるとともに、週２回KIZのトレーニン
グに参加しているのである。HCMZについては、宮地利彦（2019）「日立建
機アフリカ―南部アフリカにおける建設・マイニング機械の販売・顧客サ
ポート拠点―」、法政大学イノベーション・マネジメント研究センター、ワ
ーキング・ペーパーシリーズ（オンライン）に掲載予定。

59）http://www.zm.emb-japan.go.jp/ja/topic/2014.06.18.KIZ.htm.

60）https://www.jica.go.jp/zambia/english/office/topics/180216.html 2018
July 28thアクセス。

61）https://www.jica.go.jp/information/seminar/2017/20170428_01.html
2018 July 28thアクセス。

62）https://productivitysa.co.za/testimonials 2018 Aug 3rdアクセス。

63）早川千晶（2000）「アフリカ日和」発行所　有限会社　旅行人。

第8章
南アフリカにおける
わが国大手総合商社の資源開発
——住友商事のアソマン社への投資事例——

島田　明男

はじめに

　本書の中心は、製造業等を中心とした日本的経営生産システムの移転が大きなテーマであるが、本稿でとくに総合商社を取り上げる意味と検討する内容はつぎのようである。

　近年、アフリカにおける自動車等のメーカーの進出と並んで日本の総合商社の資源開発に取り組む事業活動が注目されている。

　やや年代的にさかのぼるが、1971年のアメリカ商務省、ピータースン報告では、商社のマーケティング・チャネル力がきわめて高く評価されていたといわれる[1]。いわゆる高度成長期のひとつの牽引となった重化学工業・鉄鋼業界への原料輸入を担った総合商社の意義は、そのグローバルな活動を通じ延々と今日まで継続していることである。

　一方、かつての商社の資源輸入はトレードを主としたものであったが、昨今は資源関連企業への事業投資にかわってきた。その是非はともかく、ともすれば、企業自身の命運を左右しかねないかかる事業にとって、関与する企業の実態、パートナーの存在が大きい。

　また、そのようなパートナーとの関係において、日本的経営スタイルはいかなる意味合いをもったのか。

279

第Ⅲ部　アフリカの課題別分析

　本稿では、かような総合商社のもつ意義、課題というものを住友商事による南アフリカ共和国（以下、南ア）のアソマン社への事業投資というケーススタディを通し検証してみる。

　したがって、取り扱う具体的テーマは、以下のようになろう。

1．住友商事の資源開発取り組みの実態

2．パートナー・アソマン社について

3．事業投資の成果と日本的経営について

1．住友商事の資源開発への取り組み

　住友商事は、グローバルなネットワークとさまざまな産業分野における企業・消費者との信頼関係をベースに、多様な商品・サービスの国内販売、輸出入および三国間取引き、さらには国内外における事業投資など、総合力を生かした多角的な事業活動を展開している。

　具体的な事業内容として、5つの事業部門と国内・海外の地域組織が連携して、川上から川下までグローバルに事業を展開。それらの事業部門とは、金属事業部門、輸送機・建機事業部門、環境・インフラ事業部門、メディア・生活関連事業部門、資源・化学品事業部門である。幅広い産業分野において、資源開発や製造事業などの川上分野から流通事業などの川中分野、そして小売り・サービス業などの川下分野に至るまで事業領域を拡大し、バリューチェーンを構築している（表1：住友商事HPより）。

　ところで、住友商事を語る際、住友グループ発展の礎を築いたといわれ、住友商事の活動にも影響を与えていると思われる別子（べっし）銅山開発の歴史にふれざるをえない。

　愛媛県新居浜市にある別子銅山は、1690年（元禄3年）に発見され、翌1691年に開坑し、1973年まで283年間続いた日本有数の銅山であった。開坑から閉山まで一貫して住友が経営した。住友各社の事業の源は、何らかの形で別子銅山に繋がり、住友金属鉱山、住友金属工業、住友林業、それに住友化学

第8章　南アフリカにおけるわが国大手総合商社の資源開発

表1　住友商事株式会社（SUMITOMO CORPORATION）会社概要

設立年月日	1919年12月24日
代表者	代表取締役社長執行役員CEO　中村邦晴
資本金	2,193億円
事業所数	国内22／海外107カ所（65カ国）（2017年9月1日現在）
社員数	5,342人（連結ベース70,900人）（2017年3月31日現在）
連結対象会社数	連結子会社：664社（海外571社、国内93社）
持分法適用会社	286社（海外238社、国内48社）

出典：住友商事HP（2018年1月15日時点）

など今日の優良企業が同鉱山の関連で生まれている。

　住友商事自体の発足は、他の大手商社に遅れ、1919年12月に設立された大阪北港株式会社が基盤となっている（住友商事HP）。

　「何でもよい。まず手掛ける商品を見つけ出せ」と第二次大戦の終戦後、被災した関連工場の金属類の回収や在庫物資を引き出し販売したという当初から、"金へん商社"としてスタートし、発展の背景には住友グループの住友金属工業が大きく寄与したといわれる（津田（1988）、p.115）。同社の立ち上がり時期の総売上高は1949年で28億9,500万円。商品別として鉄鋼10億3,600万円で35.8％を占めており、これに非鉄金属を加えると金属の比率は54.6％となる。1973年でも金属の比率は38.4％と、金属とくに鉄鋼の影響が大きかった。なかでも、住金のパイプ（鋼管）の高級継ぎ目なし鋼管の貢献度が大きかったといわれる（山本（1973）pp.70-71）。

　今回述べる住友商事が鉄鉱石等の資源開発に取り組んだ背景には、上述した有力なグループ内企業との取引きという事情があったとみられる。

2．住友商事の南アにおける鉄鉱石関連事業

　住友商事によるアソマン社への投資についてふれる前に、鉄鉱石の取引き

281

第Ⅲ部　アフリカの課題別分析

をめぐる動向を概観しておきたい。

　「1970年代に入るとわが国の粗鋼生産量は年間１億トンを超え、それに伴い原料輸入量が急増し、同時に輸入先も大きく変化した。鉄鉱石についてみると、輸入量は1960年では1486万トンであったが1970年には１億トン台に至った。輸入先も1960年ごろまでは東南アジア、インドという近郊諸国からが中心であったが、その後、南米諸国、オーストラリアの比重が急速に高まり、84年ではオーストラリア、ブラジルの２国で全輸入量の約70％を占めるに至った」（水上（1987）pp.169-170、一部補充）。

　かように資源供給国がグローバル化するなか、住友商事自身の取り組みはどうだったか。1951年当初はゴア、その後インド、マレーシア、1959年からチリとアフリカからの鉄鉱石等の輸入を開始した。ただし、住友の輸入量はまだわが国総輸入量全体の1.7％程度に過ぎなかった。その後、南アのアソマン社からの輸入が1962年の２万トン弱から1969年には約45万トンになった（『住友商事株式会社史』p.460）。

　なお、商社別の鉄鉱石の輸入取り扱いを把握できる2000年度までの推移をみると、三井物産をトップに三菱商事が２、３位を日商岩井（当時）と争っていたが、住友商事は伊藤忠商事、丸紅等含めた六大総合商社のなかでは最下位だった（田中彰（2012）p.96、表３−３）。

　ところで、住友商事によれば、「1950年代から関わってきた鉄鉱石事業は、日本の製鉄会社のエージェントとして貿易実務を引き受けて手数料を得るスキームであった。その後、2000年初頭から中国の鉄鉱石輸入量が日本を超え、鉄鉱石マーケットが逼迫。また、一方、鉄鋼不況後、鉄鋼業者自ら鉄鉱石の輸入を行うようになった。かような背景のもと、従来の（トレードを中心とした）商社機能では世の中のニーズを満たせなくなり、これらを契機に住友商事は、投資ビジネスの強化に乗り出すことになった」（住友商事HP、2017年６月から抜粋要約）。

　ここで言われる世の中のニーズとは、従来、日本の鉄鋼大手や商社は資源大手、メジャーと共同で鉄鉱石の権益を確保してきたが、これでは一定量の

第8章　南アフリカにおけるわが国大手総合商社の資源開発

安定した資源の確保を含め、価格決定権がメジャー側にあり、彼らの価格引き上げなどに対抗できないということへの対応策とも考えられる。

　もっとも、商社が主要な事業軸として、わが国の重化学工業化路線のなかで、「産業のコメ」といわれた鉄鋼分野において力を入れた背景には、資源開発が成功した場合の見返りの大きさにもある。つまり、開発利益の還元と資源輸入の代行、開発に使用される各種機材の輸出と建設工事等の付帯的ビジネス、および現地政府機関との人脈強化等々のメリットが得られることであった（島田（1986）pp.178-179）。

　事情はともあれ、後にみるように住友商事は、2000年代からアソマン社へ事業投資の一環として投資を高めてゆき、鉄鉱石の輸入量を拡大していった。

　住友商事は、2002年に鉄鋼事業をコアビジネスとして位置づけ、ニチメンの鉄鋼製品事業を譲り受け、同鉄鋼事業の更なる強化・拡充を図っている。住友商事はかかる鉄鋼事業部門の充実と合わせ、原料たる鉄鉱石等の獲得、従来から取引きのあったアソマン社への投資を図ったとみられる。その成果は、翌年の業績などに表れていた（住友商事、2003年度連結業績、IR、2004年4月28日）。つまり、総合商社は、資源、鉄鉱石の価格が高騰し、その後大きな利益を得ることになるが、住友商事は単に鉄鉱石価格の高騰に甘んじただけでなく、バリューチェーンの一環として付加価値、利益を生み出していたのである（2011年度連結業績。2012年5月7日IR）。

　なお、2000年初頭は、鉄鋼をめぐるメーカー関連の商社も含め、業界の再編が著しかった。まず、2001年に丸紅と伊藤忠商事の鉄鋼製品分野の経営統合による伊藤忠丸紅鉄鋼。続く2003年に、三菱商事と日商岩井（現・双日）の鉄鋼製品事業部門の統合によってメタルワンが誕生した。住友商事が南アにおける鉄鉱石を中心とする資源開発へ投資を深めていった動向には、当時の商社間の競争が活発化していたという事情もあったのだろう。

　さて、総合商社がよく事業方針の説明として取り上げるバリューチェーンという内容を鉄鉱石投資分野でみると、次図のようになる（日本貿易会「2017年ハンドブック」より）。

283

第Ⅲ部　アフリカの課題別分析

| 鉱山権益 | 原料調達 | 製　造 | 加工・流通 | 最終需要者 |

権益投資⇒鉄鉱石・石炭⇒高炉他⇒コイルセンター他⇒自動車・家電メーカー

　各事業への投資、取り組み活動は上記の流れのようになるが、主な内容を
追加、説明すると以下のようである。

１）鉄鋼の製造に欠かせない石炭・鉄鉱石を開発するための鉱山への権益投
　　資を行い、採掘した原料を鉄鋼メーカーに供給しているほか、製鉄事業そ
　　のものへの投資も行っている。
２）鉄鋼メーカーから仕入れた鉄鋼製品を鉄道車両・自動車メーカー、造船
　　会社に販売しているほか、鋼板を需要家が使いやすい規格に加工し、付加
　　価値をつけて販売する事業や、自動車部品製造にも関わっている。たとえ
　　ば、鉄鋼メーカーとの取引きから、ジャストインタイム方式で必要なとき、
　　必要なサイズのものを必要なだけ入手したいというユーザー側の要請にこ
　　たえる形で、コイルセンター、シャーリング業等の鉄鋼流通加工センターを
　　設立した。
３）最終製品に関連するビジネスでは、自動車の販売・リースなど行ってい
　　るほかに自動車用のガソリン燃料なども手掛けている。

　つまり、商社にとって従来のビジネス領域であった流通事業などの川中分
野から、社会・環境の変化に伴い求められる機能や顧客ニーズをチャンスと
捉え、資源や製造事業などの川上分野、小売・サービスなどの川下分野へと
ビジネスを創出・深化させ、かつ総合商社のもつ「物流」「金融」面の強みを
生かし、あらゆる面で付加価値を生み出し収益を拡大してゆこうというもの
である。いわば、「ミネラルウォータから通信衛星まで」といわれるほどに
多角化をすすめてきたこれまでの総合商社の企業活動をバリューチェーンと
いうコンセプトで説明を図ったものといえよう。

第8章　南アフリカにおけるわが国大手総合商社の資源開発

さて、一般に総合商社全体が取り組んだ資源開発の取り組みをみてきたが、つぎに本論の住友商事自身のアソマン社を中心とする事業投資の具体的な経緯をみよう。

3．南アフリカの資源

住友商事が進出を図った南アの資源状況についてみると、以下のようである。

南アはアフリカ最大の鉄鉱石生産国である。アフリカ全体の年間鉄鉱石生産量の約72％を占め、2007年の年間鉄鉱石生産量は約4,200万トンで世界8位。2015年には、7,322万トンに拡大し、世界の6位に上昇している（JOGMEC「世界の鉱業の趨勢2016」p.114）。

ここで、鉄鋼の大きな原料たる鉄鉱石関連で、簡単に鉄・鉄鋼のわが国における比重を眺めておこう。よく「鉄は国家なり」といわれるが、産業規模では鉄鋼業（製造業）の国内総出荷額は18兆円（2012年）。従業員数は22万人。鉄鋼業の製造業全体のGDPに占める割合は、7.2％（6.4兆円）にあたる[2]。

ところで、周知のようにわが国の鉄鋼の原料となる鉄鉱石、石炭などは100％海外からの輸入による。海上貿易量シェアをみると2015年時点では、南アからの鉄鉱石は4,855（千トン）。オーストラリアの78,375（千トン）、ブラジルの36,543（千トン）などに次いで第3位である[3]。

南ア国内の鉱山企業

南アでの鉄鉱石は、同国西部の北ケープ州にあるSishen鉱山（シシェン）地域に集中しているといわれるが、その地帯を中心とする鉱山では、南アを代表するKumba Iron Ore（クンバ・アイアン・オア）とアソマンの2社が鉄鉱石等の採掘・生産を行っている。

南アの鉄鉱石開発の最大手クンバは同国最大の鉄鉱山であるシシェン鉄鉱山を所有する。2005年資源メジャーAnglo American（アングロ・アメリカン）が同社の株式を66.6％所有している（野村総合研究所「アフリカ新興国の資源

285

第Ⅲ部　アフリカの課題別分析

開発動向及び公的支援状況等に係る調査」2009年3月、pp.32-33)。なお、クンバと後述するアソマン社の所有するKhumani（クマニ鉱山）等での2016年の生産が合計5,850万トンで、両社で南アの8割近くを占めている（各社HPより）。

4．住友商事のアソマン社への出資―トレードから事業投資へ

まず、アソマン社への出資の根拠をあげると、これまでの説明と一部重複するが、以下のようであった。
・長年にわたる取引関係を通じ、経営陣および創業家（Sacco家）を熟知していること。
・同社は、高品位の優良資源を豊富に保有していること。
・新規クマニ鉄鉱山の開発にともない、飛躍的に業績が拡大していくこと。

具体的な出資経緯

住友商事は、1962年に南アのヨハネスブルグにサブサハラ地域として初の駐在員を派遣しビジネス開拓を行っていた。住友商事は、40年以上にわたってトレードビジネスのパートナーとしての実績と信頼をベースにアソマン社の権益取得の交渉に乗り出し、以下の出資経過で権益を確保した。

2007年1月　アソマン社の権益保有持株会社であるOresteel Investments Limited（以下 Oresteel）株式20％取得。
2007年7月　Oresteel社株式6％取得。クマニ鉄鉱山より鉄鉱石生産開始。
2008年1月　Oresteel社株式3％取得。6月Oresteel社株式20％を、Old Mutual グループより総額約300億円にて追加取得。

これにより、Oresteel社の49％株式取得を通し、アソマン社の持分権益が約13％に増加した。投資総額は約450億円となり、日本企業による同国への投資額としては最大規模となった。この結果、住友商事の持分権益はアソマ

図1 アソマン社の資本構成

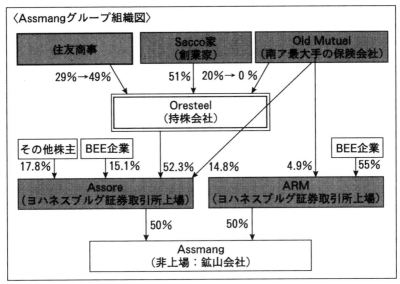

出典：アフリカ住友商事会社　配布資料

ン社の埋蔵量ベースで鉄鉱石においては約8,500万トンとなる（アフリカ住友商事会社提供資料、住友商事ニュース、08年06月25日等）。

5．アソマン社について

資源開発にともなう特殊な課題

　一般に、資源に関係する事業は、以下にあげられるような特殊な課題がある。
1．投資の対象とする資源の探鉱費の巨大化
2．発掘される鉱物・鉄鉱石の鉱量・品位
3．輸送等の費用の負担―ことにわが国は海上輸送に頼るので大きな課題

　さて、これらの課題に対しアソマン社の実態はどうであったか。

第Ⅲ部　アフリカの課題別分析

　まず、同社の概要についてみると、アソマン社は1935年設立され、1970年南アで最大級の鉄鉱石輸出の独立系鉱山資源会社になった。高品位鉄鉱石、高品位マンガン鉱石およびクロム鉱石の3つの資源を保有する世界でも類をみない資源鉱山会社である。アソマン社の所有する鉱山の資源は表2のようである。

表2　資源量と埋蔵量（2013年6月末時点）（単位：百万トン）

		資源量	埋蔵量
鉄鉱石		791.7	548.5
	Beeshoek	110.0	54.8
	クマニ	681.7	493.7
マンガン鉱石		545.7	210.6
クロム鉱石		53.1	37.3

出典：アフリカ住友商事会社　配布資料

図2　クマニ鉱山の立地

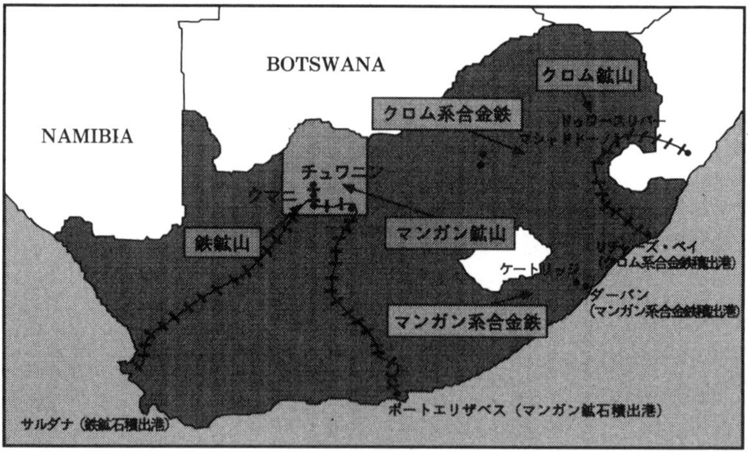

出典：住友商事株式会社　2008年06月25日付けニュースより

第 8 章　南アフリカにおけるわが国大手総合商社の資源開発

　資源ビジネスの課題として先に 3 点あげたが、鉄鉱石の原価に関係する項目についてやや細かくみると、基本ベースとなる鉱石元原価は、鉱山の探鉱費、鉱石採掘費、鉱石処理費、山元小運搬費、機械償却費、労務費、税金等、および利益からなる。これが、わが国などの製鉄所まで持ち込まれる費用として、FOB価格に海上運賃・保険などが加算され、CIF価格を構成する（田部（1963）p.178）。

　以下、順に主だった費用、コスト関連についてみておこう。

①探鉱費

　まず、最も難しい鉱山開発にともなうコストについてみると、探鉱が近年、鉱石品位の低下、鉱山の深部化、奥地化、燃料価格高騰により、開発プロジェクトの初期コストが増大していると指摘されている。たとえば、1990年代と2010年以降を比べると、単純にみても倍以上の投資額となっている。[4]

　この点では、アソマン社はすでに1970年代にBeeshock鉱山、続いて2000年初頭にクマニ鉄鉱山の開発に取り組んでいることは優位性が高いものである。

②鉄鉱石の採鉱

　アソマン社の採鉱は地面から直接鉄鉱石を掘り出す、露天掘りである。採掘には露天掘り（露天採掘法）と坑内掘り（坑内採掘法）があるが、前者は一般に低コストでの生産が可能。ただ、その反面採掘にかなりの面積を要することから採掘の終わった所はそのままの状態で放置されがちになり環境の問題が生じやすい（JOGMEC「金属資源レポート」2014.7、p.77）。かかる環境問題の対策として、アソマン社は2004年ISO14001の認証を得ている。なお2008年にはマネジメントの品質関連でもISO9001を取得している。[5]

③鉄鉱石の品位

　アソマン社が採掘している鉄鉱石は、コストを要する焼結作業を必要とし

289

第Ⅲ部　アフリカの課題別分析

ない、高品位の「塊鉱石」が多い。同社の産出する鉄鉱石の品質は、以下のようである。

クマニ鉄鉱山の鉄鉱石
    Lumpy   @66.0%Fe   44%
    Fines   @65.0%Fe   46%
    MSIO（Medium Size Iron Ore）   @65.50%Fe   10%
                                        2010－2011年の産出割合
                                        （アソマン社のHPより）

　これまでのBeeshoek鉱山もそうであったが、クマニ鉄鉱山から産出される鉄鉱石がいかに優秀なものか。鉄鋼の原料コストの重要な要素は、鉄鉱石、原料炭、鉄屑の3点である。鉄鉱石の品位が高ければ還元に要するコークス、そのための原料炭は少なくてすむ（田部（1982. 上巻）pp.142-143）。ことに、南アからわが国などへの船舶などの輸送費の負担を考えると、より高品位の鉄鉱石が求められるのである。

④輸送費

〈鉱山から港湾までの鉄道〉

　アフリカで鉱産物を生産する場合、積出港までの内陸輸送が大きな問題となる。南アの鉱産物も基本的には内陸部で発掘・生産され、Rechard Bay港、Port Elizabeth（ポートエリザベス）港、Saldanha（サルダナ）港などへ鉄道で輸送し輸出されている。現在、鉄鉱石はシシェン地域で採掘され、サルダナ港に、マンガンは ポートエリザベス港へ運ばれる。

　これまで、鉱山の中心地である内陸部のシシェン（標高1,200m）からポートエリザベス湾に向かっていた鉄道輸送が、南アの国営鉄鋼生産企業Iscorによって、1976年、シシェンから大西洋岸の港サルダナ間861kmの路線が開通した。1979年にはその路線は国営企業Transnetに管轄され、2004年には342の貨車で3万4,300トンの積載を可能とする全長3.9kmの長大貨物列車の運行に成功した。南アではTransnetが鉄道や港湾における輸送を担当し

第8章　南アフリカにおけるわが国大手総合商社の資源開発

ている。Transnetは2010年時点で2万500kmの線路を有し、うち重量物運搬用の鉄道は1,500kmである。2011年現在、Transnetの鉄道貨物輸送は8,000万トンであり、石炭が最も多く約3割を占め、鉄鉱石、コンテナがこれに続いている。以上みた鉄道の大量輸送と並んで、海上輸送用の船舶・専用船も大型化してきた。

〈積出港からの輸送〉

　運行距離や運行列車の巨大さもさることながら、サルダナ港の港湾工事が1973年に始まり、1980年に完成。概要は鉄道操車場に隣接して、30haの貯鉱場があり、そこから長さ2.3kmの突堤（Causeway）が海に向かって延び、先端部には25万トンの運搬船2艘停泊可能な鉱石積み出し桟橋が建設された。その他、1時間当たり8,000トンを詰め込めるOre-wagon（無蓋列車）の操車、運搬船への積み込みなど、すべてコンピュータで管理されている。これまで、アソマンのBeeshock産出の鉄鉱石はポートエリザベス港より船積みされていたが、同港は5万トン型までの船しか入港できず1つのネックとなっていた。この改善の結果、1978年より、ケープタウンの北西約110キロメートルに位置するサルダナ港からの積み荷出荷が可能となり、アソマン社は約2,500万ドルを投入し、年間約500万トンの生産体制が確立された（田部、上巻、p.310）。アソマン社はクマニ鉄鉱山開発に伴い、既存の鉄道および港湾の拡張にも関与し、操業コスト面でも競争上の優位性を確保していたのである[6]。

　以上、ややアソマン社関連にページを割きすぎたようだが、ことに大きな資源関連の投資にあたっては、取り組む相手の正確な実態を知ることが重要であると考えたからである。

　最後に、これまで見たパートナー・アソマン社との取り組みの結果、両者の業績はいかなるものであったかをみてみよう。

291

第Ⅲ部　アフリカの課題別分析

6．アソマン社の業績

　Assore（アソアー）社と住友商事の業績の経緯は、次のようである。

　まず、住友商事の出資が伴う2006年以降、あらたなクマニ鉄鉱山での生産も加わり、アソマン社の鉄鉱石の生産量も大きく増大していった。それに伴い、アソアー社の売上高はリーマンショックの影響とみられる2009年の下落を除き、2005年に比べ2007年には2倍、2011年には3倍あまりに拡大した。純利益はそれぞれ5倍強、7倍あまりの拡大をみた。

　一方、住友商事の業績も同様に順調に拡大してきた（後掲の図5）。すなわち、アソマン社の産出する鉄鉱石の価格の高騰に合わせ、2013年まで好調であった。因みに、このことは資源開発に関与した商社業界全体にみられる傾向で、1990年のバブル崩壊以降、2000年初までの「冬の時代の再来」期から、

表3　アソマン社の鉱物生産量　　　　　　　　　（単位：百万トン）

		05/06	06/07	07/08	08/09	09/10	10/11	11/12	12/13
鉄鉱石		5.54	6.68	6.34	9.31	9.29	9.69	13.80	16.11
	Beeshoek	5.54	6.68	4.49	2.66	0.52	0.96	2.10	2.94
	クマニ	0	0	1.85	6.65	8.77	8.73	11.60	13.17
マンガン鉱石		2.96	2.82	3.12	3.14	1.97	3.05	3.30	3.15
クロム鉱石		526	710	849	1.03	0.78	1.25	1.50	1.60

表4　アソアー社の業績推移　　　　　　　　　（単位：百万USドル）

	05/06	06/07	07/08	08/09	09/10	10/11	11/12	12/13
売上高	528	596	1,260	1,002	932	1,507	1,675	1,526
当期純利益	75	112	437	371	199	464	524	387
為替レート	6.41	7.20	7.27	8.80	7.60	7.00	7.73	8.85

（アソアー社の決算期：7－6月）

出典：表3および4、アフリカ住友商事会社配布資料

第8章　南アフリカにおけるわが国大手総合商社の資源開発

主に資源価格の高騰による「夏の時代」といわれる時期を迎えていたのである（日本貿易会「商社ハンドブック2017」）。

7．鉄鉱石価格の下落

　しかしながら、かかる好業績をもたらした資源の高騰はそう長く続くものでなかった。すなわち、本論で扱ってきた鉄鉱石価格は、図4のグラフに見られるように2011年をピークに、下落していった。

　この鉄鉱石の価格変動は、2008年後半のリーマンショックによる世界経済、長引くわが国の停滞も影響していようが、中国の経済成長の動向を抜きにしては語れない。

　つまり、鉄鉱石価格の上昇、関連商社の業績の好調な背景には、台頭する中国経済に伴う粗鋼生産の急激な伸びと同国の鉄鉱石の輸入がある。

　「中国の粗鋼生産は、2001年以降は対前年増加量そのものが毎年1,000万トンから2,000万トンずつ増加していき、まさに二次関数のような増え方を呈したのである。2005年にはついに増加量が7,000万トンを超えた。これは日本の粗鋼生産量の60％に相当しており、中国は2年間で優に日本一国の粗鋼生産量を超える増産を達成したのである」（佐藤編（2008）第3章 中国の鉄鋼業 杉本孝、p.117）。それに伴い、「輸入鉄鉱石についても、2000年には約1,500万トン、2001年と2002年には約2,000万トンとなり、2003年にはそれがさらに3,670万トンへ急増した。2004年からの3年間は6,000万トン前後の対前年増加量を維持し、2006年の鉄鉱石輸入量はついに3億2,600万トンに達した」（前同pp.140-141）。

　しかし、主に中国の景気後退に伴う鉄鉱石価格の急激な下落のあおりを受け、資源関連に比重をおく企業は軒並みに大きな損失に見舞われた。三大メジャーにA. A、スイスのグレンコアなどは鉄鉱石以外の資源にも投資を行っているが、2015、2016年に巨額の損失を計上している。そして、今後の対応策として、所有するいくつかの鉱山の売却をかかげている（経済産業省「資源

293

第Ⅲ部　アフリカの課題別分析

図3　中国のGDP（実質）推移（前年同期比、％）

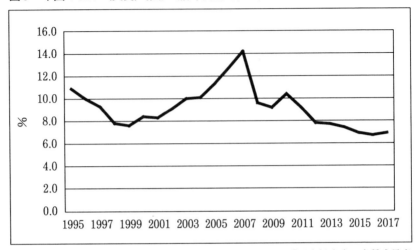

出典：総務省『平成24年版　情報通信白書のポイント』所収「国内総生産の実質成長率の国際比較」より。2011年から2017年の数値は、郭編著（2017）中国国家統計局などより作成。

図4　鉄鉱石の平均輸入価格推移（単位：ドル/トン）

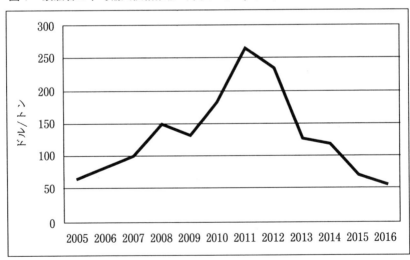

出典：財務省貿易統計（JOGMEC「鉱物資源マテリアルフロー2015」「同2017」より作成）

開発投資の課題」p.33)。同様に、わが国の大手総合商社の三井物産、三菱商事等、それに今回取り上げた住友商事などもその影響を免れなかった。

　本稿で何度か取り上げた田部氏も「鉄鉱石の需給の予想はきわめてむずかしい」と述べているが、今後の変動もなかなか予想しがたいものがある。2018年3月まで資源価格は変動を続け、最近の資源高への回帰の方向の状況下、住友商事をはじめ総合商社は2017年の決算においてはきわめて高い収益をとりもどしている。その点も含め、では、本稿で扱った住友商事のアソマン社への事業投資はいかように評価すべきか。

　以下、その点を検証してみたい。

8. 住友商事の事業投資の評価

　2014年に南ア訪問時に入手できたアソマン、アソアー社の業績の推移は2013年までのものであったので、執筆現在時点で確認できる住友商事の業績は以下のようである。

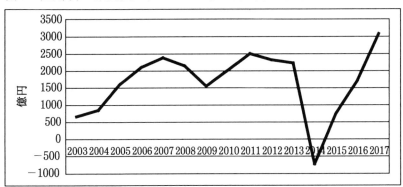

図5　住友商事の業績推移（2003－2017年連結）単位：億円

出典：住友商事各年度IRより作成。

第Ⅲ部　アフリカの課題別分析

表5　住友商事のOresteelへの出資に伴う損益（2007－2017年）

単位：億円

2007	2008	2009	2010	2011	2012	2013	2014	2015	2016	2017
7.1	58.4	93	74	135	95	159	79	−170	63	154

出典：住友商事各年度IR、貿易記者会回答資料より作成。

　住友商事は、すでにみたようにアソマン社との従来のトレードから本格的な事業投資へと重点のかじ取りを変えた。

　2008年のOresteel社への出資が49％となり、表5のように住友商事の利益として計上されるようになったが、2013年まで順調に純利益を生み出していた。ただ、鉄鉱石の大幅な価格下落の影響を受け2015年は同純利益もマイナスとなり、他の資源の影響も加わり、住友商事は戦後初の赤字に陥った。

　しかしまた、翌年以降、鉄鉱石価格の回復も寄与し、Oresteel社からの持分利益もプラスに転化した。この点も作用し、住友商事はこれまでの最高益であった2011年度の2,507億円を上回り、2017年度の当期利益は3,085億円と過去最高となった（住友商事2017年決算説明）。

　やや性急な判断ではあるが、この結果をみると、価格変動という波を被りながらも、アソマン社の品位の高い鉄鉱石には根強い需要があり、基本的には、かような鉱山をかかえる同社への事業投資を行ったことは妥当であったとみられる。

むすび

　これまでみてきた住友商事のアソマン社への投資の経緯、パートナーの実態など検証したが、あらためて次の点を整理、確認しまとめとしよう。

（1）アフリカ・南アへの進出

　近年注目されているアフリカ、南ア自体へのわが国の関わりは昨今に始ま

第8章　南アフリカにおけるわが国大手総合商社の資源開発

ったことではなく、鉄鉱石関係に限定すると1950年代にすでに関係業界では注目され、相応の知見を得ていた。

　アメリカ大手鉄鋼メーカーは多くの場合、鉄鉱山、炭坑をもち原料調達にはそれほど心配はいらないが、1970年代急速に拡大したわが国の鉄鋼業にとっては、新しい供給源の確保が急務であり、遠方への海上輸送の発達等で鉄鉱石の取引国が拡大し、その先駆的役割を果たしたのが総合商社であったことは本稿で述べた。

　住友商事は1962年にヨハネスブルグにサブサハラ地域初の駐在員を派遣しビジネス開拓を開始した。今日に至るこの間、南アから日本への鉄鉱石、マンガンの輸入や、わが国の自動車や農薬の同地域への輸出等を継続している（同社、2012年10月01日　ニュース）。

（2）日本および南ア経済発展への寄与

　わが国は中国に次いで世界第2位の粗鋼生産を行っているが、安定した鉄鉱石の供給が常に大きな課題であった。また、自動車などわが国のものづくりにおいても良質な鉄鋼が求められる。その点では、きわめて優良な鉱山を抱えるアソマン社との住友商事の取り組みは意義深いものといえよう。

　ここで、かかる商社の海外活動における先取性、わが国経済発展への寄与というものを考えると、商社の存在というものを今少し注目してよいものであろう。海外の一研究者から、「日本の経済的向上に対する総合商社の重要性は十分に考慮されず、然るべき評価を受けなかった」と指摘されている（MAX Eli（1990）、pp.98-99）。MAX Eliはドイツ政府の経済派遣員であるが、1977年にわが国の研究者とともに、800頁余りに及ぶ総合商社の活動を中心に、系列や企業内組織について紹介している。たとえば、そのなかで部長から社長に至る役員会、また稟議制度など通じ、社内の協調（日本語の和）を形成しているという（MAX Eli（1977）、p.471）。

　一方また、1960年代から住友商事がトレード関係にあったアソマン社の鉄鉱石の生産は2005年の550万トン余りから2012年には1,600万トンへと大幅に

297

第Ⅲ部　アフリカの課題別分析

拡大した。すでにみたように、かかる生産の拡大には、住友商事の事業投資が寄与するものが大きかった。南アの経済の中心は輸出にあり、さらに輸出の中でも資源、鉄鉱石の比率が高いので、住友商事による南ア経済発展への貢献度も相当に評価できるものであったといえる。

（3）日本的経営がもたらすパートナーとの信頼関係

　資源を中心とする事業投資の成否は、まず何よりも投資先の資源鉱脈が質の高いいわば「宝の山」かどうかだったかによる。その点を含め、住友商事のアソマン社への出資の検討においては、判断に必要な情報がパートナーからの信頼にたるものであったことが重要なポイントであったとされている。

　ところで、日本的経営が喧伝された当時、伊丹はヒトとヒトとの長期的な関係から生まれるコミュニュケーションにもとづく協力関係の重要性を強調していた。同様な取引先との関係は、わが国の事情に詳しいドーアなども指摘している。[7]

　ややまとめていうと、商社の経営スタイルとして出自時からの家族主義的な緊密な労使関係、自社のOJTを中心とした人材教育、年功序列などに加え、日本的経営のなかで取引先・顧客との長期的関係に基づく信用・信頼関係の構築という1つの形は、少なくとも住友商事とアソマン社の間には今日まで存続し、プラスに作用していると思える。

【注】

　1）アレキサンダー・ヤング（1979）．翻訳、序文vおよび訳者あとがきより。

　2）経済産業省（2015）「鉄鋼業の現状と課題」pp.4-6。
　　　http://www.meti.go.jp/ommittee/kenkyukai/sansei/kaseguchikara/pdf/010.

　3）財務省関税局（日本鉄鋼連盟再編）。
　　　www.jisf.or.jp/data/jikeiretsu/documents/Boueki_s_1606.xls.

　4）経済産業省（2016）「資源開発投資の課題について」p.29。
　　　http://www.meti.go.jp/committee/sougouenergy/shigen_nenryo/pdf/016.

　5）Assore社アニュアルレポート2017、p.9より。

第8章　南アフリカにおけるわが国大手総合商社の資源開発

http://www.assore.com/wp-content/uploads/2017/10/Assore-AR-Final-
Final-18-Oct.pdf#search=%27Assmang+ISO+14000%27.

6）鉄道については、海外鉄道技術協力協会（2005）『最新世界の鉄道』ぎょう
せい、pp.147-148。「南アフリカ共和国　鉄道セクター情報収集・確認調査
最終報告書」2003年、独立行政法人国際協力機構、日本コンサルタンツ（株）、
（株）三菱総合研究所参照。

http://open_jicareport.jica.go.jp/pdf/12112942_01. 港湾関係は、寺谷（2002）

7）伊丹（1993）pp.057-058、ドーア（2001）pp.47-50。

以上、インターネットサイト最終検索日：2018年11月30日

【主な参考文献】

・住友商事関連

朝尾直弘監修（2013, 2014）『住友の歴史上・下』思文閣出版。

朝日新聞出版（2013）『住友商事 by AERA』（AERAムック）。

住友商事㈱報室編（1985）『住友の風土』住友商事株式会社。

住友商事社史編纂室（1972）『住友商事株式会社社史』住友商事株式会社。

津田久編（1988）『私の住友昭和史』東洋経済新報社。

長谷川直哉編（2016）『企業家活動でたどるサステイナブル経営史―CSR経営の
先駆者に学ぶ』文眞堂。

山本一雄（2010）『住友本社の経営史（上・下）』京都大学学術出版会。

山本宏（1973）『住友商事』毎日新聞社。

・鉄鉱石と商社関係

志賀美英（2003）『鉱物資源論』九州大学出版会。

田中彰（2012）『戦後日本の資源ビジネス－原料調達システムと総合商社の比較
経営史』名古屋大学出版会。

田部三郎（1963）『鉄鋼原料論』ダイヤモンド社。

―――（1969）『鉄鋼原料論Ⅱ』ダイヤモンド社。

―――（1982）『日本鉄鋼原料史（上巻）』産業新聞社。

・南ア等の鉄鋼業

佐藤創編（2008）『アジア諸国の鉄鋼業』日本貿易振興機構アジア経済研究所。

戸田弘元（1972）『アフリカの鉄鋼業』アジア経済研究所。

西浦昭雄（2008）『南アフリカ経済論』日本評論社。

299

第Ⅲ部　アフリカの課題別分析

・商社一般

榎本俊一（2017）『2020年代の新総合商社論』中央経済社。

島田克美（1986）『商社』日本経済評論社。

田中隆之（2012）『総合商社の研究』東洋経済新報社。

日本貿易会（2017）『「内なるグローバル化」による新成長戦略と商社』文眞堂。

水上達三（1987）『私の商社昭和史』東洋経済新報社。

・その他

伊丹敬之（1993）『人本主義企業』筑摩書房。

郭四志編著（2017）『中国経済の新時代―成長パターンの転換と日中連携』文眞堂。

寺谷亮司（2002）『都市の形成と階層分化―新開地北海道・アフリカの都市システム』古今書院。

Alexander K. Young (1979) *The sogo shosha: Japan's multinational trading companies*; Westview Press/ Boulder, Colorado.（中央大学企業研究所訳『総合商社：日本の多国籍商社』中央大学出版部，1980年）。

Dore, R (2000) *Stock market capitalism: welfare capitalism: Japan and Germany versus the Anglo-Saxons*; Oxford; Tokyo: Oxford University Press（藤井真人訳『日本型資本主義と市場主義の衝突―日・独対アングロサクソン』東洋経済新報社，2001年）。

Max Eli (1977) *SOGO SHOSHA: Structuren und Strategien*; Düsseldorf.: Econ Verlag.

───── (1991) : *Japan Inc.: global strategies of Japanese trading corporations*; Chicago, Ill.: Probus Pub. Co.

M.Y.Yoshino and Thomas B.Lifson (1986) *The Invisible Link Japan's Sogo Shosha and the Organization of Trade*; London: The MIT Press Cambridge.

Porter, M.E. (1985) *Competitive advantage: creating and sustaining superior performance*; New York, Free Press（土岐坤ほか訳『競争優位の戦略―いかに高業績を持続させるか』ダイヤモンド社、1985年）。

・経済週刊誌

「週刊エコノミスト」2016/3/15、2015/6/23。

「週刊ダイヤモンド」2016/4/2、2015/7/4。

「週刊東洋経済」2017/3/17、2016/4/16。

第9章
北アフリカの自動車部品工場

──欧州市場と連携するモロッコとチュニジアの日系工場を中心に──

苑　志佳

1．検討課題と日本企業の北アフリカへの進出背景

　本章では、北アフリカに進出した日系自動車部品工場を中心として日系工場と欧州市場との連携関係および日本的経営生産システムの現地への移転状況を明らかにする。北アフリカ諸国と日本との経済関係は遠隔地ということもあり、貿易、直接投資ともまだまだ緊密ではないが、2000年以降、日本企業はこの地域へ直接投資を行い始めた。とりわけ労働集約的性格の強い自動車部品を生産する日本企業は北アフリカ諸国に生産拠点を積極的に設けるようになった。表1は2017年現在、北アフリカ地域に直接投資を行い、現地生産を展開する日系自動車部品企業の一部の概要である。他地域に比べて北アフリカに進出した日系自動車部品企業数はそれほど多くないが、これらの企業の工場は類似する進出背景と理由をもっている。

　北アフリカに生産拠点を設けた第一の理由として、世界の自動車大市場（欧州）への接近性があげられる。自動車市場としての歴史が長く、かつ規模も大きな欧州は世界の自動車メーカーがもっとも重視する市場である。この市場を攻略するためには、効率的に部品が調達できる生産ネットワークを構築することが自動車メーカーにとって死活問題である。そこで地理的に欧州に近い北アフリカは、生産拠点として浮上した。

　たとえば、アフリカ大陸の最北西部に位置するモロッコは、幅わずか14キ

301

第Ⅲ部　アフリカの課題別分析

表1　日系自動車部品の対北アフリカ進出

企　業	進出国	進出時期	製　品
矢崎総業	モロッコ	2003年	ワイヤーハーネス
	チュニジア	2009年	ワイヤーハーネス
住友電工	モロッコ	—	ワイヤーハーネス
	チュニジア	2008年	ワイヤーハーネス
	エジプト	—	ワイヤーハーネス
タカタ	モロッコ	—	エアバッグなど
デンソー	モロッコ	2010年	エアコン
横浜ゴム	エジプト	—	タイヤ（販売）
フジクラ	モロッコ	2010年	ワイヤーハーネス
ジェイテクト	モロッコ	2017年	電動パワーステアリング
関西ペイント	モロッコ	2017年	自動車用塗料

出所：アフリカ開発銀行資料（2014年）および各種報道情報による。

ロメートルのジブラルタル海峡を隔てて欧州大陸と対峙している。したがっ
て、地理的な近接性に加え、歴史的にも欧州と深いつながりをもつ北アフリ
カは、進出企業にとって好都合である。北アフリカ諸国はかつて欧州列強と
りわけフランスの支配を受けたため、欧州からの社会的・文化的な影響（言
語、社会制度など）は色濃く残っている。これらは欧州市場との連携を強める
理由であり、日系企業の進出背景ともなっている。

　チュニジアは、地中海に面する北アフリカに位置する。地理的にも欧州と
のつながりが強く、古くからEU向けの輸出が盛んに行われてきた。また、
EUや近隣諸国だけでなく、中東やサブサハラへのビジネスの足がかりの地
としても注目を集めている。2010年12月に始まった「ジャスミン革命」後
（アラブの春の嚆矢）、チュニジアは現在、世界的にも安全な国といえる。201
1年と2014年には議会選挙が実施され、政治的にも安定している。今後、経
済成長にも注力していく。2017年の経済成長率は2.5％が見込まれているが、
これを2020年には4～5％へと拡大すると期待されている。

第 9 章　北アフリカの自動車部品工場

　そして、北アフリカには優れた競争力があり、安価な人材という背景もある。北アフリカ諸国政府は一貫として教育に力を入れている。その結果として、労働者の質は比較的高い。その典型例がチュニジアである。この国では、「国家予算の 4 分の 1 、GDPの 7 ％を教育に充当し、経済のニーズに教育制度を適応させるため常に投資を続けている」[1]。高等教育を受ける学生数は1975年の 1 万7,257人から2008年は37万人へと増加した。このうち女子学生数は全体の59％を占める。その結果、チュニジアは地中海の南岸諸国中、国民 1 人当たりにつき毎年最も多くの技術者や専門家を輩出している。反面、その労働コストは比較的低い。たとえば、日本企業が多く進出した中国に比べると、北アフリカ諸国の賃金水準の低さは明白である。やや古い情報であるが、2010年現在、上海の最低賃金が134ユーロ（月間）に上昇しているのに対して同時期にチュニジアの最低賃金が120ユーロにとどまった。

　また、チュニジアは若年層の語学力が高い。チュニジアの公用語はアラビア語であるが、大半が 2 カ国語を話すことができる。フランス語、英語が主流であるが、日本語を話せる者もいる。そして、モロッコの場合も同様である。同国の法定最低賃金が時給10.14ディルハム（2009年 7 月から10.64ディルハムに改定）で、1 日 8 時間労働と仮定すれば、日給81.12ディルハム（867円相当、2009年のレート）で済む。生産ラインのオペレーターの場合、「未経験なら法定最低賃金レベルで採用することもできる。業務の習熟状況をみて徐々に引き上げることにしている」（現地日系企業）という。[2]

　さらに、日系企業がモロッコに進出する理由は、若くて豊富な労働力にある。モロッコでは高い失業率が社会問題となっており、2016年の失業率を日本と比較すると、日本では3.2％であるのに対して、モロッコは6.1％と、日本の約 2 倍となっている。この原因は豊富すぎる労働人口と、それを受け止めるだけの雇用創出ができていないことの 2 点があげられる。逆にいえば、モロッコの労働市場は買い手市場だといえる。また、モロッコは日系工場労働者の平均年齢が23歳と非常に若く、日本（45歳）やベトナム（28歳）と比べてもかなり若い。有り余っている労働力の大半は、働き盛りの若い世代な

303

第Ⅲ部　アフリカの課題別分析

のである。モロッコの人口増加率も高く、今後もたくさんの学校卒業者が労働市場に送られることが期待されている。

　北アフリカがもつ第二の魅力は欧州と共通する言語である。チュニジアとモロッコはともにフランス語を公用語としている国である。この言語上の共通点は北アフリカに投資した外資系企業にとって業務上の便宜性（生産管理の情報伝達、設備・部品輸出入の通関、管理者・技術者の交流など）がある。このため、日系企業は近年、北アフリカにおける生産拠点を積極的に活用しようとする動きを見せている。ジェトロ（2017）の実態調査によると、モロッコにおける約7割の日系企業が現地従業員の雇用拡大に動いていると同時に、約9割の日系企業が事業拡大へ意欲をみせている。

　第三に、欧州との地域統合もこの地域への日系企業進出にとって多くのメリットがある。現在、EUは北アフリカ諸国のうち、リビアを除くアルジェリア、チュニジア、モロッコ、エジプトの4カ国とは自由貿易協定（FTA）を含む連合協定をすでに発効させている。さらに、2011年にはエジプト、ヨルダン、モロッコ、チュニジアとの高度かつ包括的な自由貿易地域協定を締結するための交渉権限が欧州委員会に付与された（ジェトロ（2013）を参照）。

　本章の研究対象国のチュニジアとモロッコの状況は、次の通りである。まず、チュニジアをみると、1998年より、EUとのパートナーシップ協定により、欧州市場でのチュニジア工業製品輸入が免税となっている。このため、チュニジアの輸出の80％がEU向けである。さらに、2008年1月1日からチュニジアは地中海南岸諸国では初めてEUと自由貿易協定関係に入り、5億人を超す欧州市場の門戸が開かれた[3)]。一方、日系企業が多く進出しているモロッコも同様である。EUはモロッコとの自由貿易協定に1996年2月に調印し、2000年3月に発効させている。同国との農業貿易の自由化に関する協定について、欧州議会が2012年2月に合意し、同年10月に発効させている。モロッコとの紛争解決メカニズムに関する議定書に2010年12月に調印し、2012年11月に発効させた。サービス貿易に関する交渉は現在進行中である。モロッコとの「高度かつ包括的な自由貿易地域」（Deep and Comprehensive Free Trade

第9章　北アフリカの自動車部品工場

Areas) に関するスコーピング作業は終了している。モロッコとEUとの「パートナーシップ協定」によってEU原産の工業品の関税を段階的に低減し、2012年には完全撤廃してしまった。われわれがモロッコを現地調査した2009年時点では、関税は標準税率の30％まで引き下げられている[4]。

　第四に、北アフリカに投資した日系企業にとっては、日系企業の欧州地域本部および工場との連携の利便性があると考えられる。周知のように、欧米多国籍企業に比べて日本多国籍企業は、より分権的な組織構造をもっている。アフリカに進出した多くの日系企業は日本本社よりもむしろ、欧州に立地する「地域本部」との間で日常的な意思決定や生産・経営に関するやりとりを行っているケースが圧倒的に多い。さらに、欧州に設置した生産・経営拠点は北アフリカに地理的に近く、支援もしやすい。これらのメリットは日系企業にとって非常に重要である。

　第五に、北アフリカにおける信頼性のあるインフラ（高速道路、フェリーなど）は進出した日系企業がもっとも重視する投資環境の一つである。モロッコの状況をみると、同国最北端の都市タンジェは、対岸のアルヘシラス（スペイン）まで14キロメートルで、トラック貨物に対応するフェリーも頻繁に就航している。モロッコは特に北部とラバト、カサブランカなど中部の主要都市がすでに高速道路で有機的に連絡していることから、進出日系企業もロジスティクス面での問題はほとんどないという。現在は、タンジェ旧港にあるフェリー・ターミナルからトラック貨物として製品を欧州に輸出している企業が多い。そして、チュニジアの場合、インフラの整備も途上国として比較的高いレベルに達している。同国における道路網は約2万キロメートルの舗装道路と360キロメートルの高速道路がある、鉄道網は2,167キロメートルで、全国を網羅している。鉄道は年間およそ2,200万トンの貨物と3,780万人の旅客を輸送する能力を有する。また、海上輸送のインフラはラ・グレット、ラデス、ビゼルト、スース、スファックス、ガベス、ザルジスの7つの商業港と石油タンカー基地のスキラで構成されている。新規の深水港湾をエンフィダに建設する工事が2009年末から開始した。したがって、チュニジアでは

305

第III部　アフリカの課題別分析

国際空港は９カ所ある。高速道路の信頼性も高く、水や電力も安定して供給している。また、150以上の工業地区に工業団地も有している。クラスター化も進めている。

　最後にあげられる背景は、北アフリカ諸国政府が外資進出にフレンドリーな外資政策をとっていることである。

　チュニジアを例にしてみよう。チュニジア政府は外国投資企業に対して次の主な投資優遇策を提供している。

①税制上の優遇策。進出企業の製品輸出による収入、農業プロジェクトについては10年間に利益に対する課税を免除する優遇政策ある。また、地域開発ゾーンに立地したプロジェクトについては当該ゾーンの優先度に応じて５～10年間に利益に対する課税を免除する。

②補助金の交付。地域開発ゾーンのプロジェクトについては当該ゾーンの優先度に応じ、費用の８％、15％、25％を32万TND～100万TNDを限度に補助する。農業プロジェクトの補助は７％である。

③雇用者負担社会保険料の補助。地域開発上の優先度に応じて第一グループのゾーンで新規に雇用を創出した場合は５年間にわたり100％～20％を国が負担、第二グループゾーンの新規雇用には５年間、全額を負担する。さらに優先開発ゾーンとされた地域での雇用について５年間は全額を、次の５年間については80％～20％の範囲で国が負担する。

　本章のもう一つの分析対象地域のモロッコも同様である。外国人投資家を区別する措置を盛り込んだ「モロッコ化法」が 1993年に撤廃されて以降、外国投資促進の法整備が進められてきた。投資保護協定や二重課税回避協定、自由貿易協定（EU、米国、アラブ・マグレブ諸国、トルコ）の締結も進んでいる。モロッコ政府が実施する公共工事の入札についての国内企業優先措置は存在するが、ごくの一部産業を除けば外資参入に関する規制はなく、さまざまな優遇措置もある。タンジェ、ケニトラ、ダフラに設置されたフリーゾー

ンでは各種の税制優遇措置を受けられる。また、投資案件のワンストップ窓口として全国16州すべてに「州投資センター」が創設されている。外国投資家全体を対象とする税制優遇措置としては、設備・工具・部品などの輸入に対する低関税率、2年間の付加価値税免除、5年間の職業税免除などがある。業種別では鉱業・農業・観光業に限定した優遇措置もある。[5]

　上記のように、現在、北アフリカ地域は、欧州に展開する日系自動車と自動車部品企業にとって魅力的な進出対象になっている。最近の日系企業の進出例は、下記の2社がある。

　まず、総合塗料メーカー大手の関西ペイントが、北アフリカのモロッコに自動車用塗料の工場を建設することになった。同社がモロッコに製造拠点を構えるのは初めてである。工場の製品は、フランスの自動車メーカーのルノーなどに納入する。関西ペイントの工場はモロッコの北部に位置する地中海沿いの主要都市タンジェ市郊外にある。モロッコでは欧州の自動車メーカーの進出が相次いでおり、工場建設によって海外での安定供給体制を整えることで、取引き拡大を実現している。工場では、年産数万台分程度の塗料生産から始めた。初期の投資額は約5億円であった。

　そして、最近、モロッコへ投資したもう一つの日系自動車部品企業は、ジェイテクトである。日系大手機械・自動車部品製造会社であるジェイテクトは2017年6月に電動パワーステアリングの生産工場をモロッコに設立することになった。グローバル展開を進めている同社にとって、初となるアフリカでの生産拠点となった。世界各地で培ってきた電動パワーステアリングの技術、生産ノウハウを活かし、安定した高品質の製品生産を目指している。初の北アフリカでの生産拠点を足がかりとして、市場に期待されている省エネルギー性に秀でた製品を欧州および北アフリカや中東のマーケットに提供する。またニーズの拡大に伴って拠点の強化を図るとともに、現地開発区と連携して現地サプライヤーの発掘・育成も推進することで、モロッコの発展に貢献する活動を展開する。[6]

　日系自動車関連企業の対北アフリカ進出と同時に、欧州自動車企業も同地

第Ⅲ部　アフリカの課題別分析

域へ展開を本格化しており、現在、モロッコにはルノー日産アライアンスの完成車工場が2カ所ある。またフランス自動車メーカー大手のプジョー・シトロエンも2019年の生産開始予定の工場を建設している。

　以上、北アフリカ地域へ進出する日系企業の投資環境と背景について概観した。次の節より、この地域に進出した日系自動車部品企業の現地生産経営における最大の特徴——欧州との連携——を論述する。具体的には、北アフリカの2つの国（チュニジアとモロッコ）で自動車ワイヤーハーネスを生産する2社（モロッコ矢崎総業とチュニジア住友電工、表2を参照）を中心に論じる。

表2　北アフリカに進出した日系自動車部品2社の概要と欧州との関わり

概要	社名	矢崎総業	住友電工
	進出国	モロッコ・ダンジェ	チュニジア・ジェンドバ
	現地名	Yazaki Morocco S.A	SEBN, (Sumitomo Electric Bordnetze), TN
	生産品目	自動車用ワイヤハーネス	自動車用ワイヤハーネス
	設立	2000年	2008年
	従業員数	4,075名	760名
欧州との連携（モノ面）	輸出先	100％輸出。イギリス日産、スペイン日産	100％はドイツ（VW）へ
	マザー工場	矢崎総業ポルトガル工場	NA
	設備	50％は欧州製	ドイツ設備有
	生産計画	ドイツの地域本部から	VWから
	訓練施設	ポルトガルにある	モロッコ姉妹工場にある
	部品	欧州からの部品が多い	日本部品無し、ドイツ製あり
欧州との連携（ヒト・組織面）	工場管理者	2006年まで大半の役員は欧州人	工場長はドイツ人（？）
	技術支援者	ポルトガル人技術者はよくくる	専門職・10人で構成（ドイツ人もいる）
	トップ人事	ドイツのケルン地域本部はこれを任命	ドイツ地域本部（？）
	本社との関係	本社→ドイツ・ケルン本部→この工場	本社→ドイツ本部→この工場
	日本人派遣者	ゼロ	ゼロ

出所：現地工場への聞き取り調査から得られた情報に基づいて作成。

2．欧州市場との連携──人・組織的側面

　これまで述べたように、北アフリカは伝統的に欧州と強い繋がりをもっている地域である。既述したように、モロッコは、EUと自由貿易協定を締結し、EU向け輸出には関税がかからないため、日系企業はEU市場への部品供給基地として同国に生産工場を設置している。また、チュニジアはモロッコと並び、EU企業の生産拠点およびサービスのサブコントラクターとして、伝統的な投資先となってきた。本節では、人と組織的側面を中心に日系自動車部品企業2社工場の欧州市場との連携関係を分析する。

　分析対象の両社工場は、自動車ワイヤーハーネスを生産することと、フランス語圏に属する国へ進出するなどに共通点があるが、進出時期、工場規模などの点は大きく異なる。大雑把にいえば、矢崎総業は住友電工工場（760名）に比べて工場事業規模（4,075人─調査当時）と進出時期（2000年）は、より大きく、また早いにもかかわらず、人・組織の側面から見る両社工場と欧州との連携は、きわめて類似する点が興味深い。

　まず、現地生産経営陣をみると、日本本社からの常駐社員はいないことと、欧州人経営者が現地経営に携えることは特徴的である。住友電工グループは、世界の自動車メーカーに自動車用ワイヤーハーネスを供給している。欧州には1990年より本格的に進出し、以降も合併・買収（M&A）を通じて2001年にイタリアSEWS-Cabind S.P.A.を、2006年にドイツSumitomo Electric Bordnetze GmbHを発足する等、事業を拡大してきた。現在は、欧州向けの製造拠点として、東欧諸国（ポーランド、スロバキア、ハンガリー、ルーマニア、ブルガリア、ウクライナ）に加え、北アフリカのモロッコ、エジプト、チュニジアにでも事業展開している。

　チュニジア住友電工工場は、そもそもドイツ系の企業であり、2008年に住友電工がこれを買収したもので、現在でも製品のワイヤーハーネスをフォルクスワーゲン（VW）社に供給している。このため、企業買収の最初から現

第Ⅲ部　アフリカの課題別分析

地の管理運営はドイツ人管理者が行っている。そして、モロッコ矢崎総業の工場では設立最初から常駐日本人社員を派遣していなかった[7]。今現在も親会社からの出向日本人常駐者はいない。モロッコ矢崎総業では2001年までは、企業管理層にモロッコ人は2人だけだった。それ以外の重役のポストには矢崎総業の各欧州子会社から派遣された者が就いていた。この「欧州人が管理する北アフリカの日系企業」は、2006年以降大きく変わり、管理職全員がモロッコ人になった。つまり、人的資源の蓄積の薄い立ち上げ段階では、矢崎総業の生産システムや経営戦略・理念を熟知した矢崎総業の各欧州拠点の人材がモロッコ矢崎総業に派遣され、彼らを通して矢崎総業の生産システムを伝達してもらう、ということであった。

　よく考えてみると、未知の北アフリカ諸国に日本人経営者を無理やり派遣しても、経営管理がうまくいくという保障はなさそうである。この多くの日本企業にみられるやり方よりもむしろ、文化的・地理的に近い欧州人の人材を活用することは賢明な選択ということであろう。そして、企業立ち上げ数年後に現地の人材が育った時点で現地経営を欧州人経営者の手から現地人経営者の手へ移すことは、合理的な選択であると思われる。

　次に、この2社工場は〔日本本社→欧州地域本部→北アフリカ工場〕というユニークな組織的構造に共通する特徴をもっている。周知のように、集権的な組織・管理構造を有する欧米系多国籍企業に比べて日本の多国籍企業は、より分権的な組織構造をもつ特徴がある。この2つの対象工場はこのような典型的なケースである。

　既述したように、チュニジア住友電工工場は、そもそも住友電工グループがドイツ系企業（フォルクスワーゲン社とシーメンス社の合弁で1984年に設立された企業）を2008年に買収したものである。したがって、同工場で生産された製品が全量ドイツへ出荷され、フォルクスワーゲン社に納入されている。この経緯による結果かもしれないが、完全子会社化以降、この工場の日常的な生産や経営管理などの業務は、日本本社よりもむしろ、同社の欧州地域本部がコントロールしている。現地の最高責任者（CEO）はフォルクスワーゲ

ン社に4年間勤務した経験の持ち主であり、製品供給先のフォルクスワーゲン社側と深い関係をもっていると考えられる。

そして、モロッコ矢崎総業工場もかなり類似する。まず、モロッコ矢崎総業の最高責任者（General Manager）の任命権は、ドイツのケルンにある地域本部（Center European Yazaki）にある。この工場における新しい投資や重大な意思決定に関する決定権も日本本社と上記のケルン地域本部にある。

この対象企業2工場には日本人派遣管理者がいなかったにもかかわらず、工場の運営管理が効率的に行われている背景には、欧州にある「マザープラント」や姉妹工場からの人的支援が重要なポイントである。分析対象工場のうち、モロッコ矢崎総業はもっとも典型的な事例である。モロッコ矢崎総業のマザープラントは、日本国内の工場ではなく、矢崎総業のポルトガル工場である。2009年当時、われわれが生産現場を見学中にたまたま矢崎総業ポルトガル工場から支援しにきたポルトガル人技術者と出会った。このポルトガル人支援者は2カ月前にこの工場に赴任したという。また、彼は日本にも研修を受けに行ったことがある。したがって、矢崎総業の欧州工場からは、モロッコ矢崎総業に技術的・人的支援を高い頻度で行っているという。そして、チュニジア住友電工工場は、ドイツにある地域本部から情報的・人的支援を受けている。

工場では、「KSK-10」などの掲示情報があるが、KSKはドイツ語で、英語ではCustomer Satisfactionを意味する。これは明らかにドイツにある「マザープラント」からこの工場に持ち込まれた現場管理ノウハウであると考えられる。したがって、工場の設備メンテナンス担当チームの構成をみると、ドイツ工場から派遣された技術者を中心とするものである。つまり、生産の中核設備の維持と管理という、より高度な技術的な業務は、現地工場従業員の独自の力だけではまだ十分に対応できないため、ドイツの工場は、ドイツ人技術者を北アフリカ工場へ派遣し、現地工場の未熟さをバックアップしていると考えられる。

第Ⅲ部　アフリカの課題別分析

3．欧州市場との連携——モノの側面

　これまでの記述は北アフリカに進出した日系企業の現地工場と欧州市場との連携を組織的・人的側面から分析したが、本節では、モノの側面を中心に日系自動車部品企業2社の欧州市場との連携関係を改めて分析する。

　まず、現地工場と欧州市場との役割分担関係は単純明快である。具体的には、この2工場が現地で生産した製品の全量は欧州市場へ輸出するという点が共通する。モロッコ矢崎総業は専ら自動車用ワイヤーハーネスを生産する単独出資企業で、製品の全量を欧州に立地する日系および欧米系自動車メーカーへ供給する。モロッコ市場への供給はゼロである。これは、保税区のフリーゾーンに進出した外資系企業に要求される義務でもある。

　先に説明したように、矢崎総業工場の立地であるモロッコ最北端の都市タンジェは、幅わずか14キロメートルのジブラルタル海峡を隔ててスペインと対峙する好立地であるのに、労賃の差は5～7倍ある。労働集約的な性格の強い製品ワイヤーハーネスを高賃金の欧州で生産することは、日本メーカーにとってとりにくい立地戦略である。北アフリカの低賃金、好立地、外資優遇政策などのメリットをフルに活用し、ここで生産された製品を欧州へ供給する、という立地的・生産的戦略は、きわめて都合がよい。

　また、チュニジア住友電工工場は、その製品の全量をドイツに輸出する。具体的にはこの工場がフォルクスワーゲン社の車1台分に使用する全てのワイヤーハーネスを供給する、いわばフォルクスワーゲン社の「専属工場」に近い立場にある。また、最近はフォルクスワーゲン社のモデル「パサット」用のワイヤーハーネスを量産し始めた。このため、フォルクスワーゲン社との密接な関係を形成しつつある。たとえば、工場の生産計画をみると、フォルクスワーゲン社から直接、EDIで工場に3カ月、1カ月、1週間という詳細で緻密な注文および生産情報が入る。

　そして、現地工場における設備・材料などは、欧州からのモノが多く、北

第9章　北アフリカの自動車部品工場

アフリカと欧州市場との連携が色濃く反映されている。モロッコ矢崎総業工場での設備のなかでは欧州製のものが50％に達している。この点は、マザープラントの矢崎総業ポルトガル工場に大きく影響されたと考えられる。したがって、この工場が欧州からの部品在庫について通常5日分を保有している。よく考えると、モノづくりに不可欠のモノの物流は本社の日本よりもむしろ、地理的に近い欧州は担当するほうが合理的であろう。そして、チュニジア住友電工工場は製品市場ドイツと緊密な関係をもっている。工場の生産に必要の材料には日本製のものがなく、その代わりにドイツ製のものが使用されている。先に述べたように、工場の製品は全量フォルクスワーゲン社に供給するため、フォルクスワーゲン社の馴染みのある材料を使用したほうが合理的であり、時間的・空間的なコストも低いと考えられる。

　人的資源にかかわる教育・訓練の場合をみても、この対象企業2工場は、欧州と密接な連携関係を確立している。チュニジア住友電工の工場は比較的小規模の工場で、独自の訓練施設をもっていない。このため、工場に採用される新入社員がモロッコの姉妹工場の訓練施設に送られて訓練を受ける。同センターにはドイツから派遣されたトレーナーは新人従業員を訓練するという分業体制が存在していると考えられる。そして、モロッコ矢崎総業工場にも教育訓練センターがない。同工場はすでに独自の訓練システムを確立している。つまり、新人の現場オペレーターの訓練は、ラインリーダーとライン品質コントローラーと呼ばれる現場要員が行う。同時にラインリーダー、ライン品質コントローラー、テクニシャンなどの生産要員に対する教育訓練がはポルトガルの姉妹工場の訓練センターで実施されている。要するに、工場側は「マザープラント」でモロッコ工場の生産要員を派遣して矢崎総業の生産システム・ノウハウ・知識を勉強させる。

4．欧州市場との連携——追加説明

　以上、北アフリカに進出した日系企業2工場を中心に日系自動車部品工場

第Ⅲ部　アフリカの課題別分析

と欧州市場との連携について人・組織の側面およびモノの側面から分析した。
実際、住友電工は、チュニジア工場を設立する前に、モロッコにワイヤーハ
ーネス工場を多数立ち上げた。これらの工場は、われわれが現地調査を実施
しなかったが、間接的な情報が確保されたため、ここでは、同社の北アフリ
カ事業と欧州市場との連携について追加説明する。[8]

　住友電工のモロッコにおける自動車部品の事業展開は、2001年にイタリア
企業のワイヤーハーネス事業と工場を買収し、SEWS-CABIND S.P.A
(SEWS-CI) を設立し、その子会社としてSEWS-CABIND MAROC S.A.S
(SEWS-CM) を発足したことが発端である。2006年にはドイツ企業の買収に
よりSumitomo Electric Bordnetze GmbH (SEBN) を設立し、その子会社
としてSE Bordnetze Morocco S.A.R.L. (SEBN-MA) を発足、さらに2007
年には英国Sumitomo Electric Wiring Systems (Europe) Ltd. (SEWS-E)
の子会社としてSEWS-Maroc S.A.R.L. (SEWS-M) を設立し、モロッコに
おけるワイヤーハーネス事業の欧州への供給基地として拡大を続けた。現在
はモロッコ国内主要都市を中心に8工場を展開し、約1万8,000人を雇用し
ている。
　地中海を挟んでスペインまで最短距離は約14キロメートルであるため、モ
ロッコは、地理的にも経済的にもヨーロッパと密接な関係がある。住友電工
グループのモロッコワイヤーハーネス製造会社はそれぞれヨーロッパに本社
をもち、現在8工場で多くの雇用創出に貢献している。住友電工グループの
自動車部品出荷を担う欧州への窓口として、モロッコ最北端の港町に位置す
る住友電工のタンジェ工場があげられる。タンジェ工場はTangier-Med港の
近郊にある自由貿易特区に立地している。フォルクスワーゲン社やアウディ
社などドイツの自動車メーカーを主要顧客としている。自由貿易特区には各
業界の生産工場が集まっているため、優秀な社員の獲得はいわば容易ではない。
　タンジェ工場では、工場長が自由貿易特区会の会長を務め、地元の大学と
も連携するなど地域に密着したビジネスを展開し、人材の確保に努めている。

314

第9章　北アフリカの自動車部品工場

　タンジェ工場は地元のエンジニア系の学校や大学と提携し、生徒・学生やインターンを積極的に受け入れ、住友電工グループの企業文化や教育をモロッコに広めている。住友電工グループがさらに発展し、存在感を高めることでモロッコの経済成長につながるという認識が強い。「タンジェ工場は社員の会社に対する帰属意識が高い。いろいろなイベントの開催を通じて、家族的で協力的な社風をつくっている。社員は家庭よりも長い時間を工場で過ごすから、工場は楽しくモチベーションの上がる場所にすることが私たちの使命だと考えている。ワイヤーハーネス事業において、やる気のある社員はとても大切な存在だからである。住友電工グループは多大な影響力をモロッコでもっています[9]」。

　モロッコにおける住友電工グループのほかの自動車部品の工場例は、アイン・アウダ工場とアイン・ハルウダ工場である。

　まず、アイン・アウダ工場は首都ラバト近郊に2009年に設立されたものである。工場の製品の主要供給先はルノー、プジョーシトロエン、英国日産などの欧州や日系の自動車メーカーである。アイン・アウダ工場では製品品質、福利厚生、人材開発に重きを置いている。工場のトップ管理層には日本人がいない。現在の工場長はこれまでポーランド、スロバキア、ルーマニアで住友電工グループの工場の立ち上げに携わってきたモロッコ人経営者である。スロバキアとルーマニア同様に、アイン・アウダ工場も住友電工の工場管理手法を積極的に取り入れている。モロッコ人社員は生活の向上のため、さまざまな文化や習慣を吸収しようとしている。その意味で、日本の働き方を受け入れやすい気質があるといわれる。社員一人ひとりが研修を通じ、安全第一の姿勢や「3つの管理」と呼ばれる管理制度をしっかりと学んでいる。「3つの管理」とは、作業遵守管理、異常管理、変化管理のことの総称であり、もともと日本から欧州の住友電工グループ工場に持ち込まれた日本国内工場内の生産現場管理方法を現地の事情に合わせて改造されたものであるが、欧州のグループ工場での仕事を経験した現工場長が、これをモロッコの工場に持ち込んだといわれている。

315

第Ⅲ部　アフリカの課題別分析

そして、もう一つの工場は、カサブランカ市内から約30キロ離れた場所にあるアイン・ハルウダ工場である。この工場で働く社員は、モロッコにおける住友電工グループ会社の工場のなかで、勤続年数は最も長い。工場の製品は、イタリア自動車メーカーのフィアット社に納入している。

モロッコではまだ人事評価や人材評価システムが充実していないため、キャリアアップのために転職していくことが普通であるが、アイン・ハルウダ工場では勤続就労年数が長く、経験豊富で帰属意識の高い社員に恵まれている。それは住友電工グループが提供する充実した人材開発や社内でのキャリアアップのシステムと関係があるといわれる。工場では、社員にとって魅力的な企業であり続けるために、さまざまな人事システムを日本および欧州の住友電工グループ工場から導入している。

社員全員が充実した保険によってカバーされているほか、企業と全社員が毎月積み立てる助成金制度を設け、特に経済的に厳しい状況にある社員のサポートを行っている。またモロッコの多くの企業には労働組合がないが、アイン・ハルウダ工場には２つの組合があり、毎月、組合と工場で話し合いをもち、労働環境改善について対話を以って協議を行っている。実績によってポスト相応の賞与を支給することもある。そのほか福利厚生の一環でイスラム教の聖地メッカへの巡礼を毎年10人程の社員に提供する制度もある。

以上のように、住友電工のモロッコ各工場は、次の共通点をもっている。第一に、各工場には日本人駐在者がいない。第二に、各工場は、欧州自動車メーカーに自動車部品を供給している。第三に、各工場には、日本的経営生産システムの要素が存在しているが、これらの要素が「欧州ルート」──たとえば、グループの欧州工場で経験を積んだ経営者がモロッコ工場へ配転し、欧州のグループ工場の管理ノウハウを持ち込む──経由でモロッコに持ち込まれたと考えられる。

5．日本的経営生産システムの移転について

　最後に、本書の最大の問題関心である日本的経営生産システムの現地移転について説明する。

　まず、欧州とりわけフランスの制度的残滓（労働慣行など）と日本的経営生産システムとの融合という点は特徴的である。本章で取り上げた事例は一般性をもつかどうかという問題があるかもしれないが、フランス語圏という点に共通する現象の背後には、フランスからのさまざまな社会的・文化的影響が存在している。

　グローバル生産が回避できない人絡みの社会慣行・制度は大いに日系工場にインパクトを与えている。たとえば、生産システムの中核要素に当たる賃金システムについて、日系工場は欧州大陸、とりわけフランスからの影響がかなり強い。モロッコ矢崎総業工場ではこれがはっきり反映されている。生産現場で働く従業員と管理・技術系の仕事に従事する従業員は、アワリー（前者）とサラリー（後者）にはっきり分かれる。

　アワリーの場合は、査定がなく、給与が固定で、政府の最低賃金を考慮するうえで賃金が決まる。現場のオペレーターには同一賃金が支給される。より高い報酬を求めるオペレーターの場合は、作業長へ昇進するか、他社へ転職するかという２つの選択肢しかないという。つまり、現場の作業長へ昇進されなければ、昇給が考えられない。ただし、アワリーは、北米地域でよくみられるように個々の作業者がそれぞれのジョブに固定されるわけではない。言い換えれば、アワリーには固定賃金が支払われるが、これは、厳密な北米型の「職対応」賃金システムではない。

　この事例に示されたように、日本的経営生産システムの重要構成部分である人・組織にかかわる諸側面は、北アフリカに進出した日系工場はできる限り日本的経営生産システムを導入するが、制度的ハードルが存在すれば、現地の慣習と妥協をせざるをえないということを示している。おそらく、この

第Ⅲ部　アフリカの課題別分析

点は若干予想外であった。「アフリカは白紙のような存在で、先進国からの生産システムの移植は順調に行われるだろう」という先入観が一般的に存在するかもしれないが、実際に現地調査を行うと必ずしもそうではない。とりわけ、欧州各国の労働慣行や管理理念が何らかの形でアフリカ大陸に持ち込まれ、現地の要素と混じることになった。モロッコ矢崎総業工場の事例からフランスやスペインなどの影響が一定程度確認された。

　そして、「日本的経営生産システムがどのように伝播されたのか」。以上の分析によると、「日本→欧州大陸→アフリカ」という伝播経路が若干判明した。アフリカ大陸は、日本企業にとって無視できない新興市場の1つであると同時に、未知の市場でもある。そこで、日本的経営生産システムが、すでに移転された地域（欧州）から未知のアフリカへ再移転というルートによって間接的に移植されたと考えられる。本章で取り上げた2工場は、この再移転の典型的工場だといってよい。そして、日本企業は徐々にその得意な生産システムを自由自在に操る段階にもなったと考えられる。実際、これまでわれわれが調査した新興国地域では、類似の事例が散見された。今後、日本的経営生産システムの再・再移転がみられるかもしれない。

　第三に、本章で取り上げた2社の日系工場では、どのようにしてスムーズな運営が実現されたかについて重要なポイントとして、①2社の本社（地域本社を含む）による間接的な「遠隔コントロール」、②日本的経営生産システムを熟知する欧州人支援者の存在、③工場における日本的経営生産システムを熟知する生産要員層の厚さ、④厳密なコントロールと高度な現地化との良い相性、などがあげられる。

　日本的経営生産システムの現地移転の意味で北アフリカにおけるこの2工場は、初歩的な成功を収めたといえるが、不安要素も少なくない。工場の生産現場における「欧州的」労働慣行が、日本的経営生産システムの導入や「アラブの春」の激動を受けて、今後どのような方向に変容していくかは気になる点の1つである。また、生産管理面において今後、日本的な管理理念のさらなる定着・深化にも時間がかかりそうである。

第9章 北アフリカの自動車部品工場

【注】

1）チュニジア開発国際協力省外国投資振興庁（FIPA）「Invest in Tunisia」2009年を参照。

2）ジェトロ［2009］報告書「労働集約型から高付加価値分野まで柔軟に対応—欧州フロンティア諸国の投資環境比較」を参照（http://www.jetro.go.jp/biznews/africa/49c8778dda818）。

3）新井俊三［2009］「欧州向け生産拠点としての北アフリカ」国際貿易投資研究所、『季刊国際貿易と投資』2009年No.78による。

4）同注4。

5）三菱東京UFJ銀行（2015）を参照されたい。

6）ここでの日系企業2社の対アフリカ進出に関する情報は、マスコミの報道内容を整理したものである。

7）現地調査の聞き取りによると、工場立ち上げの最初段階では、1人の日本人は非常勤の形でこの工場に一時滞在したことがあったが、それ以来、一時滞在者を含めて本社からの派遣者はいなかった、という。

8）住友電工のモロッコ事業に関する情報は、同社のホームページ（http://www.sei.co.jp/csr/feature/2015/）から取得した。

9）ここの証言は、タンジェ工場の人事担当者のインタビューである（http://www.sei.co.jp/csr/feature/2015/）。

【主要参考文献】

1　新井俊三（2009）「欧州向け生産拠点としての北アフリカ」国際貿易投資研究所、『季刊国際貿易と投資』2009年No.78。

2　外務省のホームページ（http://www.mofa.go.jp/mofaj/）。

3　財団法人国際労働財団のホームページ（http://www.jilaf.or.jp/index.php）。

4　在日モロッコ大使館のホームページ（http://www.morocco-emba.jp）。

5　在モロッコ日本大使館経済班（2006）「モロッコ経済概要」（http://www.dubai.uae.emb-japan.go.jp）。

6　ジェトロ（2009）報告書「労働集約型から高付加価値分野まで柔軟に対応？欧州フロンティア諸国の投資環境比較」（http://www.jetro.go.jp/biznews/africa/49c8778dda818）。

7　ジェトロ（2013）報告書「EUの対アフリカ戦略—FTA交渉を中心に—」（http://www.jetro.go.jp/biznews/africa/）。

319

第Ⅲ部　アフリカの課題別分析

8　ジェトロ（2017）「アフリカ進出日系企業実態調査」（http://www.jetro.go.jp/biznews/africa/）。

9　住友電工のホームページ（http://www.sei.co.jp）。

10　チュニジア開発国際協力省外国投資振興庁（FIPA）「Invest in Tunisia」2009年。

11　三菱東京UFJ銀行（2015）『BTMU Global Business Insight』（www.bk.mufg.jp/report/insemeaa/）。

12　守永孝之（2007）「YAZAKIグローバル化へのチャレンジ」社団法人「如水会」のHP（http://www.josuikai.net/modules/news/article.php?storyid=425）第66期一橋フォーラム21。

13　矢崎総業のホームページ（http://www.yazaki-group.com/company/history.html）。

14　吉田敦（2007）「モロッコにおける最近の海外直接投資動向と経済政策の課題」海外投融資情報財団『国際金融』No.1179号。

第10章
中国企業のアフリカ経営

俞成華・郝燕書

はじめに

　近年、世界経済において中国の存在感が高まっているとよくいわれる。アフリカにおける中国のプレゼンスは、中国政府による組織活動に負う部分が大きい。政府による活動がアフリカの経済・社会・コミュニティ開発などマクロレベルに影響を及ぼしダイナミックな変化をもたらしているからである。しかし、中国企業が現地で行う事業展開も無視できない。特に2000年以来、計7回の中国＝アフリカ協力フォーラム会議（FOCAC）が開催された。この間、中国・アフリカの経済関係は急速に深まっている。

　さらに2014年に発表された現代版のシルクロードとも呼ばれる「一帯一路」はアフリカにも伸び、経済分野での存在感を増している。アフリカの豊富な天然資源と中国製品の輸出市場の確保は中国の最大の狙いであり、国策でもある。アフリカにおける多くの中国企業は、中国の各レベル政府のアフリカ進出支援を受けながら、ビジネスを展開している。

　国際コンサルティング企業のマッキンゼーが2017年6月に発表したレポートによると、中国政府の報道よりも中国企業の活動はより大きいという。マッキンゼーの調査研究グループが8つのアフリカ主要経済国（この8カ国の合計GDPはサブサハラアフリカの3分の2を占める）を選んで研究したところ、アフリカで投資・事業に着手した中国企業は、現在までアフリカのなかで最大

第Ⅲ部　アフリカの課題別分析

の中国企業のデータベースである中国商務省の登録数の2倍から9倍であり、約1万社に上ると推計している。1万社のうち約90％は異なる規模で事業を多角化している民営企業である。このうち製造業が約35％ともっとも多く、次いでサービス業25％、貿易20％、建設・不動産20％となっている。アフリカに進出した中国の製造企業はすでにアフリカ全土の製造産出量の12％（5,000億ドルに相当）を占めるようになっているという。さらにはインフラで海外受発注が関わる建設分野では中国企業が50％を占めるまでに至っている。現在アフリカに進出した中国企業の総売上高は1,800億ドル（約20兆円）と推計されているが、2025年までに4,400億ドル（約49兆円）と2倍以上増加する可能性が指摘されており、アフリカでの影響力はさらに増すことになっていく（チャイナネット，2017）。

　これらのマクロレベルに焦点を当てて、政治・経済・社会に関する情報にもとづく経験的研究は多い。しかしながら企業レベルの経営に関する研究が少ない。本章では、アフリカにおける中国企業のマネジメントのあり方について、中国的経営とアフリカ的経営に関する文献をレビューし、その類似点を探って試みる。そして金帝靴業ナイジェリア有限公司（以下、金帝靴業と略す。）と海信南アフリカ発展有限公司（以下、海信南アフリカと略す。）の経営実態を分析し、中国的経営がアフリカにおいて、いかに効果的に展開していくのかを考察する。

1．先行研究の検討

　本節では、アフリカにおける中国企業の経営実態を明らかにするため、中国的経営とアフリカ的経営に関する文献をレビューしたうえ、両タイプの経営を比較し、その類似点をまとめておきたい。

（1）中国的経営に関する先行研究

　中国的経営に関する定義は、論者によってさまざまであり、統一の見解が

存在しない。ここでは、「中国的経営の父」として知られている曽仕強が2005年に提唱した概念について検討しておく。中国的経営は、西洋の近代経営学を中国の経営思想に適切に適用し、中国の文化的伝統や心理的行動の特性を考慮して、よりよい経営パフォーマンスを達成することに特徴があるという（曽仕強, 2005、2010）。さらに彼は、中国的経営が実際には合理的経営であり、経営が自分を育てるという「修己」から始まり、平和と調和を他人にもたらす「安人」の一連プロセスであると主張している。

　中国的経営は、伝統的な中国文化だけでなく、改革開放政策の成功から経営思想や理論を導き出している。つまり、1978年に中国政府が打ち出した改革開放政策以来、西洋の経営モデルを取り入れて、中国文化のなかでそれらを現地化している。その過程で、中国の経営思想と実践経験を蓄積しながら、中国の特性を備えた新しい経営モデルをつくり出したわけである。中国的経営は西洋の経営科学と中国の経営思想をミックスしたものであり、一種のハイブリッド経営ともいえる。

　中国の経営思想は、「儒教文化」の影響により、家族・血縁重視、面子（上下秩序の尊重）や関係（人的ネットワーク）に基づく経営文化の特徴がみられる。まず、家族経営は、古代から家族経営のアイデアや実践的なポイントを議論することである。家族は個人の社会化の初期の場所だけではなく、生計を立てるための安全な場所である。中国の古い言葉に、「家族が調和していれば、すべてのことがうまくいく（家和万事興）」と、中国人は家族に特別な感情をもっている（Leung & Chan, 2003）。したがって、企業経営に家族経営を含めることは非常に必要である。同族企業は現代中国における民営企業の重要な形態の１つである。

　中国的経営に関する議論のなかに、次に面子、あるいは「関係（人的ネットワーク）」が重要な特徴として頻繁に引用している（Chen, C.C., Chen, Y. and Xin, K., 2004）。「関係」とは相互作用する個人や組織の感情的・物質的・社会的義務をマッピングする複雑な対人関係である（Gu, Hung & Tse, 2008）。企業経営において、「関係」はビジネス倫理だけでなく、意思決定や

第Ⅲ部　アフリカの課題別分析

人材雇用などのさまざまな経営活動にも影響を与えている。確かに中国の経営者は「関係」に注意を深く払って、ビジネスを展開している。

　また、国内経営慣行だけでなく、中国経済が急速に成長する時代であるグローバリゼーションの時代であり、さらに中国的経営がグローバル化する時代でもある。中国における外国企業の繁栄と中国企業の台頭に伴う海外進出は、確かに中国的経営と世界的な交流を促進している。同様に重要なのは、中国的経営が、グローバリゼーションのなかで東洋の経営と西洋の経営を比較しているということである。そこで中国の経営者は、成功したケースだけでなく失敗から学び、独自の理論を導き出す。

　先述したように1980年代から中国的経営を推進し始めた。21世紀は中国の経営思想と西洋の経営科学が融合して推進されている時代であり、両者が相互影響し合っている。中国的経営の探求には、国内外の経験を結び、東西経営の本質を抽象化し、将来の方向性を模索し、中国企業のグローバル化を含む実際の経営活動を実践することを考えている。

（2）アフリカ的経営に関する先行研究

　欧米諸国の植民地時代の歴史を経て、アフリカ的経営を支配したのは西洋的管理方式である。すなわち、アフリカ的経営は、植民地時代の遺産や行為にもとづいた管理スタイルを反映しており、西洋の理論・実践・イデオロギーの産物である。しかし、アフリカ諸国の政府や企業が採用した西洋的経営スタイルは効果的ではなく、非効率的で陳腐化しやすいといわれていた。現在ではアフリカ人が植民地主義から解放され、アフリカの主導的な価値制度の採用を掲げている。したがって、アフリカでの西洋的な管理方式があまり有効ではなくなったことは、アフリカで始まった独自の経営モデルの登場につながった。

　1990年代初めに現れた1つのスタイルはUbuntu（ウブンツ）[3]経営である（Mbigi, 1997、Jackson, 1999）。Ubuntuはアフリカにおける社会的関係を規定する基本的人間性、コミュニティの信念と価値観に基づくものである（Mangaliso,

324

2001)。

　Ubuntuに密接に関連しているのは、アフリカでの管理を形成する特定の重要な要素、すなわち、共有、尊敬、コミットメント、コンセンサス、良好な社会的・対人的関係、個人的な関係である。これらの要素はほとんどのアフリカの文化である（Jackson, 2004）。このような管理方式は南アフリカ、ジンバブエ、ザンビア、ナミビアなどのアフリカ南部の諸国に浸透し、徐々にアフリカ大陸で採用されている。アフリカでビジネスを展開する経営者は、企業をうまく運営するためにこれらの要素を管理スタイルに統合する必要がある。

（3）中国とアフリカのビジネス・マネジメントの特徴

　アフリカにおける中国のプレゼンスがアフリカの経営と開発に大きな影響を及ぼしていることをよく理解するためには、中国とアフリカの両方のビジネスの主な特徴を明らかにするのは重要である。

　表1は中国人とアフリカ人の違いより、双方に類似点が多いことを示している。たとえば、家族、対人関係、人脈を重視していること。双方はビジネスを行う前に関係構築の重要性を強調している。したがって、アフリカ諸国のなかには西洋的な管理方式と異なり、中国的経営は、容易にアフリカの社会文化に溶け込まれ、有利になる可能性が高い。特に権威の尊重、関係（人脈）、面子やメンバーの尊厳の維持、他者の尊重などを重視している（Yua, 1994）。

　これらの側面は、基本的にアフリカ大陸の価値観と重なる部分が多い。したがって、中国的経営はアフリカ大陸において、適用性が高くなると推測されている。次節では、具体的な事例をとりあげて検討していきたい。

第Ⅲ部　アフリカの課題別分析

表1　中国人とアフリカ人の特徴

中国人	アフリカ人
Guanxi（関係）：対人関係やネットワーク、知られている人だけとビジネスをすること（Gu、Hung & Tse, 2008）。	人間性（Ubuntu）：価値観を共有し、グループの文脈または集団の価値に基づいている（Mbigi, 1995）。
Jiating（家庭）：家族関係は、良い行動、支援および繁栄するビジネスの基盤として認識されている（Leung & Chan, 2003）。	家族の所有：ほとんどの企業は家族に根ざしており、地域の歴史、民族、言語、創業者の価値観やビジョンを反映している（Fadiman, 1994）。
Renqing（人情）：関係、社会的規範、良好な行動パターンを維持するための道義的義務は、すべての状況、ビジネスおよび外部において奨励され、求められている（Leung & Chan, 2003）。	道徳的期待：これは共同体の関係、他者の尊敬と尊厳に関して高く評価されている（Lassiter, 1990、Matondo, 2012）。
Mianzi（面子）：職場、家族、社会のいずれにおいても、個人の評判や名声。自己や他者の尊厳と自尊心を維持する価値は、中国のビジネスマンのシンボルである（Leung & Chan, 2003）。	ロイヤルティ：従業員は、快適で、グループ内でのサポート、コラボレーション、および集団的な意思決定を行う伝統的なグループに忠誠する。個人の自我と自己満足は敬遠される（Booysen, 1990、Matondo, 2012）。
Conflict management（葛藤の管理）：中国は葛藤解決において非対立的スタイルを使用する。具体的には、中国人は競争よりもむしろ妥協することを好むと同時に、共同作業への回避を好む（Ma, 2007）。	紛争の管理：民族的、宗教的、専門家的なグループの内部調和を促進することで平和を維持しながら、紛争は避けられる（Matondo, 2012、Shonhiwa, 2008）。
Lijie（理解）：慣習的なエチケットと日常的活動は、すべての取引きで維持され、中国文化の価値を示している。中国人はビジネス状況に関係なく中国人のままである。（Gu、Hung & Tse, 2008）。	ビジネス慣習：慣習的なエチケットに関して、アフリカ人は権威を尊重し、定められた規則とパワー・バンランスを維持する。状況に応じて、彼らは行動するでしょうが、権限の遵守と基準の設定が一般的である。

出典：Muriithi, Samuel（2017）

第10章　中国企業のアフリカ経営

2．アフリカにおける中国的経営の実態
―金帝靴業と海信南アフリカ

（1）中国企業のアフリカへの進出

　中国企業がアフリカに積極的に進出するには、2つの理由がある。第一に、2000年頃から対外的競争力を高めるために、中国政府は「走出去（Go Global Strategy）[4]」政策を打ち出し、企業向けに各種の奨励策を整備している。また、「世界の工場」といわれている中国が国内過剰生産で、国内市場が飽和状態にあること。さらに中国での労働コストの上昇は中国企業の海外進出を促している。第二に、巨大になる可能性を潜めたアフリカの消費市場に注目し、いち早く参入するための先行投資もある。

　以上のような中国国内の事情とアフリカの将来性を見据えて、中国企業はアフリカへの進出が自らにとってひとつの活路である。中国政府のバックアップをうまく利用し、アフリカ各国の資源関連やインフラなどの国家プロジェクトに積極的にかかわっている大手企業が特に目立っている。また、家電製品、自動車、携帯電話や繊維製品などの企業が次々に進出している。

①金帝靴業のナイジェリアへの進出

　金帝靴業（表2）がナイジェリアに進出するきっかけは、親会社である福州尚景程貿易有限公司の庄社長が、2002年9月8日～11日に福建省の経済特区である厦門（アモイ）市で開催された第7回中国国際投資貿易商談会に参加したことにある。翌年に福州尚景程貿易有限公司は、彼の出身地で建材である内外装床タイルと外壁タイルをナイジェリアに輸出し始めた。2003年夏ごろに成人男性用サンダルも輸出していた。需要不安定で破損しやすいタイルの輸出に比べて、サンダルの輸出が順調に展開していた。

　しかし、2004年1月にナイジェリア政府は国内製造業の保護・雇用増加のため、世界貿易機関（WTO）に通告なしに、「輸入規制」を打ち出した。輸入禁止品目のなかに、成人男性用靴が入っていた。靴類の税率が65％になっ

327

第Ⅲ部　アフリカの課題別分析

表2　金帝靴業有限公司の概要

会社名	金帝靴業ナイジェリア有限公司
英文名	Jindi Footwear Nigeria Co., Ltd.
住　所	Plot 6, Ikorodu Industrial Estate, P.O. Box 228, Ikorodu, Lagos, Nigeria
設　立	2009年3月
操業開始	2009年9月
資本金	1,600万人民元（福州尚景程貿易有限公司　100%出資）
主な製品	EVAサンダル（子供・成人男女）60種類
売上高	35億ナイラ（2016年）
生産能力	1,800万足/年
生産実績	1,413.7万足（2016年）
従業員人数	450名（うち中国人19名）【2015年9月1日時点】

出典：JMNESGが実施したアンケート調査（2015年7月）と福州尚景程貿易有限公司
　　　庄社長のインタビュー（2017年9月）に基づき筆者作成。

ている。この政策の下で、繁雑な通関の手続きが、場合によって3～5カ月にもかかったこともあった。欧米諸国・中国がナイジェリア政府に通関手続きの簡素化を求めた。そのために、2005年7月、ナイジェリア政府は「輸入規制」を修正した。そのなかに靴類の輸入規制において、従来の男性用靴から、男女を問わず、すべての靴類の完成品・半完成品の輸入を制限している。一方、靴を生産する原材料が対象外になって、税率がわずかに10%である。こうして福州尚景程貿易有限公司にとって、このままで靴の輸出販売事業を撤退するか、ナイジェリアに原材料を持ち込んで生産工場を設立するか、という二者択一の判断を迫られた。

　福州尚景程貿易有限公司は、ナイジェリアの市場規模が現在より成長していくだろう、さらに今まで築いてきたナイジェリアのビジネス関係を活かし、前向きに現地生産工場設立の可能性を慎重に検討してきた。ナイジェリアの市場規模と輸出経験を総合的に分析し、2008年3月から、ラゴスで会社設立

に向けて法的手続きの準備、工場用地の選定を本格に始動した。2009年3月に金帝靴業ナイジェリア有限公司を設立した。中国から持ち込んだ4台のEVA噴射成形機械[5]で、靴の底を成形する原材料であるEVAと靴のバンドを輸入して、同年9月に4種類の子供用・成人男性用サンダルを生産し始めた。

　ここでは親会社である福州尚景程貿易有限公司の海外事業特徴を特記しておきたい。2000年に庄社長と4名の友人が共同出資し、福州市で創立した福州尚景程貿易有限公司は生産工場をもたず、タイルなどの建材を全国販売している。2002年の第7回中国国際投資貿易商談会をきっかけで、タイルと成人用サンダルをナイジェリアに輸出し始めた。2009年にナイジェリアの最大都市ラゴスで立ち上げた子会社金帝靴業が、EVAサンダルを生産する工場を経営している。2017年5月に金帝靴業に隣接している敷地で約4,000万人民元を投資し、中国からの生産設備と原材料を持ち込んで創立した新たな子会社栄盛硝子ナイジェリア有限公司（以下、栄盛硝子と略す。）が、フロート板ガラスの生産を始めた。金帝靴業の工場において中国人従業員を外部（国内派遣と現地採用）から調達している。直接にナイジェリアで投資している金帝靴業をみると、福州尚景程貿易有限公司は、Wilkins（1988）が提唱したフリースタンディング・カンパニー[6]（the Free-Standing Company: FSC）と類似する。中国で靴やフロート板ガラスを製造・生産する経験がまったくなかった福州尚景程貿易有限公司は、ナイジェリアに直接投資を行った。この投資では福州尚景程貿易有限公司は子会社金帝靴業と栄盛硝子の設立に必要な資金を提供することだけでなく、事業の運営管理（現地生産・販売、原材料の調達、靴の設計など）に全般的に関与している。

②海信の南アフリカへの進出

　海信の南アフリカ進出は1992年に遡る。1992年の南アフリカでの貿易会社設立を契機として、カラーテレビの輸出を開始した。その後、当時のトップリーダー（工場長）、現在海信の会長である周厚健氏は中国国家輸出入会社の視察団に参加し、南アフリカの現地市場を視察した。その結果、南アフリ

第Ⅲ部　アフリカの課題別分析

表3　海信南アフリカ発展有限公司の概要

会社名	海信南アフリカ発展有限公司
英文名	Hisense S.A. (PTY) Ltd.
事務所 工　場	145 Western Woods office Park, Bldg 17, Maple Place West, 145 Western Service Road, Woodmead, 2191 Second Floor, East Block, BCX Building, Century City, Cape Town, South Africa 7441
設　立	1996年10月
操業開始	1997年12月（ケープタウン工場：2013年6月開始）
累積投資額	35億ランド
主な製品	テレビ、冷蔵庫、洗濯機
生産能力	テレビ：20万台/年、冷蔵庫：20万台/年
従業員人数	580名（うち中国人30名）【2014年9月1日時点】

出典：インタビュー資料をもとに作成。

カ政府による金融政策・貿易の自由化、財政の健全化、インフラ整備への注力などに注目し、現地進出を決意した。それを契機として、海信の南アフリカ事業展開の幕が切って落とされた。1993年からは3年間におよぶ現地市場調査が実施された。同調査の結論は、南アフリカの家電市場では47インチと54インチサイズのテレビが未発売との情報から、市場細分化戦略を採用し、同2サイズのテレビの潜在的な需要を予測し、同市場開拓に力を入れた（王, 2009）。

　1996年、現地法人海信南アフリカ発展有限公司（以下、海信南アフリカと略す。）が設立された。海信南アフリカの概要は、表3の通りである。1997年末に南アフリカで初めて建設した生産ラインを稼動させ、現地市場に参入、現地の消費慣習に見合う製品を調査、模索し続けてきた。2001年に韓国大宇の工場を買収することで、生産規模を拡大した。その結果、海信の南アフリカにおける市場シェアは15％まで伸び、アフリカ全域でもシェアを拡大した。2013年6月、ケープタウンに工場移転し、アフリカ最大の家電工場を建設し

330

た。これは中国アフリカ開発基金[7]（CADF）との共同プロジェクトであり、工場の総面積が10万平方メートル、テレビと冷蔵庫がそれぞれ40万台ずつを製造する拠点となっている。2015年9月（訪問時点）まで2年以上に渡り経営の現地化を進めた結果、Hisense（海信）は南アフリカで地元の有名ブランドとしての地位を確立した。

（2）アフリカビジネスの展開と運営

①パッケージ型進出と簡単な組織構成

　今後も高い経済発展が予想されているアフリカの新興市場において、必ずしも優れた技術やハイエンド製品ではなく、現地市場ニーズに合う製品、確立した生産システムや運営人材の配置・育成などを絶妙に組み合わせて、ビジネスを開発することで、収益獲得方法を明確に描き出すことが可能である。アフリカでの中国企業は、新しい製品・新技術開発に依存する発想より、顧客のニーズを満たす製品や製品の性能向上で、市場でのシェアを伸ばす傾向をもつ。

　金帝靴業の経営生産システムの強みは、パッケージ型進出と簡単な組織構成である。まず、最大の特徴としては、中国からの機械・生産ラインと原材料・部品をナイジェリアに持ち込んで、そこで現場ものづくりをよく知っている中国人従業員が生産活動を確実に管理している。すなわち、生産設備・原材料などというハード部分と技術・運営管理の経験・ノウハウをもつ中国人というソフト部分、製品、保守品質との絶妙な組み合わせをワンセットとして事業活動を展開している。

　金帝靴業において、すべての生産設備は、中国の機械メーカーである晋江市新凱嘉機器有限公司から購入して、靴底の金型を泉州市のメーカーから調達し、ナイジェリアに持ち込んでいる。生産設備とともに、中国で確定していた現場のものづくり技術・ノウハウというパッケージごとで輸入している。したがって、金帝靴業は生産・管理面などの不確実な要因を短時間かつ最低

第Ⅲ部　アフリカの課題別分析

限にクリーアし、順調に生産を展開することが可能になった。また、パッケージ型進出を着実に実施することでナイジェリアのサンダル市場に早期参入にできた。さらに金帝靴業が自ら生み出す収益は、2012年8月に現地で迅速に再投資を行い、さらなる現地での収益獲得を仕込んだ。

　次に、金帝靴業の運営組織をみていこう。生産現場の組織構成は工場長—生産マネジャー——一般ワーカーというシンプルな形で設計されている。親会社である福州尚景程貿易有限公司が100％出資しているから、設立当初から10〜13名の中国人従業員が常駐している。2013年の生産規模の拡大に伴い、現在まで中国人従業員が19名になっている。彼ら全員は、管理職・事務職を担っている。具体的な人員配置は社長が1名、工場長が1名、生産現場マネジャーが6名、販売が2名、経理が2名、物流・通関が2名、機械・金型メンテナンス要員が2名、事務が2名、厨房（料理人）が1名という構成になっている。

　海信南アフリカをみていこう。生産ラインには、液晶テレビが流れているが、そこでは最終組立工程だけが稼働している。働いている作業員は100名ほどである。インタビューによれば、以前、ブラウン管テレビの製造に際しては、部品挿入工程があるため、作業員は150名ほどであったが、現在の液晶テレビ最終組立においては現場作業の工程を簡素化したため、作業員数をそれに応じて削減したとのことである。工場の主要な管理者は中国海信のテレビ製造工場本社から派遣されている。工場長、製造技術員、材料員、保管員、倉庫管理員、メンテナンス員6名は全員30歳未満の若者である。

　中国企業がスピーディーにアフリカに進出するために、M&Aなどによる既存工場を利活用することで、中国から原材料、部品、生産設備などを持ち込んで簡易な生産工場を迅速に立ち上げることができる。また、有能な中国人が工場を円滑に運営することで、工場の生産性向上に努めている。事業の機会損失を避けることができるといわれている。もう一方で中国企業の経営者は、できるだけ多くの報告をうけるため、簡単な組織構造を極限まで引き上げている。さらに簡単な組織構造が、不確実性の高いアフリカ環境下にお

332

ける急速な成長を支えるひとつの仕組みであると信じている。

②中国人を中心とする管理体制

　社会主義国家である中国の計画経済は、基本的に中央政府を中心として、トップダウン方式で実施されている。特に国有企業は、政府から任命された経営者によって管理される。このようなやり方は、中国社会全体に浸透し、中国企業の経営に大きな影響を与えている。他方、中国では「儒家文化」の影響により、家族・血縁重視や上下秩序の尊重に基づく「同族主義的経営」を中心とする個人指向型経営文化の特徴がみられる。個人に対する帰属意識や忠誠心が強調され、意思決定においてもトップダウン方式の特徴がみられる (Huang, 2008、Hout and Michael, 2014、Chandrasekhar and Kothari, 2011、Wong and Kong, 2014)。

　このような特殊な政治経済社会環境で、中国企業はトップダウン型経営を行っている。日本企業の集団的な意思決定と違って、トップダウン型経営は、激しい外部環境の変化を対応するため、より迅速に意思決定が可能になる。物事を決めたら、早くかつ着実に実行される。

　中国人によるトップダウン型経営を特徴とする金帝靴業は、ナイジェリア進出や現地オペレーションにおいて非常にテンポが速い。たとえば、金帝靴業は2009年9月に工場設立を行ったが、4年目にあたる2012年にはすでに800万足を生産した。そして、翌年2013年には第二の生産ラインを増設し、年間1,800万足の生産能力をもつようになった。もちろん、新たな生産ラインの設備投資に関する大きな経営判断は中国の親会社が直接関与し、中国本社からの庄社長が1カ月程ナイジェリアに滞在し、設置や試運転など作業を直接に指揮していた。現地の意思決定において、ナイジェリア人採用、生産管理の全般、販売価格の設定など権限を中国人派遣者に大きく委譲している。そのぶん、スピーディーに事業を展開していくことを実現したわけである。

　現場管理・運営については、中国人黄社長が生産、販売など会社全般をコントロールしているし、現地の状況も随時に本社に報告する。中国人生産現

第Ⅲ部　アフリカの課題別分析

場マネジャーは1日の作業の段取り、人員配置、品質管理など作業現場を直接に管理する。彼らは現場の管理者でありながら、技術者でもある。訪問時に案内してくれた陳家宝さんは中国国内の靴メーカーで5年間の勤務経験をもち、ナイジェリアで他の靴メーカーで3年間も勤務してから、金帝靴業に来た。教育訓練においてトレーナーとして、一般作業員の指導も行っている。

　現場の管理において、2名の中国人生産現場マネジャー（各生産ライン1名ずつ）は、EVA噴射成形工程の12名と組立ライン200名の労働者を管理する。同時に品質管理と一般工の指導などの役割も担いながら、労働者の配置権を持ち、チーム（1直）管理を実施する。また、各直に機械・金型メンテナンスの中国人要員1名を配置している。

　海信南アフリカにおいて、中国の本社から派遣、常駐させている30名の中国人従業員は、主に生産技術、現場管理と教育訓練の指導を担当している。海信南アフリカのテレビ製造工場において、工場長、製造技術員、材料員、保管員、倉庫管理員、メンテナンス要員6名は全員30歳未満の若者であり、報告書や資料の作成やOJT[8]など中国の本社で厳しい教育研修を受けている者または社内技術大会で勝ち残った模範者である。

　中国人従業員は年度、月度効率基準計画に基づき、毎月生産人工数と生産量に対し、効率予算と決算を行い、それと毎週に生産例会を開き、効率に影響する各種要素を通報し、関係する部門に時限を設定し、整理と改善を完成させる。

　アフリカでのビジネスを展開している中国企業では、最高責任者である総経理（社長）のポジションには、中国人派遣者が就いている。基本的に中国本社から派遣してきた中国人従業員は技術・管理関連の業務を従事している。現場生産ラインの責任者は、作業長以上すべて中国人である。彼らは現地人の教育訓練も担っている。また、工場の生産や販売に関する報告、および現地情報を本社に伝えることも中国人が行っている。中国人マネジャーは、現地人とのやり取りや要求に対して、かなり官僚的であり、統制されている。すなわち、中国人を中心として、工場管理の全般を行われている。

③現地ニーズに合わせる生産と品質管理

　先進的な西洋の経営科学を学び、激しい競争のなかに勝ち残るため、生産効率、製品品質の重要性に関する思想はかなり浸透している。特に組立工程の作業が単純なものであるから、ローテーションを行って職務の幅を広げている。科学的管理法に近い大量生産システムを導入している。すなわち、少品種大量生産である。大量生産によって、一定の品質を保ちながら低コストを実現し、勝負しているというイメージが強い。

　金帝靴業の生産ラインは、EVA噴射成形工程と組立工程に分けられている。ナイジェリアの廉価な労働力を利用し、大量生産によって低コストを実現し、現地市場ニーズに合わせて製品を生産している。組立工程はベルトコンベアを用いた手作業で編成され、ライン生産で行われていた。単一品種や少品種のロット生産を行う単純なライン生産方式を特徴としていた。これも短期の契約、ナイジェリア人従業員が次々と入れ替われること（離職率が平均30％である）で技能の形成を期待できない状況のなかに、高い生産効率を維持させることに合致している。ただ品質管理に関しては、かなり厳しい基準を設けている。基本的に部品も製品も全数検査している。徹底した結果主義による品質重視の姿勢で確実に続けられていく。たとえば、EVA噴射成形工程、組立工程において、工程内の品質チェック要員と最終検査要員によるダブルチェックし、不良率が２％台に抑えられている。機械・金型のメンテナンスにおいて、専業化している。専属する２名の中国人スタッフが担当している。作業長、チームリーダー、一般工がまったく関与していない現状である。

　一方で、海信南アフリカは、パーツ加工、組み立て、最終組立、性能検査、包装・出荷の一連の作業を行う。完成したテレビと冷蔵庫は南アフリカの各大型デパートと商店に輸送される。日韓企業のブランドが席捲するアフリカ市場においてシェアを獲得し、競争力を高めるため、海信南アフリカの製品群はハイエンド、ミドルエンド、ローエンドの全製品をカバーしている。特に、海信は相対的に低価格で良質、また現地の需要に適応できる多様な製品

第Ⅲ部　アフリカの課題別分析

を市場に提供することによって、独自の競争力を発揮しているのである。海信の現地社長の言葉を借りれば、「性価比」（コスト・パフォーマンス）の優位性をもっているという。

　また、現地の市場により貢献するため、海信は製品設計の具体的な調整を行った。たとえば、南アフリカの消費者の冷たい水を飲む習慣に合わせ、冷蔵庫のドアにウォーターサーバー機能を搭載する。このような熟慮された設計は現地で支持されている。ほかにも現地向けに設計・改造された製品はあり、中国製品と南アフリカの消費者の距離を縮め、多種の「人気アイテム」も登場している。海信南アフリカ工場の鄧紅生副総経理（副社長）によると、2017年、南アフリカの冷蔵庫売れ筋トップ10に同社から4機種がランクインし、テレビ売れ筋トップ10に3機種がランクインした。鄧紅生氏は、「工場のすべての作業場に良好な操作規定、基準、表示があり、作業員は操作の要領を掴みやすく、高品質の商品の生産につながっている」と話した。Hisense（海信）は現地で最も人気のあるブランドの1つで、同社のテレビと冷蔵庫は信頼できる品質とコスト・パフォーマンスの良さで支持されている（チャイナネット、2018）。

　海信南アフリカは積極的に品質管理の理念を導入し、全面的品質管理を推進している。第一に、品質検査組は毎月に品質例会を開くこと。海信南アフリカ工場の品質管理室は毎月に品質例会を開き、毎月の製品の品質をチェックし、現場の品質問題について公示、教育訓練を行い、製品の精細化を高め、不合格な製品を次の工程に流させないなどして、不合格製品を工場から出荷させない。第二に、品質検査組は製品の出荷する前の品質標準の教育訓練と試験を展開すること。定期的に品質検査員に対し、品質基準知識の教育訓練と試験を行い、品質検査員の製品品質を把握する水準を高めて、検査漏れや大量の品質問題を減少させている。第三に、製品の欠陥問題を展示すること。製品の欠陥問題の直接責任者に対し、現場品質問題を展示と正せるし、作業員に品質の意識と責任感を増強させ、効果的に品質問題の発生を防げるのである。

海信南アフリカは、顧客の製品に対するコスト・パフォーマンスを高めるため、品質の高い安価な製品を生産する体制を確立できた。また製品保障期間を3〜4年と、アフリカ市場での一般的な期間の倍に設定することで、安かろう悪かろうという中国製品に対するイメージの払拭に注力している。

アフリカ市場のニーズに合わせた製品開発を展開している。中国企業が最低限の基本的機能に抑えた製品は、品質が少し落ちるが、現地消費者の所得に合わせて価格を低く設ける戦略をとっている。つまり、中間の品質の製品は、ボリュームゾーンの価格帯が重ねる部分があることで、購買しやすくなるといえる。またメンテナンスに必須な部品の供給、現地の修理店の開拓などアフターサービスのネットワークを積極的に構築していくことによって、短期間で急速に市場シェアを伸ばしている。

④二重構図の人的資源管理

中国企業では技術・管理作業と日常的な作業を別々の従業員が行う。すなわち、従来国有企業に定着した「幹部」「工人」という身分制度である。そこで「幹部」の身分をもつ従業員は、技術・管理に関連する業務に携わるのに対して、「工人」従業員は与えられた現場業務に専念する（苑、2002）。

金帝靴業において、中国人19名で全従業員を占める比率は4.2％であり、それほど高くない。しかし、社長や生産現場マネジャーなど重要なポストは中国人が占めており、経理・販売・流通・在庫など部署の従業員がすべて中国人である。親会社である福州尚景程貿易有限公司は、中国人従業員に対する採用・報酬・派遣などの人事管理を行う。たとえば、販売人員の採用条件は、大卒で流暢な英語会話力をもち、3年の仕事経験をもつことである。基本的に2年契約（更新あり）、10万人民元の年俸かつ年1回の旅費支給である。また金帝靴業は中国人従業員に対して、ナイジェリアの生活費を支給し、宿舎も提供している。人的資源管理において、分業理念の下で中国人従業員は現場作業以外技術・管理の業務に担うのに対して、ナイジェリア人従業員は生産現場業務に従事する。

第Ⅲ部　アフリカの課題別分析

　また金帝靴業の賃金体系をみると、中国人従業員の賃金は中国の親会社が決めている。一方で、ナイジェリア人従業員の賃金は、金帝靴業がナイジェリアの最低賃金など労働慣習を踏まえ、業績と勤続年数によって決定される、必ずしも各々が担当している職務に反映していない。教育訓練に関して、一般従業員は基本的にOJTで行われている。しかし、人材育成の観点からみると、自社内におけるメンテナンス要員の育成など高いレベル人材を育てるのはあまり熱心ではないといえる。また、会社規模が急拡大するなかに、長期的人材育成の制度は存在しなかった。ナイジェリア人従業員の昇進については、作業長まで内部昇進となっている。その際に一般従業員に対して、業績を中心に、普段の勤務態度を加えて査定する。生産現場マネジャーの推薦が必要になる。

　海信南アフリカでは、中国人30名で580名の全従業員（2014年9月1日時点）に占める比率は5.2%である。社長、工場長、財務、総務、マーケティング部やフォアマン（TV生産ライン5名、冷蔵庫生産ライン6名計11名）の担当者がすべて中国海信から派遣されてきた中国人である。彼らの人事関係を中国海信においたまま、海信南アフリカへの勤務という形となっている。また、彼らの給与は本社（中国）の基準に沿ったものであり、さらに南アフリカで生活補助金が南アフリカでの生活基準に照らして支給される。中国人従業員は、主に生産技術、現場管理と教育訓練の指導を担当している。

　一方で現場の従業員の採用において、基本的に仲介機関を利用せず、独自で募集している。南アフリカの失業率が高いので、採用しやすい。工場の人事担当による面接を行う。採用条件は中卒以上である。応募者の教育レベルの低さは、常に問題である。そのため、企業内教育訓練はより重要である。工場として、従業員に長期的に勤めてほしい。南アフリカでは、雇用契約に関する政府の規定がある。それは、雇用契約期間は、3カ月→6カ月→終身雇用（permanent contract）の3種類である。労働契約を違反したら解雇する。しかし、市場変動による雇用を調整する場合のレイオフは政府の規定により作業者に賠償金を支払う必要がある。

338

アフリカ進出中国企業では、中国本社から派遣してきた中国人従業員と現地人従業員がいる。人的資源管理において、前者は中国本社に採用され、基本的賃金体系も中国国内の体制に照準している。後者の採用に関しては、基本的に中国人の人事担当者が入社テストや面接を行い、最終的にトップである総経理（社長）が決める。アフリカ各国の労働法が現地人の雇用をしっかり守っている。いい換えれば、いったん雇用された従業員を解雇するのは難しくなる。したがって、中国企業は、現地人の採用、試用、解雇などを慎重に行っている。また、短期労働者の募集や採用については、人材派遣会社を通じて、直接的な雇用関係を避けている。残念ながら、中国企業は現地人に対して、人材の開発にあまり真剣に取り組んでいない現状である。したがって、企業成長とビジネス成功のため、将来の企業能力を開発することは中国企業が直面している重要な課題である。

⑤関係（個人的ネットワーク）

中国企業の経営に関する議論において、「関係（個人的ネットワーク）」が重要な特徴として頻繁に指摘されている。中国の経営者の行動は、しばしばこの「関係」によって制限される。たとえば、「関係」は、従業員の雇用、顧客との取引き、サプライヤーの選定、企業の後継者の育成など、中国の経営者の経営判断のさまざまな分野で使用されている。中国の経営者はこれらの「関係」に注意を払うように経営を行う。

金帝靴業の卸業者と信頼関係について述べる。実に金帝靴業は受注生産を中心とする事業を展開している。生産計画を立てるため、生産量と種類、納期などの卸業者との調整が不可欠である。金帝靴業は半年に１度、卸業者を集まって懇親会を開催している。情報交流に位置づけている懇親会で、卸業者からの要望や市場の動向などを得ながら、優秀な卸業者を表彰する。また、本社庄社長は金帝靴業に来るたびに、ラゴスやアブジャなどの市場調査とともに、欠かさず卸業者を訪問する。これらの活動を通じて、卸業者との強い絆を結び、より多くの製品を注文し、売ってくれるのが、金帝靴業の真の狙

第Ⅲ部　アフリカの課題別分析

いである。

　1億8,400万人の人口をもつナイジェリアの市場が大きいといえ、進出した靴メーカーが多いため競争も激しい。たとえば、ラゴスに福建省からのサンダルメーカー4社も進出している。2010年から、同じサンダル市場で、激しい値下げ競争を繰り広げていた。サンダル事業の利益の幅がもっと狭くなるだろう。金帝靴業が生産したサンダルのコストと利潤の内訳をみていこう。1足成人用サンダルは、市場価格600ナイラ（約1.7米ドル、1米ドル＝360ナイラ）で販売されている。一方で受注生産・卸販売を中心とする金帝靴業は、市場価格の3分の2程度、400ナイラ（約1.11米ドル）で卸売している。1足のコストは人件費が2割、原材料が7割、電力などその他が1割で合計360ナイラ（約1米ドル）になる。したがって、1足成人用サンダルを販売すると、利益が40ナイラ（約0.11米ドル）になる。要するに1足成人用サンダルの利益率は約10％前後になる。

　金帝靴業は、持続成長するため、市場価格と卸売価格との差額が大きいから、自主販売で安定な利益を確保できると判断した。中国本社から英語に精通している中国人販売員とナイジェリア人従業員と組んで、販売活動を展開していくのは、持続的なビジネスにとって不可欠である。ただし、今でも実施に移していない現状である。前述した人的資源管理によると、中国人従業員とナイジェリア人従業員との交流は進んでいないから、両者間の信頼関係がまったくできていない現状である。本社庄社長へのインタビューによると、中国人にしろ、ナイジェリア人にしろ、適切な人材をみつけないと、運営面においてコントロールも難しいからである。

　海信南アフリカの場合には、若い中国人従業員と現地従業員との信頼関係を積極的に醸成していく。まず、中国人30歳未満の若年層を活用することにより、その海外事業を支えている。一般的に、先進国企業の海外駐在員の多くは中年層である。彼らはベテラン従業員であり、多くの外国滞在の経験、国際経営の知識をもっている。それに対して、中国の駐在員は外国滞在の経験、国際経営の知識ともに乏しいのが実情である。しかし、体力、活力に満

340

ち、とてもエネルギッシュである。インタビューによれば、現地に根づいて、長期間駐在し、現地派遣生活を楽しむ者も多いとのことである。「母国を離れて、最初は新しい環境になじめず、さまざまな不便を感じていた。しかし、仕事が少しでも進展した折には、言葉では語り尽くせないやりがいを感じる。海外勤務は自分にとって貴重な人生経験だ」。厳しい海外環境のなかで、さまざまな苦労を経験し、一つひとつの困難に打ち勝てば、小さな実績を積み上げることで、次第に大きな実績につながっているのである。

　また、現地従業員との信頼関係づくりもたいへん重視して、さまざまな機会を利用して現地社員とコミュニケーションを図っている。従業員が冠婚葬祭、誕生日、あるいは困難に遭遇した場合、同社が彼らに救いの手を差し伸べるのである。さらに、会社の経営状況については高い透明度で現地従業員に伝える。このような地道な活動こそが、従業員の口コミにより海信に対する好感度をまわりの親戚、友人に伝え、海信のイメージ・アップにつながるのである。

　アフリカ進出中国企業は、現地人従業員、サプライヤー、販売業者などの利害関係者とのコミュニケーションが十分であるといえない。表1で示したように中国人とアフリカ人との基本的考え方のもとになる価値観や信念が似っているにもかかわらず、双方の英語力は、コミュニケーション不足の最大の阻害要因である。工場規模が大きな海信南アフリカは、ストライキの対応や従業員の一体感醸成を通じて、現地人従業員との信頼関係を構築することを重要視している。中国本社から派遣されてきた若いかつ有能な中国人従業員は会社の行事、従業員の冠婚葬祭や誕生日などさまざまなチャンスを活かして現地人従業員とのコミュニケーションを図っている。一方で、金帝靴業では派遣されてきた中国人従業員は技術・管理面において有能であるが、英語力の不足で常に通訳を介して現場管理を行っている。さらに一部の中国人従業員は現地人（汚い、怠け者など）に対して偏見をもち、話したくないという。

341

第Ⅲ部　アフリカの課題別分析

⑥ストライキへの対応

　中国では労働組合の「工会[9]」がかなり重要な役割を果たしている。「工会」は企業の経営管理や意思決定への参画（従業員代表大会）、文化や娯楽、スポーツなどの管理、従業員宿舎の管理、固定資産の管理などを行っている。また福利厚生も中国の他企業よりも充実している。基本的に協調的で安定的な労使関係を築いている。

　しかしながら、アフリカ大陸の多くの国はヨーロッパ諸国の植民地になった経験をもつ。そこでヨーロッパから資本・技術のみならず、基本的法制度を持ち込まれるなどの多大な影響が残ったままになっている。アフリカにおける労働組合は、一般的に企業外部に組織されていた産業別労働組合または職種別労働組合であり、政治との関わりも当然ある。多くの国・地域において強力で戦闘的な産業別組合組織との関係を考えなければならない。

　たとえば、企業外で組織され、世界最強ともいわれる南アフリカの労働組合は黒人[10]が一致団結して自由を勝ち得た経験から、労働者のほとんどを占める黒人の団結力が非常に強く、この団結力が行き過ぎて定期的な賃金交渉におけるストライキのほかに違法ストライキも頻発しており、経営上の多大な支障が起こっている。ストライキの権利に関する各国での法律の規定のもと、労働環境や賃上げ交渉など職場の労使の力関係をみると、労働組合はパワフルな存在、戦闘的な団体である。国内にない、あるいは稀なストライキに遭遇する中国企業としては確実に企業運営上の一種のリスクである。中国企業はストライキに対処する経験が乏しく、ストライキが発生したら、企業の正常な運営に比較的大きな影響が避けられない。基本的に労働組合に正面から対抗することを避けている。

　労使関係においては　ナイジェリア労働組合の役割は、基本的に政府レベルの最低賃金や労働条件の制定・実施であるが、実際に個々の企業経営を直接的に指導することがない。金帝靴業において、会社の全般をコントロールする中国人と工場の現場ワーカーであるナイジェリア人がいる。したがって、２種類の採用が行われている。中国人従業員は親会社が中国国内で採用して

342

派遣されてきたものである。一方でナイジェリア人従業員は、現地人材派遣会社（Work Blocker）を通じて派遣されたものである。複雑な労働契約やトラブルを防ぐため、金帝靴業はナイジェリア人との直接的な雇用契約を交わさず、労務管理業務を現地人材派遣会社に委託している現状である。また、多くの中国人従業員が英語を話せないことに加えて文化・習慣などの差異によって、中国人とナイジェリア人との間に十分なコミュニケーションをとれるとは、とてもいいがたい。もっといえば、中国人従業員は、ナイジェリア人従業員を軽視する傾向すら存在する。それゆえに、金帝靴業は2009年8月操業開始以来、平均30％前後高い離職率が悩まされている。さらにストライキが2回もあった。その際に、3〜4日操業を停止し、現地人材派遣会社に依頼して、労働者を集めた。

　海信南アフリカでは、いかにストライキに対応するか、これが課題である。もっとも重要なのは現地の労働法を熟知し、合法的なストライキのプロセスと規定を把握することである。中国側の管理者だけでは問題を完全に解決できない。必ず1名の経験豊富、企業文化を認める顧問をみつけることである。これは非常に重要なキーポイントである。

　2014年7月1日、南アフリカ鉱工業労働組合は、5カ月にわたる全国規模の大型ストライキを経た後、全国金属産業労働組合（NUMSA）の呼びかけで22万人の労働組合員が全国のストライキを行った。当時、海信南アフリカも深刻な影響を受けた。ストライキ開始の当日、出勤率は40％足らず、3日目は20％へ低下し、生産ラインもストップした。ストライキに対して、若い工場管理チームは恐れず、情勢を分析し、工場の生産はストライキの影響を受けてはいけない、という信念を固め、冷静に対策を練った。

　具体的な対策は、次の通りである。

（ⅰ）生産を停止しないこと。出勤の人数で作業の内容を段取りする。生産ラインが稼働できなければ、作業準備の仕事をさせる。それにより工場の生産はストライキの影響を受けないというメッセージを従業員に伝達する。

第III部　アフリカの課題別分析

（ii）1つの製品の生産に集中すること。冷蔵庫の従業員をテレビ生産ライ
ンに配置転換し、テレビ生産を確保する。そして出荷も止めない。

（iii）すべて従業員（中国人と現地人）の安全に心がけること。出勤の従業
員に社内バスで送迎する。警察を頼んで、毎日工場の周辺に2、3台
の警察車を配置しパトロールしてもらう。中国側の従業員を時間通り
に出退勤をし、場合には安全守備員で送迎してもらう。

（iv）工場の財産を守る。消防を連絡し、直ちに火を消す（会社の玄関でタ
イヤや薪を燃やした）。安全警備員のパトロールを強化し、問題があっ
たら直ちに通報する。工場の出入りに厳しく審査し管理する。すべて
の出入り人員は人事労務課の審査を受ける。

（v）労働組合の代表と継続的に対話し、過激な行動を防止すること。
労働組合の代表との話し合いで、次のことを合意した。ストライキの
参加者は、会社の玄関の正常の出入りを妨げてはいけない。会社の建
築物と財産を破壊してはいけない。会社の他の従業員を脅迫してはい
けない。会社側はストライキの参加者に飲み水とトイレを提供する
（1回に付き2人に限る）。会社の人事労務部門と毎日対話し、問題を
発生したら直ちに解決することを合意した。同時に社員の安全を脅か
したり、工場の施設を破壊したり、他人をそそのかし悪いことをする
ことなどの情報を収集し、関係部門と緊密の連携を取り対応する。

（vi）人材派遣会社と連携し、そこから派遣される従業員を活用し、欠勤者
のポジションを補充し生産を回復する。

　上記の措置を講じてから、効果はすぐに表れた。出勤率は60％へ回復し、
テレビ工場は80％へ達していた。冷蔵庫工場は部分的に生産を開始し、テレ
ビ工場の生産は基本的に回復した。この間にストライキの参加者たちは、会
社と交渉を要求したが、海信南アフリカは毅然とした態度で拒否した。この
過程のなかに出勤率が回復し、新人も現場で仕事に慣れて生産が徐々に回復
した。2014年7月26日、業界のストライキは第4週目に入ったとき、金属業

界の労働組合と雇用主連盟が合意し、その後の 3 年のなかで、賃金は毎年10％アップする。ここをもってストライキが終息した。

このストライキのなかで、独自の考え方と柔軟な対応措置によって、他社が生産停止したなかで、海信南アフリカはいち早く稼働を回復し、工場の運営が軌道にもどった。この過程のなかで、人材派遣会社、現地の警察および中国駐ケープタウン総領事館の協力と応援を受け、協力関係構築の重要性を認識した。

アフリカの労働環境において、頻発するストライキは避けて通れない問題である。ストライキの発生を完全に防ぐことは難しく、ストライキのダメージを最小限に抑えることは前提とし、どのように暴徒化や長期化を防ぐかが企業の重要な検討事項となっている。ストライキの対応に苦慮している中国企業は、社内ではマネジメントと現地人従業員との間の縦のコミュニケーションを頻繁にとることによって労使間の衝突が起きにくい風土をつくることである。現地人従業員を尊重し、彼らの小さな問題に対して耳を傾け地道に少しずつ信頼関係を構築することが鍵となる。社外では、在庫を積み増すこと、サプライヤーの協力を得て常に部品を供給できることなどの対策を講じているとのことである。そして、一部の現地人の採用やストライキ期間での人手不足は、外部の人材派遣会社を活用して対応している。

3．まとめ

ここまでアフリカ環境の下で進出中国企業の経営実態について検討してきた。本章の総括として、金帝靴業と海信南アフリカがアフリカにおけるマネジメント分析を踏まえ、難しいアフリカの経営環境で中国的経営の展開可能性と今後の課題をまとめておきたい。

中国的経営は中国文化の中核である儒教の大きな影響を受けているから、マネジメントにおいて権威の尊重、関係（人脈）、面子や従業員の尊重などを重視している。一方でアフリカ的経営は尊敬、コンセンサス、対人関係、

345

第Ⅲ部　アフリカの課題別分析

コミュニティなどの「ウブンツ経営」である。中国的経営は基本的にアフリ
カ大陸の価値観や信念と類似しているから、容易にアフリカの文化に適合さ
れ、西洋的経営より有効になる可能性が高い。

　しかしながら、マネジメントを成功させるために、アフリカの伝統的価値
観や信念に合うことを強調し過ぎるアプローチは、必ずしも現代アフリカで
は効果的に機能しない。現存の法制度、規制や商慣習なども考慮に入れたマ
ネジメントが重要である。ここではアフリカにおける中国企業は独自な経営
スタイルを展開している。

　第一に、産業別に形成されているアフリカの労働組合と労使関係の管理は、
中国企業にとって厄介な問題であり、経営の不安要素となっている。中国企
業の経営者は、中国共産党の管理下にある協力的な労働組合（工会）と労使
関係に慣れている。たとえば、賃金については、経営者側が年１度、工会と
交渉する。まず経営者側が賃金を決定し、工会との交渉に臨む。そして経営
者側の提案で賃金が決まり、話し合いのムードは和やかである。企業外で組
織されている労働組合は、現地の政治との深い確執から、政府の政策、特に
雇用労働に関する諸法制度・規制に大きな影響が存在している。ストライキ
の権利を行使し、労働環境や賃上げ交渉など職場の労使の力関係をみると、
労働組合はパワフルな存在、戦闘的な団体である。中国企業は労働組合に
正面から対抗することを避けるべきであろう。アフリカの労働組合との交渉
を対応し、ストライキのダメージを最小限に抑えるため、中国企業では、多
くの中国本社から派遣してきた中国人中心の経営になっている。

　第二に、中国的経営はトップダウンであること、他方アフリカは合意型で
あること。金帝靴業と海信南アフリカのアフリカへ進出方式をみると、アフ
リカにおけるビジネスを展開していくため、事前のアフリカ市場調査・分析、
アフリカへの進出決定などにおいて、中国人経営者は最初の段階から何らか
の形で関与し、最終的に決断を下したことによって、迅速に進出することが
できた。また、工場の運営管理において、中国本社は、多くの派遣されてき
た中国人経営者に権限委譲し、工場の全般を任せている。現地人の賃金設定

346

第10章　中国企業のアフリカ経営

や昇進（作業長まで）は、現地人との話し合いで決めるのではなく、中国人従業員がそれぞれの国の法制度に沿って、一方的に行っている。下位の中国人従業員の報告を受けて、トップである総経理（社長）は最終的に決断を下す。

　最後に、中国企業がアフリカ市場において中国企業同士で低価格の過当競争を繰り返しており、そのなかに自社の独自性や差別化を打ち出しない限り、アフリカ市場の競争優位を維持して利益を確保できない状況がすでに起きている。これは中国企業にとって考えなければならない課題であるだろう。

【注】

1）中国＝アフリカ協力フォーラム（Forum on China-Africa Cooperation, FOCAC）：中華人民共和国とアフリカ諸国との公式フォーラムである。3年おきに開催している。

2）一帯一路（One Belt, One Road, OBOR）：2013年に中国の習近平国家主席が提唱・推進している経済・外交圏構想のこと。中国西部〜中央アジア＝欧州を結ぶ陸路の「一帯」（シルクロード経済帯）と中国沿岸部〜東南アジア〜インド〜アフリカ〜中東〜欧州と連なる海路の「一路」（21世紀海上シルクロード）で結び、緩やかな経済協力関係を構築するという国家的戦略である。

3）Ubuntu（ウブンツ）：ズールー語であり、「他者への共感」や「思いやり」を意味する。また、『Mandela's way』で「アフリカにはウブンツという概念があるが、私たちは他者を通してのみ人間として存在するという意味である。」（Stengel, 2010）。

4）走出去（Go Global Strategy）：1999年、中国政府が積極的に支持している海外の投資戦略のことである。多くの国々が外国からの資本受け入れ（引進来）に躍起になり、海外への投資に消極的であるのに対し、中国は外資導入と海外への投資拡大に積極的である。走出去戦略の略称として「走出去」と呼ぶ。

5）EVA（Ethylene-Vinyl Acetate）：エチレン―酢酸ビニル共重合樹脂の略。ポリエチレンより柔らかく弾力があり、塩素を含まないので、焼却してもダイオキシンが発生しない。またリサイクルが容易な環境にやさしいエコ

347

第Ⅲ部　アフリカの課題別分析

素材である。用途としては、サンダルの底材やバスマットなどによく使われている。

6）FSC（the Free Standing Company）：米国型海外直接投資（FDI）の特徴である国内事業活動の拡張を目的とせず、1870－1914年当時の典型的な英国型FDIの実施主体である（Wilkins、1988, 1998）。つまり、米国型FDIを実施する企業のように本国においてよって立つ事業が存在しないという意味で「フリースタンディング」なのである。

7）中国アフリカ開発基金（China-Africa Development Fund, CADF）：中国開発銀行が出資して運営するCADFは、2006年11月に中国（北京）で開催された第1回中国＝アフリカ協力フォーラム（FOCAC）で、胡錦濤国家主席（当時）が創設を表明したものである。CADFは、農業、インフラ、製造加工業、工業団地、資源開発などの中国アフリカの協力事業に対する①エクイティ投資（普通株、優先株など）、②ファンド向け出資を行うものとして、2007年6月から運営が開始された。

8）OJT（On-the-Job Training）：職場で実務をさせることで行う従業員の職業教育のこと。企業内で行われるトレーニング手法、企業内教育手法の一種である。

9）中華全国総工会（略称：全国総工会。All-China Federation of Trade Unions）は、中国における唯一の公式な全国規模の労働組合連合（ナショナルセンター）である。国際労働組合総連合には加盟していない。「中華人民共和国工会法」および「中国工会章程」の規定により、中華全国総工会は中華人民共和国の各級地方組合および産業組合に対する指導機関であり、中国大陸の31省級労働組合連合会と多数の産業労働組合連盟を擁している。中国共産党の指導下にある中華全国総工会は「中国人民政治協商会議に参加する人民団体」の1つでもある。

10）黒人（Black）：1994年民主化以降、南アフリカでは、黒人というのは、従来の外見的な特徴（時に皮膚の色等）で分類する概念ではなく、アパルトヘイトのもとで不利な立場におかれてきた黒人、カラード、そしてインド系という3つの人種である。また、2008年の南アフリカの高裁判決により、中国系南アフリカ人も含まれることになった。さらに黒人権利拡大政策（BEE政策）の対象となるためには、黒人は次の4つの条件のいずれかを満たす必要がある。①南アフリカで生まれた黒人であること。②南アフリカで生まれて亡命した祖先を有する黒人であること。③アパルトヘイト終了後

に南アフリカで生まれており、アパルトヘイトが現存していたら不利益を
受けたであろう黒人であろうこと。④新憲法の発足前に南アフリカ市民と
なった黒人であること（在南アフリカ共和国日本大使館、2010)。

【参考文献】

Abo Tetsuo, ed. (2007) *Japanese Hybrid Factories: A comparison of global production strategies.* Palgrave Macmillan.

安保哲夫・公文溥・銭佑錫（2013)「アフリカの日本的ハイブリッド工場（2009/ 2010) ―中間的なまとめ―」『赤門マネジメント・レビュー』Vol.12, No.12, pp.795-840.

Alden, Chris & Martyn Davies (2006) "A profile of the operations of Chinese multinationals in Africa," *South African Journal of International Affairs*, 13-1, 83-96.

Booysen, L. (1999) "A review of challenges facing black and white women managers in South Africa," *Southern African Business Review*, 3 (2), 15-26.

Chen, C.C., Chen, Y.and Xin, K. (2004) "Guanxi practices and trust in management: A procedural justice perspective," *Organization Science*, Vol.15, 200-209.

Chandrasekhar, KL. and Dr. DP. Kothari (2011) "A study on Chinese management style: A paradigm that can be emulated by growing economies," *International Journal of Management and Business Studies*, Vol.1, Issue 3, September 2011.

チャイナネット（2017)「中国のアフリカ投資、現地に恩恵もたらす」 (http://japanese.china.org.cn/business/txt/2017/07/04/content_411511 42.htm).

チャイナネット（2018)「中国家電ブランド、南アフリカで人気商品に」 (http://japanese.china.org.cn/life/2018-08/04/content_57910478.htm).

Gu, F. F., Hung, K. H. & Tse, D. K. (2008) "When does guanxi matter? Issues of capitalization and its dark sides," *Journal of Marketing*, 72 (4), 12-28.

郝燕書・王鳳（2013)「海信南アフリカ―中国企業における国際化能力形成に関 する一考察―」『赤門マネジメント・レビュー』Vol.12, No. 3 .

Hout, Thomas and David Michael (2014) "A Chinese approach to management," *Harvard Business Review*, September, 2014.

Huang, Rujin (2008) "A study of Chinese-style management in the twenty-first century," *The Chinese Economy*, Vol.41, Issue 3, 7-16.

Jackson, T. (1999) "Managing change in South Africa: developing people and organizations," *International Journal of Human Resource Management*, 10 (2), 306-326.

Jackson, T. (2002) "The management of people across cultures: Valuing people differently," *Human Resource Management*, 41 (4), 455-475.

Jackson, T. (2004) *Management and change in Africa: A cross-cultural perspective*, London: Routledge.

ジェトロ・アジア経済研究所 (2009)『アフリカにおける中国戦略的な概観』レポート。

小嶋吉広 (2012)「中国のアフリカ進出について (1) 中国—アフリカ関係の歴史」石油天然ガス・金属鉱物資源機構編『金属資源レポート』42 (2), pp.81-86.

Leung, T. &. Chan, R. Y. K. (2003) "Face, favour and positioning: a Chinese power game," *European Journal of Marketing*, 37 (11/12), 1575-1598.

Lassiter, J. E. (2000) "African culture and personality: Bad social science, effective social activism, or a call to reinvent ethnology?" *African Studies Quarterly*, Volume 3, Issue 1.

丸川知雄 (2007)「アフリカに進出する中国」(http://web.iss.u-tokyo.ac.jp/~marukawa/toa200706.htm)

望月克哉 (2009)「第7章 ナイジェリアにおける中国系ビジネスの展開」ジェトロ・アジア経済研究所編『企業が変わるアフリカ：南アフリカ企業と中国企業のアフリカ展開』。

Ma, Z. (2007) "Chinese conflict management styles and negotiation behaviours: An empirical test," *International Journal of Cross-Cultural Management*, 7 (1), 101-119.

Mangaliso, M.P. (2001) "Building competitive advantage from Ubuntu: Management lessons from South Africa," *Academy of Management Executive*, Vol.15, 23-33.

Matondo, J. P. M. (2012) "Cross-cultural values comparison between Chinese and Sub-Sahara Africans," *International Journal of Business and Social*

Science, 3 (11), 38-45.

Mbigi, L. (1995) *Ubuntu. The spirit of African transformation management*, Randburg: Knowledge Resources.

Muriithi, Samuel (2017) "The Chinese-Africa management and cultural relevancy, challenges and the future of Chinese business in Africa," *European Journal of Research and Reflection in Management Sciences*, Vol.5 No.2.

ロバート・ゲスト (2008)『アフリカ 苦悩する大陸』伊藤真訳, 東洋経済新報社。

Shonhiwa, S. (2008) *The effective cross-cultural manager: A guide for business leaders in Africa*. Struik Pub.

Stengel, Richard (2010) *Mandela's Way: Lessons on Life*. Virgin Books.

Wilkins, Mira (1988) "The free-standing company, 1870-1914: an important type of British foreign direct investment," *Economic History Review*, XⅡ, (2), 259-282.

Wilkins, Mira (1998) "The free-standing company revisited," in M. Wilkins and H. Schroter (eds), *The Free-Standing Company in the World Economy, 1830-1996*. Oxford University, Press, Chap.1, 3-64.

ヴィジャイ・マハジャン (2009)『アフリカ 動き出す9億人市場』松本裕訳, 英治出版。

王诚等著 (2009)『海信集団考察:竞争力与自主创新动力机制研究』経済管理出版社。

Wong, Jose and Siew-Huat Kong (2014) "The Mainland Chinese Managerial Behaviors and Assumptions since the Economic Reform: The Literature Review and Research Proposition," *Open Journal of Business and Management*, Vol.2, 24-32.

Yau, O.H.M. (1994) *Consumer behaviour in China: Customer satisfaction and cultural values*. New York: Routledge.

苑志佳 (2002)「国有企業の工場生産システム—その源流と現状」丸山和雄編『中国企業の所有と経営』アジア経済研究所, pp.333-372。

兪成華 (2017a)「南アフリカにおける日本企業の国際人的資源マネジメント」九州国際大学『経営経済論集』Vol.23, pp.87-106。

兪成華 (2017b)「ポスト・アパルトヘイト南アフリカの労使関係に関する一考

第Ⅲ部　アフリカの課題別分析

　　察―日系企業の事例を中心に」九州国際大学社会文化研究所『社会文化研究
　　所紀要』第78号, pp.1-26。
在南アフリカ共和国日本大使館（2010）「南アフリカ共和国におけるBEE政策」
　　報告書。
曽仕強（2005）『中国式管理』中国社会科学出版社。
曽仕強（2010）『贏在中国式管理』広東経済出版社。
兪成華（2019）「ナイジェリアにおける中国民営企業のハイブリッド経営に関す
　　る研究―金帝靴業ナイジェリア有限公司の事例―」法政大学イノベーション・
　　マネージメント研究センター、ワーキング・ペーパーシリーズ（オンライン）
　　に掲載予定。

結　章
日本的経営生産システムの移転と
経済開発への貢献

公文　溥

はじめに

　ここで本書のまとめをしておく。われわれは、偶然にも助けられながら、結果的に長い期間にわたってアフリカの日本企業を調査することになった。主たる調査対象企業は製造企業であった。調査研究の課題は、日本的経営生産システムのアフリカへの移転可能性を現地調査にもとづいて検討することであった。当初いくつかの想定をしたが、実際に現地調査をしてみると、予想を超えてアフリカへの移転が可能であることがわかった。ここで移転可能性を総合的に評価することにする。移転の総合的評価とは、日本的経営生産システムの構成要素と受入国の受容性の組み合わせを評価することをいう。移転する要素と現地の受容要素との相性を評価するのである。以下で本書各章の要点を簡潔に述べたうえで、この総合的評価を述べてあらためて本書が読者に伝えるメッセージを述べることにする。

1．日本的経営生産システムは移転可能

　日本的経営生産システムのアフリカへの移転は可能であるといったが、何を根拠にその判断を行ったのか説明しておく。システム構成要素のうち、教育訓練、多能工、ムダのない生産管理など、企業の市場における競争を規定

353

するうえでキーとなる項目の移転を確認できたこと、それが根拠である（第4章、5章、6章、7章、そして9章）。

　企業は現地で多様な項目の組み合わせをもつのだが、それによって競争可能なことが必要である。アフリカの日本企業は、市場競争に対応可能な生産システムの構成要素を移転している。ただし、後述するように脆弱な工業基盤のなかに立つ方式の移転である。

　実は、われわれは、この課題について初期2年間の調査をもとにした中間報告を行っている。その報告をここで確認しておく。次のように移転可能性について述べていた。すなわち、「日本システムの移転にとって現地の経営環境要因は必ずしも支持的ではないが、システムの大事な要素はそれなりに移転されていた。われわれは、日本企業のもつシステム移転に関わる組織能力の強さを改めて認識したのである」（安保・公文・銭, 2013：818）。このように、システムの大事な要素はそれなりに移転されていたと移転可能性について肯定的な評価を下していた。その後、調査研究を重ねた結果、より厚みのある事実発見のうえに、移転可能性を確認したのである。

　それは市場成果の面でも表れている。自動車組立、同部品、建設用機械などの産業機械、ファスナーなど精密部品、総合商社活動などにおいて、先行した欧米企業に伍して一定のシェアを確保しているのである。

　そこでまず各章の内容を簡潔に整理しておく。調査研究活動のプロセスとその分析の成果を表現するべく、本書を3つの構成部分に分けた。

　第I部は、3つの章から構成される。第1章は、われわれのハイブリッド・モデルを説明し、アフリカ調査の課題と調査活動の経過を説明した。

　第2章は、アフリカの経営環境を説明する。アフリカの歴史と社会文化の特徴そして比較優位の観点からみた天然資源産業の優位性と製造業の劣位性を明らかにした。

　第3章は、FDI（Foreign Direct Investment）の視点から国別に企業の進出状況を明らかにした。FDIの上位4カ国（英米仏中）はいずれも天然資源産業を中心として投資することを説明した。そして日本企業はアフリカ諸国

の政治的独立直後は数多く進出したが、今では後れていることを説明した。

　第Ⅱ部の課題は、ハイブリッド・モデルにもとづいて日本的経営生産システムの移転の実際を分析することである。そのなかが、2つの章すなわち、数量分析と質的分析を行う2つの章から構成される。

　23項目に関する移転状況の5段階評価をもとに移転の実際を数量的に分析する第4章と代表企業を取り上げてシステム移転の具体事例の質的分析を行う第5章である。第4章では、発展途上国型という新たな類型を析出し、アフリカがその典型となることを明らかにした。第5章は、個別事例の分析を通して、ヒト方式の移転の実際を示した。われわれの分析にもとづけば、日本的経営生産システムのアフリカへの移転は可能であるという評価は動かない。第4章と第5章はそのことを確認する。

　第Ⅲ部は、調査研究をするなかから浮かび上がってきた興味ある論点を抜き出して説明する章から成り立つ。それで第Ⅲ部を、「アフリカの課題別分析」と名づけた。

　第6章は、南アフリカの自動車産業を対象にリーン生産方式が移転されていることそして同時にアフリカには珍しく産業クラスターが形成されていることを明らかにした。日本企業のみならず、ドイツ企業もリーン生産を採用するのである。

　第7章は、現地政府機関である生産性本部による日本の生産方式の導入の事例を明らかにした。現地政府機関が、欧米方式ではなく、あえて日本方式を採用することを訪問した記録にもとづいて説明した。

　第8章は、総合商社が海外企業との合弁で行う鉄鉱山開発の事例を取り上げる。総合商社がアフリカに進出する最新の形態を明らかにする事例分析である。

　第9章は、北部アフリカに進出する日本の自動車部品メーカーの事例を取り上げる。欧州の子会社を媒介として技術移転が行われ、日本の親会社はグランド・マザーになることを説明する。

　第10章は、中国の製造企業を取り上げる。中国政府によるアフリカへの進

出政策が話題になるが、私企業を対象とすると興味ある側面がみえてくる。アフリカの社会文化要因と中国企業組織の相性が良いという側面である。

　次に本書の各章が明らかにした事実分析をもとに、日本的経営生産システムのアフリカへの移転と経済開発への貢献についていくつかの論点をあげて説明する。この考察を通して本書のメッセージを伝えることにする。

2．産業のミスマッチ

　日本的経営はアフリカに移転可能であるが、現地に進出する日本企業は多くない（第3章）。このギャップから検討する。われわれの評価によれば日本的経営が移転可能であるにもかかわらず、何故進出する日本企業が少ないのかという問題である。

　アフリカと日本との間には産業のミスマッチがある。そのことが、日本企業によるアフリカへの進出の後れの有力な理由になっている。日本とアフリカとの間の地理的距離と歴史的な過小接触、さらに日本の電機組立企業の競争力の後退もその理由であるが、産業のミスマッチが大きい。

　端的にいえば、アフリカの比較優位産業と日本のそれのミスマッチである。アフリカの比較優位産業は天然資源であり、比較劣位産業は製造業である（第2章）。他方、日本の比較優位産業は製造業であり、比較劣位産業は天然資源である。日本とアフリカの貿易関係のみを考えると、この組み合わせは、悪くないばかりかむしろ理想的ですらある。アフリカの天然資源を日本に輸出し、日本の工業製品をアフリカに輸出する貿易関係をつくればよいからである。しかし多国籍企業が資源配分の一翼を担う現実の国際経済を考慮すると事態は違ってくる。アフリカは多国籍企業を受け入れて経済開発を進める。外国企業の能力を借りて経済開発を行う。日本の企業は現地に進出して経営を行う、こうした多国籍企業の活動を考慮しなければならない。

　アフリカへの主要な投資国の直接投資は天然資源産業に向かっている（第3章）。アフリカ諸国は、天然資源産業には多くの外国企業を誘致する。わ

結　章　日本的経営生産システムの移転と経済開発への貢献

れわれがナイジェリアの中央部ジョス市において、現地の資源開発部門の役人にインタビューした際、現地側が強調したのは、ナイジェリアには資源が豊富にあるが技術と資金がないことだ。それを外国企業に期待するということであった[1]。

　日本の天然資源産業とりわけ鉱物資源産業は日本において比較劣位の地位にある。もちろん帝国石油のように一部の天然資源企業はアフリカに進出したのだが、米国スタンダードオイルの後継企業や英国のBPや英蘭合弁のロイヤル・ダッチ・シェルのような総合的な組織能力はもち合わせていない（安保、2009）。

　それを補うように、総合商社が天然資源への開発投資を行っている。われわれは、エジプト、南アフリカ、ナイジェリアそしてケニアにおいて総合商社へのインタビューを行い、商社による天然資源投資の探索の努力を聞いた。第8章が住友商事による鉄鉱石鉱山への投資の事例を分析している。これは成功事例といえる。しかしある商社は探索中の候補事例を教えてくれたが、まだこれといった投資案件を掌握したふうではなかった。総合商社は、資源をもたない日本に石油、鉄鉱石あるいは希少鉱物資源を輸入する役割を担っている。単に輸入ばかりでなく開発輸入の事業形態をとるケースもある。この日本独特の事業形態といってよい総合商社による天然資源産業への投資がどこまで、欧米の天然資源企業との競争に対応できるのか、興味がある。

　他方、アフリカでは製造業は比較劣位産業である。製造業に国際競争力がないばかりかむしろ製品を輸入に依存するのである。後述するように製造業は競争力が弱いという表現ではおさまらない、脆弱なのである。

　2000年代に入りアフリカの経済は、天然資源産業の活性化に引かれて成長軌道に入ったといってよい。ようやく天然資源産業の成長に引かれて、製造業も活気を呈するようになり、日本企業も活躍の機会が生まれつつある。

　こうして比較優位産業の観点からみたとき、日本とアフリカとの間にはミスマッチがある。そのミスマッチは、日本企業がアフリカへの進出に後れをとる要因となっている。現地の製造業は素材、部品、組立をバランスよくも

357

つようになっていない。国際競争力をもつ産業の集積はほとんどみられないのである。

　もちろん産業の比較優位と企業の組織能力の関係は直接的ではない。アメリカのスタンダードオイルの後継企業は国内の原油産出をもとに組織能力を形成した。他方、イギリスやフランスの石油企業は国内に有力な油田がなくてもメジャーあるいは準メジャーと呼ばれる能力を身につけた。比較優位と企業の組織能力の形成関係を説明することは本稿の課題ではない。ここではその事実を確認すれば十分である。日本が得意とする製造業は、アフリカでは国際競争力が弱い。現地に進出しても、部品を全量輸入に依存せざるを得ないケースが多いのである。製造業の製品では完成品や中古品を輸入するビジネスがむしろ利益が出るのである。日本の製造企業はそれゆえ、進出の機会を積極的につくれない状況が続いてきた。

3．アフリカ型ハイブリッド

　日本的経営生産システムの移転は可能であると評価したが、すっきりとそうは言い切れない面がある。ここでアフリカに特有のハイブリッドの類型を検討する。ヒト方式については、比較的柔軟に日本方式を受け入れる。しかしモノ方式の適用度が高くない。それはアフリカの工業化の後れを反映するのである。第4章において四則面評価の発展途上国型を析出し、アフリカをその典型といったが、ここではアフリカの工業基盤の脆弱性との関係でハイブリッドの類型をみることにする。

　ここですでに述べた中間報告における環境要因に関する整理を確認しておく。それによると、アフリカの経営環境要因として「欧州型の作業組織編成と労使関係が規定的であり、それにアフリカの伝統的な社会文化要因が重なる」（安保・公文・銭、2013：821）と述べている。つまり企業経営に関して欧州型の制度要因が支配的で、それにアフリカ伝統の社会文化要因が重なる、そこに日本方式を移転できるか、このように認識していた。この認識自体は、

結　章　日本的経営生産システムの移転と経済開発への貢献

今でも変わらない。その時点において欧州の要因が強く作用するとみたのである。欧州には生産工の多能工化はなく、労働者の賃金は職務給・時間給である。そして小集団活動はない。労働組合は、職業別労働組合のうえに形成された産業別労働組合である。

　そしてアフリカの実態を多能工、賃金体系、小集団活動などについて検討すると、多能工の採用に強い制約はないが積極的でもないこと、賃金は欧州型だが査定を導入して職能給的な運用をすることが可能である、小集団活動は行われるケースが多い、このように柔軟に日本的な制度を受け入れていた。そこで概要、次のように「アフリカの社会的文化的な特性が欧州型制度の制約を緩和している可能性を示唆している」（同、2013：824）、と評価していた。以上は、最初の2年間の現地調査に基づく移転状況の評価であった。

　そして調査をさらに進めてみると、日本方式の移転に、欧州の要因は作用するがそれほど規定的ではなく、むしろ現地日本企業の独自の要因（経営方針、企業の規模など）とアフリカの社会文化の作用が強いことを認識した。つまり、工場管理にかんして何もしなければ欧州方式になるが、それらを修正することは可能であった。こうして調査の初期には欧州の影響を強くみたが、調査を重ねるうちに変化した。

　以前に行ったわれわれの欧州調査によれば、現地とくに英国に進出した日本企業は、積極的に日本方式を適用していた。四側面評価の類型は、アジアとよく似た形を示していた。われわれは、日本方式を柔軟に受け入れる点をみて、欧州の制度を機能等価（functional equivalent）と呼んだ（公文、2005：8、Kumon, 2007：151）。つまり現地の制度はそのままで日本方式の機能をいれることができるという意味である。英国の影響の強いアフリカでは、その制度があっても、機能等価的に運用することが可能なのである。このようにみてくると、アフリカにおいて欧州の制度はあるので、日本企業が何もしなければ欧州型になるが、日本方式を適用することが可能であるとする評価は頷けよう。

　現地の社会文化要因については次の項でみることにして、ここでは四側面

359

評価に即して説明し、現地の工業化の後れの要因の作用を指摘しておきたい。ヒトの管理をめぐる欧州方式の影響より、むしろモノ方式におけるアフリカの工業化の後れが強く作用したのであった。

　四側面評価によると、ヒト方式は3.2、モノ方式は2.8であった。われわれの評価基準からいえば、3.0を超えると日本方式、それを下回ると現地方式ということになる。この評点は、ヒト方式は日本方式に近く、モノ方式はそうでないことを示している。モノ方式を構成する項目の評点をみると、品質管理と工程管理が3.1、メンテナンスが2.8、そして部品調達方法が2.4となる（第4章）。

　モノ方式のうち、特に部品調達の評点が2.4と極端に低いのである。素材と部品を輸入に依存する度合いが強い。それゆえ部品の調達には、JITを初めとする日本的な企業間関係を形成する余地が少ないのである。それだけではなく、メンテナンスの体制も弱くかつ生産工の保全への関与も弱い。こんな要因が重なって、モノ方式が低いのである。

　このモノ方式の低さはアフリカの工業基盤の弱さを反映している。われわれがみた限りアフリカでは産業クラスターの形成をほとんどみることができない。産業集積が弱いばかりか、機械や装置の保全が不十分である。たとえば、ナイジェリアは世界有数の原油の産出国である。当然原油を輸出している。ところが石油は輸入しているのである。原油の精製設備の保全が十分できないため、かつてあった精製設備が徐々に機能しなくなり、ついに石油を輸入するに至ったのである。天然資源が豊富に産出されるが、土中から取り出した素材を加工する産業が育成されないのである。

　公教育と職業教育が不十分なことは、なによりも熟練工（保全工）の不足をもたらす。一国の工業化は、熟練工の育成があって可能になる。先進諸国は、それぞれ特有の熟練工育成方式を開発した。ところがアフリカは公教育と職業教育が弱いので、熟練工が少ない。それゆえ、せいぜい天然資源を掘り出す産業しかないのである。国際市場で競争可能な原材料の精製や素材を加工する製造工業はきわめて弱いのである。

国際市場で競争できる商品は天然資源である。素材のままで輸出できる天然資源産業は国際競争力をもつが、素材を加工する製造業は弱いのである。

それゆえに工場のモノ方式の評点は相対的に低くなるのである。工業基盤の弱さは現地に進出した日本企業がコントロールできる領域ではない。日本企業の管理外の領域である。

したがって、モノ方式の2.8という適用度の低さは、日本企業の管理範囲を超える、現地の工業基盤の弱さに起因するものである。それでも企業が内部努力で移転できる方式の要素とりわけヒト方式は、3点を超える適用度を示すのである。脆弱な工業基盤のなかにおける方式とりわけヒト方式の移転、これがアフリカ型ハイブリッドである。

4．アフリカの受容性

次にアフリカに日本的経営を受容する可能性があることを説明する。これを受容性と表現することにする。この受容性が、ヒト方式の相対的に高い適用度の要因となっているのである。第1章で説明したように、日本の製造企業は欧米企業も一目置く独自の生産技術と産業技能をもち、それを競争優位の要素として海外に進出している。この日本企業がもつ組織能力に依拠する説明をしてきたが、ここでは現地の受容性を説明する。

第1章および第2章においてアフリカの社会文化要因を説明した。アフリカの文化要因（人間の行動や価値観）が日本的経営の受容要因になりうることがここにおける論点である。日本的経営生産システムは、生産工が多能工になることに特徴がある。生産工が所定の作業を正確に実行するばかりでなく、職場で起きる異常に対処し、問題解決をも行うことを期待される。生産工が指示に従って働くばかりでなく、仕事に発言することを期待されるのである。第1章で述べたウブンツ経営と日本的経営にある種の整合性がみられるのである。[1]

従業員は現地の文化を体現する。現地工場は、現地人従業員を雇用する。

賃金労働者として雇用された従業員は、企業の目的とルーチン業務にしたがって仕事をする。そして企業内部の労働市場のルールに従う。それでも従業員は地域社会特有の文化を体現している。それゆえ、従業員が作業と管理のルール従うにしても、社会特有の文化が作用することを無視できない。

　ここでアフリカの社会文化に関する研究を参考にする。それぞれ独自の目的をもって行った研究であるが、対象とする農村社会あるいは小農民の経済活動にある種の共通性があることを明らかにしているからである。

　第1章と第2章で述べたように、アフリカ的経営の実例としてウブンツ経営がいわれる。ウブンツは、人間性、人間の相互結合（Gade, 2012）、集団主義あるいは連帯意識（Mbigi, 1997）を示す。

　こうしたアフリカの文化は、長く続いた伝統社会に根ざすものであろうと想定できる。まず伝統社会の互酬性（互恵性）をいう研究を取り上げる。経済人類学者のカール・ポランニーは、西アフリカにかつて存在したダホメ王国の経済活動を分析した。これは西アフリカのギニア湾に面したベニン分離帯と呼ばれる地域にあって、奴隷貿易を行った黒人王国の話である。ポランニーは残された文献を使ってこの王国の経済活動を分析し、労働配分の互酬性の存在を明らかにした（ポランニー、2004）。社会は互酬性と家族経済にもとづいて成り立ち、経済活動が慣習のなかに埋め込まれていると言った。

　次にやはり伝統社会の慣習の残存を想起させる研究を2つみる。ハイデンは、タンザニアの小農民の経済活動が生存維持的で自給自足的であることを明らかにした。そしてこの小農民の経済を「情の経済（economy of affection）」と呼んだ。小農民の経済は自給自足的な活動で完結するので、外部経済に捕捉されないのだという（Hyden, 1980, 1983, 2008）。杉村は、アフリカ中央部、ザイール（コンゴ）の村落社会における、共食の習慣を実態調査にもとづいて分析している。村落の住民が食物をもち寄って、共食をするのである。それもたまにではなく、朝食と夕食を共食するのである。そしてこの習慣は伝統の父系社会に根ざすものだという（杉村、2004）。

　これらは村落社会にみられた経済活動であり慣習である。研究対象となる

結　章　日本的経営生産システムの移転と経済開発への貢献

地域は、西アフリカ、東アフリカのタンザニア、中央部のコンゴと異なり、考察する時期も異なる。ポランニーは互酬性と家族経済で成り立つ強い相互依存経済を分析した。そしてハイデンと杉村は、分析対象を現代の小農と村落住民に置き、経済活動の自給自足性と食生活の相互依存性を指摘するのである。これらの研究を参考にすると工業化が進まない理由の一つに捕捉されない小農経済の存在がありそうだと理解できる。

　しかしそれでも、工業とサービス産業は徐々に現地人の生活を変えてゆく。そのさい都市社会に出た人が多少なりともこうした伝統社会の相互依存、集団意識をもっているものと想定できる。都市生活と賃金労働者としての企業内労働は徐々にそうした相互依存意識を変えてゆくであろう。ウブンツは、そうした伝統社会から出た人が相互依存と自立の両面をもつ意識の表現であろう。都市に出て賃金労働者となった人は、伝統社会の互恵性に依存できなくなるからである。

　われわれは、ナイジェリアの中央部ジョス市において伝統農業社会とそこにおける企業活動に触れることができた[2]。イスラエルから来た農業教育企業の指導者は、現地農民が教育したことを忘れて伝統農法に戻ってしまうことを嘆いていた。鉱産物の買取と販売をする企業の経営者は従業員の生活の面倒までみることがあるという話をした。他方、飼料の製造をする工場では大学卒の現地従業員が機械操作を説明してくれたが、生産工が積極的に改善に取り組むふうではなかった。ナイジェリアの中央部でふれた現地の経済活動は、伝統社会と共存する市場経済という印象であった。

　伝統社会の文化を引き継ぐウブンツは、多様な表れ方をする。人の尊重、集団意識、連帯意識、年長者の尊重などである。論者が指摘するそうした現地社会の特徴は一様ではないが、ナイジェリアの生産性本部の説明（第7章）でも確認できる。南アフリカの労働者が労働組合運動で示す強い連帯意識もその一つである。

　ウブンツと日本的経営との関係を次にみる。企業は経済活動を集団で行う組織である。日本的経営は、従業員が長期雇用のもとで高い技能をもつこと

363

に特徴がある。歴史的にみれば企業経営者が、技能をもつ従業員の頻繁な移動に対して、企業内に養成校を設けて基幹従業員の育成を図ったことに端を発する。そして戦後、能力主義管理を採用し、長期にわたる企業内競争のシステムをつくった。多能工化を促す教育訓練（企業内の学校とOJT）そして長期雇用と技能向上を整合させる賃金体系（年功給と能力給）など、世紀を超える組織的努力を通して徐々に形成されたものである。

　第1章で述べたようにウブンツ経営を説く論者の議論はなお抽象的な次元に留まるものが多い。それでも日本的経営の長期雇用、教育訓練による生産工の多能工化、年功と能力で決まる賃金（ホワイトカラーとブルーカラーが同じ賃金体系となる）などは、ウブンツ経営論とある種の整合性がある。長期雇用による雇用の安定と教育訓練による技能の向上は歓迎される。一例だけ上げておく。ザンビアの日立建機における事例である。カレッジ卒の現地人スーパーバーザー（SV）へのインタビューで得た話である。このSVは、現地企業に日本の生産方式を教えるJICAのプロジェクトに参加した。そこで、5S（整理、整頓、清掃、清潔、躾）や技能訓練表を使った技能向上などを学び、さっそく現場で運用している。欧州企業の場合、現場労働者にこのような技能向上訓練を行うことはないので、たいへん良いと評価していた[3]。

　能力評価による賃金管理になると微妙である。これは本来の欧州型にもアフリカ型にもない制度だからである。第1章で、タンザニアの銀行における賃金の話を紹介した。米国系銀行のばあい、能力で差をつける賃金に若年層と女性は賛成するが、年長者は批判的であった。アフリカの集団主義は、年長者の尊重を伴う。日本的経営は、長期の技能向上の競争とそのための賃金および昇進のシステムをもつ。このシステム構成要素とウブンツは直ちに一致するわけではない。しかし賃金に年功給の要素を入れるような修正をすれば、技能向上の競争と年長者尊重を両立させることが可能になろう。このように企業内の技能向上とそれを評価する賃金と昇進の制度は、アフリカで受け入れられる余地がある。

　ウブンツは集団主義の文化である。これは企業の意思決定に即してみれば、

トップ・ダウン型ではなく、合意型の意思決定に整合的である。生産工が多能工になり仕事に発言する日本的経営は、やはり合意型である。こうして日本的経営は、意思決定においてもウブンツの文化と整合する側面がある。

5. グランド・マザー

第1次調査においておもしろい事実発見があった。企業内技能移転に2つのルートがみられたことである。日本企業は本国のマザー工場を通して海外子会社に技能と技術を移転してきた。マザー工場が責任をもって海外子会社に技能と技術を移転したのである。マザー工場から海外工場に指導者を派遣するか、マザー工場と海外工場との間でヒトの相互派遣を行うか、いずれにしろマザー工場から海外工場に技能と技術の移転が行われた。それは、アフリカでもみられたが、海外の子会社からアフリカに技能が移転されるケースを少なからずみることができたのである。

第9章は、欧州の子会社から北部アフリカの子会社に技能と技術の移転が行われたことを明らかにした。つまり欧州の子会社が実力をもち、親会社となって北部アフリカの子会社に技能を移転し、経営の面倒もみるのである。この場合、図式化していえば、日本の親会社はグランド・マザーとなり、欧州の子会社がマザー工場となって北部アフリカの子会社に技能・技術の移転を行うのである。子会社は独自の経営能力を形成する（Birkinshaw & Hood, 1998）が、やがてマザー工場の役割をももつようになったのである。

このおもしろい事実発見に刺激されて、第1章で述べたように第2次アフリカ調査の課題の一つに、海外子会社のマザー工場化そして親会社のグランド・マザー化を設定した。その観点から改めてアフリカの子会社をみると、アフリカ以外の地に立地する子会社のマザー工場化を明確にいえるケースを明らかにすることはなかったが、海外子会社からの技術移転に似たケースに多数遭遇した。ナイジェリアの本田技研は、部品の全量を中国の子会社から輸入している。ナイジェリアの日本人派遣者は日本の親会社である熊本製作

所から来たが、部品は中国から来るのである。ケニアの本田技研の場合、イ
ンドの子会社が技術移転を媒介していた。そしてやはり部品を中国から輸入
する。南アフリカのデンソーの子会社（デンソーは25％出資）は、タイから
技能を学んでいる。タイの子会社にヒトを派遣してそこからさまざまな技能
を学んでいるのである。そしてタイのデンソーをベンチマークとして、諸指
標の改善目標に設定していた。ケニアの東洋建設は、フィリピンの拠点から、
現地に港湾建設の技術を移転し、事業の管理を行っていた。このように、欧
州、アジア（中国、インド、タイ、フィリピン）の子会社が、多様な形でアフ
リカの子会社に技能と技術を移転していた。より一般化していえば、知識の
海外子会社からアフリカの子会社への移転である。こうなると、本国日本の
親会社は、グランド・マザーになるのである。

　日本の製造企業が本格的に海外進出を始めて30年がたった。海外子会社が
能力を蓄積し、他の子会社のマザーとなり、本国の親会社がグランド・マザ
ーになったのである。

6．経済開発への貢献

　アフリカ経済は工業化しなくとも、天然資源と観光で生きていけばよいで
はないかという意見もありうる。現地の多くの国における製造業の現状をみ
ると、そこにコストをかけて競争力をつける努力をしなくてもよいのではな
いとの思いもわく。しかしアフリカには10億人を超える人口がおり、今後児
童死亡率の減少による人口の増加が予想される。この人口が、生活をする必
要がある。さらにアフリカに住む人が、先進国の人が享受する生活を同じよ
うにしたいとする希望を満たす必要がある。誰がその希望を批判できようか。
それには工業製品を輸入に依存するのでなく、少なくとも自給できることが
望ましい。工業製品の慢性的な貿易収支の赤字状況を改善するのに、工業化
は必要なのである。そうすることで、援助に過度に依存しない経済開発が可
能になると考えられるからである。援助が必要だとしても、援助漬けの経済

結　章　日本的経営生産システムの移転と経済開発への貢献

開発が現地に住む人間にとって好ましいわけがない。

　日本企業はアフリカの工業化に貢献できる。アフリカ諸国の製造業は決定的な弱点を抱えている。工場制度のキー要素である熟練工が慢性的に不足するのである。熟練工（保全工）の育成方式を確立していないのである。アフリカでは、政府が責任をもつべき公教育が不十分である。職業教育は公共部門も担当しうるが、不十分である。となれば、民間部門が職業教育を担当するしかないが、それも不十分である。先進諸国は、それぞれ独自の方式で熟練工の育成方式を確立した（Thelen, 2004）。それが、まだできていないのである。

　日本企業は、企業内の学校で熟練工を育成してきた。こうして育成された熟練工が職場で基幹的な労働者となり、生産工の多能工化が実現した。そして日本企業は、関連部品メーカーさらには素材メーカーと協力しながら事業活動を行う。組立メーカーと部品メーカーの間であたかも同じ企業内の工場であるかのような、密接な取引形態を形成する。

　この日本方式（熟練工の企業内育成と生産工の多能工化そして密接な企業間取引）は、発展途上国に適合的である。実例をひとつあげる。アジアに進出した日本企業は、この方式で競争力を発揮し結果的に現地の工業化に貢献した。日本企業が学校となり技能をもった人を労働市場に供給したのである。日本企業は、企業内の教育訓練に投資する。訓練した従業員が離職しても、それを上回る教育訓練をすることで、工場全体の技能水準を維持し向上させるように考える。日本企業はまるで教育訓練の学校である。

　他企業で有効な一般的訓練の費用を個別企業は負担しないという考え方もありうるが、日本企業はそれでも企業に特殊な訓練ばかりでなく一般的な訓練にも費用を負担する。発展途上国において企業経営者が内部で独自の教育システムをつくって育成することに合理性がある。また部品や素材を企業内で全て製造するより、外部企業と協力するほうがやはり合理的である。日本企業が開発した企業内技能養成と密接な企業間取引、この2つの要素は企業の経済活動として合理性がありアフリカに移転可能である。

367

繰り返すが、第5章で取り上げた日本企業の代表事例は、そうした可能性を示していた。さらに第6章で明らかにした南アフリカの自動車産業の事例は、日本方式の移転による経済開発への貢献のモデルを示す。そこでは、日独米の自動車企業が、ともに日本方式（リーン生産）を導入している。ドイツ企業もリーン生産を採用しているのだ。そしてそれが機能するように企業内の技能教育を実施している。また部品メーカーとの間で密接な協力関係を形成している。これはわれわれの知る限りアフリカの製造業が国際競争力をもつ唯一の事例だが、アフリカの政府がその意思をもち実行すればできるのである。南アフリカ政府の実行する自動車産業育成政策は、アフリカの産業育成モデルになりうる。こうして日本方式は、アフリカの不得意な製造業の育成に貢献できるのである。

　政府のアフリカ政策は、日本が得意とする製造業への貢献をサポートすること、これを忘れてはならない。他国との援助競争はあるにしても、現地政府も期待する製造業への貢献、これを重視することが望ましい。第7章が明らかにした、現地の生産性本部への日本生産性本部の協力、さらにJICAによる日本方式の普及活動などは、いっそう充実させることが望ましい。工業化を技術面からだけでなく、労働者の技能面からサポートするには、長期継続的な人材育成策が必要である。

　結章の課題は、調査研究全体のまとめを行い、本書のメッセージを伝えることであった。われわれの調査研究によれば、日本的経営生産システムのアフリカへの移転は可能であった。日本とアフリカとの間には産業のミスマッチが存在することを手がかりにアフリカ型ハイブリッドの特徴を述べた。そして、アフリカに日本的経営の受容性があることを述べ、日本的経営の構成要素とアフリカの文化との相性を説明した。日本的経営のキーとなる構成要素とアフリカの文化要素の組み合せは、日本システムの移転が可能であることを示したのである。また、日本企業がマザー工場方式による技能移転とともに、海外子会社を通した技能移転の方式を実践することも説明した。

結　章　日本的経営生産システムの移転と経済開発への貢献

　産業のミスマッチは、日本企業のアフリカ進出にとって不利な要因であったが、そのことが逆に今後のアフリカの経済開発に、日本企業が貢献する可能性を示唆した。日本企業の企業内熟練工養成と生産工の多能工化そして密接な企業間取引は、アフリカの弱点を補強し、工業化に貢献できるのである。そして政府の対アフリカ政策は、現地の技能形成と人材育成を重視すべきであることを述べた。

【注】

1）ナイジェリアの中央部ジョス市の訪問先については、第1章表5・訪問先企業の一覧表（2014、2015、2016年度）を参照のこと。訪問したのは、2015年である。

2）社会要因のうち汚職と不十分な公教育について説明しておく。アフリカの汚職は、「汚職複合体（corruption complex）」と表現される。汚職がアフリカ全域において、公私の組織を問わず文化になっていると言われる（Olivier de Sardan, 1999）。そして国連もアフリカの汚職を経済統治の障害要因とする報告書を出している（UN, 2016）。汚職はアフリカの経済開発が進まない要因の一つになっているといえる。間違いなく、取引コスト（契約のコスト）を高くするからである。契約の不完全性にもとづくコストを考慮すれば、想像を超える取引コストを想定する必要があろう。

　　日本の親企業は、通常、汚職には厳しい社内規定をもっている。それゆえ、日本企業の担当者は、現地に進出しビジネスを行うにあたって、社内規定に違反しない進出とビジネスの形態を選択しなければならない。信頼できる合弁相手を探すことがまず思い浮かぶが、その方策は、学術書の範囲を超える。

　　第1章で明らかにしたように、公教育の不十分さは明確である。中学校の就学率となると相対的に低く、数学と理科の教育水準は低い（表6および表7を参照されたい）。日本的経営は、そう高度な教育レベルを必要とするわけではない。それでも例えば小集団活動を本格的に実施しようとすれば、QC（Quality Control）7つ道具をマスターする必要がある。それゆえ、小集団活動を実施することを考えると、採用の際、高等学校卒業くらいの条件をつける事になろう。実際、第5章で見た企業は、採用の際その

ような条件をつけていた。採用後は、企業内の座学による教育とOJTによる訓練が行われる。企業は、採用に条件をつけることと企業内教育訓練でこの問題に対処可能である。

3）ザンビアの日立建機には、2014年9月に訪問した。第7章の記述を参照されたい。ここは建設用機械の再生事業を行う工場である。

【参考文献】

安保哲夫編著（2008）『日本石油・ガス企業の国際競争戦略：国際石油メジャー・日本製造企業との比較』ミネルヴァ書房。

安保哲夫・公文溥・銭佑錫著「アフリカの日本的ハイブリッド工場（2009/2010）『赤門マネジメント・レビュー』12巻12号（2013年12月）、査読つき研究ノート、795～840頁。

カール・ポランニー著、栗本慎一郎・端信行訳（1966＝2004）『経済と文明』ちくま学芸文庫。

公文溥（2005）「序論、欧州日本企業の分析視点」、公文・安保編『日本型経営・生産システムとEU－ハイブリッド工場の比較分析－』ミネルヴァ書房、1～33頁。

杉村和彦著（2004）『アフリカ農民の経済―組織原理の地域比較―』世界思想社。

Birkinshaw, Julian, & Neil Hood. (1998). *Multinational Corporate Evolution and Subsidiary Development*. Basingstoke: Palgrave Macmillan.

Gade, Christian B.N. (2012). "What is Ubuntu?: Different Interpretations among South Africans of African Descent". *South African Journal of Philosophy*. 32 (3): 484-503.

Hyden, Goran. (1980). *Beyond Ujamaa in Tanzania: Underdevelopment and An Uncaptured Peasantry*. Berkeley: University of California Press.

——————— (1983). *No Shortcuts to Progress: African Development Management in Perspective*. Berkeley: University of California Press.

——————— (2008). "The Economy of Affection: Why the African Peasantry Remains Uncaptured", in Kimambo, I.N., G. Hyden, S. Maghimbi & K. Sugimura. eds. (2008). *Contemporary Perspective on African Moral Economy*. Dar es Salaam: Dar es Salaam University Press, pp.16-34.

Kumon, Hiroshi. (2007). "Hybrid Factories with Functional Equivalent in Europe". In Tetsuo Abo ed. *Japanese Hybrid Factories: A Comparison of*

結　章　日本的経営生産システムの移転と経済開発への貢献

Global Production Strategies. Basingstoke: Palgrave Macmillan, pp.144-172.

Mbigi, Lovemore. (1997). *Ubuntu: The African Dream in Management.* Randburg: Knowledge Resources (Pty) Ltd.

Olivier de Sardan, J.P. (1999). "A Moral Economy of Corruption in Africa?", *The Journal of African Studies.* 37 (1), pp.25-52.

Thelen, Kathleen. (2004). *How Institutions Evolve: The Political Economy of Skills in Germany, Britain, the United States, and Japan.* NY: Cambridge University Press.

United Nations, Economic Commission for Africa. (2016). *Measuring Corruption in Africa: The International Dimension Matter, African Governance Report Ⅳ.* UN.

あとがき

　筆者の手元に、100冊に及ぶ手書きのノートがある。長期にわたる調査研究活動を記録したノートである。そのほとんどは、海外工場の見学とインタビュー調査のノートである。最初のころのノートは研究会の日程や研究の方向などを記載している。それによると研究会は1983年の春に始まっている。その数年後に歴史的な円高が起き、日本の製造企業が相次いで海外生産に踏み切った。偶然とはいえ、われわれの研究活動は日本企業の本格的な国際化の時期に重なったのである。

　調査活動とともに、現地の食文化にふれることは楽しみであった。アルゼンチンの南端フエゴ島ウシュアイアの蟹料理、南アフリカの南端ケープタウンの近郊におけるワイナリーなど懐かしい思い出である。現地の風景もまた思い出す。世界の3大瀑布（ナイアガラの滝、南米のイグアスの滝、そしてアフリカのビクトリアの滝）は大きな川を切断するように地球の表面に亀裂と断層の大変動が起きたことを想起させ忘れがたい。スコットランドで深緑を通り越して青黒いネス湖に沿って、ネッシーを想像しながら湖岸の道路を車で走ったことも懐かしい思い出である。

　アフリカ調査をしながら筆者は『ガリヴァー旅行記』（岩波文庫）を読んだ。著者のスウィフトは、医師であり司祭でもある。風刺満載の旅行物語を意図したのであろうか。面白い話があった。イギリス人のはずのガリヴァーが日本に来たのだ。第3篇で、なんと江戸で皇帝に会う。オランダの商人になりすまして、皇帝に長崎まで送り届けることとオランダ人に課せられる踏み絵を免除する交渉をして成功する。その後オランダの船で帰国するが、出帆のまえに船員から踏み絵をしたかどうかを盛んに聞かれている。船は、喜望峰を回って帰り、ガリヴァーはさらに小舟でイギリスに無事帰国する。皇帝が外国人に会う機会があったのか、さらに幕府は踏み絵を外国人にも要求

したのか歴史家に聞いてみたいが、それはこの際どうでもよい。スウィフト
が書いたのは欧州の国が覇権争いをした時代の話である。はるか東にある神
秘の国日本の企業が南アフリカにまで進出する時代を、スウィフトが知った
ら、どんな風刺を効かせた話を書くのか、そんな思いをはせながら旅した。

なお、執筆を予定したが本書に掲載できなかったテーマもある。後発効果
論からみたアフリカ、汚職と企業、文化と企業、以上の3つである。いずれ
もアフリカの日本企業を検討するなかから浮かび上がった論点である。企業
が発展途上国に進出すると、市場経済のルールから大きくずれる要素に向き
合うことになる。これらの興味ある論点は、残念ながら掲載に至らなかった。

われわれの研究グループの代表である安保哲夫が80歳（傘寿）を昨年迎え
た。この記念すべきときに本書を出版できたことを研究会メンバー全員で喜
びたい。当研究グループの発足にかかわる事情を記しておく。安保哲夫はミ
ラ・ウィルキンス（米国フロリダ国際大学教授）のところに留学した（1980年
〜1981年）。ウィルキンスは国際経営史の大家である。安保は、彼女の下で
まずはアメリカ多国籍企業研究の深化をめざしたが、同時に留学に出る前か
ら日本企業の国際化に興味をもっていたのであろう、その準備に誘われて埼
玉県にある自動車工場の見学をした記憶がある。そしてアメリカ留学中に日
本の電機工場を訪問して、日本企業が米国で経営を行う際の文化摩擦に興味
をもったと言う。帰国後、研究グループを発足させた。アフリカ調査も安保
の発案による。

われわれは、海外の日本企業に関するデータを1989年の北米の調査以来蓄
積している。この蓄積したデータを生かす研究が進んでいる。一つの利用方
法は時間的変化を調べることである。われわれは、科研費の助成を得て新た
な調査研究プロジェクトに取り掛かった（代表、銭佑錫）。アジアの日本企業
を再訪して、変化をみるのである。すでに、韓国、台湾、マレーシアの工場
を訪問した。本文で述べたようにポーランドのコズミンスキー大学のグルー
プも再訪を課題とする調査研究を行った。中東欧の日本企業を10数年ぶりに
訪問し、我々のデータを使って、時間的変化をみるのである。われわれのハ

あとがき

イブリッド・モデルはある程度の標準化を行っており、研究者には利用可能である。必ずしも使い勝手がよいとはいえないが、このモデルを利用した研究は可能である。今後そのような利用が広がることを期待する。

（公文溥記）

375

索 引

人名、企業など組織名

【あ行】

アゴラ, N. 83
アソマン
　279〜283, 285〜292, 295〜296, 298
アフリカ開発会議（TICAD） 11
安保哲夫
　64, 70, 81, 84, 130, 354, 357, 358, 370
アレバ 107
板垣博 24, 25, 28
伊丹敬之 298〜300
伊藤忠商事 282〜283
犬飼一郎 65
ウィルキンス, M. 65, 85
ウインター, シドニー 176, 206, 209
ウォーマック, ジェームズ 55
ウムボヤ, T. 62
エンクルマ, K. 65

【か行】

片岡貞治 80
金子美雄 19, 54
上山邦雄 24, 25, 29, 54
河村哲二 25, 54
金帝靴業 35, 38, 321, 322,
　327, 329, 331〜333, 335, 338
公文溥 64, 85, 183, 208,
　209, 354, 358, 359, 370
ケニア・ナッツ・カンパニー（佐藤芳
　之） 82
小池和男 19, 20, 54, 55, 209

江沢民 134
神戸大学 30
コール, ロバート 21
胡介国 125
胡錦涛 134
コズミンスキー大学 30

【さ行】

佐藤隆広 30, 55
栄盛硝子 329
サンエース 38
ザンビア・カイゼン機構 271
シェル 101
自動車産業開発プログラム（MIDP）
　216
自動車投資スキーム（AIS） 217
島田克美 283, 300
周厚健 329
習近平 134, 329, 347
ジョーンズ, ジェフリー 55
白戸圭一 83, 85
新凱嘉機器有限公司 331
新自動車政策（APDP） 216
杉村和彦 66, 362, 363
生産性本部（南アフリカ, ナイジェリア）
　12, 33, 34, 36, 38, 39
スミス（デンソー） 35, 213
隅谷三喜男 19, 55
住友商事 34, 35, 52, 279〜283,
　285〜288, 292, 295〜299
住友電工 302
世界貿易機関（WTO） 327
銭佑錫 208, 358, 370

索　引

曽仕強	323

【た行】

ダーバン工場	222
田中彰	282, 299
田端博邦	64
田部三郎	289〜290, 295, 299
タンザニア通産省	34
中華全国総工会	348
中国アフリカ開発基金	331, 348
中国＝アフリカ協力フォーラム（FOCAC）	
	321, 347
中国駐ケープタウン総領事館	345
チュニジア	158
陳家宝	334
ツーレ（指導）	65
テクニック製造	33, 35, 226
東京大学	20
東部南部アフリカ共同市場（COMESA）	
	216
東洋建設	38
鄧紅生	336
トヨタ	76
トヨタ（TSAM）	177〜186, 222
トヨタグループ	151
豊田通商	34, 35, 132, 133

【な行】

ナイジェリア生産性本部	258, 259
南部アフリカ開発共同体（SADC）	216
日経連能力主義管理研究会	59
日産自動車（エジプト）	
	34, 191〜196, 208, 209
日本大使館（南アフリカ）	35
日本多国籍企業研究グループ（JMNESG）	
	11, 20, 214

ネト（指導）	65
ネルソン，リチャード	176, 206, 209

【は行】

海信（ハイセンス）	34
海信南アフリカ	
	322, 329, 330, 332, 334〜338
橋本寿朗	121
東アフリカ共同体（EAC）	216
日立建機（南アフリカ，ザンビア）	
	35, 38
日立建機ザンビア	271
平野克己	74
フォード	225
福州尚景程貿易有限公司	327, 328
ブリヂストン	235
別子銅山	280
法政大学	20, 54
法政大学イノベーションマネジメント	
研究センター	5
ボツワナ国家生産性センター	245
ポランニー，カール	362, 363, 370
本田技研（ナイジェリア，ケニア）	
	35, 38, 196〜206

【ま行】

マクドナルド・スティール	33, 35, 226
マッキンゼー	321
丸紅	282〜283
マンデラ，N.（大統領）	63
三井物産	282
三菱商事	35, 38, 120, 133, 282〜283
水上達三	282, 300
南アフリカ共和国	279〜280, 282,
	285〜286, 290, 295〜300
南アフリカ生産性本部	248, 272, 273

377

メルセデス・ベンツ　33, 35, 162, 223
モロッコ　158

【や行】

矢崎総業　158, 176, 186, 187, 206, 302
矢崎総業（チュニジア, 南アフリカ）
　34, 35
山﨑克雄　29, 208
苑志佳　29, 54, 208, 337, 351
兪成華　208
ユニリーバ　101, 126
ヨシノ, M. Y.　21, 55

【ら行】

ラゴス　328, 329, 339, 340
ルノー　192
ルノーグループ　108, 109

【わ行】

和田正武　29, 55

【A】

Ajumbo, G.O.　83
Anglo American　285
APO (Asian Productivity Organization)
　240, 241
Appelbaum, Eileen　7, 18, 55
Ashton, David　45, 55, 176, 209
Assore　287, 292, 295
Auchter, Lothar　56
AVA (Associated Vehicles Assemblers)
　38

【B】

BERTOLA MACHINE-TOOL LTD.
　264

Birkinshaw, Julian　365, 370
BMW　38, 162, 332
BNPC (Botswana National Productivity Center)　245
Boyer, Robert　56

【C】

CNPC　91, 122

【D】

DPI PLASTICS (PTY) LTD SOUTH AFRICA　254, 274

【E】

EKI (Ethiopian KAIZEN Institute)　269
ExonMobil　93

【G】

Gade, Christain　40, 56, 362, 370
Green, Francis　176, 209

【H】

HCMZ (Hitachi Construction Machinery Zambia)　271
HESTO　186～191, 208, 228
Hood, Neil　20, 21, 56
Horwitz, Frank M.　12, 18, 41, 56
HUWEI　126
Hyden, Goran　362, 370

【I】

Ichniowski, Casey　17, 18, 57
IMF　15

索　引

【J】

Jackson, Terence	39, 57
J.JUMAC INT'L CO.LTD	263
JETRO（ナイジェリア，南アフリカ）	
	35, 37, 39
JICA (Japan International Cooper-	
ation Agency)	237, 244, 265,
	266, 267, 268, 269, 270, 271, 274
JICA（エジプト）	34, 52
JPC (Japan Productivity Center)	
	242, 243, 245

【K】

KAIZENセンター（エジプト）	267
Kamoche, Ken	12, 41, 42, 44, 57
Karsten, Luchien	39, 58
Khumani	286, 288～290, 292
KIZ (KAIZEN Institute of Zambia)	
	271
Kumba Iron Ore	285
Kumon, Hiroshi	359, 370

【L】

Levine, David I.	58
Lewis, W.Arthur	49, 58
Lituchy, Terri R.	12, 58, 85

【M】

MacDuffie, John Paul	17, 58
Mandela	347
Mangaliso, Mzamo	41, 58
Mazrui, A.A.（マズルイ）	62
Mbigi, Lovemore	40, 41, 58, 362, 371
MDD (Manufacturing Development	
Department)	183

Metair Investment グループ

	186, 187
More, Charles	19, 58
Mouka Ltd	263
Muriithi, Samuel	351

【N】

Nel, PC	209
Newenham-Kahindi, Aloysius	
	12, 42, 43, 44, 58
NPC (National Productivity Centre)	
	258, 259
NTT	117
NUMSA (National Union of Metal	
Workers of South Africa)	
	35, 178, 181, 182, 218, 343

【O】

Olejniczak, Tomasz	30
Olivier de Sardan, J.P.	369, 371
Oresteel	286, 287, 296

【P】

PAPA (Pan African Productivity	
Association)	237, 238, 239, 240
Port Elizabeth	288, 290
Productivity SA	246, 251

【S】

Saldanha	288, 290～291
Samuel, Donna	16, 59
Sishen	285, 290
SMEs	259, 260, 262
SMMEs	245, 246, 247, 274
Sondor (Pty) Ltd KZN	249, 274

【T】

Tanzania Kaizen Unit of Ministry of Industry and Trade   270
Tasie, George O.   12, 59
the Free Standing Company   329, 351
Thelen, Kathleen   19, 53, 59, 367, 371
TICAD   239, 243, 266, 268
Transnet   290〜291
Trevor, Malcolm   22, 59
TSAM (Toyota South Africa Motors)   176, 177〜186
TSAM (南アフリカトヨタ自動車)   34, 35

【U】

Uber   114

UDトラックス   35, 233
UNCTAD   15, 59
UNESCO   46, 59
United Nations (UN)   369, 371

【V】

VW   76
Wilkins, Mira   30, 59
WMMI (ジンバブエマツダ)   34

【Y】

YKK (モロッコ)   159
YKK (エジプト, スワジランド, チュニジア)   34, 35

【Z】

Zoogah, David   12, 59

索 引

事 項

【あ行】

アーランベイ（Harambee, みんなで
　一緒に）　　　　　　　　　62
アパルトヘイト　　177〜180, 182, 213
アブジャ条約　　　　　　　　76
アフリカ型「社会主義」　　　62
アフリカ合衆国（AU）　　　66
アフリカ人（African）　　　66
アフリカ人の賃金労働者化　　64
アフリカ的経営
　　　　　13, 39, 321, 322, 324, 345
アフリカ統一機構（OAU）　　66
アフリカ型ハイブリッド　358〜361
アメリカ第一主義　　　　　131
アワリー　　　　　　　　　317
アンゴラ　　　　　　　　　　66
一帯一路　　　　123, 321, 347
一体感　　　　　　　　　　　24
一般特恵関税制度（GSP）　　79
移転可能性　　　　　　　　149
インタビュー　　　　　　4, 23
インフラ関連事業　　　　　　82
インフラ整備フォーラム　　104
ウジャマー　　　　　　　　　62
ウブンツ（Ubuntu）
　　　63, 153, 224, 324, 325, 347
ウブンツ（経営）
　　　13, 39〜45, 361, 363, 364, 365
エジプト　　　　　　　　　　71
欧州近隣諸国政策　　　　76, 79
欧州統括会社　　　　　　　159
欧州モデル　　　　　　　　　64
オートバイ　　　　　　176, 197

汚職（複合体）　　　　　　369
オペレータ　　　　　　　　　81
親・子会社関係　　　　　　225
親子会社関係　　　　　　　　26

【か行】

ガーナ　　　　　　　　　　　65
華僑・華人　　　　　　125, 135
学校教育　　　　　　13, 45〜49
家父長主義的集団主義　　　261
関係（人脈）　323〜326, 339, 345
機会主義　　　　　　　　　　18
技術移転　　　　　　　　　　36
ギニア共和国　　　　　　　　65
技能形成　　　　　　　　19, 53
機能等価　　　　　　　　　359
基本技能　　　　　　　　　183
旧宗主国　　87, 95, 104, 128, 132
教育訓練
　　　　　24, 29, 49, 162, 175,
　　　　　176, 179, 181〜184
共食　　　　　　　　　62, 362
協調的行動形態　　　　　　　63
共通関税　　　　　　　　　　76
共同志向（communality）　　63
共同体主義　　　　　　　62, 66
金鉱脈発見（南アフリカ）　　65
苦情処理　　　　　　　　　　24
グランド・マザー　51, 356, 365, 366
グランドチルドレン型　158〜162
グランドチルドレン型の工場　160
黒い肌のヨーロッパ人　　　　65
経営環境　　　　　　　　28, 50
経済開発　　　　　356, 366, 369
ゲーミフィケーション　　　222
結果移転型　　　　　　　　156

381

ケニア	64
権益投資	279, 284
現地会社の権限	24
現地人経営者の地位	23
現調率	76
コアビジネス	283
コイルセンター	284
工業基盤	360
高業績の労働慣行（システム）	16〜18
工業的基盤	153
工場見学	4, 50
工場調査	23, 25
工程管理	24
鉱物資源	65, 70
5 S 242, 243, 244, 252, 254, 256, 262,	
263, 264, 265, 267, 270, 272, 273	
国際数学・理科教育動向調査	48
互酬性	362, 363
コスト・パフォーマンス	336, 337

【さ行】

最後のフロンティア市場	88
採用方法	24
在来的自給的農業	70
作業組織	222
作業組織（GL, TL, TM）	175, 193
作業組織とその管理運営	24, 27
作業長	24
サブ・サハラ　アフリカ	61
サプライヤ	153
サプライヤーパーク	76
サラリー	317
参画意識	24, 224
産業クラスター	360
産業政策	76
産業別組合	154

ザンビア（当時北ローデシア）	65
シェール革命	130
識字率	46, 47
事業投資	279〜280, 285〜286, 296
資源輸入	279
仕事の範囲	152
四側面評価→【や行】よんそくめんひょうか	
自動車組立	147
自動車産業	16
自動車産業クラスター	213
自動車部品	147
資本主義対共産主義	65
社会制度・文化的な制約	156
社会文化要因	39〜49
ジャストインタイム	284
ジャスミン革命，アラブの春	302
自由化・開放政策	80
終身雇用	338
集団主義	362, 364, 365
自由貿易協定	304, 306, 309
自由貿易圏協定	79
自由貿易特区	314
儒教文化	323, 333
熟練工	180, 360
熟練工（保全工）	19, 49
受容性（アフリカ）	361
純就学率	46, 47
商社参加型	121, 131
商社の先取性	293
小集団活動	24, 63, 195, 202, 250
昇進	24
情の経済	62, 362
情報共有化	24
職対応型賃金システム	317
職場委員	179

索　引

植民地時代	64
職務区分	24
食糧割高説	74
ジョブ・ローテーション	
	184, 188, 189, 205
新興途上地域	68
人材・部材供給条件	73
人材派遣	343, 339
人的資源管理	337, 340
信頼関係	339, 345
ストライキ	217, 341〜346
スワヒリ語	62
生産管理	16, 23, 24, 26, 50, 223
生産設備	24
生産設備の持ち込み	153
生産分与契約	122
政治社会不安	83
製造拠点	147
制度的な制約	153
世界平均	149
全員参加型	273
総合商社	357
相対的企業優位性	122

【た行】

ダーバンの奇跡	231
対欧輸出拠点	76
体化（embodied）	145, 156
大陸西欧	152
多国籍企業	356
多能工	19, 24, 28, 29, 175, 176,
	182, 184, 191, 202〜208, 222
多能工化	19, 152
タンザニア	65, 78
単純な作業	152
地域統合	76

地域本部	311
地政学的リスク	125
中ア協力フォーラム	124
中国勢	82
中国的経営	322〜325, 345, 346
中古車輸入	80
長期雇用	24
長期的関係	298
長期的相対取引きシステム	121, 131
調査枠組	13, 20〜25
賃金	218
賃金水準	70, 73
賃金体系	243, 38
賃金体系（自動車組立産業）	
	175, 176, 179, 181
帝国主義的植民地支配体制	65
適用・適応（ハイブリッド）の5段階	
評価モデル	145, 146, 149
適用度の5段階評価	26, 29, 30
鉄鋼業	17, 279, 285, 297
鉄鉱石	
	281〜285, 287〜288, 290〜296, 298
───下落	293, 296
───高騰	283, 292〜293
───採鉱	289
───品位	287, 289〜290
───輸送費	287, 290
───探鉱費	287, 289
電機	147
伝統社会	62
天然資源	356, 357
独立以降	65
土台	162
土地収奪	64
トップダウン型経営	333
トレード	279, 282, 286, 296, 298

383

【な行】

ナイジェリア	78
西アフリカ諸国経済共同体	94
二重課税回避協定	306
日系ハイブリッド工場の全体像	145
日本的経営	279, 298
日本的経営生産システム	
175, 353, 355, 356, 358, 361, 368, 370	
日本型生産性向上	255, 265
日本人ゼロ	158
日本人ゼロのハイブリッド工場	
	158, 162
日本人駐在員	146, 158
日本人比率	24
日本的集団・協調主義	66
日本的生産システム	213
農業・資源・観光産業	70
パートナー	
279～280, 286, 291, 296, 298	
パートナーシップ協定	305
ハイブリッド（適用と適応）	14, 20
ハイブリッド・モデル	13, 20, 23～30
ハイブリッド経営	349
白人支配	64
走出去戦略	327, 347
発展途上国型	156
バリューチェーン	283～284
パワーアフリカ	87, 127
パワーアフリカ計画	112
パン・アフリカニズム	66

【は行】

半熟練工	19
ピーターソン報告	279
比較優位（産業）	354～358

比較優位論	70
比較劣位	70, 74
非熟練工	19
ヒト結果	27, 28, 154
ヒト方式	27, 28, 154, 156
品質管理	24, 188, 190, 195, 200, 202
部族社会	62
部品・素材	75
部品調達	24, 26, 224
部品調達先	24
部品調達方法	24
部品調達率（ローカル・コンテント）	
	195
部品輸入への優遇税制	72
分析枠組	13, 25～30
ベルギー領コンゴ	65
貿易立国	16
方式移転型	156
北部アフリカ	160
北部アフリカ地域	61
北部モロッコ・チュニジア	76
ホワイト・ハイランド	64

【ま行】

マザー工場	158
マザープラント	311, 313
マニュアル化	162
南アフリカ共和国	61
南アフリカ労働裁判所	178, 179
メジャー	282, 293
メンテナンス	24, 332, 334, 337
モノカルチャー経済	87, 136
モノカルチャー農業	65
モノ結果	27, 28, 154, 156, 157
モノ方式	27, 28, 154
モラルエコノミー	62

索　引

モロッコ化法　　　　　　　　306

【や行】

有償・無償援助　　　　　　　　82
ユーロネクスト　　　　　　　107
輸出奨励策　　　　　　　　　　72
ヨーロッパ式の企業統治と経営組織
　　　　　　　　　　　　　　64
四側面評価　27, 50, 146, 154, 358〜360

【ら行】

ライン品質コントローラー　　313
ラインリーダー　　　　　　　313
リーン・プロダクション・システム
　　　　　　　　　　　　　162
リーン生産方式　　　　　　　220
リーン生産　　　　　　　　　　16
冷戦体制　　　　　　　　　　　65
労使関係　　24, 225, 342, 343, 346
労使協調　　　　　24, 161, 162
労働組合　　　　　　　　342, 344
ローカル・コンテント　　　　24
6グループ評価　　　24, 26, 27
ロジスティック　　　　　　　76

【わ行】

ワイヤーハーネス
　　　　302, 308, 309, 312, 314, 315
分け合う　　　　　　　　　　62

【B】

BEE（Black Economic Empowerment）
　　　　　　　　　177, 219, 348

【C】

CFAフラン　　　　　　　　106

Cleaning and Organising　248
COMESA（東・南アフリカ市場共同体）
　　　　　　　　　　　　　77
CSR　　　　　　　　　42, 43

【D】

DOJO　　　　　　　　　　222

【E】

EAC（東アフリカ共同体）　78
ECOWAS（西アフリカ諸国経済共同体）
　　　　　　　　　　　　　78
EDI　　　　　　　　　　　312
EVA（Ethylene-Vinyl Acetate）
　　　　　　　　　　328、329

【F】

FDI（Foreign Direct Investment）
　　　　　　　　　15, 16, 354
FTA　　　　　　　　　　　80

【G】

Goal Alignment　248, 249, 252, 256
GPC（Global Production Center）
　　　　　　　　　　　　183
Green Productivity　　　248

【J】

JIT（Just-in-Time）
　176、186、193、207, 224, 245, 256, 266

【K】

KAIZEN　　　　　237, 240, 243,
　　　244, 245, 247, 249, 255, 260, 265,
　　　266, 267, 268, 270, 271, 273, 274
KD（Knocked-Down）　192, 194

385

【L】

Leadership　　　　248, 252, 256

【M】

M&A　　　　　　　　　　135

【N】

NUMSA　75, 178, 180～182, 187, 191

【O】

ODA　　　　　　　　　　129
OJT (on-the-job-training、職場内訓練)
　　182, 188, 200, 244, 253, 258, 334, 338
ouvriers　　　　　　　　　64

【P】

PDCAサイクル　　　　256, 262
POS (Productivity Organizational
　Solutions)　　　　　　　247

【Q】

QC　　243, 244, 357, 262, 266, 271
QCサークル　　　　　　　224

【S】

SADC (南部アフリカ開発共同体)　78
SUV (Sports Utility Vehicles)　192
SV (Supervisor 組長相当)　　253

【T】

Tarif　　　　　　　　　　64
Teamwork　　　　248, 252, 256
Toolkit　　　243, 248, 255、256
TQM (Total Quality Management)
　　　　　　　　176, 244, 266

【U】

Ubuntu　ウブンツを見よ

【W】

Win-Win　　　　　　　　136
WPC (Workplace Challenge)
　　　　　　　247, 248, 249

【執筆者紹介】

公文 溥（くもん ひろし）、多国籍企業論、法政大学名誉教授、第1章、第5章、結章、編集

糸久 正人（いとひさ まさと）、技術とイノベーション論、法政大学社会学部准教授、第6章、編集

安保 哲夫（あぼ てつお）、国際経営論、アメリカ経済論、東京大学名誉教授、第2章

郭 四志（Guo SiZhi）、国際経済論、エネルギー経済論、帝京大学経済学部教授、第3章

銭 佑錫（Juhn Wooseok）、国際経営論、中京大学経営学部教授、第4章

宮地 利彦（みやじ としひこ）、多国籍企業論、元帝京大学教授、第7章

島田 明男（しまだ あきお）、流通論、海外ショッピングセンター研究所代表、第8章

苑 志佳（Yuan Zhijia）、世界経済論、立正大学経済学部教授、第9章

兪 成華（Yu Cheng Hua）、人的資源管理論、国際経営論、公立鳥取環境大学経営学部准教授、第10章

郝 燕書（Hao Yan Shu）、多国籍企業論、中国経済経営論、明治大学経営学部教授、第10章

法政大学イノベーション・マネジメント研究センター叢書18

アフリカの日本企業
──日本的経営生産システムの移転可能性──

2019年3月28日 第1版第1刷 定 価＝3500円＋税

編 著 者 公文溥・糸久正人 ©

発 行 人 相 良 景 行

発 行 所 ㈲ 時 潮 社

174-0063 東京都板橋区前野町4-62-15
電 話 (03) 5915-9046
FAX (03) 5970-4030
郵便振替 00190-7-741179 時潮社
URL http://www.jichosha.jp
E-mail kikaku@jichosha.jp

印刷・相良整版印刷 製本・仲佐製本

乱丁本・落丁本はお取り替えします。

ISBN978-4-7888-0728-0

時潮社の本

グローバル企業経営支援システム
時間発展型統合シミュレーションを用いて
張　静 著
Ａ５判・並製・160頁・定価3500円（税別）

従来の勘とコツによる物流管理方式を脱した新方式、グローバル・カンパニー・マネージメント（GCM）システムを提案。本書では、生産〜物流〜販売〜在庫の一元管理により、グローバル企業の経営の最適化をサポートするGCMを全面的に紹介する。

自然保護と戦後日本の国立公園
続『国立公園成立史の研究』
村串仁三郎 著
Ａ５判・上製・404頁・定価6000（税別）

戦前の国立公園行政が戦時総動員体制に収斂され、崩壊をみるなかで戦後の国立公園行政はあらたなスタートを余儀なくされた。戦後の国立公園制度が戦前の安上がりで脆弱な制度を見直す中でどのように成立したのか。上高地、尾瀬、黒部などの電源開発計画と、それに拮抗する景観保護運動の高まりを詳細に辿り、今日の環境行政の原点を問う画期的労作がここに完結！

高度成長期日本の国立公園
―自然保護と開発の激突を中心に―
村串仁三郎 著
Ａ５判・上製・432頁・定価3500円（税別）

行財政から環境政策の立案・実施にいたるまでの国立公園をめぐる日本の環境・自然保護運動の変遷と、国策たる各種開発政策の激突を豊富な実例を通じて分析する。国立公園政策研究の精華がここに！

物流新時代とグローバル化
吉岡秀輝 著
Ａ５判・並製・176頁・定価2800円（税別）

グローバル化著しい現代、その要でもある物流＝海運・空運の変遷を時代の変化のなかに投影し、規制緩和と、9.11以降大きな問題となった物流におけるセキュリティ対策の実際を、米国を例にみる。